ÉDUCATION

ET

INSTRUCTION

PAR

Oct. GRÉARD

Vice-Recteur de l'Académie de Paris
Membre de l'Académie française

ENSEIGNEMENT SUPÉRIEUR

DEUXIÈME ÉDITION

PARIS
LIBRAIRIE HACHETTE ET Cie
79, BOULEVARD SAINT-GERMAIN, 79

1889

ÉDUCATION

ET

INSTRUCTION

ENSEIGNEMENT SUPÉRIEUR

OUVRAGES DU MÊME AUTEUR

PUBLIÉS PAR LA LIBRAIRIE HACHETTE ET Cie

De la morale de Plutarque ; 4e édition. 1 vol.

Ouvrage couronné par l'Académie française.

L'éducation des femmes par les femmes. Études et portraits ; 3e édition. 1 vol.

Éducation et instruction ; 2e édit. 4 vol. :

Enseignement primaire. 1 vol.
Enseignement secondaire. 2 vol.
Enseignement supérieur. 1 vol.

Chaque ouvrage se vend séparément.

Prix de chaque volume, broché : 3 fr. 50

19895. — Paris. Imprimerie Lahure, rue de Fleurus, 9.

ÉDUCATION

ET

INSTRUCTION

PAR

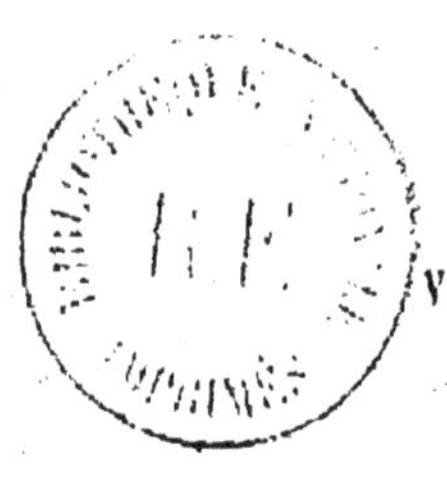

OCT. GRÉARD
Vice-Recteur de l'Académie de Paris
Membre de l'Académie française

ENSEIGNEMENT SUPÉRIEUR

DEUXIÈME ÉDITION

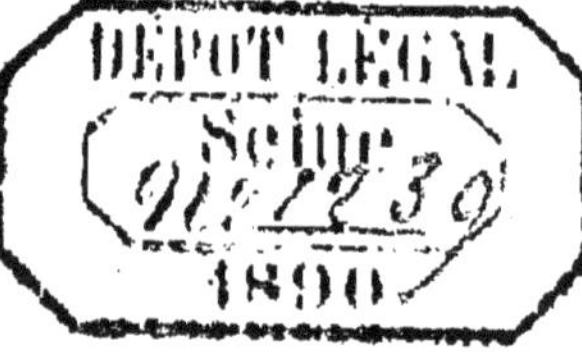

PARIS
LIBRAIRIE HACHETTE ET Cie
79, BOULEVARD SAINT-GERMAIN, 79

1889

L'ENSEIGNEMENT SUPÉRIEUR A PARIS

EN 1881

Décembre 1881.

L'enseignement supérieur, à Paris, comprend outre les Facultés le Collège de France, le Muséum d'histoire naturelle, l'Observatoire, l'École des Chartes, l'École des Langues orientales vivantes. Ces divers établissements sont rattachés directement au Ministère[1]. C'est des Facultés seulement et de l'École supérieure de Pharmacie qui fait corps avec les Facultés que nous traitons ici, c'est-à-dire de l'ensemble des établissements scientifiques ressortissant à l'autorité du recteur et représentés au Conseil académique[2].

En ouvrant la deuxième session de 1881, je résu-

1. On trouvera les renseignements les plus complets sur la situation de ces établissements dans la Statistique de l'enseignement supérieur publiée en 1878. Voir notamment la remarquable introduction de M. A. du Mesnil, qui la précède.
2. On sait que les Facultés et Écoles supérieures ont aujourd'hui (décret du 28 décembre 1885) un Conseil spécial délibérant sur tous les intérêts qui leur sont communs et appelé le *Conseil général des Facultés*. — Voir aux Annexes, n° XI.

mais ainsi qu'il suit les améliorations qui y avaient été accomplies au cours de l'année :

« La nouvelle clinique de la Faculté de Médecine, transférée sur les terrains de l'ancienne pépinière du Luxembourg[1], a été ouverte le 1er mai.

« L'École supérieure de Pharmacie, édifiée sur les mêmes terrains, sera inaugurée dans quelques jours.

« Les derniers travaux d'appropriation de la Faculté de Théologie protestante s'achèvent[2].

« La loi du 22 août 1881 a ratifié la convention passée entre la Ville et l'État pour la reconstruction et l'agrandissement sur place des bâtiments de la Sorbonne destinés à recevoir, avec les bureaux de l'Administration académique, la Faculté de Théologie catholique, la Faculté des Sciences, la Faculté des Lettres et la Bibliothèque de l'Université. Tout l'îlot compris entre la rue Cujas et la rue des Écoles d'une part, la rue Saint-Jacques et les rues de la Sorbonne et Victor Cousin d'autre part, est attribué à ce foyer des lumières universitaires. L'ensemble des crédits nécessaires à l'opé-

1. Loi du 14 décembre 1875 : *Bulletin des Lois*, année 1875, 2e semestre, n° 289, p. 1415, n° 4921. La convention passée entre l'État et la Ville (28 juillet 1875) est annexée à la loi. — La surface occupée par la nouvelle clinique est de 5000 mètres carrés. La dépense s'est élevée à 1 719 820 francs : 489 820 francs pour l'acquisition du terrain ; 1 230 000 fr pour les constructions ; ce dernier chiffre approximatif, la liquidation des comptes n'étant pas terminée. Le crédit ouvert par la loi est de 2 370 000 francs.

2. La Faculté, transférée de Strasbourg à Paris par décret du 27 mars 1877, occupe avec le séminaire, son annexe, une surface totale de 5076 mètres carrés. Elle a coûté pour l'acquisition des bâtiments et des terrains 230 000 francs ; pour l'appropriation des locaux : 141 250 fr., soit au total 371 250 francs. — On sait que, aux termes du décret du 7 mai 1881, les chaires dont la Faculté se compose sont partagées en nombre égal entre l'Église luthérienne et l'Église réformée, chaque Église ayant nécessairement une chaire de dogme.

ration, dont les frais s'élèvent à 22 200 000 francs, est assuré. Les enquêtes d'expropriation sont closes, et le dossier va être soumis au Conseil d'État.

« Une autre loi[1], rendue également après accord entre la Ville et l'État, a pourvu à l'agrandissement de l'École pratique de la Faculté de Médecine. La Faculté et ses annexes embrasseront l'espace circonscrit par la rue Antoine Dubois, la rue Monsieur-le-Prince, la rue Racine, le boulevard Saint-Michel, la rue de l'École-de-Médecine, la rue Hautefeuille et le boulevard Saint-Germain.

« Enfin des négociations sont ouvertes pour le dégagement et l'extension des bâtiments de l'École de Droit sur la rue Cujas, la rue Saint-Jacques et la rue Soufflot[2]. Les plans et devis sont prêts. »

N'eussent-elles d'autre effet que de mettre un terme à des difficultés depuis longtemps pendantes, ces diverses décisions seraient considérables[3]. Elles ont de plus l'avantage d'être des solutions heureuses.

Un rapide exposé des négociations qu'elles ont coûté permettra d'apprécier l'importance qui s'attache aujourd'hui au développement de l'enseignement supé-

1. Loi du 26 avril 1881 : *Bulletin des Lois*, année 1881, 1er semestre, n° 616, p. 581, n° 10366. Voir aussi le n° du *Journal officiel* du 31 juillet 1881 (séance du Sénat).

2. La dépense prévue pour cette opération est de 2 451 726 francs, dont 1 466 800 francs pour constructions et 981 526 francs pour expropriations, — moitié à la charge de l'État, moitié à la charge de la Ville.

3. De tous les projets dont j'annonçais la préparation en 1881, celui qui intéresse la Faculté de Droit est le seul aujourd'hui (1887) qui n'ait pas encore été exécuté. Le Conseil municipal pendant deux années de suite a inscrit à son budget une somme de 1 500 000 francs; mais l'État n'était pas en mesure de fournir sa contribution. La question, qui vient d'être reprise, ne tardera pas, je l'espère, à être résolue.

rieur; il nous aidera en outre à faire comprendre ses besoins, ses intérêts et l'esprit nouveau qui l'anime.

I

Lorsque, en 1865, le percement de la rue des Feuillantines bouleversa les terrains de la rue de l'Arbalète, où l'École supérieure de Pharmacie était établie, il y avait près de trois siècles que Nicolas Houel avait créé aux *Enfants-Rouges*, dans le quartier du Marais, la *Maison de Charité* destinée à « nourrir et instituer un bon nombre d'enfants orphelins à piété et service divin, aux bonnes lettres et par après en l'art d'apothicaire[1] » (1566). Un édit de 1576 (9 novembre) avait reconnu « l'œuvre » comme établissement public; un jardin des simples — le premier qui ait existé en Europe — y était annexé. Le 2 janvier 1578, la *Maison de charité* fut transférée dans l'hôpital de Lourcine. Après la mort de Houel (1587), on se disputa son héritage. Deux arrêts du Parlement (1624-1625) adjugèrent l'hôpital à la communauté des apothicaires : c'est à cette époque que remonte l'acquisition des deux grands jardins de la rue de l'Arbalète, et que l'établissement prit le nom de *Jardin des apothicaires*. La dénomination de *Collège de Pharmacie* date de 1777 (25 août). Un arrêté du Directoire exécutif transforma le collège en *École gratuite de pharmacie*[2]. La loi du 21 germinal an XI, qui instituait les Écoles de Montpellier et de Strasbourg, laissa subsister celle de Paris dans les mêmes conditions. Deux ans après, un arrêté du 5 frimaire

1 Dulaure, *Histoire civique, physique et morale de Paris*, t. III, p. 582.
2 An V, 3 floréal.

an XII la plaça sous l'autorité du Ministre de l'Intérieur. C'est en 1840 (27 septembre) qu'elle a été rattachée à l'Université.

Elle devait y trouver un patronage régulier, sinon de grandes ressources. Ses bâtiments étaient dans un délabrement absolu. On conçut l'idée de l'annexer à la Faculté de Médecine dans les locaux de l'ancienne Académie de Chirurgie (1855)[1]. C'était reconnaître une parenté d'études qui l'honorait. Mais l'École avait toujours eu sa vie propre. Il était naturel qu'elle cherchât à se maintenir dans la région où elle avait grandi.

Le percement de la rue des Feuillantines fournissant l'occasion de la reconstruire, il fut question de l'édifier sur place rue de l'Arbalète, d'abord en étendant un peu son domaine vers la rue Mouffetard et la rue de Lourcine, puis en lui conservant simplement son périmètre, réduit par l'ouverture de la rue nouvelle. Mais les objections se multipliaient et aucun projet ne pouvait aboutir. Tandis qu'on délibérait, les bâtiments tombaient en ruines; les cours les plus importants avaient dû être interrompus; de riches collections étaient menacées; la vie même des professeurs et des élèves n'était plus en sûreté. Une visite faite en 1873 par un membre du Parlement, M. Paul Bert, et l'inquiétante démonstration photographique qu'il fit passer sous les yeux de la Chambre coupèrent court aux hésitations[2].

Dès 1869 un emplacement favorable avait été désigné par les pouvoirs publics sur les terrains retranchés du jardin du Luxembourg. Les études étaient faites. Si, en

1. Voir plus bas, p. 12, note 1.
2. Séance du 11 décembre 1873.

1865, sous la menace de l'opération de voirie qui avait mutilé l'établissement, le Conseil des professeurs avait exprimé le vœu pieux de rester dans un bâtiment qui « était le berceau de l'École et qui lui avait été consacré par d'antiques donations », en présence des intérêts supérieurs de l'enseignement on s'était unanimement rallié à la nécessité de la translation[1] : la rue de l'Arbalète était située dans un quartier éloigné, populeux, peu propre au calme de l'étude; les locaux, à peine suffisants alors que l'École ne recevait que cent cinquante-quatre élèves — c'est le maximum atteint en 1853, — ne pouvaient plus convenir, même restaurés sur un nouveau plan, à un établissement qui comptait plus de quatre cent cinquante étudiants[2]. Le 22 décembre 1875[3], une loi ouvrit un crédit pour le commencement des travaux d'édification au Luxembourg.

Dans les données premières du projet[4], il n'était attribué à l'École qu'une surface de 8277 mètres. C'était, à peu de chose près, l'équivalent de ce qu'elle occupait rue de l'Arbalète[5]. Un examen plus attentif des besoins de l'enseignement fit reconnaître la nécessité

1. Délibération du 26 février 1870.

2. Au mois de décembre 1881, le nombre des étudiants inscrits était de 453 : 258 de 1re classe, 195 de 2e. — Au cours de l'année scolaire 1885-1886, 1767 étudiants ont fait acte de scolarité. (Voir le *Rapport du Conseil général des Facultés, l'Université de Paris en* 1885-1886, p. 12.)

3. *Bulletin des Lois*, année 1875, 2e semestre, n° 282, p. 1134, n° 4801.

4. Les travaux ont été exécutés par M. l'architecte Laisné, sous la surveillance de la Direction des bâtiments civils, à laquelle l'École a été rattachée par décision du 4 mars 1870.

5. La surface totale de l'École de Pharmacie, rue de l'Arbalète, était de 9880 mètres carrés. Après le percement de la rue des Feuillantines, qui en prit 1710, elle se trouvait réduite à 8170 mètres carrés.

Dans cette surface, les bâtiments affectés au service de l'enseignement (amphithéâtres et laboratoires) occupaient 1937 mètres carrés; le jardin botanique, 2796; les cours, jardins et terrains hors rue, 3186; la serre, 100; les bâtiments annexes (maison du secrétaire, maison du jardinier, magasin), 151

d'étendre ces dimensions[1]. L'établissement couvre aujourd'hui près de 17 000 mètres dans l'espace borné par la rue de l'Observatoire, la rue Michelet, la rue d'Assas et le terrain réservé à l'École des Chartes et au petit lycée Louis-le-Grand. Le jardin botanique embrasse à lui seul une étendue égale à la surface réservée d'abord à l'ensemble de l'École (8291 mètres), et près de trois fois plus grande que celle dont il disposait rue de l'Arbalète. La proportion du développement est la même pour tous les services. Celle des amphithéâtres et des laboratoires est plus que triplée. Il n'existe pas aujourd'hui en Europe d'établissement similaire mieux installé[2].

Si la Faculté de Médecine et ses dépendances n'ont pu être constituées tout à fait avec la même unité, elles n'y ont rien perdu au point de vue de l'espace, ce premier besoin d'une grande école de travail pratique et de manipulations.

A l'époque où elle avait été créée, sous le nom d'École de Santé, la Faculté de Médecine comprenait, d'une part, le local de l'Académie dite de Chirurgie, qui est demeuré son siège[3]; d'autre part, les terrains séparés de l'Académie par la rue de l'École, et qui dépendaient de l'ancien cloître des Cordeliers. C'est dans ce champ étroit, limité par la rue et la place de l'École

1. Voici les dimensions de l'École nouvelle : bâtiments principaux (amphithéâtres, bibliothèques, salles de collections, etc.), 3750 mètres carrés; laboratoires des élèves et annexes, 1222; jardin botanique, 8291; serre, 378; cours d'honneur, 1596; cours de service, 1521; habitation du directeur et annexes, 355; maison des jardiniers, 38; au total, 16 757 mètres carrés.

2. Voir aux Annexes le plan n° 1.

3. Décret du 14 frimaire an XII. Cette affectation du local de l'Académie fut confirmée par le décret du 11 décembre 1808, qui comprenait les bâtiments de l'École de Médecine dans la donation faite à l'Université. — L'Académie de Chirurgie avait été construite de 1769 à 1780 sur l'emplacement de l'ancien collège de Bourgogne.

et par la rue de l'Observance (rue Antoine Dubois), au nord et à l'ouest; par l'ancien couvent des Cordeliers à l'est; au sud, par une ligne partant des Bains Racine pour aller rejoindre la rue de Monsieur-le-Prince, que tenaient tous les services pratiques : cliniques, salles de dissection, et jardin botanique[1].

En 1829, les bâtiments des cliniques s'effondrant, un projet avait été établi qui comprenait la construction : 1° de deux bâtiments en aile à droite et à gauche sur la place de l'École, lesquels seraient affectés à trois cliniques nouvelles : clinique d'accouchement, clinique chirurgicale et clinique médicale; 2° de trois salles de dissection et d'un musée anatomique qui devaient occuper le réfectoire des Cordeliers[2]; 3° d'une clôture d'enceinte pour le jardin. Le devis s'élevait à 710 000 francs. Pour réaliser cette somme, on faisait compte de la valeur des terrains sur lesquels la Ville se proposait d'ouvrir une rue. Mais le produit présumé de la vente était sensiblement inférieur à la dépense. Au bout de deux ans l'architecte, M. de Gisors, sentant bien que de longtemps ses plans ne pourraient être exécutés, demanda qu'on réglât ses honoraires[3].

En 1834, le projet de l'opération de voirie ayant été repris, celui de la restauration des cliniques se trouva

1. Voir le rapport adressé à M. le Ministre de l'Instruction publique sur l'état des bâtiments et des services matériels de la Faculté de Médecine, par M. Ad. Wurtz, membre de l'Institut, doyen de la Faculté (1er février 1872).

2. Dès avant la Révolution, les Cordeliers avaient quitté leur couvent de l'Observance. D'après les travaux projetés en 1771, le réfectoire avait été destiné à recevoir les archives de la Cour des Comptes : le projet ne fut pas réalisé. On sait ce que devinrent l'église et les jardins pendant la Révolution. Sous la Restauration, le réfectoire avait servi d'atelier de peinture au baron Regnault jusqu'à sa mort (1829).

3. Voir aux Annexes, n° 1, la délibération du Conseil académique du 29 octobre 1831.

remis en lumière[1]. Pour donner au quartier les débouchés qui lui manquaient, on avait pensé à pousser la rue Hautefeuille jusqu'à la rue Racine, entre le cloître et le réfectoire des Cordeliers : ce qui eût rendu presque impossible pour l'avenir tout agrandissement ultérieur de ce côté. Grâce à un heureux concours d'objections, la proposition échoua[2]. L'opération s'accomplit suivant les plans de M. de Gisors. L'École céda une partie de son terrain (environ 4000 mètres)[3] : ce qui permit de mettre directement en communication la place de l'Odéon et la rue de la Harpe par la rue Racine prolongée. Le jardin botanique qui occupait l'espace aliéné fut transporté dans la pépinière du Luxembourg[4]. Mais le produit des terrains fournit seulement les ressources nécessaires pour construire les cliniques et pour restaurer les pavillons de dissection.

C'était toutefois une première amélioration, et l'on

1. Cette opération de voirie avait été arrêtée en principe dès 1821 (ordonnance du 3 janvier). Un plan pour l'appropriation des terrains de l'École pratique avait été dressé par M. de Gisors en 1829. (Voir aux Annexes, n[os] I et II, les procès-verbaux du Conseil académique, séances des 29 octobre 1831 et 14 janvier 1832.)

2. Voir aux Annexes n° II le procès-verbal de la séance du Conseil académique du 14 janvier 1832. « Considérant que le prolongement de la rue Racine se dirigeant vers la rue Hautefeuille aurait pour conséquence inévitable, en traversant le terrain de la Faculté de Médecine, de détruire l'ensemble de l'établissement; qu'en effet cinq des six pavillons de dissection existant actuellement seraient détruits;... qu'il faudrait entamer dans une proportion considérable le bâtiment dit l'ancien réfectoire du couvent des Cordeliers... » De son côté le service de la voirie faisait valoir que le coude formé par la jonction de la rue Racine à la rue Hautefeuille prolongée serait moins favorable à la circulation que le développement en droite ligne de la rue Racine vers la rue La Harpe. — Nous y gagnions aussi d'affranchir le lycée Saint-Louis du voisinage immédiat des salles de dissection qui y étaient adossées.

3. La Faculté a perdu exactement dans cette opération 1115 toises ou 4235 mètres carrés : 1143 mètres carrés (301 toises), qui ont servi à constituer la rue Racine, 3092 mètres carrés (814 toises), formant le surplus du terrain qui lui appartenait au delà, et qui ont été vendus au prix de 210 000 francs. — Voir aux Annexes le plan n° 2.

4. C'est le 4 août 1831 que la Faculté entra en possession.

voit que dès cette époque on commençait à se préoccuper des nécessités que les progrès de la science imposaient à l'enseignement[1]. Il ne semble pas cependant que ce besoin fut toujours alors considéré comme le premier de tous. Voici, en effet, ce que nous lisons dans le procès-verbal des délibérations du Conseil académique, à la date du 9 mars 1846 : « Par une lettre adressée à Son Excellence M. le Ministre de l'Instruction publique, M. le Doyen de la Faculté de Médecine a demandé qu'un projet de loi soit présenté aux Chambres à l'effet d'obtenir les fonds nécessaires pour l'exécution des travaux qu'il se propose de faire à l'hospice des cliniques. Ces travaux avaient pour objet de prolonger les bâtiments de l'hospice sur la place, à droite du porche, et en retour sur la rue de l'Observance, en faisant disparaître une enceinte de planches, réceptacle d'immondices et foyer d'infection pour le quartier et surtout pour l'hospice. La dépense est évaluée à 48 000 francs. La destination des nouvelles constructions serait de réunir au rez-de-chaussée les différents bureaux d'administration séparés les uns des autres, au très grand préjudice du service. Le premier et le deuxième étage seraient transformés en salles d'infirmerie consacrées aux étudiants de la Faculté qui, n'ayant pas leurs familles à Paris, ne pour-

1. La fondation du musée Dupuytren date aussi de cette période. Par un testament olographe du 21 octobre 1834, Dupuytren avait légué à la Faculté 200 000 francs, pour ladite somme servir à la rétribution d'une chaire d'anatomie pathologique. Ce capital était insuffisant pour assurer le traitement du professeur, qui devait être Cruveilhier. Le doyen Orfila demanda à Dupuytren d'affecter la somme à la fondation d'un musée d'anatomie pathologique médicale et chirurgicale, s'engageant à obtenir la création de la chaire d'anatomie pathologique. Le 8 février 1835, Dupuytren mourut. Le 5 juillet, sa donation était acceptée. Le 20, la chaire d'anatomie pathologique était créée. En même temps le Conseil royal de l'Instruction publique prenait un arrêté portant création d'un musée, lequel, pour honorer la mémoire de Dupuytren, prendrait le nom de musée Dupuytren.

raient recevoir, même en les payant, les bons soins qu'ils trouveraient gratis dans cet établissement. Le terrain appartient à l'Université. — Le Conseil académique, après avoir délibéré sur les conclusions de M. le Rapporteur, estime qu'il y a lieu d'adopter la demande de M. le Doyen de la Faculté de Médecine et ce qui a trait aux constructions nouvelles. Quant à la destination du premier et du deuxième étage, le Conseil est d'avis qu'il y aura lieu d'examiner plus tard quel sera le meilleur usage qui devra en être fait, non pas seulement pour les étudiants de la Faculté de Médecine, mais pour les étudiants de toutes les Facultés de Paris. »

Ce n'est qu'en 1855 que fut sérieusement agitée l'idée d'un agrandissement. Au cours des études auxquelles donna lieu le projet de prolongement de la rue des Écoles et de percement du boulevard Saint-Germain, un plan d'extension de la Faculté et de reconstruction de l'École pratique fut dressé par l'État d'accord avec la Ville sous la direction de M. de Gisors : à la Faculté était affecté tout l'espace qu'elle doit occuper aujourd'hui, entre la rue Hautefeuille, le boulevard Saint-Germain et la rue de l'École-de-Médecine ou rue des Écoles prolongée ; à l'École pratique, le terrain s'étendant entre la rue de l'École-de-Médecine, la rue Casimir Delavigne (à cette époque rue Voltaire) prolongée, la rue Monsieur-le-Prince et la rue Racine : soit une surface d'environ 13 333 mètres[1]. Ce projet ne manquait pas de grandeur, et, depuis, les lignes générales en ont été respectées. Toutefois il laissait l'École pratique enclavée dans les maisons en bordure sur la rue Monsieur-le-Prince, la rue Racine et la rue de l'École-de-Médecine. Il supposait de plus la destruction du réfec-

1. Voir aux Annexes le plan n° 2.

toire des Cordeliers, classé à juste titre parmi les monuments historiques, et du côté de l'est il se heurtait aux bâtiments occupés par l'École municipale de Dessin. Enfin le devis s'élevait à 13 000 000. On recula devant la dépense.

Les études furent activement réengagées en 1860. Les limites assignées à l'École pratique étaient à peu près les mêmes : le projet de prolongement de la rue Voltaire ayant été abandonné, l'espace réservé était limité à l'ouest par la rue Antoine Dubois dont les maisons devaient être expropriées ; par contre, on conservait le réfectoire des Cordeliers. La Faculté restait également dans le périmètre déterminé en 1855. Seulement, sur cet emplacement, il s'agissait d'établir à côté de la Faculté l'Académie de Médecine et l'École de Pharmacie. On visait à l'économie. C'est dans cet esprit que furent préparés les nombreux avant-projets qui datent de cette période. Pour l'École pratique, le devis de la dépense fut abaissé successivement de 11 225 000 fr. à 9 400 000 francs, puis à 6 500 000 francs dont 2 200 000 francs absorbés par des opérations de voirie. Pour la Faculté, le dernier projet (12 février 1867) évaluait les frais de construction à 5 272 000 francs, indépendamment des expropriations, estimées alors à 3 352 000 fr., ce qui donnait un chiffre total de 8 624 884 francs [1]. Les

1. « Le projet étudié sur ces bases, écrivait le Préfet de la Seine au Ministre de l'Instruction publique le 2 mars 1867, satisfait à la demande de Votre Excellence en ce qui touche l'Académie impériale de Médecine ; mais on n'a pu trouver place pour les services de l'École de Pharmacie.

« L'espace indiqué pour la recevoir n'a que 800 mètres carrés au lieu de 1800 mètres carrés au minimum, qui, suivant l'appréciation des architectes de la Ville, seraient nécessaires, non compris les jardins botaniques, pour une installation complète. Ces 800 mètres carrés ne pourraient d'ailleurs être affectés à l'École de Pharmacie qu'en resserrant ou en supprimant plusieurs services importants de l'École de Médecine.

« On ne trouverait même pas la surface nécessaire à l'École de Phar-

travaux de l'École pratique étant les plus urgents en raison des exercices de manipulation imposés aux étudiants, on s'était accordé à les placer en première ligne. Les plans approuvés par la Ville venaient d'être soumis à l'approbation du Conseil des ministres par l'administration de l'Instruction publique, lorsque la guerre de 1870 éclata.

macie en renonçant à installer l'Académie de Médecine dans les bâtiments de la Faculté.

« Il serait peut-être possible d'établir les bâtiments de l'École de Pharmacie — non compris les jardins, pour lesquels des terrains paraissent pouvoir être réservés rue de Lacépède — sur l'emplacement d'un jardin de 1600 mètres carrés environ dépendant de l'hôpital des cliniques et auquel on adjoindrait une surface de 300 mètres carrés pris aux dépens de l'École pratique. On rendrait à l'École pratique, en compensation de ce retranchement, une surface d'environ 450 mètres carrés à provenir de l'École communale, rue Racine, n° 8, et d'une partie de l'École impériale de Dessin, ces deux écoles devant être transférées sur d'autres points.

« En mettant à part le projet de reconstruction de l'École de Pharmacie, les travaux d'agrandissement de la Faculté de Médecine, avec adjonction de l'Académie impériale de Médecine, comprenant : 1° une salle des séances (100 membres titulaires et le public); — 2° une salle des Pas-Perdus; — 3° une bibliothèque; — 4° une salle de conseil et une salle pour les commissions; — 5° le bureau du secrétaire perpétuel; — 6° le bureau de correspondance; — 7° le service de la vaccine; — 8° le laboratoire pour l'analyse des eaux minérales et remèdes secrets, — donneraient lieu à une dépense de. . . . . 5 272 700 fr.

« D'un autre côté les acquisitions à réaliser pour former le périmètre des nouvelles constructions formeraient une dépense approximative de. . . 5 157 396 fr.

« Toutefois comme une partie seulement des propriétés à exproprier serait affectée à la formation du périmètre de l'École de Médecine, il y a lieu de retrancher de cette somme la valeur des terrains qui seraient livrés à la voie publique et des parcelles qui pourraient être rétrocédées, soit une somme de. 1 785 212

« Ce qui réduit la dépense à. . . . . . 3 352 184, ci 3 352 184 fr.

« Il résulte de ce qui précède que l'agrandissement de la Faculté de Médecine donne lieu à une dépense totale de. . . . . 8 624 884 fr.

« Dont la moitié, à la charge du budget municipal, serait de 4 312 442 fr. »

Quand les événements permirent d'y revenir, on sembla renoncer à tout agrandissement. Dans le tracé de l'opération du percement du boulevard Saint-Germain, les terrains reconnus nécessaires pour la Faculté ne furent pas réservés; certains lots furent même mis en vente. Il ne s'agissait plus que de donner à la Faculté une étroite façade sur le nouveau boulevard, derrière le grand amphithéâtre. Une heureuse combinaison du Ministre des Finances, M. Léon Say, permit de rétablir la question. Sur l'avance de 9 400 000 francs faite par le Trésor à la ville de Paris le 20 juin 1871, la Ville consentit, moyennant le règlement du compte, à consacrer 6 000 000 de francs à l'agrandissement de la Faculté[1]. Cette convention, consacrée par la loi du 10 août 1876[2], avait pour premier avantage de permettre un commencement d'exécution. Elle attribuait en outre à la Faculté proprement dite tout l'espace compris dans le plan de 1855, qu'il avait été question de partager entre elle et l'Académie de Médecine, ce qui lui assurait une surface près de trois fois plus grande[3] (7000 mètres environ au lieu de 2500 mètres). Mais le défaut du projet était de maintenir l'École pratique enserrée entre les bâtiments riverains de la rue Racine, de la rue Monsieur-le-Prince et de la rue de l'École-de-Médecine, et depuis 1855 les besoins

1. Sur cette somme de 6 000 000 de francs, 2 007 587 francs devaient être consacrés aux expropriations, 3 992 413 francs aux constructions. (Rapport présenté au Conseil municipal par M. Viollet-le-Duc dans la séance du 20 janvier 1877.) — Le devis approuvé s'élève, en réalité, à 4 515 914 francs.

2. *Bulletin des Lois*, année 1876, 2e semestre, n° 311, p. 63, n° 5319. — La convention passée entre l'État et la Ville (29 février 1876) est annexée à la loi.

3. Voici les dimensions exactes. La surface des bâtiments de l'ancienne Faculté de Médecine était de 2485 mètres carrés, y compris les cours, et, avec les annexes de la rue Hautefeuille, de 3556 mètres carrés. L'îlot complet limité par la rue des Écoles, le boulevard Saint-Germain et la rue Hautefeuille, mesure 6930 mètres carrés.

n'avaient fait que s'accroître. Après deux ans de discussion les plans n'étaient pas encore adoptés.

Cependant l'application du décret du 20 juin 1878 qui rendait les travaux pratiques obligatoires pour tous les étudiants ne souffrait plus de délai. Pour y donner satisfaction, il fallut se décider à transporter temporairement l'École pratique dans les bâtiments évacués par le collège Rollin ; et là l'expérience établissait bientôt que la surface, relativement considérable, occupée par cette installation provisoire — 8000 mètres — était insuffisante [1]. L'urgence d'une solution, soutenue avec autorité par M. le professeur Farabeuf, mise en pleine lumière au Conseil municipal par des interprètes convaincus, triompha des dernières difficultés [2]. Aujourd'hui, dans les plans qui s'exécutent, l'École pratique, dégagée sur toutes ses faces et poussée jusqu'au boulevard Saint-Germain, occupe avec la Faculté une superficie de 21 000 mètres (exactement 21 042) [3], la clinique du Luxembourg non comprise. C'est un peu moins que la Faculté de Lyon, qui a été traitée avec une magnificence incomparable [4]; c'est plus que les Universités d'Allemagne les mieux organisées, Bonn exceptée [5].

1. La dépense de cette installation s'est élevée à 392 903 francs : 200 000 de compte à demi entre l'État et la Ville ; 192 903 à la charge exclusive de l'État.

2. Procès-verbaux du Conseil municipal (séance du 24 décembre 1880). Rapport de M. Levraud.

3. 6930 mètres carrés pour la Faculté ; 14 112 mètres carrés pour l'École pratique. — Voir aux Annexes le plan n° 3.

4. La surface occupée par la Faculté de Médecine de Lyon est d'environ 25 000 mètres carrés, dont partie (11 550) appartenait déjà à la Ville, partie (13 450) a été acquise par voie d'expropriations.

5. Nous avons pris possession de l'École pratique reconstruite, le 1er novembre 1885.

Les études et les négociations relatives à la Sorbonne ont été plus laborieuses encore. Mais il semble qu'il soit dans la destinée de la Sorbonne d'attendre et qu'elle n'ait pas à le regretter.

Félibien raconte[1] que, « le jour où, en présence du cardinal de Richelieu, on commença les travaux de réédification du collège de Robert Sorbon, on mit dans les fondations une grande médaille d'argent où la Sorbonne estoit représentée sous la figure d'une vénérable vieille qui tenoit une Bible de la main gauche et avoit la droite appuyée sur le Temps avec cette inscription tout autour : *Huic sorte bona senescebam*, pour marquer que c'étoit un effet de son bonheur que sa vieillesse fût parvenue jusqu'au temps d'un pareil restaurateur[2]. » Cette fois encore, le temps

1. *Histoire de la Ville de Paris*, composée par *D. Michel Félibien*, revue, augmentée et mise au jour par *D. Guy Alexis Lobineau*, tous deux prêtres religieux bénédictins de la Congrégation de Saint-Maur, justifiée par des preuves authentiques et enrichie de plans, de figures et d'une carte topographique. Tome II, livre 27, § 56, p. 1378.

2. Sur l'état des bâtiments avant la restauration, voir le discours de Filesac, docteur de Sorbonne, publié en 1629 sous le titre de : *Sorbona instaurata, seu Illustriss. Cardinali D. Joanni Armando de Richelieu, Provisori Sorbonæ, actio gratiarum.* « Cum itaque Sorbonæ parietes ipsi, ut est rerum humanarum conditio, post tot secula sensim et hiascere et solvi viderentur, de iis non modo fulciendis, quin potius in novam aliquam eamque præstantissimam formam restituendis, necessario cogitandum fuit.... » (*L'Administration en France sous le ministère du cardinal de Richelieu* par J. Caillet, docteur ès lettres, 2e édition refondue, tome II, chap. XIV, p. 270 et suiv.) — Voici, d'autre part, comment est décrite la rue de la Sorbonne après la restauration : « La plus grande partie, pleine de boues et immondices, et l'autre partie avons veu plusieurs plâtras, graviers et fumiers. » Procès-verbal de visite du 30 avril 1636. (*Estat, noms et nombre de toutes les rues des vingt quartiers de Paris en 1636 d'après le manuscrit inédit de la Bibliothèque nationale, précédés d'une étude sur la voirie et l'hygiène publique à Paris depuis le douzième siècle*, par Alfred Francklin, de la Bibliothèque Mazarine, Paris, 1873, page 114.) — Relativement à l'exact emplacement de la Sorbonne, on consultera utilement le *Plan topographique et raisonné de Paris*, ouvrage utile au citoyen et à l'étranger. Dédié et présenté à Monseigneur le duc de Chevreuse, gouverneur de Paris, par les sieurs Pa-

lui a profité. De tous les projets d'agrandissement qui ont été étudiés, celui qui a obtenu la récente approbation du Parlement est assurément le plus avantageux et le mieux conçu.

On rattache volontiers à la pierre solennellement posée en 1855 — cette pierre devenue presque légendaire — l'étude de la reconstruction contemporaine. Nos vœux et les obstacles qu'ils ont rencontrés ont une plus longue histoire.

Presque au lendemain des Ordonnances du 3 janvier et du 27 février 1821, qui « rendaient au service de l'Instruction publique l'ancienne maison de Sorbonne et les bâtiments en dépendant », les Facultés qui y avaient été installées avec l'Académie de Paris se trouvaient à l'étroit. Mais, avant de songer à en poursuivre l'agrandissement, il fallait s'en assurer la possession. Or cette possession était disputée par le Domaine, et l'on n'a pas aisément raison du Domaine. Le droit semblait cependant incontestable. Les bâtiments de la Sorbonne, devenus biens nationaux en vertu de la loi du 18 août 1792, faisaient régulièrement partie de la dotation de l'Université en vertu du décret du 11 décembre 1808[1]. Le Domaine se fondait sur l'arrêté du 19 vendémiaire an X, qui les avait mis « à la disposition du Ministre de l'Intérieur pour y loger les gens de lettres et ceux des artistes qui n'avaient pu être réintégrés dans le collège Mazarin » ; il oubliait que

quier et Denis. Troisième édition, corrigée et augmentée, 1771, avec privilège du Roy. A Paris, chez Pasquier, rue Saint-Jacques, vis-à-vis le collège de Clermont ; pages 10 et 12, troisième feuille du plan.

1. Aux termes de l'article 1er de ce décret, tous les établissements d'instruction publique qui n'avaient point été aliénés ou définitivement affectés à un autre service public par un décret spécial étaient donnés à l'Université.

cette affectation n'avait qu'un caractère provisoire. Si peu justifié qu'il parût, le litige dura plus de vingt ans.

En 1845 enfin[1], l'Université, demeurée maîtresse du terrain, put entrer en négociations avec la Ville, pour obtenir qu'elle lui cédât la propriété des bâtiments tant de la Sorbonne proprement dite que de l'annexe de la rue des Poirées (aujourd'hui rue Gerson), qui y avait été rattachée[2], et associer ainsi l'Administration municipale aux projets d'amélioration reconnus nécessaires[3]. Mais la remise des lieux, préparée en 1850[4], décrétée le 8 février 1852, ne fut elle-même définitivement accomplie que le 1er avril de la même année; tant il est difficile d'arriver à disposer de son bien!

Ces délais avaient été du moins utilisés. Dès 1837 l'administration supérieure avait mis à l'étude les moyens « d'établir d'une façon convenable, dans le bâtiment de la Sorbonne, l'enseignement des Facultés et particulièrement celui de la Faculté des Sciences, dont l'état était déplorable[5] ». Cette première enquête demeura sans résultat. Elle fut reprise en 1845. La commission, qui comptait dans son sein MM. Rousselle, recteur, J.-B. Dumas, Le Clerc, l'abbé Glaire, Pouillet, Libri et Milne Edwards[6], avait préparé trois combinaisons[7]. On pro-

1. Ordonnance du 21 août. — Arrêté du 13 décembre.
2. Ordonnance du 16 mai 1821. C'est là qu'avait été installée provisoirement l'École Normale Supérieure.
3. Ordonnance du 6 novembre 1839.
4. Arrêté du 11 juin.
5. Voir aux Annexes, n° III, le Rapport de M. J.-B. Dumas et le plan n° 4.
6. Arrêté du 17 novembre 1845.
7. Voir aux Annexes, n° IV, le Rapport de M. J.-B. Dumas et le plan n° 4.

posait soit de transporter la Faculté des Sciences hors de la Sorbonne et même hors du quartier latin, soit de développer la Sorbonne, au sud, derrière le chevet de l'église, sur la rue Saint-Jacques et la rue des Poirées, soit de chercher l'extension nécessaire du côté du nord, vers la rue des Mathurins.

La première proposition avait été repoussée d'un avis unanime; on ne voulait pas quitter la Sorbonne. La troisième offrait l'avantage de s'attaquer à des maisons de peu de valeur; elle permettait, en même temps, de donner à l'édifice de Richelieu une entrée d'honneur et un débouché sur une voie dont on projetait l'ouverture, laquelle, partant de la place Cambrai pour aboutir à l'École de Médecine — c'est aujourd'hui la rue des Écoles, — devait mettre en communication le faubourg Saint-Germain et le pays latin. Mais l'entrée d'honneur se présentait obliquement à l'axe des bâtiments, et l'ensemble de l'opération soulevait de grandes difficultés d'exécution[1]. Plus coûteuse, mais plus décisive était la seconde combinaison, celle qui avait pour objet l'expropriation des bâtiments de la rue Saint-Jacques et de la rue des Poirées. Elle assurait immédiatement un terrain de près de 2000 mètres, indépendant et régulier. Deux vastes constructions pouvaient y trouver place : un amphithéâtre capable de contenir 2400 personnes et destiné aux grandes solennités de l'Université; — un bâtiment en forme de cloître, propre à recevoir, au rez-de-chaussée, les salles d'enseignement de la Faculté des Sciences et ce qu'on appelait alors les ateliers de préparation, éclairés par une cour spacieuse; dans les étages supérieurs, les galeries et les collec-

1. En écartant le projet, on se bornait à indiquer comme désirable l'isolement de la Sorbonne de ce côté par une large rue.

tions. La dépense totale était évaluée à 5 045 620 fr. : 2 538 420 fr. pour les terrains à acquérir, 2 507 200 fr. pour les constructions à élever. Ce fut le parti qui prévalut[1]. Adoptée par le Conseil académique dans une séance qu'avait voulu présider le Ministre, M. de

1. Séance du 9 mars 1846. Voici l'extrait du procès-verbal :

« M. le Rapporteur, dans un exposé plein de précision et de clarté, fait connaître les points principaux qui ont fixé l'attention de la Commission dans son importante délibération : ce sont l'insuffisance de l'installation actuelle des Facultés des Lettres, des Sciences et de Théologie; l'impossibilité où se trouve, en particulier, la Faculté des Sciences, de placer et d'accroître ses collections, d'instituer des manipulations en faveur de ses élèves; les dépenses qu'exigerait une restauration bornée au développement de l'enseignement oral, comparées à celles qui seraient nécessaires pour une restauration embrassant l'enseignement oral, les travaux des élèves, les collections publiques et l'administration de la Faculté; les travaux de construction réclamés par les besoins communs aux trois Facultés des Lettres, des Sciences et de Théologie; les inconvénients graves qu'il y aurait à séparer la Faculté des Sciences des deux autres Facultés et des divers services de l'Académie de Paris; enfin la nécessité de pourvoir à la construction d'une nouvelle salle pour la distribution des prix du Concours général en remplacement de la salle actuelle, qui est insuffisante et qui menace ruine.

« Après un mûr examen, la Commission a adopté, à l'unanimité, le programme d'un projet d'agrandissement de la Sorbonne, d'après les bases suivantes : une cour principale, entourée de promenoirs ouverts; une grande salle, pouvant contenir environ deux mille quatre cents personnes, pour la distribution des prix du Concours général; une cour particulière autour de laquelle sont rangés les ateliers de préparation, et dans les étages supérieurs toutes les collections; enfin une partie de bâtiment réservée à l'administration de la Faculté des Sciences et au logement du doyen.

« D'après les combinaisons de ce projet, les Facultés des Lettres et de Théologie et l'Académie de Paris prendraient possession, dans les anciens bâtiments de la Sorbonne, des localités occupées aujourd'hui par la Faculté des Sciences, et y trouveraient, moyennant des modifications peu importantes, tous les services qui leur sont nécessaires.

« Les dépenses de construction s'élèveraient à la somme de 2 507 200 fr.

« Les terrains à acquérir sont évalués à 2 538 420 francs.

« La Commission pense que la ville de Paris devrait intervenir et se charger de l'achat des terrains; l'État, de son côté, demeurant obligé à l'égard des constructions nouvelles à y élever; constructions qui, du reste, deviendraient la propriété de la Ville et devraient être entretenues par elle en bon état de réparations à l'avenir, selon le contrat général passé entre la Ville et l'Université.

« La Commission propose, en conséquence, que son programme et l'avant-projet, préparé par M. l'architecte du Ministère de l'Instruction

Salvandy, la conclusion fut immédiatement soumise à la ratification du Conseil municipal[1].

Par suite d'une nouvelle série de lenteurs et de contretemps, aucune résolution n'était encore arrêtée lorsque intervint (24 juillet 1852) le décret qui décidait l'ouverture de la rue des Écoles. On recommença l'étude du projet[2], en l'appliquant aux terrains devenus libres entre la rue des Écoles, la rue de la Sorbonne et la rue Saint-Jacques; et, par un décret du 11 août 1855, cet emplacement, qui mesurait une superficie de plus de 5000 mètres (exactement 5116m,60), fut affecté à la Sorbonne. En même temps, un plan de restauration générale était concerté entre la Ville et l'État, qui devaient

publique, soient renvoyés au Conseil des bâtiments civils pour être préparés, par une discussion sur les bases et les détails entre elle et ce Conseil, à l'examen ultérieur qui en serait fait avec MM. les délégués du Conseil municipal de la ville de Paris.

« Le Conseil académique, après avoir délibéré sur les propositions de la Commission, reconnait qu'il est urgent d'affecter un établissement spécial et complet au service de la Faculté des Sciences, et de construire à cet effet un nouvel édifice, qui, rattaché aux bâtiments de la Sorbonne, permette de réunir dans une même enceinte les Facultés de Théologie, des Lettres et des Sciences, la bibliothèque de l'Université, la salle de la distribution des prix du Concours général et les divers services de l'Académie de Paris.

« Le Conseil estime en conséquence qu'il y a lieu de renvoyer au Conseil des bâtiments civils le programme de la Commission et l'avant-projet de l'architecte pour être procédé comme il a été dit plus haut. »

1. Voir l'arrêté ministériel du 18 septembre 1846. « Il est formé, pour prendre connaissance des plans et rapports relatifs aux travaux projetés à l'édifice de la Sorbonne et émettre à cet égard un avis motivé, une commission mixte composée des délégués de l'Université et des membres du Conseil municipal de Paris désignés par le Préfet de la Seine, savoir : M. le baron Thenard, chancelier de l'Université, pair de France, président; l'inspecteur général vice-recteur de l'Académie de Paris; Galis, Pelassy de l'Ousle, Périer, Horace Say, Mortimer-Ternaux, membres du Conseil municipal; J.-B. Dumas, Victor Le Clerc, l'abbé Glaire, Pouillet, professeurs de Faculté; Durand, architecte de la ville; de Gisors, architecte de l'Université.

2. Arrêté du 15 décembre.

l'exécuter à frais communs[1]. La dépense totale était évaluée à 8 millions de francs. L'Administration académique, la Bibliothèque de l'Université, le grand amphithéâtre, la Faculté des Lettres, étaient établis sur le terrain nouveau; la Faculté de Théologie restait à la place qu'elle occupait depuis l'origine près de l'église; la Faculté des Sciences prenait tout le reste. Jamais nous n'avions été plus près d'atteindre le but. Les chantiers de travail avaient même été ouverts, et le 14 août, après la distribution des prix du Concours général, la première pierre était scellée. Le lendemain, cette solennité était proposée pour sujet de vers latins aux candidats à l'agrégation des classes supérieures[2]. Mais les murs ne pouvaient pas s'élever d'eux-mêmes aux accents des Amphions modernes. On ne bâtit qu'avec des millions. La ville de Paris, qui avait déjà consacré plus de 1800000 fr. à l'expropriation des bâtiments du terrain de la rue des Écoles[3], tenait toute prête sa contribution de 4 millions; l'État n'était pas en mesure de verser la sienne. Le Ministre de l'Instruction publique, qui s'était engagé à fournir les ressources, ne les avait pas. Le Ministre des Finances, qui disposait des ressources, ne se considérait pas comme obligé par un engagement qu'il n'avait pas été appelé à souscrire. La somme due à la caisse

1. Traité du 10 août 1855.

2. « Anno Domini 1855, curante summo Gallicæ Universitatis præside, frequentissimo discipulorum et magistrorum, necnon Parisiensis ædilitatis atque omnium ordinum concursu, Sorbonici palatii, ad majorem bonarum artium gloriam novis incrementis augendi atque amplificandi, prima fundamenta rite ponuntur. »

3. « C'était pour la Ville », disait M. Haussmann, dans son discours au Ministre, le jour de la pose de la première pierre, « l'accomplissement d'un pieux devoir que de s'associer dans la plus large mesure à l'acte qui assure enfin des auditoires dignes d'eux aux plus illustres interprètes de l'Université nouvelle. J'ose même dire que la Ville a pris l'initiative de cet acte réparateur lorsqu'elle a percé, à travers des quartiers ignorés du grand nombre de la rue des Écoles, cette large voie dont la direction, quelque temps indécise, est aujourd'hui définitivement fixée. »

municipale pour l'expropriation n'était même pas complètement soldée. Ordre fut donné de cesser les travaux. On se borna à poursuivre l'examen des plans et devis, en élargissant sur le papier les bases du projet. En dernier lieu, l'opération devait comprendre le périmètre limité par la rue et la place Gerson (l'ancienne rue des Poirées), la rue Saint-Jacques, la rue des Écoles et la rue de la Sorbonne; la dépense totale était évaluée à 12 500 000 fr.[1].

Il semblait qu'il fût réservé à la longue et féconde administration de M. V. Duruy de mettre fin à cette situation étrange. Mais sur quels fonds aurait-il pu risquer une telle entreprise? Obligé de vivre au jour le jour et souvent d'expédients, ne pouvant grossir un article de son budget qu'au détriment de tous les autres, justement préoccupé d'ailleurs des progrès de l'enseignement proprement dit, le vaillant Ministre dut se borner à enrichir les collections de la Faculté des

1. Le 2 mars 1867, le Préfet de la Seine écrivait au Ministre de l'Instruction publique : « Le devis estimatif des travaux de construction de la Sorbonne s'élève, après revision, à la somme de 9 379 266 fr.

« En outre, les acquisitions à faire pour la formation du périmètre de l'édifice donneront lieu, suivant l'estimation qui a été dressée, à une dépense approximative de … 1 315 000

Ensemble … 10 694 266

« D'un autre côté, les acquisitions précédemment réalisées par la ville de Paris se sont élevées, en principal et frais, déduction faite de la valeur des matériaux et des terrains revendus, à la somme de 1 802 070 fr. 44 c.

« Il résulte de ce qui précède que l'agrandissement de la Sorbonne donne lieu à une dépense totale de … 12 496 336 fr. 44 c.

dont la Ville consentirait à prendre la moitié à sa charge, soit 6 248 168 fr. 22 c.

« Sur la somme de 901 035 fr. 22 c. qui représente la moitié de la dépense nette à la charge de l'État pour les acquisitions réalisées et soldées, il n'a été versé jusqu'ici à la caisse municipale que 425 000. Il reste donc dû à la Ville, de ce chef, 476 035 fr. 22 c. »

Sciences, à créer l'École des Hautes Études et les laboratoires de recherches, à ouvrir pour les cours libres de la Faculté des Lettres les amphithéâtres de la rue Gerson qu'on appelait la petite Sorbonne; et toutes ces améliorations n'avaient fait que rendre plus sensible la nécessité d'un agrandissement.

La question ne pouvait manquer de ressaisir les esprits après nos malheurs. Dès les derniers mois de l'année 1871, tandis que, sous l'active impulsion de M. J. Simon, l'administration de l'instruction publique faisait dresser dans toute la France l'inventaire des richesses, ou plutôt de la misère de notre enseignement supérieur, le Préfet de la Seine, M. Léon Say, d'accord avec le Conseil municipal, se déclarait en mesure de rouvrir les négociations restées en suspens. On ne pensait pas pouvoir reprendre l'ancien projet avec tous ses développements en raison de la dépense; mais on avait à cœur d'inaugurer les travaux[1]. Cependant trois années se passèrent encore en pourparlers.

Il était clair que, loin d'être exagérés, les plans de 1855 n'étaient plus en rapport avec la situation. On offrait à la Faculté des Sciences de se transporter sur les terrains retranchés du jardin du Luxembourg; mais elle ne pouvait se résoudre à s'éloigner[2]. Après s'être emparée de tout ce qui était disponible dans l'enceinte de la vieille Sorbonne, elle avait, avec le concours de l'Administration municipale, cherché un complément d'abri dans les maisons riveraines de la rue Saint-

1. Lettre du Préf[illegible] de [illegible]ine au Ministre, 7 octobre 1871.
2. Voir aux An[illegible]exes, n[illegible] les délibérations des 15, 18 et 20 décembre 1871.

Jacques[1], s'y ménageant, comme elle pouvait, un peu d'espace, d'air et de lumière; et bientôt, ces masures ne suffisant plus elles-mêmes à ses ateliers de travail, elle avait envahi le terrain libre de la rue des Écoles, et disputé la place au chantier des tailleurs de pierres qui s'y était installé. Ces extensions croissantes faisaient entrer les études dans une phase nouvelle.

Le Parlement s'émut à son tour. Le 10 décembre 1874, la commission du budget demanda qu'un projet de loi lui fût soumis.

Depuis ce moment, trois plans ont été successivement élaborés.

Dans le premier, introduit au Conseil municipal en 1876 (23 décembre) et présenté à la Chambre des Députés en 1878, on proposait:

1° De maintenir le périmètre des bâtiments qui constituaient l'ancienne Sorbonne, avec adjonction du terrain de la rue des Écoles, et de six maisons de la partie inférieure de la rue Saint-Jacques: le tout occupant entre la rue des Écoles et la rue Gerson un emplacement à peu près rectangulaire, sauf une enclave formée par le groupe de huit maisons sises au coin de la rue Saint-Jacques et de la place Gerson;

2° D'édifier sur cet emplacement de nouveaux bâtiments raccordés avec les anciens, et d'affecter les locaux anciens et nouveaux à l'Académie de Paris, à la Faculté de Théologie et à la Faculté des Lettres;

3° De transférer la Faculté des Sciences sur un terrain de la rue de l'Abbé-de-l'Épée, provenant de l'ancienne

1. Ces maisons (nos 112 à 122) avaient failli être détruites en 1856. C'est M. J.-B. Dumas, Président du Conseil municipal, qui avait arrêté la pioche des démolisseurs en demandant que les masures qu'on était décidé à abattre fussent louées à la Faculté pour y établir des laboratoires. — Voir aux Annexes le plan n° 3.

pépinière du Luxembourg, d'une contenance d'environ 15000 mètres, ledit terrain cédé gratuitement par l'État[1].

La dépense était évaluée à 8000000 fr. : 3500000 fr. pour la construction des bâtiments neufs de la Sorbonne — on ne faisait pas réparer les bâtiments anciens; — 4500000 francs pour l'édification de la Faculté des Sciences[2].

Ce plan était fait surtout pour donner satisfaction à la Faculté des Sciences. Cependant les objections de la Faculté persistaient. Comme en 1846, comme en 1874, les professeurs se refusaient à quitter l'enceinte de la Sorbonne; ils ne voulaient pas se séparer de la Faculté des Lettres; ils regrettaient le voisinage du Collège de France et de la Faculté de Médecine; ils craignaient enfin que leurs cours ne fussent d'un accès moins facile pour leurs auditeurs ordinaires et pour les jeunes maîtres de nos lycées. Ces appréhensions ayant trouvé créance et appui au Conseil municipal, diverses propositions vinrent se greffer sur le projet[3].

La Faculté des Sciences proprement dite avait suggéré l'idée de lui donner tous les terrains situés au nord et à l'est de la Sorbonne, c'est-à-dire l'emplacement compris entre la place Gerson, la rue Saint-Jacques, la rue des Écoles, la Sorbonne et la rue de la Sorbonne, ce qui équivalait à demander l'îlot entier, sauf l'ancienne Sorbonne, qu'on laissait aux services qui

1. Cette cession gratuite de l'État à la Ville était considérée comme équivalente à la cession faite par la Ville à l'État des terrains de la rue des Écoles.

2. Voir le rapport de M. Harant au Conseil municipal (20 mars 1877) et le projet de loi de M. Bardoux (11 janvier 1878).

3. Voir la dépêche ministérielle du 1er mars et le rapport précité de M. Harant.

l'occupaient. Mais ces conditions avaient bientôt paru inacceptables à ceux-là même qui étaient le plus intéressés à les soutenir[1]. D'une part, elles élevaient considérablement le chiffre de la dépense; — l'acquisition des maisons du coin de la rue Saint-Jacques et de la place Gerson n'était pas estimée à moins de 3 à 4 millions; — d'autre part, elles rendaient presque impossible toute amélioration sérieuse pour la Faculté des Lettres, la Bibliothèque et l'Académie.

Pour faire le champ libre, d'autres avaient pensé à transporter sur les terrains du Luxembourg les services administratifs de l'Académie et la Bibliothèque de l'Université. « Il n'est personne qui ne reconnaisse, disait-on, que les bureaux de l'Académie sont peu dignes d'une grande administration de Paris, qu'il ne s'y trouve des locaux convenables ni pour les réunions des conseils académiques, ni pour les réceptions des savants français et étrangers que la Ville voudrait dignement recevoir. Il serait utile d'y placer une grande bibliothèque universitaire, d'y établir des locaux pour les agrégations et tous les examens scolaires, d'y refaire même une salle pour les solennités, qui ont lieu actuellement dans la salle dite du Concours, si incommode, si exiguë et si insuffisante. Nous irions ainsi au-devant d'une pensée que le Ministre a exprimée et à laquelle certainement Paris tiendra à s'associer, celle de faire de ce palais académique non seulement le chef-lieu des établissements de l'État qui sont du ressort de notre Académie, mais une sorte de métropole de l'enseignement universitaire[2]. » C'était une idée très acceptable

1. Proposition de loi relative à l'agrandissement de la Sorbonne et à la construction d'un bâtiment spécial pour la Faculté des Sciences, présentée par M. Paul Bert (4 juin 1878), page 11.

2. Rapport de M. Harant (20 mars 1877), déjà cité.

en elle-même, mais qui ne résolvait pas le problème: ni l'Administration académique, ni la Bibliothèque n'avaient besoin de tant de place, et celle qu'elles auraient faite à la Sorbonne n'eût fourni qu'une médiocre ressource.

Le projet, finalement adopté par le Conseil municipal (5 avril 1877) tel qu'il avait été préparé par le Ministre de l'Instruction publique, avait été présenté à la Chambre (11 janvier 1878). Il y fut l'objet d'un nouvel et considérable amendement.

On proposait de transporter le lycée Louis-le-Grand sur les terrains de l'ancien hospice des Incurables, rue de Sèvres, et d'installer la Faculté des Sciences sur l'emplacement du lycée Louis-le-Grand, les conditions pour l'aménagement de la Sorbonne demeurant les mêmes qu'au projet ministériel[1]. L'idée était séduisante. La Faculté trouvait là, à sa porte, une surface de plus 15 000 mètres (exactement, 15 691). Mais il n'y avait pas à compter sur les bâtiments du lycée, contrairement à ce qu'avait pensé l'auteur de l'amendement, M. P. Bert: ils étaient à reprendre jusqu'aux assises, et la dépense de reconstruction n'était pas évaluée à moins de 5 247 400 francs[2]. Que faire d'ailleurs de Louis-le-Grand? L'hospice des Incurables offrait, sans doute, un espace enviable : 36 857 mètres, près de deux fois et demie la superficie du lycée. Mais les locaux n'étaient pas libres. Eussent-ils été disponibles, il fallait les

1. Proposition de loi de M. Paul Bert (4 juin 1878). Rapport déjà cité. L'idée n'était pas absolument nouvelle. En 1849 M. J.-B. Dumas avait demandé que le lycée Louis-le-Grand, auquel la République avait donné le nom de lycée Monge, fût transféré dans les bâtiments du Temple, à charge d'établir la Faculté des Sciences ou l'un des autres services installés à la Sorbonne dans les locaux du lycée Monge. (Voir les procès-verbaux des délibérations de la Faculté des Sciences, séance du 6 mars 1849.)

2. Rapport de M. Ginain (17 mai 1879).

aménager : ce qui ne pouvait se faire sans des frais énormes.

En présence de ces divergences d'avis et de ces difficultés d'exécution, le Gouvernement prit le parti de retirer son projet.

Une deuxième proposition fut présentée au Conseil municipal en 1879 (30 octobre). Les bases financières étaient les mêmes que dans la première. L'État fournissait les terrains du Luxembourg; la Ville, ceux de la rue des Écoles et les six maisons de la rue Saint-Jacques; elle apportait, en outre, au fonds commun une contribution à forfait de 4 millions[1]. La seule différence avec le projet antérieur — différence, il est vrai, considérable, — c'est que les terrains du Luxembourg étaient exclusivement réservés aux services des cours de sciences physiques et naturelles (amphithéâtres, laboratoires et collections). Le siège de la Faculté était maintenu à la Sorbonne avec les chaires des sciences mathématiques et les examens. Pour retrouver l'emplacement que nécessitait cette modification, les logements des doyens et un certain nombre d'amphithéâtres prévus dans le premier plan étaient supprimés[2]. Cette combinaison, que les professeurs de la Faculté des Sciences acceptaient[3], avait également obtenu les suffrages de la Commission du Conseil municipal. Elle échoua au sein du Conseil devant deux prétentions qui se produisirent au cours de la délibération : l'une relative à la mise au concours du projet, concours que, dans les conditions du forfait qu'il avait accepté, l'État se

1. Rapport au Conseil municipal par M. Harant (séance du 8 décembre 1878).

2. Dépêche du Ministère de l'Instruction publique, 30 octobre 1879.

3. Délibérations des 11 et 13 novembre 1879.

montrait peu disposé à admettre; l'autre touchant à la place réclamée pour les membres de l'enseignement libre, à qui le Conseil voulait assurer le droit de faire des cours sans qu'ils fussent tenus à aucune justification de titre ni autorisation[1].

Ce défaut d'entente, survenu à la dernière heure, eut du moins pour heureux effet de provoquer un nouvel et définitif examen de la question[2]. La discussion aboutit au traité du 30 juin et à la loi du 22 août 1881. Satisfaction était donnée au Conseil municipal pour les cours libres dans les limites de la loi, et le principe du concours était accepté. En retour, la Ville acceptait le partage de la dépense conformément au principe de la convocation primitive, et le périmètre assigné à la nouvelle Sorbonne, comprenant tout l'espace qui, s'étendant de la rue Cujas à la rue des Écoles d'une part, d'autre part de la rue Saint-Jacques à la rue de la Sorbonne et à la rue Victor-Cousin, était augmenté de près d'un tiers[3].

Le plan de 1846 aurait fourni au centre de nos études universitaires une superficie d'environ 9000 mètres. Celui de 1855 portait cette surface à 14 000 mètres, l'annexe de la rue Gerson comprise. Dans le projet qui est à la veille d'être exécuté, nous disposons de près de 20 000 mètres (exactement 19 702^{m},40), soit une étendue de plus du double relativement au projet d'origine. Sans doute, la translation partielle sur les terrains du

1. Articles additionnels présentés par M. Bourneville (20 janvier 1880). — Rapport complémentaire présenté par le même (31 janvier 1880).
2. Rapport de MM. Engelhard, de Heredia et Cernesson au nom des 3e, 4e et 5e commissions (2 juin 1881).
3. Voir aux Annexes, n° VII, la Convention et le plan n° 6.

Luxembourg nous plaçait dans des conditions d'espace encore plus favorables; mais les proportions de l'emplacement obtenu dépassent les limites que la Faculté des Sciences traçait elle-même en 1877, en reconnaissant la difficulté de les atteindre; et, conformément à son vœu réitéré, nous conservons à la métropole de l'enseignement supérieur son unité séculaire[1]. Qui sait au surplus si, un jour, l'administration municipale ne trouvera pas, de concert avec l'administration de l'instruction publique, le moyen de pousser de nouveau l'extension de la Sorbonne vers la rue Soufflot, plus près encore de la Faculté de Droit, la sœur aînée de nos Facultés scientifique et littéraire, dans cette région qui est presque — qu'on nous permette de le dire — la région patrimoniale de l'Université[2]?

1. Voici à titre de renseignement le tableau comparatif des surfaces actuellement occupées et des surfaces demandées par les différents services pour la reconstruction :

	SURFACES	
	actuelles.	demandées.
1° Académie et services communs. .	2 805 mq 12	5 437 mq 00
2° Faculté de Théologie.	472 76	911 00
3° Faculté des Sciences.	7 537 00	15 000 00
4° Faculté des Lettres.	800 74	4 121 00
5° Bibliothèque de l'Université. . . .	(a) 782 00	1 565 00
6° Bibliothèque Cousin	(b) 259 00	260 00
7° École des Hautes Études	123 00	123 00
Totaux.	12 780 mq 62	21 417 mq 00

a. Ce chiffre ne comprend pas les surfaces de l'appartement du conservateur et des logements des agents, qui restent à déterminer.

b. La superficie murale actuelle des casiers est de 2523 mq. La superficie murale demandée est de 5050 mq.

2. Les travaux ont été partagés en trois séries : 1re série, bâtiments sur la rue des Écoles; 2e série, bâtiments de la rue Gerson; 3e série,

Si considérables, en effet, que paraissent ces agrandissements et si satisfaisants qu'ils puissent être, ils ne font que répondre aux besoins présents. Pour le reconnaître, il suffit de se rendre compte des nécessités créées par le développement de la collation des grades,

bâtiments du centre. Les travaux de la première série ont été commencés le 1er septembre 1884. La première pierre a été solennellement scellée le 3 août 1885 (voir aux Annexes, n° VI). La plaque commémorative porte l'inscription suivante :

L'AN MDCCCLXXXV
LE III AOUT
M. JULES GRÉVY
étant Président de la République française,
M. RENÉ GOBLET,
Ministre de l'Instruction publique, des Beaux-Arts et des Cultes;
assisté de M. GRÉARD,
Vice-Recteur de l'Académie de Paris, membre de l'Institut,
En présence de MM.

POUBELLE, Préfet de la Seine,	MICHELIN, Président du Conseil municipal,

A posé la première pierre de
LA SORBONNE
Reconstruite et agrandie à frais communs
par l'État et la Ville de Paris.

M. Paul Nénot, architecte.

Les travaux de restauration de la Sorbonne au XVIIe siècle n'ont pas duré plus de huit ans, et l'industrie ne disposait pas alors des engins que lui fournit la science moderne. « Les plans des nouvelles constructions, dressés par l'architecte Jacques Lemercier, dit un historien, furent soumis à la maison de Sorbonne le 20 juin 1626. L'année suivante, la première pierre de la grande salle fut posée par l'archevêque de Rouen, Mgr François de Harlay.... Le nouvel édifice, composé de trois corps de logis, encadrait une cour en parallélogramme avec deux larges entrées.... Lorsque les constructions du collège furent terminées, Richelieu s'occupa de l'église, dont il posa lui-même la première pierre, le 15 mai 1635, sur l'emplacement du collège de Calvi. » (*Histoire de l'Université de Paris au dix-septième et au dix-huitième siècle*, par Charles Jourdain, 1862, chap. VII, p. 122-123.) — La loi du 22 août 1881 stipule un délai de six années.

par l'augmentation du nombre des chaires, enfin et surtout par les conditions mêmes de l'enseignement de la science tel qu'il doit se pratiquer, tel qu'il se pratique aujourd'hui.

II

Pour permettre de juger du développement de la collation des grades, nous nous bornerons à résumer les renseignements suivants :

Le nombre des grades conférés par la Faculté des Lettres[1], depuis son origine jusqu'au 1er janvier 1881, s'élève à 61 548 :

Baccalauréat	59 106	61 548
Licence	1 972	
Doctorat.	470	

A la Faculté des Sciences[2] il est de 50 013 :

Baccalauréat	26 978	30 013
Licence	2 580	
Doctorat	455	
Ensemble.		91 561

Or, d'après les résultats relevés dans les seize dernières années (1865 à 1880), la proportion normale des

1. Voir aux Annexes, n° VIII, l'état complet des diplômes délivrés depuis l'origine jusqu'au 31 décembre 1880.
2. Voir aux Annexes, n° IX, l'état complet des diplômes délivrés depuis l'origine jusqu'au 31 décembre 1880.

candidats reçus, relativement au nombre des candidats inscrits, s'établit ainsi :

	Baccalauréat.	Licence.
Sciences :	38,06 p. 100	62,37 p. 100
Lettres :	44,37 —	45,24 —

Le nombre des candidats inscrits s'élèverait donc :

Pour la Faculté des Lettres, à :

Baccalauréat	133 211	137 569
Licence	4 358	

Pour la Faculté des Sciences, à :

Baccalauréat.	70 882	75 019
Licence.	4 137	

Soit pour l'ensemble. . . . . 212 588[1]

Encore faut-il remarquer que, dans le calcul concernant le baccalauréat ès lettres, il n'a été fait compte que des candidats à l'examen de philosophie, c'est-à-dire de celui auquel est attaché le diplôme; qu'il y a lieu conséquemment, pour être exact, d'ajouter les candidats à l'examen de rhétorique, qui, depuis l'institution du baccalauréat scindé (1875), ont été au nombre de 13 748[2]; ce qui, en dernière analyse, constitue un total de 226 336 candidats.

. . . .

Nos renseignements ne remontent, pour la Faculté de Droit et l'École supérieure de Pharmacie, qu'à 1865; pour la Faculté de Médecine, qu'à 1872; et ils ne se rapportent qu'aux examens subis avec succès.

1. Nous laissons ici de côté les examens du doctorat, où les échecs sont une très rare exception.

2. Ce nombre a pu être établi d'après les registres.

Mais, même dans cette mesure, ils sont significatifs[1].

De 1865 à 1880 la Faculté de Droit a conféré 18 773 diplômes, savoir :

Certificat de capacité.	340
Baccalauréat	9 041
Licence	8 434
Doctorat	958
Total.	18 773

Comme le baccalauréat donne lieu au moins à 2 examens, la licence et le doctorat à 3, il en résulte que le nombre des examens subis a été — en admettant, par impossible, que tous les candidats aient réussi du premier coup[2] — de 46 258.

Dans la même période, l'École supérieure de Pharmacie a délivré 2322 diplômes, savoir :

Pharmacien de 1re classe. . .	1087	3322
— de 2e classe. . .	692	
Herboriste..	1543	

Ce qui, toujours dans l'hypothèse du succès à la première épreuve pour tous les candidats, suppose près de 13 300 examens[3].

1. Pour les Facultés de Théologie, voici les renseignements que nous possédons. De 1830 à ce jour, la Faculté de Théologie catholique a conféré 128 diplômes de baccalauréat, 64 de licence, 61 de doctorat. La Faculté de Théologie protestante, depuis sa translation à Paris (1876), a délivré 18 diplômes de baccalauréat, 6 de licence, 2 de doctorat.

2. Les étudiants inscrits dans la même période ont été au nombre de 36199. — Ils se répartissaient ainsi :

Certificat de capacité.	816
Baccalauréat	23 451
Licence.	10 162
Doctorat	1 170

3. Les épreuves du diplôme de 1re classe étaient au nombre de 8 sous le

Enfin, à la Faculté de Médecine, de 1872 à 1880 il a été conféré 5971 diplômes :

Docteur	4589
Officier de santé.	108
Sage-femme de 1re classe. . .	1216
— 2e classe. . . .	58
Total	5971

Or, ces diplômes étant obtenus : le premier après 9 épreuves, le deuxième après 5 épreuves, le total des examens subis, dans les mêmes conditions de réussite immédiate, s'élève au moins à 43 115, savoir :

Docteur.	41 501	43 115[1]
Officier de santé.	540	
Sage-femme de 1re classe.	1 216	
— 2e classe.	58	

Au surplus la progression du nombre des candidats fournit par elle-même des éléments d'appréciation suffisamment probants.

La Faculté des Sciences a commencé par délivrer 6 diplômes de baccalauréat (année 1810), et jusqu'en 1825 les brevets se comptent par unités. En 1847 nous constatons 621 candidats; en 1865, 1751; en 1875, 2109; en 1880, 2793; soit près de cinq fois plus qu'en 1847

régime du décret de 1851 ; il n'y en a plus que 7 aujourd'hui (décret du 14 juillet 1875). — Celles du diplôme de 2e classe ont été portées, au contraire, par le décret de 1875, de 4 à 6. — Quant au diplôme d'herboriste, il a toujours été délivré à la suite d'une seule épreuve.

1. Au cours de l'année scolaire 1885-1886, les Facultés et l'École supérieure réunies ont eu à faire subir près de 30 000 examens (exactement 29 762). Voir *l'Université de Paris en* 1885-1886, *Rapport du Conseil général des Facultés*.

(exactement 4,49). Pour la licence, la proportion a plus que doublé[1] : 69 en 1847, 84 en 1865, 157 en 1880[2].

A la Faculté des Lettres, en ne remontant qu'à vingt ans, pour le baccalauréat, nous passons de 2404 candidats en 1865, à 3633 en 1875, et à 4856 en 1880; pour la licence, de 75 en 1865 à 85 en 1869, 89 en 1875, 138 en 1880; soit, en moins de 15 ans, une augmentation de près du double[3].

A la Faculté de Droit, la progression semble, au premier abord, moins sensible. Le nombre des étudiants inscrits aux cours du baccalauréat descend de 1922 en 1865 à 1798 en 1869, à 1354 en 1876, à 1314 en 1880, soit une diminution de 31,63 pour 100. Il oscille, pour la licence, entre 500 et 600 : 596 en 1865, 717 en 1869, 552 en 1876, 509 en 1880; ce qui ferait une moyenne de 593. Pour le doctorat, il s'élève de 49 à 71, à 137, à 172, soit une augmentation de plus de trois fois et demie[4]. Ajoutons tout de suite que les diminutions ne sont qu'apparentes. En 1865 beaucoup d'étudiants qui figuraient sur les registres ne participaient pas aux examens. En 1880, grâce à la vigilance de M. le Doyen, nous sommes assuré de n'avoir que des élèves qui accomplissent des actes; et l'augmentation relativement si considérable du chiffre des aspirants au doctorat est la preuve que le mouvement ascensionnel est constant.

1. Le rapport est exactement de 2,27.
2. Voir aux Annexes, n° IX.
3. *Id.*, n° VIII.
4. En 1886 le nombre des examens subis a été de 6416, savoir :

Baccalauréat	3813
Licence.	1939
Doctorat	563
Certificat de capacité	61
Total. . .	6416

La même observation s'applique à la Faculté de Médecine.

Le doctorat, qui fournissait 1031 candidats en 1872, n'en comptait que 927 en 1876. Ce nombre se relève en 1878 à 1075, en 1879 à 1063. En 1847 il était de 230, en 1855 et en 1865 de 283; c'est-à-dire qu'il a plus que triplé[1].

On peut se faire une idée plus nette encore peut-être de la charge imposée par les examens aux Facultés de Paris en la comparant à celle des Facultés des départements, de 1855 à 1876.

Pour mieux assurer les bases de la comparaison, nous avons cru devoir, en raison des changements de règlement, distinguer dans ces vingt et une années deux périodes : la 1re, de 1855 à 1865; la 2e, de 1866 à 1876.

Le nombre des diplômes conférés par les Facultés de Paris relativement au nombre total des diplômes conférés dans toute la France, de 1855 à 1865, peut s'établir ainsi qu'il suit[2] :

1. En 1880 nous ne comptons que 889 candidats. Cette diminution s'explique par le changement apporté au régime des études. C'est la première année qu'a été appliqué le décret du 20 juin 1878. — Tous les concours de la Faculté, qui sont les épreuves de l'élite, témoignent d'un progrès croissant. « Aux concours d'agrégation en médecine, en chirurgie, en anatomie et physiologie, en histoire naturelle, en physique et en chimie, tous les élus et beaucoup de ceux qui ne l'ont pas été ont montré dans les épreuves les plus brillantes et les plus solides qualités. Notre corps enseignant est assuré de trouver de dignes successeurs. » (*L'Université de Paris en 1885-1886, Rapport du Conseil général des Facultés.*)

2. Les chiffres de cette période résultent d'un calcul pour la Faculté de Droit et pour la Faculté de Médecine de Paris, les renseignements nous faisant défaut. Nous avons pris pour base les deux années extrêmes, 1855 et 1865, pour lesquelles nous avions des indications précises, et nous avons appliqué aux années intermédiaires la moyenne de ces deux années, en tenant compte des quelques indications partielles que nous avons pu recueillir.

INDICATION des FACULTÉS.	CERTIFICAT DE CAPACITÉ.			BACCALAURÉAT.			LICENCE.			DOCTORAT.		
	Nombre des diplômes délivrés dans toute la France.	Nombre des diplômes délivrés à Paris.	Prop. p. 100 du nombre des diplômes délivrés à Paris relativement au nombre des diplômes délivrés dans toute la France.	Nombre des diplômes délivrés dans toute la France.	Nombre des diplômes délivrés à Paris.	Prop. p. 100 du nombre des diplômes délivrés à Paris relativement au nombre des diplômes délivrés dans toute la France.	Nombre des diplômes délivrés dans toute la France.	Nombre des diplômes délivrés à Paris.	Prop. p. 100 du nombre des diplômes délivrés à Paris relativement au nombre des diplômes délivrés dans toute la France.	Nombre des diplômes délivrés dans toute la France.	Nombre des diplômes délivrés à Paris.	Prop. p. 100 du nombre des diplômes délivrés à Paris relativement au nombre des diplômes délivrés dans toute la France.
Sciences. .	»	»	»	23 155	7591	32,78	898	538	59,91	133	96	72,18
Lettres. . .	»	»	»	30 193	8105	26,83	922	508	55,11	123	96	78,05
Droit. . . .	1025	354	34,60	9 335	6475	69,34	8978	5567	62,01	815	588	72,14
Médecine. .	»	»	»	»	»	»	»	»	»	4577	3554	76,62

On ne s'attendrait pas à trouver le même rapport de 1866 à 1876. Pendant ces dix années, cinq Facultés nouvelles ont été créées dans les départements : quatre de droit, une de médecine; quarante ont été complétées par des adjonctions de chaires. Il aurait dû résulter de ce développement des ressources de la province un allégement au profit de Paris, les jeunes gens trouvant sur place les directions nécessaires pour leur éducation professionnelle, et les familles ayant la facilité de leur faire subir près d'elles tous leurs examens, même ceux du baccalauréat classique proprement dit. Or il n'en est rien.

De 1865 à 1876 la proportion générale du nombre des bacheliers dans toute la France s'élève :

de 51,16 pour 100	pour le droit;
de 42,20 —	pour les lettres;
de 1,48 —	pour les sciences.

Même augmentation dans les examens de licence :

48,26 pour 100	pour les lettres;
36,71 —	pour le droit;
28,51 —	pour les sciences

Même augmentation et plus sensible encore dans l'examen de doctorat :

68,34 pour 100	pour le droit;
28,04 —	pour la médecine.

Mais la proportion de Paris s'est élevée en même temps :

de 28,02 pour 100 pour le baccalauréat ès lettres;
de 1,14 — — ès sciences;

de 29,22 pour 100 pour la licence ès lettres;
de 7,06 — — ès sciences;
de 5,12 — — en droit;
de 25,58 — pour le doctorat en médecine;
de 6,67 — — en droit.

Il n'y a diminution que pour le baccalauréat en droit, diminution peu importante, puisqu'elle n'atteint que 5,37[1].

Finalement, voici le rapport auquel on arrive :

1. « Les Facultés des Lettres et des Sciences de Paris, dit le rapport du Conseil général des Facultés (*l'Université de Paris en* 1885-1886), ont, à elles seules, plus de candidats à la licence que toutes les Facultés similaires des départements.... La Faculté des Sciences a examiné, dans les deux sessions de novembre 1885 et de juillet 1886, 280 candidats aux diverses licences, et elle a décerné 125 diplômes de licencié ; à savoir : 55 diplômes de licence ès sciences mathématiques sur 109 candidats, 59 diplômes de licence ès sciences physiques sur 128 candidats; 11 diplômes de licence ès sciences naturelles sur 43 candidats. La Faculté des Lettres a examiné, dans les sessions d'octobre 1885, avril et juillet 1886, 262 candidats aux diverses licences, et elle a décerné 83 diplômes, à savoir : 62 diplômes de licence ès lettres sur 104 candidats, 8 diplômes de licence philosophique sur 35 candidats, 12 diplômes de licence historique sur 59 candidats, 1 diplôme de licence des langues vivantes sur 4 candidats. Presque toutes les thèses doctorales ès sciences ou ès lettres sont soutenues devant elles. Elles ont en outre, à elles seules, autant d'étudiants réguliers que toutes les Facultés françaises de Sciences et de Lettres. La présence des maîtres au laboratoire ou à la salle de conférences serait nécessaire, au moment où ils sont retenus dans les salles d'examens. Ils y sont vraiment trop longtemps retenus.... Les professeurs de la Faculté des Sciences ont examiné, l'an dernier, en même temps que leurs 3436 candidats au baccalauréat ès sciences, 2285 candidats au baccalauréat ès lettres (seconde partie) sur les matières scientifiques; les professeurs de la Faculté des Lettres, en même temps que leurs 5374 candidats, ont examiné 2579 candidats au baccalauréat ès sciences pour la partie littéraire. Le nombre total des candidats a donc été pour les professeurs de la Faculté des Sciences de 5721, pour leurs collègues de la Faculté des Lettres de 7953. L'actuelle insuffisance des locaux rend cette besogne plus encombrante encore : les salles de cours sont occupées par les examens, et l'enseignement se trouve suspendu. Quelque effort que l'on fasse chaque année à la Faculté des Lettres pour que les étudiants n'attendent pas trop longtemps l'ouverture des conférences et des cours, le mois de novembre est à peu près perdu. Un mois est ainsi retranché de ce semestre d'hiver qui représente les trois quarts de l'année scolaire.... »

INDICATION des FACULTÉS.	CERTIFICAT DE CAPACITÉ			BACCALAURÉAT			LICENCE			DOCTORAT		
	Nombre des diplômes délivrés dans toute la France.	Nombre des diplômes délivrés à Paris.	Prop. p. 100 du nombre des diplômes délivrés à Paris relativement au nombre des diplômes délivrés dans toute la France.	Nombre des diplômes délivrés dans toute la France.	Nombre des diplômes délivrés à Paris.	Prop. p. 100 du nombre des diplômes délivrés à Paris relativement au nombre des diplômes délivrés dans toute la France.	Nombre des diplômes délivrés dans toute la France.	Nombre des diplômes délivrés à Paris.	Prop. p. 100 du nombre des diplômes délivrés à Paris relativement au nombre des diplômes délivrés dans toute la France.	Nombre des diplômes délivrés dans toute la France.	Nombre des diplômes délivrés à Paris.	Prop. p. 100 du nombre des diplômes délivrés à Paris relativement au nombre des diplômes délivrés dans toute la France.
Sciences. . .	»	»	»	26 597	7 668	28,83	1 154	576	49,91	152	107	81,05
Lettres. . . .	»	»	»	42 958	10 374	24,16	1 367	398	29,11	111	91	81,98
Droit.	1145	238	20,82	14 111	6 125	43,41	12 174	5855	48,07	1372	629	45,84
Médecine. . .	»	»	»	»	»	»	»	»	»	5644	4212	74,62

Si maintenant on réunit en une seule les deux périodes, on aboutit aux résultats suivants :

INDICATION des FACULTÉS.	CERTIFICAT DE CAPACITÉ			BACCALAURÉAT			LICENCE			DOCTORAT		
	Nombre des diplômes délivrés dans toute la France.	Nombre des diplômes délivrés à Paris.	Prop. p. 100 du nombre des diplômes délivrés à Paris relativement au nombre des diplômes délivrés dans toute la France.	Nombre des diplômes délivrés dans toute la France.	Nombre des diplômes délivrés à Paris.	Prop. p. 100 du nombre des diplômes délivrés à Paris relativement au nombre des diplômes délivrés dans toute la France.	Nombre des diplômes délivrés dans toute la France.	Nombre des diplômes délivrés à Paris.	Prop. p. 100 du nombre des diplômes délivrés à Paris relativement au nombre des diplômes délivrés dans toute la France.	Nombre des diplômes délivrés dans toute la France.	Nombre des diplômes délivrés à Paris.	Prop. p. 100 du nombre des diplômes délivrés à Paris relativement au nombre des diplômes délivrés dans toute la France.
Sciences. . .	»	»	»	49 752	15 259	30,67	2 052	1 114	54,28	265	203	76,60
Lettres. . . .	»	»	»	73 155	18 477	25,26	2 289	706	30,84	234	187	79,91
Droit.	2166	592	27,33	23 446	12 598	53,73	21 252	11 420	53,73	2 187	1217	55,64
Médecine. . .	»	»	»	»	»	»	»	»	»	10 021	7566	75,50

D'où il ressort, en résumé, que les Facultés de Paris confèrent, à elles seules, près des deux cinquièmes des grades obtenus dans toute la France (exactement 37,12 pour 100), et que cette proportion, qui ne descend pour aucun grade au-dessous du quart (c'est le rapport pour le baccalauréat ès lettres et le certificat de capacité en droit), atteint presque le tiers pour le baccalauréat ès sciences et la licence ès lettres, dépasse la moitié pour la licence ès sciences, le baccalauréat, la licence et le doctorat en droit, atteint les trois quarts et au-dessus pour le doctorat en médecine et le doctorat ès sciences, touche enfin aux quatre cinquièmes pour le doctorat ès lettres.

On s'explique aisément ce qu'exige un tel régime d'examens. La Faculté de Médecine tient séance presque tous les jours de l'année. La Faculté de Droit siège régulièrement deux jours par semaine et quatre jours à la fin de chaque trimestre, souvent avec huit bureaux à la fois. A la Faculté des Lettres, pendant toute la durée des sessions, c'est-à-dire pendant plus de deux mois, les cours sont suspendus.

Même à ce prix, la sincérité des épreuves, notamment celle des épreuves écrites du baccalauréat ès sciences et ès lettres, n'est pas assurée. Faute de locaux, on est contraint d'entasser les candidats dans des salles mal disposées pour la surveillance, et il n'est presque pas de jour où nous n'ayons à réprimer la fraude. Nous ne parlons pas des convenances. Les élèves composent sur leurs genoux; les interrogations se font dans des couloirs. Il est vrai qu'il n'y a guère, pour s'intéresser aux séances du baccalauréat, que les heureux de la veille ou ceux qui viennent chercher à deviner les questions du lendemain. Mais il est de véritables solennités universitaires qui attirent un auditoire d'élite. Qui ne connaît les soutenances du doctorat ès lettres? Il y a soixante ans, les thèses étaient des dissertations de vingt pages dont la discussion se bornait à l'échange de quelques idées générales; on recevait deux docteurs en un jour. La thèse est devenue un livre, et la journée suffit à peine à épuiser l'argumentation. Que de trésors de savoir, de dialectique, d'éloquence, d'esprit, prodigués dans cette salle basse, sans jour ni air, où, dès le matin, se pressent, mal à l'aise, une cinquantaine de personnes — tout ce qui peut y tenir — chaque fois qu'une soutenance est annoncée! Que d'observations profondes, d'aperçus lumineux, d'indications de travaux, de germes d'idées, ont jetés là, sans compter, les maîtres de la critique, de l'érudition, de l'histoire et de la philosophie, Villemain, Guizot, Cousin, Jouffroy, Victor Le Clerc, Damiron, Saint-Marc Girardin, Patin, pour ne parler que de ceux qui ne sont plus! « Avec ce que j'ai entendu aujourd'hui, me disait un professeur étranger sortant d'une de ces séances, il y aurait de quoi alimenter tout un semestre de cours! Mais quel théâtre pour de telles représentations[1]! »

III

Les examens, quelle qu'en soit l'importance, ne constituent heureusement qu'une partie accessoire de la vie des Facultés. C'est l'enseignement qui en est le fond, et lorsqu'on embrasse l'histoire de celui de Paris,

1. Des améliorations sensibles ont été apportées à ces installations depuis 1881: une salle convenable a été aménagée notamment pour la soutenance des épreuves du doctorat ès lettres. Mais, pour obtenir toutes les satisfactions désirables, il faut attendre que les bâtiments en construction sur la rue des Écoles nous soient livrés.

on a peine à comprendre comment il a pu se développer dans le cadre où il était enfermé.

Il n'y a pas de plus sûr témoin des progrès d'un service public que le budget.

De 1825 à 1880 nos crédits ordinaires (nous ne parlons ici que des quatre grandes Facultés : Sciences, Lettres, Droit et Médecine) ont été graduellement portés de 709 381 fr. à 2 256 340 fr., c'est-à-dire qu'ils ont triplé.

La part afférente à chaque Faculté dans cette augmentation générale est bonne à constater. Elle s'élève :

pour le Droit,	de 271 200	à	444 950 ;
pour la Médecine,	292 040		1 031 980 ;
pour les Sciences,	72 041		485 360 ;
pour les Lettres,	69 100		294 150.

La progression, lente, mais continue, de 1825 à 1848, suspendue de 1848 à 1870 (il y a même diminution pour certains services), s'accélère à partir de 1870. De 1875 à 1880 les crédits de la Faculté de Médecine ont été augmentés de 90,52 pour 100.

Or tous ces crédits s'appliquent aux cours. Sur les 2 256 340 fr. qui constituent le budget de 1880, il n'est prélevé que 59 460 fr., un peu plus de 2 pour 100, pour les dépenses accessoires. Tout le reste est au profit du développement des études.

1. Les crédits accordés en 1885 étaient, d'après le compte, pour :

la Faculté de Théologie. . . . de	65 524f 98
— de Droit.	500 938 50
— de Médecine	1 286 894 23
— de Sciences	678 926 04
— de Lettres	541 573 01
l'École supérieure de Pharmacie .	325 720 26
Total.	3 999 055 07

Le nombre des chaires de la Faculté des Sciences, qui était de 12 à la fondation (1810), est actuellement de 19, et, avec les conférences créées depuis 1877, de 27. A la Faculté des Lettres, de 3 au début (1809), on est arrivé à 11 en 1855, à 16 en 1880, et, avec les cours complémentaires et conférences, à 26. L'extension n'est pas moins importante à la Faculté de Droit et à la Faculté de Médecine : pour la première, 5 chaires en 1804, 21 en 1880, plus 5 conférences; pour la seconde : 20 professeurs en l'an IV, aujourd'hui 33[1]. Et chacune de ces chaires ou conférences représentant par semaine deux cours au moins, parfois trois, il en résulte que le tableau d'emploi du temps hebdomadaire de notre enseignement supérieur comporte :

à la Faculté	des	Sciences,	46 leçons,
—	des	Lettres,	46 —
—	de	Droit,	99 —
—	de	Médecine,	116 —

Le développement du matériel d'enseignement a naturellement suivi celui des études.

Lorsqu'on parcourt les premiers budgets de nos Facultés, la pensée se reporte au temps où « les pauvres

1. En 1886 le nombre total des chaires magistrales ou cours complémentaires était de 175, savoir :

	Chaires.	Cours complémentaires.	Total.
Faculté de Théologie. .	6	5	11
— de Droit. . . .	23	5	28
— de Médecine. .	41	9	50
— de Sciences . .	21	13	34
— de Lettres. . .	20	18	38
École de Pharmacie. . .	11	3	14
	122	53	175

écoliers; les pauvres clercs, les pauvres maîtres de la pauvre maison de Sorbonne, *congregatio pauperum magistrorum studentium*, recevaient, par grande faveur du roi saint Louis, un sou ou deux chaque semaine pour vivre et se procurer des instruments de travail[1] ». Sait-on la somme qui fut allouée à notre enseignement supérieur en 1822 comme fonds de premier établissement? 11 710 fr. 65 cent., réduits ensuite à 8500 fr., savoir : 4000 fr. à la Théologie, 2000 fr. aux Sciences, 2500 aux Lettres[2].

Il est vrai que, pour l'enseignement de la Faculté des Sciences, on comptait sur les collections du Jardin des Plantes, de l'École Polytechnique et du Collège de France[3]. Nos professeurs vivaient d'emprunts. Mais le bien d'autrui ne convenait pas toujours et il était souvent insuffisant. Certaines délibérations du Conseil académique de 1827 à 1830 présentent sous ce rapport un intérêt mêlé de tristesse : « Le professeur de minéralogie, lisons-nous dans le procès-verbal de la séance du 10 janvier 1823, demande une somme de 6000 fr. pour acquérir un cabinet presque complet, le cabinet actuel ne renfermant environ que 30 espèces, tandis que, dans l'état de la science, le nombre des espèces s'élève au moins à 250, qui présentent une multitude de variétés. Le professeur de botanique demande qu'un terrain situé au midi de l'église de la Sorbonne lui soit accordé pour y cultiver 500 à 600 plantes[4] ;

1. Dulaure, *Histoire physique, civile et morale de Paris*, 6e édition, Paris, 1837, tome II, période VI, p. 234 et suiv. — Cf. *Histoire de l'Université de Paris*, par E. Dubarle, nouvelle édition, revue et augmentée, 1844, tome I, chap. III, p. 101.

2. Procès-verbaux du Conseil académique de Paris, séance du 15 novembre 1822.

3. Voir aux Annexes, n° III, le rapport de J.-B. Dumas.

4. Ce jardin, qui occupait le derrière de l'église et de la terrasse sur laquelle ont été élevés les amphithéâtres du bâtiment Gerson, faisait par-

une somme de 300 fr. suffirait pour le mettre en culture, et les frais d'entretien n'excéderaient pas annuellement 200 fr. Le professeur de zoologie demande pour la conservation des objets qui ont été donnés à la Faculté par le Jardin du Roi un crédit de 1889 fr. Le professeur de géométrie descriptive demande une somme de 644 fr. pour acheter sept instruments qui doivent servir à des applications dans son cours.... » Et le Conseil académique, « considérant que les dépenses proposées ajouteront un nouveau lustre et permettront de donner de nouveaux développements à l'enseignement de la Faculté », exprime un avis favorable. Ailleurs on voit, non sans confusion, Gay-Lussac déclarer qu'il ne possède pas de microscope, et Biot, mis en cause pour avoir dépassé de 305 fr. le fonds de 700 fr. qui lui avait été accordé, confesser qu'il n'avait pas dans le cabinet de physique un condensateur métallique en état de servir, et s'engager à ne pas laisser se détériorer l'appareil qu'il s'était fait fournir par Fortin[1]. En 1846 l'allocation attribuée à la Faculté des Sciences « pour couvrir les frais de cours » atteignait à peine 7000 fr. ; et un crédit extraordinaire de 30 000 fr. à répartir en plusieurs annuités était sollicité sans succès pour l'extension des collections[2]. Il n'existait pas de bibliothèque. J.-B. Dumas avait vainement établi la nécessité d'en créer une ; ses collègues eux-mêmes s'étaient refusés à appuyer ses propositions, tant ils sentaient qu'ils

tie du collège des *Dix-huit*, dont l'emplacement avait été acquis par Richelieu avec celui du collège de Calvi pour la construction de la Sorbonne. « Collegium Calvicum tunc fuit ubi hodie exstructum est sacellum Sorbonæ ; et collegium quod olim vocabatur *des Dix-huit*, erat ubi est hodie viridarium sive hortus ejusdem Sorbonæ, cum ædibus novis ab oriente et meridie, quæ sunt parietes sive claustra ejusdem viridarii, quæ omnia mutata sunt ab Em. cardinale Richelio. » *Archives du Ministère de l'Instruction publique*, registre XXVI, page 21 — Ce jardin a subsisté jusqu'en 1825.

1. Procès-verbal de la séance du 31 janvier 1823.

2. Procès-verbal de la séance du 20 février 1846

n'avaient aucune chance de les voir acceptées : « aussi bien le peu de matériel dont la Faculté disposait ne se perdait-il pas dans les caves humides où il fallait l'enfermer ».

L'opinion publique avait fini par élever la voix. La Sorbonne, disait la presse s'appropriant les doléances de J.-B. Dumas, n'a ni laboratoires, ni cabinets, ni amphithéâtres : des trois salles d'enseignement qu'elle possède, deux donnent sur la rue et sont exposées à toutes les interruptions que le bruit des voitures occasionne ; la troisième est si basse que les auditeurs y éprouvent bientôt un malaise extrême ; aucune d'elles n'est ventilée. — Et l'on accusait le Ministère[1]. L'État, répondait le Ministère, ne peut faire à lui seul tout ce qui serait à faire. Il faut combiner ses sacrifices avec ceux de la Ville pour mettre les bâtiments en état ; le reste suivra[2]. Dix ans après, la pénurie était la même. En 1854 une chaire de physiologie générale avait été créée pour Claude Bernard ; mais les moyens de travail les plus élémentaires lui faisaient défaut. « Pendant dix ans, dit-il, je n'ai eu ni préparateur, ni laboratoire[3]. » Une vocation moins résolue que la sienne se serait découragée ; il racontait comment d'autres avaient succombé. « Il y a quarante ans[4], un jeune physiologiste arrivait à Paris. Malgré sa grande jeunesse, il était déjà connu par des découvertes ou des recher-

1. *Journal général de l'instruction publique*, 22 novembre 1845. — « On a même laissé, par une inadvertance inexplicable, s'établir une ligne d'omnibus dans la rue de la Sorbonne, écrivait M. Dumas ; bien plus, on a permis aux chevaux de relais qui lui sont nécessaires de s'installer sous les fenêtres mêmes de nos amphithéâtres qui sont au rez-de-chaussée. »

2. *Journal général de l'instruction publique*, 26 décembre 1846.

3. *Rapport sur le progrès et la marche de la physiologie générale en France*, 1867, 2e partie, page 147, note n° 351.

4. *Id.*, p. 143.

ches de physiologie expérimentale du premier ordre. Tout lui présageait le plus brillant avenir dans cette direction nouvelle de la physiologie expérimentale, telle que l'avaient conçue Lavoisier et Laplace. Mais, en considérant l'état de l'enseignement de la physiologie relativement à celui des autres sciences et en voyant la carrière ingrate dans laquelle il allait s'engager, M. Dumas se fit chimiste. Tel fut le seul motif de sa détermination. M. Dumas me l'a raconté lui-même bien souvent, quand, causant ensemble de la science physiologique qu'il avait étudiée de si bonne heure et qu'il a toujours tant aimée, je lui demandais pourquoi il avait préféré la chimie. »

Nous sommes loin de ces temps d'indigence : on sait quelle est aujourd'hui la richesse des cabinets de physique, de chimie et d'histoire naturelle de la Sorbonne[1]. Ainsi en est-il à la Faculté de Médecine : elle possède

1. En 1886, sur l'ensemble des crédits alloués aux Facultés et à l'École supérieure de Pharmacie, 1 050 170 francs étaient consacrés à l'acquisition ou à l'entretien du matériel d'enseignement, savoir :

Facultés de Théologie.	5 970 fr.
— de Droit.	53 400
— de Médecine.	575 950
— des Sciences.	220 500
— des Lettres.	56 050
École supérieure de Pharmacie	152 500
Total. . .	1 050 170

A quoi il faut ajouter pour les bibliothèques une somme de 33 000 fr., savoir :

Facultés de Théologie.	600 fr.
— de Droit.	4 000
— de Médecine.	5 000
Sciences et lettres (Bibliothèque de l'Université).	21 400
École supérieure de Pharmacie.	2 000

En outre, sous forme de crédits extraordinaires, les Facultés ont reçu,

deux des plus admirables musées médicaux du monde[1]. Une bibliothèque a été créée à la Faculté de Droit[2]. Enfin la Bibliothèque de l'Université[3] qui, à son origine, comptait moins de 20 000 volumes, en a recueilli, sous la diligente administration de M. Léon Renier, plus de 100 000, et de toutes les bibliothèques de Paris elle est celle, il le déclare, qui annuellement fait le plus de prêts.

Pour s'établir dans ses conditions, l'enseignement a dû peu à peu refouler tout le reste.

La Sorbonne réédifiée par Richelieu dans l'esprit, sinon sur le plan de son fondateur, contenait, en 1789, comme au temps de sa restauration, des logements pour trente-six professeurs ou *socii*[4]; et c'est ainsi qu'on s'explique qu'elle ait pu, sous le premier Empire, offrir aux artistes et aux gens de lettres l'hospitalité qui lui avait été demandée. A la Faculté de Droit, aux termes d'une décision du chancelier de France en date du 6 avril 1772, — décision confirmée par divers arrêtés du Conseil de l'Université, — 8 logements étaient réservés au corps enseignant : 7 aux titulaires, 1 au plus

au cours de l'exercice, des subsides complémentaires, dont le chiffre s'élève à environ 300 000 francs.

1. Le musée Dupuytren (voir plus haut, page 10, note 1) et le musée Orfila, fondé le 2 novembre 1845 et qui a reçu en 1847 (arrêté du 26 novembre) le nom de son fondateur. Dès 1825 il existait un musée de pièces d'anatomie : c'est ce musée qu'Orfila avait réorganisé et considérablement enrichi.

2. La Faculté de Droit de Paris ne compte pas moins de 2500 élèves, mais la salle de sa bibliothèque n'en peut recevoir que 25; et les livres sont en partie relégués dans une soupente. La Faculté de Médecine a 4000 élèves en cours d'études et une salle pour 125 lecteurs. » (*Discours de M. Jules Simon aux Sociétés savantes*, 1872.)

3. La Bibliothèque de l'Université, composée du produit de différents legs, et ouverte solennellement le 3 décembre 1770, possédait à cette époque 19 555 volumes. Ce nombre s'était élevé en 1846 à 39 161, en 1857 à 53 714, en 1867 à 77 501, en 1877 à 106 053. M. L. Renier l'estime aujourd'hui à plus de 150 000.

4. Voir Francklin, déjà cité, *la Sorbonne*, etc., page 207.

ancien des suppléants[1]. Le même privilège était accordé aux professeurs de la Faculté de Médecine. On pourrait presque dire qu'en ce temps-là l'enseignement proprement dit était, dans nos établissements, ce qui occupait le moins de place. Jusqu'en 1831 il n'exista, à l'École de Médecine, qu'un seul amphithéâtre, où tout se faisait, examens et cours. L'École de Droit n'eut pendant trente ans sa seconde salle d'enseignement que hors de chez elle : au collège du Plessis d'abord, ensuite dans l'église de la Sorbonne. C'est en 1824 seulement que le Conseil académique obtint qu'une somme de 200 000 fr. fût prélevée sur les recettes de la Faculté pour la doter de l'amphithéâtre dont elle est entrée en jouissance en 1829. La salle qu'on appelle le « petit amphithéâtre des Lettres » fut une conquête sur les ateliers occupés par Prud'hon. Depuis dix ans, au fur et à mesure que des locaux deviennent disponibles, ils ont été repris et tant bien que mal accommodés à l'enseignement : c'est ainsi que d'anciens appartements ont été convertis, à la Faculté de Droit, en salles de conférences et d'examens. Où nous ne disposions que de la place, on s'est emparé de la place pour s'installer comme en campagne. Suivant le système que nous avons fait adopter pour l'École pratique de la Faculté de Médecine, on a construit des baraquements : rue Gerson pour la Faculté des Lettres; sur les terrains de la rue des Écoles pour la Faculté des Sciences. L'enseignement a envahi jusqu'à la Bibliothèque, où il s'est ménagé, comme il a pu, au milieu des casiers et des rayons, de petits réduits de travail commun.

Néanmoins, après tous ces industrieux aménagements, voici quelle est la situation.

1. Voir le statut du 11 mai 1810 (art. 13), les décisions du Conseil de l'Université (7 juin 1811 et 9 octobre 1869), la loi du 23 avril 1835.

A la Faculté de Droit, pour parer à l'insuffisance des locaux, on est obligé d'ouvrir les cours à huit heures du matin, souvent à la lumière, pendant quatre mois de l'année, et de les prolonger jusqu'à cinq et six heures, à la lumière aussi; ce qui rend difficile, presque impossible, la fréquentation régulière des étudiants qui demeurent loin du quartier Latin. Et si tôt que l'on commence, si tard que l'on finisse, les amphithéâtres ne désemplissent pas. Les minutes d'occupation sont comptées pour chaque enseignement. Professeurs et élèves — ce que l'on ne tolérerait pas dans le plus humble de nos établissements primaires, — respirent toute la journée un air vicié. La salle de la bibliothèque, récemment construite, ne peut contenir, au plus, que 72 étudiants. Chaque soir, celle de la Faculté de Médecine est comble. A la Sorbonne, il y a peu de jours, un maître de conférences de l'École des Hautes Études était forcé de « décimer ses auditeurs », comme il disait, l'espace lui faisant défaut même pour les conserver debout.

« Autrefois, disait en 1868 Cl. Bernard, qui avait été chercher au Collège de France les ressources dont il manquait à la Sorbonne, autrefois, — il entend par là une trentaine d'années, — lorsque l'idée d'une expérience était conçue, on était réduit à en attendre longtemps la réalisation; nous n'avions ni locaux, ni appareils, ni animaux à notre disposition; il fallait un heureux hasard et une grande ténacité pour arriver à réunir les conditions nécessaires à une tentative expérimentale. On expérimentait dans sa chambre, sur un animal conquis par surprise, sans aide et presque sans instruments. Quand, en 1830, Magendie fut nommé au Collège de France, il n'obtint pour faire ses vivisections qu'une toute petite salle ou plutôt une sorte de petit cabinet où nous pouvions à peine nous tenir à deux; c'est là cependant et au prix des plus patients efforts que se sont faites ses plus immortelles recherches; c'est seulement en 1840 qu'il obtint un véritable laboratoire, celui où nous sommes. En comparaison de la première installation de Magendie, notre laboratoire d'aujourd'hui est une chose splendide, et cependant les savants d'Angleterre et d'Allemagne qui viennent nous y visiter ne peuvent cacher leur surprise à la vue de son exiguïté, de sa pauvreté, de ses tables raccourcies[1]. » Nous n'en sommes même pas là. Faute de cabi-

1. *Leçons de physiologie opératoire*, 4e leçon, p. 62. — Cl. Bernard a raconté en termes piquants l'histoire des difficultés dont il eut lui-même à triompher. — « Il y a vingt-cinq ans, dit-il, lorsque j'entrai dans la carrière de la physiologie expérimentale, je me trouvai dans des circonstances où j'eus, comme d'autres, à subir toutes les entraves qui étaient réservées aux expérimentateurs. Dès qu'un physiologiste était découvert, il était dénoncé, voué à l'abomination des voisins et livré aux poursuites des commissaires de police. Au début de mes études expérimentales, j'ai éprouvé bien des fois des ennuis de cette nature; mais je dois dire qu'il m'arriva cependant, par le fait du hasard, d'être protégé précisément par un commissaire de police. Cela m'advint par suite d'une circonstance assez singulière que je vais raconter, pour donner une idée des difficultés physiologiques du temps. C'était vers 1841; j'étudiais les propriétés digestives du suc gastrique à l'aide du procédé découvert par M. Blondot (de Nancy), qui consiste à recueillir du suc gastrique au moyen d'une canule ou d'une sorte de robinet d'argent adapté à l'estomac des chiens vivants, sans que leur santé en souffre d'ailleurs le moins du monde. Alors un célèbre chirurgien de Berlin, Dieffenbach, vint à Paris; il entendit parler de mes expériences par mon ami M. Pelouze, que la science vient de perdre, et il désira faire l'opération de l'application de la canule stomacale. Ayant été prévenu de ce désir, je m'empressai de le satisfaire, et je fis l'expérience sur un chien dans un laboratoire de chimie que M. Pelouze avait alors rue Dauphine. Après l'opération, on renferma l'animal dans la cour, afin de le revoir plus tard. Mais, le lendemain, le chien s'était sauvé malgré la surveillance, emportant au ventre la canule accusatrice d'un physiologiste. Quelques jours après, de grand matin, étant encore au lit, je reçus la visite d'un homme qui venait me dire que le commissaire de police du quartier de l'École-de-Médecine avait à me parler et que j'eusse à passer chez lui. Je me rendis dans la journée chez le commissaire de police de la rue du Jardinet. Je trouvai un petit vieillard d'un aspect très respectable, qui me reçut d'abord assez froidement et sans me rien dire; puis, me faisant passer dans une pièce à côté, il me montra, à mon grand étonnement, le chien que j'avais opéré dans le laboratoire de M. Pelouze, et me demanda si je le reconnaissais pour lui avoir mis l'instrument dans le

net, l'un de nos plus illustres professeurs de chimie devait, tout récemment encore, apporter dans un panier, à chaque leçon, les produits qu'il avait préparés dans un laboratoire voisin. Lorsqu'on visite les masures de la rue Saint-Jacques où la Faculté des Sciences a trouvé un asile, on ne sait ce que l'on doit le plus admirer de la manifestation de notre pénurie ou du dévouement des maîtres éminents qui ont réussi, l'un à installer dans des caves des collections de minéralogie dont l'abondance et le bel ordre font penser aux merveilles des villes souterraines; l'autre à organiser un cabinet de physique et un atelier de travail,

ventre, je répondis affirmativement, en ajoutant que j'étais très content de retrouver ma canule, que je croyais perdue. Mon aveu, loin de satisfaire le commissaire, provoqua probablement sa colère, car il m'adressa une admonestation d'une sévérité exagérée, accompagnée de menaces, pour avoir eu l'audace de lui prendre son chien pour l'expérimenter. J'expliquai au commissaire que ce n'était pas moi qui étais venu prendre son chien, mais que je l'avais acheté à des individus qui les vendaient aux physiologistes, et qui se disaient employés par la police pour ramasser les chiens errants. J'ajoutai que je regrettais d'avoir été la cause involontaire de la peine que produisait chez lui la mésaventure de son chien. Ces dernières paroles firent changer le commissaire de langage; elles calmèrent surtout complètement sa femme et sa fille. J'enlevai mon instrument, et je promis en partant de revenir. Je retournai en effet plusieurs fois rue du Jardinet. Le chien fut parfaitement guéri au bout de quelques jours; j'étais devenu l'ami du commissaire, et je pouvais compter désormais sur sa protection. C'est pourquoi je vins bientôt installer mon laboratoire dans sa circonscription, et pendant plusieurs années je pus continuer mes cours privés de physiologie expérimentale dans le quartier, ayant toujours l'avertissement et la protection du commissaire pour m'éviter de trop grands désagréments jusqu'à l'époque où enfin je fus nommé suppléant de Magendie au Collége de France. Telle était alors la triste destinée des débutants en physiologie expérimentale lorsque par des circonstances spéciales ils n'avaient pu trouver à être cachés ou tolérés dans quelques établissements publics. J'en ai connu qui, malgré leur goût pour les études physiologiques, ont reculé devant de tels obstacles, ou qui, vaincus dans la lutte, ont été obligés de changer de direction ou de quitter la France. Aujourd'hui les conditions sont meilleures sans doute; la physiologie n'est plus à l'index; on commence à comprendre son importance, on veut la protéger et lui donner les moyens de développement dont elle manque. » (*Rapport sur les progrès et la marche de la physiologie générale en France*, 1867, IIe partie, p. 143.)

étage par étage, en utilisant tous les accidents, tous les recoins, en tirant parti du jour, du demi-jour, même de l'obscurité[1].

Ajoutez que cet enseignement, si largement étendu, est encore incomplet. Partout on réclame des chaires nouvelles : à la Faculté de Droit, 2; à la Faculté de Médecine, 2; à la Faculté des Sciences, 5; à la Faculté des Lettres, 1. Ajoutez enfin que, de son côté, le Conseil municipal, ainsi que nous l'avons vu, revendique une place dans les bâtiments nouveaux pour l'enseignement libre; celle qui ne lui a jamais été refusée pour les cours des Associations Polytechnique et Philotechnique, pour des leçons populaires d'astronomie, d'histoire ou de philosophie, ne lui suffit plus.

IV

Mais ce qui caractérise ce commencement d'essor, c'est moins encore peut-être le développement des ressources budgétaires et la multiplication des chaires que l'esprit nouveau qui anime l'enseignement supérieur.

La Faculté de Droit et la Faculté de Médecine ont toujours été des écoles professionnelles. Elles reçoivent des jeunes gens dont l'éducation générale est faite;

1. Tous les services de la Faculté des Sciences ont été améliorés depuis 1880 par suite surtout du transfèrement provisoire de l'enseignement de la chimie au Luxembourg. D'importantes installations ont été effectuées aussi à la Faculté de Médecine, en attendant l'édification complète. Même à la Faculté de Droit, qui est notre souci, quelques locaux ont été heureusement modifiés, restaurés, agrandis. — Pour le projet d'agrandissement, voir aux Annexes les plans nos 7 et 8.

leur objet propre, c'est de former des juristes et des médecins. Tel n'était pas, il y a moins de quelques années, l'objet des études à la Faculté des Sciences et à la Faculté des Lettres. « A l'époque où elles furent fondées, disait le doyen en 1840, on les regardait plutôt comme des commissions d'examens que comme de véritables corps enseignants. » Et en même temps qu'il signalait cette situation avec regret, M. J.-B. Dumas indiquait énergiquement le remède.

« Dans un moment où l'Angleterre, la Prusse, les États de l'Allemagne font les plus grands efforts pour donner à leurs enseignements universitaires un luxe inaccoutumé, écrivait-il avec autorité, nous ne devons pas permettre que la Faculté des Sciences de Paris demeure en arrière de ce noble mouvement de l'esprit humain.... Aujourd'hui il ne suffit plus de l'enseignement oral dont on se contentait autrefois ; le temps est passé où l'on pouvait se renfermer dans les abstractions philosophiques : la science a modifié l'industrie ; l'industrie, à son tour, a modifié les conditions de la science. A l'Université de Londres, les élèves apprennent dans un atelier spécial le maniement des principaux outils ; à Turin, les élèves de l'Université étudient l'hydraulique dans un établissement où s'exécutent toutes les expériences sur le mouvement des liquides ; il faut que nos étudiants trouvent, eux aussi, auprès de nous, les ressources d'éducation scientifique dont ils ont besoin.... Même pour l'enseignement des sciences pures, on doit s'aider des moyens matériels qui ont tant de prise sur l'intelligence et la mémoire. Le devoir du professeur est de placer en quelque sorte sous la main de ses élèves tout ce qui peut leur permettre de préciser leurs études. S'agit-il des sciences appliquées, il faut organiser des manipulations qui mettent les étudiants en état de vérifier par eux-mêmes ce qui leur a été enseigné, qui les familiarisent avec le maniement des substances chimiques, avec l'emploi des instruments, avec les méthodes de dissection, qui les façonnent à l'art difficile d'observer, à l'art d'expérimenter, source vive et inépuisable de toutes les grandes découvertes de la société moderne... »

M. Dumas embrassait dans ce plan de rénovation l'ensemble des Facultés. Il réclamait pour celles de la province 14 chaires, tant de mathématiques que de sciences physiques et naturelles, toutes largement dotées de cabinets et de laboratoires spécialement aménagés pour les travaux de recherches. Si les budgets et les locaux faisaient obstacle à une amélioration aussi étendue, au moins était-il possible à Paris d'entrer tout de suite dans les voies d'exécution. Agrandissement des amphithéâtres, création de bibliothèques spéciales, de salles de manipulations, d'un jardin botanique, développement des collections, institution d'un corps d'agrégés destinés à diriger les travaux des élèves et d'un collège d'élèves groupés autour de ces jeunes agrégés : telles étaient les conclusions qu'il développait dans un langage saisissant.

Cette cause que J.-B. Dumas plaidait avec une véritable éloquence, plus particulièrement au profit de la chimie et de la physique, Cl. Bernard devait la reprendre quelques années plus tard, dans le même esprit de méthode générale, en faveur de la physiologie. « Le laboratoire est la condition *sine qua non* du développement de toutes les sciences expérimentales », disait-il[1] ;

1. Le passage mérite d'être relevé tout entier : « Le laboratoire est la condition *sine qua non* du développement de toutes les sciences expérimentales. L'évidence de cette vérité amène et consacre nécessairement

et il se plaignait qu'alors que la France avait été la première à établir « la discipline scientifique », elle se fût laissé devancer par les autres pays dans les moyens d'en assurer les résultats. Il n'est pas de question sur laquelle il revienne avec plus d'insistance et de force. « Sans laboratoire réunissant l'outillage du travail, point d'enseignement possible, point de recherche sérieuse. L'enseignement purement *théorique* et *mental* des sciences expérimentales et naturelles est un contresens et un reliquat de l'ancienne scolastique. On l'a si bien senti que, même dans les établissements secondaires, on a introduit des manipulations par les élèves pour la physique et la chimie, et qu'en physiologie on illustre les cours de toute sorte d'expériences et de démonstrations. — Bien plus évidente encore est la nécessité des labo-

une réforme universelle et profonde dans l'enseignement scientifique; car on a reconnu partout aujourd'hui que c'est dans les laboratoires que germent et grandissent toutes les découvertes de la science pure, pour se répandre ensuite et couvrir le monde de leurs applications utiles. Le laboratoire seul apprend les difficultés réelles de la science à ceux qui le fréquentent. Il leur montre en outre que la science pure a toujours été la source de toutes les richesses réelles que l'homme acquiert et de toutes les conquêtes qu'il fait sur les phénomènes de la nature. C'est là une excellente éducation pour la jeunesse, parce qu'elle seule peut bien faire comprendre que les applications actuelles si brillantes des sciences ne sont que l'épanouissement de travaux antérieurs et que ceux qui profitent aujourd'hui de leurs bienfaits doivent un tribut de reconnaissance à leurs devanciers qui ont péniblement cultivé l'arbre de la science sans le voir fructifier. » (*La science expérimentale*, 2e édition, 1878 : *Du progrès dans les sciences physiologiques*, 1er août 1865.) — « La question des laboratoires, dit-il ailleurs, est une condition essentielle de vitalité pour les sciences expérimentales. Il ne faut pas croire en effet que ce soit dans les cours qu'on fasse les savants : dans les cours on peut seulement donner des idées générales sur une science et en faire naître le goût. C'est dans le laboratoire, quand on est aux prises avec les phénomènes eux-mêmes, que l'on devient réellement savant. » (*Leçons de pathologie expérimentale*, 1872 : *Leçon sur la médecine d'observation et la médecine expérimentale*, 1869). — Et encore : « Pour devenir un physiologiste, comme pour devenir un chimiste et un physicien, il faut vivre dans un laboratoire. Malheureusement nous sommes trop peu pourvus en France de ce genre d'établissements, si connus en Allemagne, où l'on forme réellement de jeunes observateurs. » (*Leçons de physiologie opératoire*, 1879, 1re leçon, page 2 — Cf. 6e leçon, page 102.)

ratoires pour la recherche. Ni Lavoisier, ni Ampère, ni Magendie, n'avaient de laboratoires bien installés; cela est vrai; mais c'étaient là des obstacles dont leur génie a triomphé, non profité[1]. »

Le même travail s'accomplissait plus sourdement, pour ainsi dire, mais non moins efficacement dans les études littéraires. On ne se dissimulait pas que l'enseignement de la Sorbonne promettait plus qu'il ne donnait, non par le fait des professeurs, mais par l'effet de nos mœurs scolaires, que les maîtres, obligés de satisfaire un public essentiellement variable et mobile, nullement préparé aux études patientes, indifférent aux questions de méthode et ne cherchant guère dans les cours qu'un intéressant passe-temps, devaient sacrifier à l'agrément et à l'éclat; et l'on se demandait si le moment n'était pas venu, de même que pour les sciences, de grouper autour de nos chaires, comme en Allemagne, des élèves, de véritables élèves, de sérieuses

1. « Ces instituts auraient dû depuis longtemps être formés en France, dans la patrie de Lavoisier, Bichat et Magendie, les trois promoteurs principaux de la physiologie moderne. Cependant l'étranger nous a précédés dans le développement actuel de cette science expérimentale. Depuis quelques années le gouvernement a senti la nécessité d'intervenir et de relever l'enseignement supérieur des sciences. J'ai eu la satisfaction d'obtenir cette année (1873) la création d'un laboratoire d'histologie animale et pathologique que je réclamais depuis longtemps pour la chaire de médecine au Collège de France. « *Leçons sur le diabète et la glycosurie animale*, 1877, 2e leçon, 1855, page 47. — Cf. *Physiologie opératoire*, 6e leçon.) — C'est dans le même sens que M. Berthelot écrivait récemment : « Notre état intellectuel n'est inférieur à celui d'aucun peuple au point de vue des sommités scientifiques. Mais la France n'en a pas tiré le même profit matériel que ses voisins, parce que nos laboratoires, trop petits et mal outillés, n'ont pu fournir aux fabriques et aux ateliers ces nombreux ingénieurs et chimistes qui font la force des usines allemandes. Nous sommes des généraux sans soldats. Nous soutenons la lutte, comme pourrait le faire un peuple qui aurait conservé l'usage des routes ordinaires contre une nation pourvue de chemins de fer. » (*L'enseignement supérieur et son outillage*, *Revue internationale de l'enseignement*, 1883, 1er semestre, p. 392.)

recrues pour la science et l'enseignement. C'est cet esprit que, sous les auspices et la direction de M. Guizot[1], M. J.-V. Le Clerc s'efforçait d'introduire à la Faculté des Lettres. Il se plaisait à attirer les jeunes gens; et après une sorte d'interrogatoire préalable où il éprouvait, pour ainsi dire, non sans malice parfois, le sérieux des vocations, quand il était assuré d'avoir trouvé des jeunes gens d'un esprit solide et ouvert, il se répandait en indications de toutes sortes, désignait, fournissait parfois les livres à lire, signalait les cours à fréquenter et suivait lui-même les candidats aux grades qui savaient mériter son intérêt.

La première institution établie dans cette pensée de renouvellement date de 1855. Le 22 février[2], le Doyen de la Faculté des Sciences, M. M. Edwards, annonçait

1. *Mémoires pour servir à l'histoire de mon temps*, tome III, chap. 18. — Cf. les *Procès-verbaux* des délibérations de la commission instituée pour examiner les questions relatives à la liberté de l'enseignement supérieur (séance du 1er juin 1870, annexe). — Voir aussi le Rapport de M. Duruy (31 juillet 1868) sur la création de l'*École pratique des Hautes Études*.

2. Voici le texte des deux arrêtés :

Le Ministre secrétaire d'État au département de l'instruction publique et des cultes,

Considérant que l'état actuel des bâtiments de la Sorbonne ne permet pas d'y installer le laboratoire de perfectionnement et de recherches nécessaire aux travaux des licenciés qui préparent leurs thèses de doctorat;

Que les besoins de la science, aussi bien que l'intérêt du recrutement des Facultés, ne permettent pas d'en retarder plus longtemps l'organisation,

Arrête :

Article 1er. — Un laboratoire de perfectionnement et de recherches pour les études chimiques est institué près la Faculté des Sciences de Paris. Le service en est et demeurera distinct du service des cours.

Art. 2. — Le directeur du laboratoire de perfectionnement et de recherches pour les études chimiques est nommé par le Ministre.

Art. 3. — Le prix des instruments et appareils, ainsi que les frais annuels nécessaires pour les expériences, seront prélevés sur le budget spécial de l'enseignement supérieur.

Fait à Paris, le 22 février 1855. H. Fortoul.

Le Ministre secrétaire d'État au département de l'instruction publique et des cultes;

non sans émotion à la Faculté qu'un laboratoire de perfectionnement et de recherches pour les études chimiques était créé, que, malheureusement, les locaux de la Sorbonne ne permettaient pas de le recevoir, et que le siège en était fixé provisoirement à l'École Normale, mais que M. Dumas en prenait la direction. Installé dans ce foyer d'études au profit des élèves de l'École et d'une élite de licenciés, le laboratoire se faisait bientôt connaître par d'utiles et brillants travaux. Mais il ne pouvait suffire à donner au haut enseignement une direction décisive. Si, dès ce moment, la nécessité était bien établie de pénétrer d'un esprit d'efficacité pratique les cours de la Sorbonne, on peut dire que cette réforme n'a été définitivement opérée qu'en 1868 par la création des *laboratoires d'enseignement et de recherches* et de l'*École pratique des Hautes Études*.

« Les *laboratoires d'enseignement*, affectés aux chaires des établissements scientifiques dépendant du Ministère de l'Instruction publique, étaient ouverts, pour les manipulations et les expériences classiques, aux candidats de la licence et aux élèves de l'École pratique des Hautes Études. »

Vu l'arrêté en date de ce jour portant création d'un laboratoire de recherches près la Faculté des Sciences de Paris ;

Considérant qu'une institution semblable n'est pas moins indispensable aux études de la division supérieure de l'École Normale,

Arrête :

ARTICLE 1er. — Le laboratoire de perfectionnement et de recherches de la Faculté des Sciences de Paris est installé provisoirement à l'École Normale.

ART. 2. — Les élèves de l'École Normale y seront admis à partir de leur quatrième année d'études.

Les licenciés ès sciences physiques pourront y être admis par autorisation du Ministre de l'Instruction publique pour la préparation de leur thèse de doctorat.

ART. 3. — M. Dumas, membre de l'Institut, est nommé directeur du laboratoire de perfectionnement de la Faculté des Sciences de Paris.

Fait à Paris, le 22 février 1853.

H. FORTOUL.

Les *laboratoires de recherches*, « destinés à faciliter les progrès de la science, pouvaient être institués, après avis du conseil supérieur de l'École pratique des Hautes Études, à titre permanent ou temporaire, auprès des établissements scientifiques dépendant du Ministère de l'Instruction publique » ; au directeur appartenait le droit de proposer les collaborateurs qu'il croyait utile de s'adjoindre et les élèves qu'il devait recevoir : les uns et les autres pouvaient jouir d'une indemnité.

L'*École pratique des Hautes Études*, divisée en quatre sections : mathématiques; physique et chimie; histoire naturelle et physiologie; sciences historiques et philologiques, « avait pour but de placer à côté de l'enseignement théorique les exercices qui pouvaient le fortifier et l'étendre ». Les élèves admis aux leçons normales faites par les professeurs dans les cours publics, aux conférences particulières dirigées soit par les professeurs eux-mêmes, soit par des répétiteurs, et aux travaux des laboratoires d'enseignement, étaient tenus de fournir des travaux et d'effectuer des recherches sur des sujets déterminés[1]. Des missions scientifiques à l'étranger pouvaient leur être confiées.

Il était impossible de réaliser avec plus d'ampleur le progrès provoqué par l'esprit public : c'était toute une révolution. « Le matériel nous fait encore défaut, disait en 1869[1] le ministre qui l'avait accomplie. C'est dans des arrière-cours humides et sombres et des maisons réservées au marteau des démolisseurs que nos laboratoires se sont installés : mais on se contente de peu, on profite de tout. Dans ces colonies naissantes, chacun ne songe qu'à l'intérêt commun. Le jour, le soir, les salles sont ouvertes et toujours remplies.... »

1. Décret du 30 juillet 1868, art. 1 à 4.

Si des laboratoires de recherches avaient été créés dans les divers centres d'études qui en comportaient l'établissement, la Sorbonne en était devenue bientôt le siège principal; et dès l'origine — la description que M. V. Duruy faisait des salles de cours l'indique assez — elle avait été le siège unique de l'École pratique des Hautes Études historiques et philologiques. A son exemple, les facultés ne devaient pas tarder à se créer leurs auditoires au profit de l'enseignement et de la science.

V

Sous l'énergique impulsion imprimée après 1870 au développement des études, le personnel des Lycées était devenu insuffisant. La dernière statistique de l'enseignement secondaire établit que, sur 3430 maîtres des collèges communaux, 2854 étaient simplement bacheliers ou pourvus du brevet de l'enseignement spécial ou primaire; que, sur 4120 maîtres ou fonctionnaires des lycées, 852 seulement étaient agrégés. L'École Normale Supérieure ne pouvait plus suffire au recrutement. Jamais les examens d'entrée n'avaient été plus brillants. Pour ne parler que des trois dernières années, — en 1877, la section des sciences comptait 128 candidats; la section des lettres, 99; en 1881, les inscriptions s'élevaient à 175 et 107[1]. Le

1. Malgré la création des bourses de licence et d'agrégation, ce mouvement ne s'est pas ralenti. Le nombre des candidats a été :

en 1882, pour les lettres, de	158;	pour les sciences, de	166;
1883	—	134	—	163;
1884	—	129	—	185;
1885	—	110	—	166;
1886	—	108	—	173.

nombre des admissibles, qui est généralement déterminé par la force du concours, a été, cette même année, dans les sciences, de 73, et de 65 dans les lettres, soit trois ou quatre fois plus considérable que celui des admissions définitives. L'École Polytechnique nous enlevait, il y a peu de temps, la fleur de notre liste dans la section des sciences, et en 1877, pour compléter nos cadres à 15, nous avions dû descendre jusqu'au n° 35. Aujourd'hui, à peine se produit-il, dans les 25 premiers, quatre ou cinq choix contraires à nos vœux. Résultat plus significatif encore : cette année, le dernier admissible de la section des sciences avait autant de points que celui qui, l'an dernier, tenait la tête du troisième tiers. On pourrait donc augmenter sans peine le nombre des admissions. On s'en défend avec raison. L'École Normale Supérieure est destinée à créer une élite; et une élite ne peut se former que dans le commerce étroit, presque intime, d'un nombre sévèrement limité d'intelligences distinguées avec les maîtres qui les dirigent et de ces intelligences entre elles.

Mais ce qu'il eût été imprudent de faire dans l'École même pouvait être entrepris à côté de l'École. C'est dans cette pensée qu'ont été instituées auprès des Facultés, depuis quatre ans[1], les conférences préparatoires à la licence et à l'agrégation. Aux boursiers nommés au concours se sont joints les maîtres auxiliaires, les maîtres délégués dans les lycées de Paris, les jeunes professeurs de collèges, empressés à venir des points les plus éloignés de l'académie, le jeudi régulièrement et les autres jours de la semaine, toutes les fois que leurs classes leur en laissent le loisir.

1. Arrêté du 5 novembre 1877; circulaires des 10 février, 20 mars 1878, 30 juin, 8 septembre 1879 et 1er octobre 1880.

Ceux qui ne peuvent pas faire le voyage envoient les devoirs dont les textes leur sont fournis. En un mot, comme la Faculté de Droit et la Faculté de Médecine, la Faculté des Lettres et la Faculté des Sciences ont aujourd'hui leurs étudiants.

En ce moment, les conférences sont au nombre de 21 : 11 pour les sciences[1], 10 pour les lettres; les auditeurs au nombre de 825[2] : 405 pour les sciences, 330 pour les lettres[3].

Et les résultats répondent aux efforts. A ne considérer que les boursiers, parmi les candidats qui sont arrivés à la licence, nous en comptons, dans les lettres : 7 sur 12 en 1879, 9 sur 24 en 1880, 15 sur 29 en 1881; dans les sciences, 9 sur 26 en 1879, 11 sur 29 en 1880, 18 sur 34 en 1881. Les conférences d'agrégation ont également porté leurs fruits : 26 de nos élèves, tant boursiers qu'auditeurs libres, ont été admissibles et 17 admis, dont deux au premier rang, l'un dans les langues vivantes, l'autre en philosophie.

1. Faculté des Sciences : mathématiques, 2; physique, 2; chimie, 3; anatomie et physiologie, 1; minéralogie, 1; zoologie, 1; géologie, 1. — Faculté des Lettres : langue grecque, 2; langue latine, 3; langue française, 2; histoire, 1; langues d'origine germanique, 1; philosophie, 1.

2. Rapport de M. l'inspecteur général Zeller, *Journal général de l'Instruction publique*, 21 décembre 1881.

3. Le nombre des étudiants pour les lettres était, au 10 novembre 1886, de 970 : réunis aux 467 élèves de la faculté des sciences, ils forment un total de 1437 étudiants. A l'origine, pour la faculté des lettres, les élèves étaient tous des boursiers. On conserve dans les archives un tableau où sont inscrits les quatre premiers boursiers de licence : chacun d'eux y a mis son nom, sa profession et la déclaration qu'il accepte la bourse. Aujourd'hui les bourses ne sont plus acceptées, elles sont sollicitées et par un grand nombre de candidats sérieux. L'an dernier, sur 96 candidats, 50 ont été jugés dignes d'une bourse de licence : les 18 premiers l'ont seuls obtenue. » (*L'Université de Paris en 1885-1886, Rapport du Conseil général des facultés.*)

Tels ont été les élans de bonne volonté qui ont suivi ces premiers succès, que le nombre des boursiers a dû être porté, pour la licence, dans les lettres, à 32; dans les sciences, à 38; pour l'agrégation, dans les sciences, à 11 au lieu de 5; dans les lettres, à 30 au lieu de 11. En même temps, une entente a été concertée entre les maîtres de conférences, les professeurs de Facultés, ceux de l'École des Hautes Études et du Collège de France pour multiplier les ressources d'une intelligente préparation[1].

En compensation de ces avantages, les seules conditions qu'on impose à ceux qui veulent en profiter sont l'assiduité et l'application, une signature à la feuille de présence et des devoirs. Tout le monde a le droit de se faire inscrire au cours; mais, la leçon commencée, nul n'entre plus. La première obligation de l'auditeur est le respect de la parole du maître. Le maître ne se borne pas d'ailleurs à une direction de haut; il suit l'élève. A l'enseignement commun s'ajoute l'entretien particulier. Nous n'avons pas l'habitude de dire en France : « le professeur recevra à telle heure, *privatim*; à telle autre, *privatissime* »; audiences tarifiées suivant des règles budgétaires : sa porte est toujours libéralement ouverte.

Par une mesure non moins favorable au développe-

1. Voici quels ont été les résultats obtenus par les boursiers ou étudiants libres de la faculté des lettres dans les divers examens ou concours depuis 1881. « La faculté des lettres a eu 210 élèves reçus licenciés du mois d'avril 1880 au mois de juillet 1886; 131 élèves reçus agrégés de 1880 à 1886 : 101 de ces élèves sont entrés dans les lycées et collèges; plusieurs sont déjà dans les lycées de Paris : 12 sont maîtres de conférences dans les facultés ou à l'École des Hautes Études; 2 sont secrétaires et bibliothécaires. En 1886, 87 élèves de la faculté des sciences ont été reçus licenciés et 5 agrégés. » (*L'Université de Paris en 1885-1886, Rapport du Conseil général des facultés.*)

ment des aptitudes professionnelles, nous avons établi nos étudiants chez eux. Dans les Universités du Nord, à Upsal et à Lund, les élèves sont divisés en sociétés ou nations qui correspondent aux anciennes distributions géographiques du pays, et chaque nation a son domaine propre : des salles d'étude et de lecture, une bibliothèque, une salle des actes, une salle de récréation, un jardin. Nous avons, nous, nos sections, section de grammaire et de philologie, section d'histoire et de géographie, section de philosophie, section de mathématiques, section de physique et de chimie, — où l'élève est assuré de trouver tous les secours dont il a besoin et où il est à son aise pour les utiliser.

Ces habitudes de bien-être intellectuel sont nouvelles. Elles ont sur les esprits plus de portée qu'on ne croit. Ce n'est pas sans raison que Pestalozzi disait qu'au mobilier d'une classe on reconnaît la direction du maître. On a souri quand, pour la première fois, dans nos amphithéâtres de cours, nous avons mis aux gradins des dossiers d'abord, puis des tablettes et tout ce qu'il faut pour écrire. Ce sont là, dans l'enseignement supérieur comme dans les autres ordres d'enseignement, des éléments de discipline, au sens le plus élevé du mot. Une salle disposée pour le travail invite et contraint moralement au travail.

Plus d'un de nos élèves a été heureux de trouver l'hospitalité de sa section pendant les vacances, pour se préparer aux épreuves de l'agrégation. Tout récemment les mathématiciens demandaient qu'entre l'heure où les cours se ferment et où la bibliothèque de la Sorbonne s'ouvre pour les séances du soir, récemment organisées, leur salle de conférence fût laissée à leur disposition afin qu'ils pussent s'exercer entre eux à faire des leçons. Ce sont des mœurs scolaires qui se forment. Pour s'établir définitivement, elles demandent de la part des professeurs une confiance qui ne soit jamais aveugle; de la part des étudiants une gravité dans le sentiment du devoir qui ne se démente point. Si l'on peut compter sur l'une, il y a de sérieuses raisons pour espérer que l'autre ne nous manquera pas[1].

VI

Mais ce n'est pas seulement l'enseignement à tous les degrés qui recueillera le bénéfice de cette généreuse émulation de travail. Suivant le vœu des maîtres qui depuis cinquante ans ont préparé les voies, elle doit viser, elle vise plus haut; l'avenir de la science y est attaché.

L'esprit critique est la marque propre de ce temps. Notre génie, appliqué aux conceptions générales, a produit au dix-septième et au dix-huitième siècle les grandes œuvres de haute culture littéraire et scientifique qui sont comme la bible du monde pensant. Aujourd'hui il s'exerce sur les infiniment petits. Aux synthèses engageantes et hardies ont succédé les analyses patientes et rigoureuses. La gloire qu'un Newton, un Laplace a due à la découverte du système du monde, la science moderne la trouve dans l'examen

1. Les étudiants ont répondu eux-mêmes à cet appel en se groupant en Associations instituées en vue de l'assistance pour le travail. Se référer aux statuts de l'Association générale des étudiants, à ceux de l'Association des étudiants de la Faculté des Lettres et à ceux de l'Association des étudiants de la Faculté des Sciences. — L'Association générale des étudiants ne comprend pas aujourd'hui moins de 1600 membres (1887). Sur son origine et son caractère, voir aux Annexes, n° X.

des plus imperceptibles phénomènes de la vie. Le ciron, « ce raccourci d'atomes », ne suffit plus à ses recherches. Elle a pénétré dans les abîmes de petitesse qui frappaient d'admiration, presque d'épouvante, l'imagination de Pascal; elle travaille à en faire sortir les lois de l'existence et de la mort. La même transformation s'est accomplie pour tous les ordres d'études. Ce que le microscope du savant étudie dans les dernières fibrilles de la chair et dans les globules du sang, l'œil scrutateur du philologue, de l'épigraphiste, de l'historien, cherche à le découvrir dans le tissu de la langue, dans les linéaments des textes, dans les moindres organes des mœurs et des institutions. On ne se contente plus des observations de sentiment, on se défie des lumières de l'imagination; on ne méconnaît pas ce qu'elles ont de juste dans leurs élans, d'heureux dans leurs intuitions; mais on les soumet à la rigueur de la critique scientifique; on décompose, on analyse, on passe tout au creuset; on veut voir, on veut toucher[1].

Du cabinet du maître ces méthodes sont descendues dans l'officine de l'étudiant. A l'École de Médecine, aux termes du décret du 20 juin 1878 « les travaux pratiques des laboratoires de dissection et le stage près

1. « Pendant longtemps, dit Cl. Bernard, la physiologie fut considérée comme une science idéale et même romanesque, car on l'appelait « le « roman de la médecine » ; elle n'avait pas encore conquis sa place parmi les sciences expérimentales; elle était complètement négligée comme science pratique, et l'on croyait qu'il suffisait de l'étudier dans les livres.... Aujourd'hui on ne renvoie plus la physiologie aux bibliothèques, aux livres des anciens et aux descriptions anatomiques; on la reconnaît comme la science expérimentale des corps vivants. Si elle a d'abord été confondue, dans son développement, avec les sciences naturelles et anatomiques, on peut dire que, de nos jours, elle se constitue et conquiert son autonomie. Cette séparation est déjà un fait accompli à l'étranger.... » (*Pathologie expérimentale*, p. 411, *leçon sur la médecine d'observation et la médecine expérimentale*. 1860.)

des hôpitaux sont obligatoires [1] ». Comme le demandait J.-B. Dumas, on veut, à la Faculté des Sciences, que tout élève ait pratiqué de ses mains les démonstrations de la physique, les manipulations de la chimie ; qu'il se soit rendu compte, en un mot, des théories qu'on lui enseigne à la lumière d'une expérience qui lui soit propre. Pourquoi, me disait récemment un père de famille, pourquoi, sans faire déchoir l'enseignement du droit de la sphère des principes qui est son domaine, n'éprouverait-on pas, dans les conférences familières, le jugement de l'étudiant sur des textes de procédure vivante et de législation contemporaine? A la Faculté des Lettres, afin de mieux assurer les résultats du travail, on a divisé les examens ; à côté de la licence littéraire proprement dite, l'histoire, la philosophie, les langues vivantes ont leur licence spéciale [2] ; on ne se borne pas à entretenir les élèves des résultats de la science faite ; on leur apprend à remonter aux sources, à démêler les ressorts des langues, à s'élever à la conception des méthodes. Il y a douze ans, la création du premier laboratoire de recherches scientifiques, celui de Sainte-Claire Deville, étonnait les esprits superficiels ; en voyant s'élever au milieu de la Sorbonne des cheminées d'usine, on traitait l'École des Hautes Études d'École des Hauts Fourneaux. Nul ne s'étonne aujourd'hui qu'on ne conçoive plus un enseignement de la

1. Art. 7. — L'obligation de ces exercices était inscrite, il est juste de le reconnaître, dans les premiers actes constitutifs de l'enseignement de la médecine. « Les parties de la journée qui ne sont pas occupées par les cours sont destinées aux exercices d'anatomie, de médecine opératoire et de chimie médicale et pharmaceutique. En hiver, les élèves seront exercés au manuel de l'anatomie et de la médecine opératoire depuis 7 heures jusqu'à 10 heures du matin et depuis 5 heures jusqu'à 9 heures du soir. En été, il sera exercé aux opérations cliniques et pharmaceutiques, à l'application des bandages et appareils et au manuel des accouchements de 8 heures à 8 heures du soir. » (*Décret du 24 messidor an IV* (12 *juillet* 1796), art. 14, 16 et 17.)

2. Décrets du 28 décembre 1880 et du 27 décembre 1881.

littérature française sans un cours d'histoire de la langue, ni un enseignement de l'histoire sans un cours de paléographie, de diplomatique et de chronologie. Les lettres, comme les sciences, veulent avoir leurs instruments de précision[1]. Et en même temps qu'une riche pépinière d'habiles praticiens et de solides professeurs, ce qui se forme à cet enseignement, c'est une école de jeunes savants[2].

Dès aujourd'hui on peut en apprécier les résultats. L'École des Hautes Études a inauguré ce grand mouvement de recherches dans l'épigraphie, la linguistique et l'histoire, d'observations expérimentales dans la physique, la chimie et l'histoire naturelle, qui ont fourni à la science tant d'éléments précieux.

1. Voir dans la *Revue internationale de l'enseignement*, année 1881, page 553, une étude de M. Ferdinand Brunetière sur l'enseignement de la littérature française dans les Facultés des Lettres.

2. M. V. Duruy a défini supérieurement le caractère de la réforme des hautes études qu'il a si énergiquement préparée : « Le jeune homme qui sent en lui la flamme secrète où le génie peut-être s'allumera, dit-il; celui qui a achevé les études générales ou dont l'esprit y répugne; celui que ne tentent point les expériences d'une carrière lucrative ou qui, du sein même d'une profession déjà comprise, est irrésistiblement attiré vers la science pure, celui-là ne rencontre pas dans nos établissements scientifiques tous les moyens qui lui seraient nécessaires pour aller rapidement et sûrement où sa vocation l'appelle. Au Collège de France, au Muséum, à la Sorbonne, à l'École de Médecine, il trouve des maîtres éminents qu'il écoute; dans nos bibliothèques, des livres qu'il médite; dans nos collections, des objets qu'il étudie. Mais il reste trop souvent sans direction précise, sans conseils particuliers, sans appui; et ce que ses livres ou ses maîtres lui enseignent, il ne peut le vérifier, le féconder pour lui-même par l'observation et l'expérience. Alors il reconnaît que le savant se forme, non pas seulement devant la chaire du professeur où le public vient s'asseoir, mais dans ces laboratoires qui, présentement lui sont fermés, et au milieu de ces livres, de ces manuscrits, de ces collections, où on devrait lui apprendre à chercher et à trouver la vérité qui s'y cache. Parmi les auditeurs de cours qui ne voient la science que de loin, il en est sans doute dont l'isolement s'accroît dans l'isolement même où ils sont laissés et qui, à force de volonté, savent pourvoir à tout sans posséder rien. C'est le petit nombre.

« Lorsqu'en France, disait en 1867 Cl. Bernard, un jeune homme suffisamment instruit et préparé par des études antérieures puisées dans les cours voudrait s'essayer dans quelques travaux, il faudrait qu'il pût en avoir les moyens matériels dans les laboratoires où il trouverait en même temps une direction scientifique. Le professeur assumerait en quelque sorte la responsabilité scientifique des travaux faits sous sa direction ou par son inspiration. C'est ce qui arrive dans beaucoup de laboratoires de l'étranger où l'on publie chaque année les travaux réunis faits par le professeur et les élèves. De cette manière, de jeunes physiologistes se formeraient et se feraient connaître ; la science se développerait utilement par des travaux bien conçus et dirigés sur les questions importantes à résoudre. Enfin le professeur y trouverait des disciples et des auxiliaires qui poursuivraient le développement de ses propres travaux [1]. » Actuellement, auprès de la Faculté des Sciences, nous n'avons pas moins de 35 laboratoires de recherche [2], et leur histoire se confond presque avec celle de la Faculté. Les travaux qui en sont sortis portent pour la plupart le nom d'un professeur à côté de celui d'un étudiant. Quelques-uns sont des comptes rendus critiques, de savantes analyses, des mémoires que l'Institut a jugés dignes de son attention. Leur nombre ne s'élève pas à moins de 3888. Témoignage éclatant d'une activité que relève un désintéressement qu'en

Combien sont arrêtés, découragés par les obstacles, et même pour ceux qui en ont triomphé, que d'efforts et de temps perdus! » (*Rapport du 31 juillet 1868 sur la création de l'École pratique des Hautes Études.*)

1. *Rapport sur les progrès et la marche de la physiologie en France*, 1867, note 235.

2. 14 pour la physique et la chimie, 8 pour la physiologie, 6 pour la zoologie, 5 de botanique, 2 pour la géologie ; non compris les deux admirables laboratoires de zoologie expérimentale créés par M. de Lacaze-Duthiers, l'un à Roscoff, dans le Finistère (1872), l'autre dans les Pyrénées-Orientales, à Banyuls-sur-Mer (1883).

présence des tentations de l'industrie moderne, nous ne saurions trop louer : jamais il n'a été plus juste de dire que la science française travaille à l'honneur du nom français et pour le profit du monde entier.

La section des sciences historiques et philologiques n'est ni moins laborieuse ni moins féconde. Outre les 49 volumes de la *Bibliothèque*, dans lesquels les professeurs et les élèves ont inséré un grand nombre de travaux originaux, elle a fondé trois revues : la *Revue critique d'histoire et de littérature* (1868), la *Revue historique* (1876) ; la *Revue de philologie, de littérature et d'histoire ancienne* (1877) ; et l'Académie des Inscriptions et Belles-Lettres a couronné plus d'un mémoire ou d'un livre dont ces publications avaient recueilli le premier germe. Nous avions 51 auditeurs en 1868 ; nous en avons eu, en 1881, 272. L'école comprend 25 cours, qui fournissent par semaine 62 leçons.

Lorsque saint Louis concéda à son chapelain Robert Sorbon, dans la rue de Coupe-Gueule, la maison et les écuries sur l'emplacement desquelles la Sorbonne fut construite, un des écoliers dit, suivant une légende : « Les escuries deviendront ruche [1] ». Le mot est pleinement justifié.

Cette riche organisation de travail, en donnant à notre

1. « Ludovicus, Dei gratia Francorum rex, universis litteras inspecturis salutem. — Notum facimus quod nos magistro Roberto de Sorbona, Canonico Cameracensi, dedimus et concessimus, ad opus scolarium qui inibi moraturi sunt, domum quæ fuit Joannis de Aurelianensi, cum stabulis quæ fuerunt Petri Ponilano, contiguis eidem domui ; quæ domus cum stabulis sita sunt Parisiis in vico de Coupegueule ante palatium Thermarum.... Actum Parisiis, anno Domini 1250. » (J. Dubreul, *Théâtre des antiquités de Paris*, p. 461. — Cf. Alfred Francklin, *la Sorbonne*, etc., 2e édition, 1875, première partie, page 6.) — « Le nom de cette rue de Coupe-Gueule indique un mauvais lieu. C'était, en effet, un endroit inhabité et où avaient été autrefois les écuries de la cour. »

enseignement supérieur une base plus ferme, ne doit rien lui enlever d'ailleurs de ce qui a fait jusqu'ici sa puissance d'expansion et son attrait. A la suite d'un de ces entraînements de sévérité envers nous-mêmes, auxquels nous cédons quelquefois, quand, par un excès contraire, nous ne nous exaltons pas outre mesure, il nous est arrivé de nous méprendre sur ce que l'on appelle le caractère oratoire des cours de Faculté. On a regardé au delà de la frontière, et l'on a cru voir que les choses s'y faisaient mieux ; que, pour l'enseignement des lettres notamment, les professeurs se bornaient à expliquer, à commenter des textes, ou à exposer sommairement quelques idées critiques, souvent même afin d'en rendre le profit immédiat plus sûr, à les dicter. Pour ceux qui ont observé les choses d'un peu plus près, il n'est pas certain qu'il en soit toujours absolument ainsi. Il existe en Allemagne et en Angleterre des cours qui s'adressent à la fois aux étudiants proprement dits et au public, où le professeur, aussi bien dans les sciences que dans les lettres, donne à sa parole l'ampleur nécessaire pour se faire goûter des intelligences les plus diverses. Plus d'un maître, en passant de sa chaire à la tribune politique, n'a fait que changer d'auditoire ; il était prêt. N'eussions-nous pas ces exemples du haut professorat exercé au développement des idées générales, façonné à toutes les souplesses de la parole publique, quelles raisons aurions-nous pour nous-mêmes d'y renoncer ? Dans l'impatience généreuse qui nous saisit à certains moments de nous améliorer vite, nous sommes exposés à sacrifier nos vertus natives

(*Histoire de la Sorbonne*, par M. l'abbé J. Duvernet, Paris, 1790, tome I, chap. IV, page 38. — Cf. *Les lettres d'un Bibliographe suivies d'un Essai sur l'origine de l'imprimerie à Paris*, 5e série, par J. P. A. Madden, Paris, 1878, page 144. — Voir, pour les premiers résultats de ce grand mouvement, les *Notes sur l'enseignement supérieur* du regretté A. Dumont.)

pour adopter ce qui pourrait bien n'être que les défauts d'autrui. L'enseignement supérieur ne doit pas être seulement un enseignement de préparation aux grades, si utile que soit ce résultat, ni un enseignement de pure recherche, si précieuses qu'en soient les découvertes. Il ne semble pas que nous ayons rien à regretter de l'éclat jeté sur nos grandes chaires par la parole austère, enflammée, pénétrante, d'un Guizot, d'un Cousin, d'un Ozanam, d'un Villemain ou d'un Saint-Marc-Girardin. Combien de générations ont vécu sur les idées qu'ils ont semées dans le monde! Ce n'était pas la science d'aujourd'hui. En était-ce moins de la science, s'il faut entendre par là ce qui fait penser, ce qui émeut, ce qui éclaire? Le propre de l'enseignement supérieur est de s'élever aux spéculations générales et de s'y plaire. Le danger est de ne pas faire reposer ces généralisations sur une étude précise des faits, ce qui est la juste et louable préoccupation de notre temps. Mais les faits eux-mêmes ne servent à l'éducation de l'intelligence que lorsque l'intelligence arrive à en dégager les vérités d'ordre universel qu'ils renferment, la loi dont ils découlent. C'est là surtout qu'il faut craindre, suivant le précepte de la sagesse courante, que les arbres n'empêchent de voir la forêt. Saint-Marc-Girardin, qui le premier a introduit à la Sorbonne la petite leçon à côté de la grande, disait : « Entre l'une et l'autre, je ne vois pour moi qu'une différence : c'est que dans la petite leçon, consacrée à la lecture d'un texte (car la chose n'est pas nouvelle), je travaille sous les yeux de mes auditeurs, et leur apprends à travailler; tandis que dans la seconde je leur apporte le travail tout fait. » Et l'on sait ce que ce travail tout fait suppose de recherches et de méditations, ce qu'il faut d'efforts pour arriver à ce degré de possession, où l'esprit embrasse un sujet dans son ensemble harmonieux, en voit chaque partie à sa place et dans sa lumière, où il n'a même plus à se préoccuper de l'expression qui se détachera de la pensée comme un fruit mûr. C'est là, lorsqu'il recouvre une science forte et sûre, l'art suprême du haut enseignement. Il n'appartient proprement ni aux lettres ni aux sciences. Cuvier en a fourni le modèle; J.-B. Dumas et Cl. Bernard en ont donné plus d'un exemple. C'est, avant tout, un art bien français. Gardons-nous de le dédaigner. Sans rien répudier des admirables progrès de la critique moderne, restons fidèles aux traditions les plus élevées de notre génie national.

LE BACCALAURÉAT

Juillet 1885.

L'enquête récemment ouverte sur le baccalauréat a produit l'une des consultations les plus intéressantes que le corps enseignant ait fournies depuis que l'usage est établi de provoquer directement son témoignage. Trois cent six établissements (facultés ou écoles supérieures, lycées ou collèges) ont répondu à l'appel qui leur avait été adressé. La plupart des délibérations sont précédées de rapports d'une ampleur remarquable ; toutes aboutissent à des propositions motivées, et les débats, dans certains collèges, ne le cèdent en rien à ceux des assemblées d'un degré plus élevé pour l'intelligence exacte des besoins de l'éducation nationale. Partout la discussion a été préparée avec soin, suivie avec zèle, libéralement conduite. Plus d'un procès-verbal contient l'un à côté de l'autre un projet et un contre-projet ; pour être respectées, les minorités n'ont eu qu'à se défendre. En un mot, quel que soit le jugement que l'on porte sur les résolutions prises, on n'en saurait méconnaître la portée ; on se sent en présence d'un ensemble d'opinions mûries par la réflexion, éclairées par la controverse, indépendantes et sincères [1].

1. *Enquêtes et documents relatifs à l'enseignement supérieur*, t. XVIII, *Baccalauréat*.

Les questions posées. — La première question qui se posait naturellement était celle qui touche au principe même du baccalauréat. Y a-t-il lieu soit de substituer au diplôme délivré par les Facultés un certificat de maturité accordé, selon la règle suivie dans presque tous les pays étrangers, par les professeurs de l'établissement siégeant sous la présidence d'un représentant de l'État, soit de remplacer l'examen uniforme par un examen de carrière, c'est-à-dire de laisser aux Facultés elles-mêmes, aux grandes écoles, aux administrations intéressées le soin de vérifier, à leur convenance, par des moyens à elles propres, si les jeunes gens possèdent les connaissances particulières et les aptitudes spéciales nécessaires pour assurer l'efficacité de leur enseignement ou les besoins de leur service?

Ces propositions écartées et le principe du baccalauréat maintenu, convient-il d'introduire dans les formes de l'examen, au profit du candidat, des garanties nouvelles? Et où faut-il chercher ces garanties : dans les conditions préalables de l'épreuve, dans la procédure de l'épreuve, dans l'épreuve elle-même?

D'autre part, n'y aurait-il pas quelque changement à apporter dans l'économie générale des examens? Ne serait-il pas plus conforme aux nouveaux programmes, par exemple, de réduire les deux diplômes à un seul, représentant les études littéraires et les études scientifiques dans la proportion où ces programmes ont déterminé leur part respective? Si la distinction entre les diplômes doit subsister, y a-t-il utilité pour le baccalauréat ès lettres à conserver les deux séries d'épreuves subies à une année d'intervalle, suivant la règle appliquée depuis 1874, ou serait-il préférable de revenir à l'unité d'examen qui a été l'usage pendant plus de soixante ans? Dans les sciences, le baccalauréat restreint doit-il être supprimé, ainsi que le vœu en a déjà été maintes fois émis, le baccalauréat complet rester l'examen unique, soit qu'il comprenne deux séries d'épreuves, scindées comme pour les lettres, soit qu'il continue de ne donner lieu qu'à un seul examen ? L'intérêt des études médicales ne réclame-t-il pas la création d'un baccalauréat ès sciences physiques et naturelles, celui des études mathématiques la création d'un baccalauréat de mathématiques supérieures? Que faut-il penser de la combinaison d'un baccalauréat à deux degrés, c'est-à-dire d'un examen à base commune, ultérieurement complété par des examens spéciaux?

Graves sujets que dominait un sujet plus grave encore et qui, pour n'être pas expressément marqué dans le questionnaire de l'enquête, ne pouvait manquer de devenir la fin dernière des réflexions qu'elle suggérait. L'usage presque universellement adopté d'accepter ou d'imposer l'examen de bachelier comme la sanction exclusive des études secondaires est-il justifié par l'intérêt public? Le baccalauréat est-il une caution suffisamment sincère? Parmi ceux qui prétendent au diplôme, combien en est-il qui l'obtiennent; parmi ceux qui l'obtiennent, combien pour qui il représente une valeur de fonds? Donne-t-il satisfaction aux justes exigences de l'enseignement supérieur? Répond-il aux besoins complexes de la société moderne? L'importance sociale qu'il a prise ne tourne-t-elle pas au détriment des études mêmes, qu'il élève trop pour les uns, qu'il abaisse trop pour les autres, qu'il risque de fausser pour tous, qu'il ramène tout au moins à une sorte d'unité factice aussi trompeuse pour l'éducation des individus que préjudiciable au développement du patrimoine intellectuel commun?

De ces divers ordres d'idées, c'est le premier, celui qui a trait au principe du baccalauréat, qui tient le plus de place dans les délibérations de l'enquête. La discussion des formes et des degrés que l'examen comporte a donné lieu aussi à un certain nombre d'importantes résolutions. Quant aux abus qui ont fait du baccalauréat le souverain régulateur des études, la préoccupation en percé partout ; et incidemment, dans les rapports le plus fortement empreints de l'esprit de sagesse, des propositions sont introduites, propositions d'autant plus notables qu'elles ont été arrachées en quelque sorte à ceux qui les font par l'évidence du malaise où nous nous débattons.

Le baccalauréat est la clef de voûte de notre système d'instruction secondaire. On ne saurait apporter trop de circonspection à le réformer. Mais ne doit-on pas au moins essayer d'améliorer ce qu'il serait, quant à présent, impossible de changer?

Il convient d'abord d'établir les résultats de l'enquête : ce que nous voudrions faire simplement en rapprochant les unes des autres sur chaque point ou en les opposant, lorsqu'il y a lieu, les conclusions des différentes assemblées.

LES RÉSULTATS DE L'ENQUÊTE

I

La nécessité d'un examen terminal. — Qu'un examen terminal soit nécessaire, c'est ce qu'avec raison on n'a pas cru utile de discuter longuement. L'usage vient d'en être appliqué à l'école primaire ; le moment serait mal choisi pour en détruire la tradition dans les établissements d'éducation secondaire. Des études sans contrôle courraient grand risque d'être des études sans valeur[1]. Il n'est pas de pays, sauf la Belgique et l'Amérique, où cette sanction n'existe. L'Amérique n'a point à se féliciter de ne l'avoir point créée[2], ni la Belgique de s'en être privée[3]. L'examen terminal est un stimulant

1. *Enquête*, faculté de droit de Douai, p. 460 ; — de droit de Lyon, p. 390 ; — de droit de Nancy, p. 514. = Lycée Louis-le-Grand, p. 693.

Un seul établissement, un collège, propose de supprimer tout examen final et de délivrer simplement aux élèves, à leur sortie, un certificat de présence. — Le lycée de Montpellier est d'avis de délivrer, d'après les notes de l'élève et sans examen, un certificat d'études auquel ne serait attaché aucun avantage. — Voir plus bas, p. 112-113.

2. Voir La Boulaye, *Rapport sur la loi relative à la liberté de l'enseignement supérieur.*

3. Loi du 20 mai 1876. — Cette loi a aboli l'examen de gradué ès lettres qui, supprimé une première fois en 1851, avait été rétabli en 1861, pour l'admission aux universités. — Voir, sur le principe de la loi, les observations de M. Émile Flourens (*Société pour l'Étude des questions d'enseignement supérieur*, année 1878, p. 312 et 313) et, sur les effets qu'elle a produits, la publication de M. Paul Thomas, professeur à l'Université de Gand (*Revue internationale de l'enseignement*, année 1881, p. 119).

Si la faculté mixte de médecine et de pharmacie de Lyon recom-

nécessaire : il oblige à l'effort ; en même temps il permet de suivre la marche générale de l'enseignement ; c'est le moyen d'information le plus sûr, pour peu qu'il soit judicieusement appliqué. Mais où se fera ce contrôle et qui aura la direction de l'examen ?

L'examen de carrière. — L'examen de carrière remplaçant l'examen du baccalauréat n'a rencontré, à quelques exceptions près [1], que des adversaires.

Si l'examen porte s[illegible] les mêmes matières que le baccalauréat, et si la réfor[illegible] n'implique qu'un changement de juges, quel autre effet [illegible]ourrait-elle avoir que de remplacer un jury compétent par un jury qui le serait moins ? Est-il une administration qui fût assurée de trouver, même dans les éléments distingués dont elle dispose, les ressources nécessaires pour constituer un tel tribunal ? Les facultés elles-mêmes, les facultés professionnelles, celles de droit et de médecine, déclarent qu'elles ne se croiraient pas suffisamment autorisées à faire passer à leurs élèves la revue de l'ensemble des connaissances classiques, scientifiques et littéraires [2]. — Et puis n'y a-t-il pas un certain nombre de jeunes

mande les examens d'entrée pour l'admission à l'enseignement supérieur, c'est dans la pensée non de supprimer les examens d'instruction générale, mais de faire de ces examens d'entrée des moyens de sélection spéciale. (*Enquête*, p. 412.) Tel est également le sens de la délibération de la faculté des sciences et de la faculté des lettres de Lyon, p. 414 et 415 ; — de l'École supérieure de pharmacie de Montpellier, p. 482.

1. *Enquête*, faculté des sciences de Clermont : proposition du doyen non appuyée ; la proposition maintenait d'ailleurs le diplôme de bachelier comme condition d'entrée dans les carrières dépendant de l'enseignement supérieur. = Lycée d'Alger, p. 803 ; — de Limoges, p. 702. = Collège d'Aurillac, p. 103.

2. *Enquête*, faculté de droit de Douai, p. 262 ; — de droit de Nancy, p. 515 et 516 ; — de médecine de Nancy, p. 527 ; — de droit de Paris, p. 594 ; — de médecine de Paris, p. 620 ; — de droit de Poitiers, p. 781 ; — des sciences de Poitiers, p. 781.

gens qui ne prétendent ni aux emplois administratifs, ni aux grandes écoles, ni aux études supérieures? Ceux-là devraient donc renoncer au bénéfice de toute sanction. — Pense-t-on enfin aux candidats, toujours assez nombreux, qui, ayant régulièrement terminé leurs classes à dix-sept ou dix-huit ans, ne peuvent, par suite de diverses circonstances, entrer en carrière ou aborder les facultés qu'à vingt-cinq ans?

Si c'est aux matières de l'examen que s'applique le changement (et le système, pris sérieusement, ne peut guère avoir d'autre sens), quelle sera la règle? Donner aux études secondaires un contrôle aussi multiple que peuvent l'être les besoins apparents ou réels de la société, n'est-ce pas les livrer à l'arbitraire des visées les moins élevées, des intérêts les moins légitimes, des caprices de l'opinion, des passions du jour? Qui ne sait quels éléments de trouble apporte dans l'harmonie de nos classes ce qu'on appelle la préparation aux écoles, depuis que les écoles imposent à l'Université les programmes d'enseignement que raisonnablement elles devraient en recevoir ou du moins concerter avec elle? Que serait-ce lorsque ce privilège combattu serait devenu le droit incontesté de tout le monde[1]? Les établissements d'enseignement secondaire, cédant à la fatalité des lois économiques et se réglant sur la demande, cesseraient bientôt d'être des écoles de culture générale pour devenir des ateliers de préparation professionnelle. L'industrialisme y trouverait peut-être un moyen de fortune. Ce serait assurément la ruine des études. Les administrations ne tarderaient pas à reconnaître elles-mêmes les périls d'un recrutement fait sans autre garantie que celle des exigences de métier; mais l'épreuve, si peu de temps qu'elle durât, suffirait

1. *Enquête*, lycée Condorcet, p. 602.

pour provoquer l'abaissement intellectuel du pays et semer des germes de désorganisation sociale. Dans cette Babel d'examens ajustés aux besoins des moindres carrières, que deviendrait la communauté des idées puisées aux larges sources, qui fait la cohésion morale et l'unité patriotique d'une nation [1]?

L'examen à matières facultatives. — C'est à un désarroi moins grave, mais de même nature, qu'aboutirait l'examen à matières facultatives.

S'agit-il de laisser le choix de certaines connaissances spéciales (la connaissance de l'hébreu, par exemple, comme il en a été question autrefois) à ajouter au programme général du baccalauréat? Mais comment admettre qu'il soit bon d'attirer au superflu des jeunes gens qui ont tant de peine à suffire au nécessaire? S'il y a temps pour tout dans les études, même pour le luxe, ce n'est pas par le luxe qu'il est sage de commencer.

Faut-il entendre, ainsi que cela est plus vraisemblable, que les jeunes gens pourraient à l'examen exercer un droit d'option sur les matières du programme commun? Le principe des matières facultatives a pu être introduit heureusement dans les examens de la licence ès lettres, parce que le candidat a fourni préalablement les garanties d'instruction générale indispensables; à plus forte raison la spécialité doit-elle être la règle dans toute la hiérarchie des examens plus élevés : le progrès de la science est à ce prix. Mais au baccalauréat, dans cette première épreuve qui est la base de toutes les autres, quelles seront les matières facultatives? Nous aurions donc un baccalauréat d'histoire, un baccalauréat de langues vivantes, etc.?

1. *Enquête*, recteur de Dijon, p. 235 et 236.

— L'idée fût-elle acceptable, comment pourrait-elle être appliquée[1]? Sont-ce les familles, sont-ce les enfants prenant pour un signe de vocation la voix secrète de la fantaisie ou de la paresse, à qui il appartiendrait de rayer du programme telle ou telle étude : les uns les mathématiques, les autres la littérature, ceux-ci la chimie, ceux-là le grec? Et dans quelles conditions ce libre choix se ferait-il? Au commencement des classes, au milieu, à la fin? Après avoir essayé de tout? Avant d'avoir essayé de rien? Avec la possibilité de revenir sur une première décision et d'en changer tous les ans? Quelle serait la situation d'un professeur en présence de ces désœuvrés par système, de ces indifférents de parti pris, forts de leur droit? A moins que chaque matière n'eût son maître particulier, sa classe spéciale? En vérité, on ne voit guère le moyen d'organiser une telle anarchie ; il n'y a pas d'établissement, public ou libre, qui pût y résister.

II

L'examen intérieur. — L'examen intérieur méritait de soulever, et il a soulevé une discussion plus sérieuse.

C'est, on le sait, le système qui est pratiqué en Allemagne, en Italie, en Angleterre, en Suisse, en Russie.

1. Le lycée d'Alençon, *Enquête*, p. 141, et quatre collèges (Hesdin, p. 319, la Fère, p. 323, Châteaudun, p. 743, et Oran, p. 901) semblent admettre l'examen à matières facultatives; mais c'est en lui donnant pour base commune un examen comprenant obligatoirement tous les éléments des connaissances générales nécessaires. L'interprétation donnée aux matières facultatives par le doyen de la faculté de médecine de Nancy, qui parle aussi de ce système avec faveur, p. 526, rentre dans le même sens. — Voir également la faculté des lettres de Bordeaux, p. 99.

Il y a trois ans, la Prusse en a renouvelé la réglementation dans un statut qui peut être pris comme type[1].

Le statut du 27 mai 1882 en Prusse. — Le double principe sur lequel repose le statut prussien du 27 mai 1882 est que l'enseignement secondaire ne saurait avoir de meilleur juge que lui-même, ni les élèves d'arbitres plus éclairés que leurs maîtres, sauf le contrôle que les pouvoirs publics ont le droit et le devoir d'exercer.

En entrant au gymnase, l'enfant est remis sans réserve à la direction de ceux à qui il est confié. Ce sont eux qui, chaque année, décident souverainement s'il abordera un degré d'études supérieur ; et, au fur et à mesure qu'il s'élève dans la hiérarchie des classes, l'exercice de cette autorité devient plus rigoureux. — Nul ne peut subir l'examen de maturité s'il n'a fait la *prima* et, l'*ober-prima*, c'est-à-dire les deux classes qui répondent à nos classes de rhétorique et de philosophie[2] ; et, comme on n'entre pas en *sexta* avant dix ans, que la *secunda* et la *tertia* sont, ainsi que la *prima*, généralement dédoublées, il en résulte que d'ordinaire on n'arrive guère en *ober-prima* avant dix-huit ans. L'élève vient-il à quitter le gymnase en cours d'études, le directeur marque sur son certificat de sortie en quelle année il aurait rempli les conditions pour subir l'examen, s'il avait régulièrement poursuivi sa scolarité, et le semestre

1. Voir *Centralblatt für die Unterrichtsverwaltung*, 1882, p. 365-381 — Cf. Sander. *Lexikon der Pädagogik*, *Art.* ENTLASSUNGSPRÜFUNG, p. 91 et 92.

2. Statut, v, 1. « L'admission d'un élève à l'examen de sortie ne peut avoir lieu régulièrement avant le quatrième semestre des deux années qu'il doit passer dans la première classe. L'admission dans le deuxième semestre peut être exceptionnellement autorisée par le conseil provincial, sur la proposition des maîtres appartenant à la commission d'examen ; mais cette proposition doit être faite à l'unanimité et elle ne peut être faite qu'autant que l'élève appartient à l'*ober-prima*. »

pendant lequel le changement s'opère ne lui est compté qu'autant que ce changement n'a pas de cause fâcheuse[1]. — Nul ne peut se faire inscrire qu'après avoir prévenu par écrit le directeur trois mois avant l'expiration du semestre à la fin duquel l'examen doit avoir lieu. Chaque dossier contient les notes annuelles de l'élève et l'indication de la carrière à laquelle il se destine[2]. Revision en est faite dans une conférence à laquelle sont conviés les maîtres qui font partie de la commission d'examen, et la commission, sur le vu des notes, décide si le candidat peut être autorisé à se présenter. Lorsque le jugement est défavorable, la famille est avisée. Au cas où elle n'accepte pas la décision, il en est référé au conseil provincial, qui statue. — Nul enfin ne peut se présenter plus de trois fois, qu'il continue ou non à suivre les cours d'un gymnase : ce qui empêche que les familles passent outre aux observations qui leur sont faites et laissent les jeunes gens courir trop aisément les chances de l'épreuve[3].

L'examen se divise en deux parties : examen écrit, examen oral. L'examen écrit comprend : une dissertation allemande, une dissertation latine, un thème latin, une version grecque, une composition de mathématiques[4] ; l'examen oral : des explications d'auteurs grecs, latins

1. Statut, v, 2. « Quand un élève de la *prima* a été renvoyé d'un gymnase par mesure disciplinaire, qu'il l'a quitté pour se soustraire à une punition ou sans motif suffisant, le semestre au cours duquel il est entré dans un autre gymnase ne doit pas lui être compté. Il appartient au conseil provincial de décider, sur le rapport du directeur ou des directeurs et des maîtres siégeant dans la commission d'examen, si le changement est suffisamment justifié; et, au cas où les parents ou leurs représentants le demandent, cette décision est prise aussitôt après l'entrée de l'élève dans le nouveau gymnase. » (Statut, XVII, 4.)

2. Statut, v, 5 et 7.

3. Statut, XVI, 1. On ne peut même se présenter que deux fois lorsqu'on fait déjà partie de l'Université, XVII, 3.

4. Statut, VI, 2. « L'épreuve écrite de mathématiques doit comprendre

et français, des interrogations d'histoire et de géographie, et des questions de mathématiques (éléments de l'algèbre, de la géométrie ou de la trigonométrie rectiligne)[1].

Le jury se compose du commissaire royal, nommé

quatre questions : une de géométrie plane, une de géométrie dans l'espace, une de trigonométrie et une d'algèbre. On recommande de choisir l'une des questions de mathématiques de telle sorte que les élèves aient l'occasion de se servir de leur connaissance des lois de la physique. »

1. « Pour obtenir le brevet de maturité, l'élève doit satisfaire aux exigences suivantes qui indiquent la mesure à observer dans le jugement des compositions écrites et des réponses à l'examen oral.... Pour la langue allemande, l'élève doit être en état de bien saisir un sujet compris dans sa sphère d'idées et de le développer suivant son appréciation personnelle avec logique et dans une langue courante. Il doit aussi montrer qu'il peut, dans sa langue maternelle, exposer ses idées avec facilité, certitude, clarté et suite. De plus, il doit être familiarisé avec les principales époques de la littérature allemande et avec quelques ouvrages classiques de cette littérature. — En latin, l'élève doit comprendre et traduire à peu près sans aide les discours et les traités philosophiques de Cicéron, les œuvres de Salluste et de Tite-Live, l'*Énéide* de Virgile, les *Odes* et les *Épîtres* d'Horace et avoir une connaissance précise des mots le plus souvent employés. Les travaux écrits ne doivent pas contenir de fautes témoignant d'une possession trop imparfaite des règles de la grammaire : ils doivent être purs de germanismes en général et montrer une certaine dextérité de style. — En grec, l'élève doit comprendre et traduire à peu près sans aide Homère, Xénophon, les discours politiques les plus faciles de Démosthène et les dialogues les plus simples de Platon ; de plus, il doit témoigner de la solidité de ses connaissances quant aux formes des mots et aux points essentiels de la syntaxe. — En français, on exigera l'intelligence grammaticale et lexicologique et la traduction courante d'œuvres en prose ou en vers ne présentant pas de difficultés premières, en même temps qu'une connaissance de la grammaire usuelle et syntaxique suffisamment sûre pour permettre l'usage écrit de la langue. — En histoire et en géographie, l'élève devra connaître les principaux événements de l'histoire universelle, particulièrement de l'histoire grecque, romaine, allemande et prussienne dans leurs rapports de cause à effet ; il devra aussi avoir une idée exacte des temps et des lieux où les événements se sont produits. Il est tenu de posséder une notion suffisante des principes de la géographie mathématique, des traits essentiels de la géographie physique, des divisions politiques de la surface du globe, particulièrement de l'Europe centrale. — En mathématiques, l'élève doit montrer qu'il a des notions bien coordonnées d'arithmétique jusqu'à la formule du binôme, d'algèbre jusqu'aux équations du second degré inclusivement, de géométrie plane et dans l'espace, de trigonométrie rectiligne et qu'il a acquis une pratique suffisante de ces connaissances appliquées à la solution des questions simples. — En physique l'élève doit avoir une idée nette des lois de l'équilibre et du mouvement et des prin-

par le conseil provincial, du directeur du gymnase, des professeurs de l'*ober-prima* et d'un membre du con-

cipales théories de la chaleur, du magnétisme, de l'électricité, de l'acoustique et de l'optique. — En hébreu on demande la lecture courante, la connaissance des formes des mots, la traduction des passages les plus faciles de l'Ancien Testament, à peu près sans aide. — En polonais, l'élève doit pouvoir traduire correctement et dans un style qui ne soit pas trop gauche un texte allemand dicté d'un sens facile. (Statut, III, 2 à 10.) — L'hébreu et le polonais sont facultatifs. (Statut, IV, 2.)

Ces indications générales sont complétées par les prescriptions de détail suivantes. — Pour la version grecque on choisira un passage sans difficultés particulières, mais non traduit en classe, d'un auteur expliqué en *prima*. (Statut, VII, 2.) — Il est accordé cinq heures pour chacune des deux dissertations et pour la composition de mathématiques. En cas de nécessité, il peut être accordé une demi-heure de plus pour les dissertations. Il est accordé trois heures pour la version grecque, deux heures pour le thème latin, deux heures pour le thème polonais et la version hébraïque, non compris le temps de la dictée. — Aucun repos n'est accordé pendant le temps des compositions, sauf en mathématiques, où les cinq heures sont coupées en deux séances séparées par un intervalle de détente : dans ce cas on donne deux questions par séance, et les copies sont relevées à la fin de chacune d'elles. — Les seuls secours autorisés sont : pour la dissertation latine un dictionnaire latin-allemand, pour la version grecque un dictionnaire grec-allemand, pour la version hébraïque un dictionnaire hébreu, pour les mathématiques, une table de logarithmes. — Les élèves doivent remettre, en même temps que la copie, le brouillon de leur travail, complet ou incomplet. (Statut, VIII, 2 à 5.) — Le commissaire royal indique l'ordre dans lequel se succèdent les interrogations et le temps qui est accordé à chaque matière. Il est autorisé à abréger la durée de l'épreuve pour certains élèves et dans certaines facultés. — Pour le latin et le grec on propose aux élèves la traduction de passages choisis dans les écrivains expliqués en *prima*. C'est au commissaire royal qu'il appartient de décider dans quelle mesure les poètes et les prosateurs doivent être employés. Il est autorisé également à indiquer les morceaux d'explication. Quand il s'agit de prosateurs, le morceau ne doit pas avoir été expliqué en classe ; pour les poètes on doit choisir, en général, des passages expliqués en classe, mais antérieurement au dernier semestre. — Par des questions appropriées, au cours de l'explication on donnera aux élèves l'occasion de montrer la sûreté de leurs notions grammaticales, de leur connaissance des points essentiels de la métrique, de la mythologie et des institutions de l'antiquité. Pendant l'explication latine on lui donnera aussi l'occasion de prouver une certaine pratique de la langue latine. On joindra également à l'explication de l'auteur français choisi dans les mêmes conditions des questions sur la grammaire et la synonymie. — L'examen de mathématiques ne doit pas être limité au programme de la *prima*. La physique ne forme pas une matière particulière de l'examen, mais il est recommandé de joindre des questions de physique aux questions de mathématiques. (Statut, XI, 2, 6, 7, 9.) — L'épreuve doit être considérée comme subie avec succès quand le jugement général fondé sur les résultats de l'examen et sur les notes de l'élève pendant ses dernières

seil de surveillance de l'établissement[1]. Les délibérations sont secrètes[2]. L'examen oral n'est pas public; mais tout le personnel enseignant du gymnase est tenu d'assister aux épreuves[3].

Les sujets de compositions écrites sont choisis par le professeur compétent. Il doit en proposer trois. Le directeur les soumet avec son avis au commissaire du gouvernement, qui adopte celui qui lui convient, sauf à indiquer lui-même, s'il le juge à propos, un sujet de son choix. Le texte arrêté, il le renvoie sous pli cacheté. Le directeur a le devoir de veiller à ce qu'aucune indiscrétion ne soit commise. Il lui appartient aussi de faire en sorte que les textes donnés n'aient pas de rapport trop direct avec les exercices de l'année. Tous les candidats appelés à subir l'examen devant la même commission font la même composition le même jour[4].

C'est le professeur de la classe qui corrige les copies. Puis chacun des membres de la commission en prend connaissance[5]; après quoi elles sont remises au commissaire du gouvernement avec un dossier où sont rassemblés les devoirs faits et les notes trimestrielles méritées par l'élève pendant ses deux dernières années d'études[6]. Si un candidat dont l'admission à l'examen avait paru douteuse n'a fourni que des compositions « insuffisantes », il est éliminé. Il n'y a pas d'élimination pour ceux dont le dossier est bon. Ceux qui ont un

années de scolarité ne contient la note « insuffisante » pour aucune des matières obligatoires. Il n'est pas permis de déroger à ce principe en considération de la carrière choisie par l'élève. (Statut, XII, 3.)

1. Statut, IV, 1 à 5.
2. Statut, IV, 4.
3. Statut, X, 1.
4. Statut, VII, 1 à 8.
5. Statut, IV, 1 et 2.
6. Statut, IX, 3.

bon dossier et dont les compositions sont satisfaisantes, peuvent être, si le bureau en tombe unanimement d'accord, dispensés de l'examen oral [1]. — Ce sont également les professeurs qui interrogent. Le commissaire du gouvernement intervient pour choisir les textes d'explication. Il peut aussi prendre part à l'interrogation ; s'il lui arrive de dépasser les limites du programme, on a le droit de l'y ramener [2].

Le jugement définitif est prononcé après une délibération générale où il est tenu compte de l'examen et du dossier. Chaque membre de la commission a un suffrage. En cas de partage, la voix du commissaire royal est prépondérante. Le commissaire a de plus le droit, si le jugement lui paraît mal fondé, de mettre son veto; et dans ce cas il renvoie le dossier complet, avec la justification de son opposition, à l'autorité supérieure, qui prononce [3].

Les candidats qui ont échoué ne peuvent se représenter, sauf le cas de dispense, que devant les mêmes juges; et lorsque le jury a reconnu que l'aspirant, même après une préparation nouvelle, n'a point de chances sérieuses de succès, le règlement lui fait un devoir de l'avertir. Ceux qui quittent le gymnase sans avoir subi l'examen d'une façon satisfaisante reçoivent un certificat constatant dans quelles conditions ils sont sortis [4]. Quant aux candidats heureux, le dernier jour de l'année, en présence de tous leurs camarades, le brevet leur est remis et leur nom est inscrit dans le palmarès que publie tous les ans le gymnase, avec l'indication des études auxquelles chacun d'eux a l'in-

1. Statut, x, 2, 3 et 4.
2. Statut, xi.
3. Statut, xvi, 1.
4. Statut, xii.

tention de se vouer[1]. Mention est faite sur le diplôme des notes obtenues dans chaque matière obligatoire, ainsi que des matières pour lesquelles l'élève a subi, sur sa demande, un examen plus approfondi[2].

Le règlement prévoit le cas des élèves qui sont élevés soit dans la famille, soit dans des établissements particuliers[3]. Le dossier de ces candidats libres, des *extranei* ou des sauvages, comme les écoliers les appellent, doit comprendre une autobiographie scolaire appuyée du témoignage des parents ou des maîtres. L'établissement où ils ont à se rendre pour passer l'examen leur est indiqué; ils ne subissent pas les épreuves en même temps ni sur les mêmes sujets que les élèves du gymnase. La commission, qui est moins éclairée par avance sur leur valeur, peut les pousser davantage, si elle le croit nécessaire; en aucun cas ils ne doivent être dispensés de l'examen oral. Après l'examen écrit, s'ils n'ont point fréquenté une *ober-prima* de gymnase, ils ont à traduire un morceau d'allemand en grec et un morceau d'allemand en français, afin de prouver qu'ils possèdent l'essentiel de ces deux langues. Il est recommandé d'ailleurs au jury de ne point oublier que ces jeunes gens ont le désavantage de ne pas être interrogés

1. Statut, XIV.

2. Statut, VI, 2. — Cf. XVI, 3. L'examen de sortie est ainsi défini : « L'examen de sortie sert à reconnaître si l'élève a atteint le degré d'instruction que le gymnase se propose d'atteindre ». (Statut, I, 1.) — Quiconque a subi avec succès l'examen reçoit un brevet de maturité contenant une appréciation sur la conduite, l'application et le zèle ainsi que l'indication pour chaque matière de l'enseignement de la mesure dans laquelle il a satisfait en classe et à l'examen aux exigences du programme. (Statut, XIV, 1.) — Le jugement général porté sur chaque matière doit être résumé dans l'une des quatre mentions : *très bien*, *bien*, *suffisant*, *insuffisant*. Pour la physique, le diplôme doit reproduire la note obtenue par l'élève en raison de son travail de classe; pour le grec et le français, la note donnée à l'occasion du devoir improvisé qui a justifié le passage en *prima*. (Statut, XIV, 1 à 3.)

3. Statut, XVII.

par leurs professeurs ordinaires et il n'est pas permis de les éliminer après les compositions écrites. Toutes ces conditions sont absolument acceptées par l'opinion. Il n'est guère d'établissement, non autorisé à faire subir lui-même les examens[1], qui ne soit prêt à envoyer ses candidats dans le gymnase où le commissaire royal tient ses assises.

La session close, les dossiers sont expédiés au conseil provincial, dont la fonction est d'assurer le niveau général des études. Le conseil renvoie les pièces avec ses remarques au directeur du gymnase, par l'intermédiaire du commissaire royal, qui, comme le directeur de chaque établissement, a le droit de répondre. Une expédition de ces observations contradictoires est adressée au Ministère, qui en tient tel compte que de droit. Enfin, pour mieux assurer son contrôle, le conseil peut, lorsqu'il le juge utile, adresser, au cours de l'année scolaire, à tous les gymnases de la province, des sujets qu'il fait traiter le même jour, dans des conditions égales, et dont il se réserve l'appréciation[2].

1. Statut, I, 2. — « L'Allemagne aussi possède, quoique en moins grand nombre, des maisons d'instruction secondaire dirigées par des ecclésiastiques. Les plus importantes d'entre ces maisons sont placées dans les mêmes conditions que celles des gymnases de l'État ; elles reçoivent deux fois par an la visite du commissaire du gouvernement et elles délivrent sous son contrôle le certificat de maturité. Non seulement elles trouvent naturelle et légitime la surveillance de l'État, mais elles recherchent, elles appellent la venue du commissaire royal, et elles l'invitent à étendre son inspection à toutes les classes. Les Jésuites seuls en Autriche se sont toujours opposés à l'entrée d'un fonctionnaire étranger. » (Michel Bréal, *Excursions pédagogiques*, p. 95 et 96.)

2. Les règles suivies en Italie pour la collation du diplôme de maîtrise ès arts sont les mêmes. Un professeur du lycée d'Avignon, M. Maillet, les a résumées en ces termes : « L'examen se passe à l'intérieur du lycée, sous la surveillance d'un délégué du Ministère. Les sujets de composition sont identiques pour tous les lycées. En cas de conflit, il y a appel de la décision du jury à un conseil collégial. Il est d'ailleurs tenu compte des examens de passage et du travail antérieur de l'élève, qui ne peut se présenter devant la commission d'examen sans un *admittatur* délivré par le chef de l'établissement auquel il appartient. Les élèves des séminaires viennent subir au lycée leurs examens. » (*Enquête*, lycée d'Avignon, p. 15.)

L'opinion de V. Cousin. — En 1834 Victor Cousin avait été frappé de cette organisation, bien qu'elle ne fût pas encore arrivée à l'espèce de perfection avec laquelle elle est appliquée aujourd'hui [1]. La sélection qui en est la base, la nécessité de franchir régulièrement les degrés des diverses classes, des dernières surtout, couronnement nécessaire et consécration des autres, le jugement préparatoire à l'examen, tout cet ensemble de mesures préventives qui tient en éveil maîtres, parents, jeunes gens, et qui laisse le jugement des efforts de l'élève à ceux qui en ont été les témoins et les guides, lui paraissait constituer de sérieuses garanties pour la bonne tenue des études. Il admirait surtout la part respectivement faite dans le contrôle définitif à l'enseignement secondaire et à l'enseignement supérieur. « Ce sont des praticiens de gymnase, disait-il, qui sont chargés des détails de l'examen; ce sont des savants de l'Université qui le revisent et forment une sorte de tribunal d'en haut qui ne prend aucune décision, car les commissions de gymnase sont cours souveraines, mais qui surveille et éclaire les commissions et le gouvernement. Institution excellente, qui prévient la routine et la négligence, lie le gymnase aux universités, répand l'harmonie et la vie dans toutes les parties de l'instruction publique [2]. »

Les adhésions. — Ni dans les facultés ni dans les lycées ces avantages ne paraissent avoir touché les esprits. Dans un certain nombre d'établissements on les

1. Le ministre Altenstein, après treize ans d'étude, venait d'édicter le règlement du 4 juin 1834, celui-là même qui a été abrogé par le statut du 27 mai 1882.

2. *Mémoire sur l'instruction secondaire dans le royaume de Prusse*, par Victor Cousin, directeur de l'École Normale. Paris, 1834. — Cf. *Rapport sur l'état de l'instruction publique dans quelques pays de l'Allemagne et particulièrement en Prusse*, 1831.

a discutés[1], en leur rendant hommage[2], mais sans s'y rallier; dans quelques autres on a proposé d'essayer le système en commençant par l'appliquer aux grands lycées[3]. Mais quatorze établissements seulement sont franchement d'avis de l'adopter : — parmi les facultés, la faculté de théologie protestante de Paris, qui en a établi magistralement l'esprit et suivi dans le détail toutes les applications[4]; la faculté de théologie protestante de Montauban[5]; les écoles préparatoires de médecine et de pharmacie d'Amiens[6] et de Grenoble[7]; — parmi les lycées, Aix[8] et Besançon[9]; — parmi les col-

1. *Enquête*, faculté des sciences de Bordeaux, p. 92; — des lettres de Bordeaux, p. 94; — des lettres de Poitiers, p. 788. = Lycée d'Agen, p. 100; — Alençon, p. 158; — Montluçon, p. 185; — le Puy, p. 187; — Nancy, p. 526; — Reims, p. 746; — Châteauroux, p. 790; — Niort, p. 798; — Lorient, p. 831; — Montauban, p. 873; — Rodez, p. 875. = Collège de Dieppe, p. 165; — Auxerre, p. 229; — Saint-Pol, p. 332; — Nantua, p. 439; — Épinal, p. 544; — Lunéville, p. 551; — Châteaudun, p. 752; — Provins, p. 767; — Meaux, p. 777; — Chinon, p. 806; — Saint-Jean-d'Angély, p. 814.

2. *Enquête*, faculté des lettres de Besançon, p. 48; — des lettres de Clermont, p. 179; — de droit de Grenoble, p. 381; — de droit de Montpellier, p. 448; — des lettres de Montpellier, p. 463, 476; — des sciences de Poitiers, p. 782. = École de droit d'Alger, p. 889. = Lycée d'Avignon, p. 15; — Nice, p. 25; — Belfort, p. 51; — Chaumont, p. 215; — Carcassonne, p. 499; — Charlemagne, p. 565; — Louis-le-Grand, p. 691, 694; — Rodez, p. 875. = Collège de Saintes, p. 813. = Recteur de Grenoble, p. 385.

3. *Enquête*, faculté des sciences de Lyon, p. 414; — des lettres de Lyon, p. 415. = Collège de Saint-Flour, p. 196; — Provins, p. 767. = Recteur de Clermont, p. 201; — de Nancy, p. 568.

4. *Enquête*, p. 571; — M. Bossert, inspecteur de l'académie de Paris, partage de tout point l'avis de la faculté de théologie protestante de Paris.

5. *Enquête*, p. 856.

6. *Ibid.*, p. 286.

7. *Ibid.*, p. 374.

8. *Ibid.*, p. 14.

9. *Ibid.*, p. 33. — Châteauroux, p. 790, admet le baccalauréat intérieur, mais avec un jury ainsi composé : président, un professeur de l'enseignement supérieur; deux professeurs de lycée ou collège; deux professeurs de l'enseignement secondaire empruntés à un autre établissement. — C'est également le système de Niort, p. 798, de Chinon, p. 806, et de Saint-Jean-d'Angély, p. 814.

lèges, Arles[1], Pontarlier[2], Villeneuve-sur-Lot[3], Lisieux[4], Brives[5], Saint-Flour[6], Barbezieux[7], Châtellerault[8]. Enfin, des dix-sept conseils académiques, un seul, celui de Paris, a émis un vote de principe favorable, mais après avoir déclaré que la réforme n'était pas, quant à présent, réalisable.

Les objections. — Quelles sont donc les objections? Ce n'est pas la netteté qui y fait défaut.

Il y a peu de temps encore qu'on calculait le nombre de mois, de semaines et de jours que les professeurs de faculté étaient obligés de soustraire soit à leur enseignement, soit à leurs travaux personnels, pour les donner aux examens du baccalauréat[9]; on se plaignait du temps que prenait cette besogne, des forces qu'elle consumait à un travail ingrat, et l'on rappelait le mot de ce savant étranger étonné de voir qu'en Sorbonne on se fît un devoir d'employer le plus fin acier à couper des pierres de taille. Aujourd'hui les facultés, en très grande majorité, considèrent que leur action sur le baccalau-

1. *Enquête*, p. 53.
2. *Ibid.*, p. 67.
3. *Ibid.*, p. 123.
4. *Ibid.*, p. 170.
5. *Ibid.*, p. 193.
6. *Ibid.*, p. 197.
7. *Ibid.*, p. 803.
8. *Ibid.*, p. 806.
9. *Revue internationale de l'enseignement*, 1881, *le Jury du baccalauréat ès lettres*, p. 352 : « Ce sont six mille journées d'examen par an à répartir entre trois cents professeurs, soit, à six jours de travail par semaine, près de dix semaines pour chacun d'eux en moyenne. » *Société pour l'étude des questions d'enseignement secondaire*, 1880, 4 février : *le Baccalauréat* : « Le baccalauréat impose en moyenne aux professeurs de la faculté de Paris cinquante-huit jours de travail sur deux cent quatre-vingts dont se compose une année normale, si l'on retranche un mois de vacances et les dimanches : c'est presque un quart de leur vie que les membres de l'enseignement supérieur sont forcés de sacrifier à cette fatigante et stérile besogne. » — Cf. *Société d'études pour les questions d'enseignement supérieur*, 1878, p. 613 ; 1880, p. 130

réat est nécessaire par la raison qu'il ouvre l'accès de l'enseignement supérieur, et que, pour être efficace, cette action doit être directe et souveraine[1]. — Elles ajoutent que, si leur autorité est inattaquable et inattaquée, c'est qu'elle est indépendante et ne se règle que sur l'intérêt impersonnel et élevé des études[2]. — Et puis, délivré par d'autres, le diplôme aurait-il la même valeur, le même prestige ? On ne peut être bon juge de l'enseignement que l'on donne, et il ne serait pas sans inconvénient qu'à ce tribunal suprême des études les écoliers s'attendissent à trouver des visages qui leur fussent trop familiers[3]. — Dira-t-on que le jugement remis à un corps spécial a pour effet de couler tous les esprits dans le même moule? Mais cette uniformité n'est-elle pas une garantie d'équité et une condition de force? — A ceux qui remarquent que la plupart des professeurs de l'enseignement supérieur n'ont point passé par l'enseignement secondaire et n'en connaissent ni l'esprit, ni les méthodes, ni la mesure, les facultés répondent que leurs propres élèves, auditeurs libres ou boursiers, leur sont une école trop souvent tristement instructive[4]. Que, s'il est vrai au surplus qu'un peu d'aide ne leur serait pas inutile, les maîtres de conférences sont là pour

1. *Enquête*, faculté de droit de Nancy, p. 516; — des lettres de Paris, p. 642.

2. *Enquête*, faculté des sciences de Marseille, p. 9; — des sciences de Dijon, p. 207; — de droit de Douai, p. 261; — des lettres de Douai, p. 282; — de droit de Grenoble, p. 352; — de droit de Montpellier, p. 447; — des lettres de Montpellier, p. 461; — des sciences de Poitiers, p. 782; — des lettres de Toulouse, p. 867. = Lycée Henri IV, p. 661 : « Le jury ne connaît presque jamais les candidats, et c'est sa force »; — Louis-le-Grand, p. 668; — Vanves, p. 709 = La faculté des lettres de Poitiers est la seule qui exprime formellement un avis contraire, p. 788 : « En voyant leurs professeurs devenir leurs juges, les élèves comprendraient mieux que l'examen n'est autre chose que la revision générale des matières vues au Lycée ». — Cf. Lycée de Châteauroux, p. 791.

3. *Enquête*, faculté de droit de Paris, p. 596.

4. *Ibid.*, faculté des lettres de Nancy, p. 532

leur prêter ce concours nécessaire[1]. Quant aux professeurs de l'enseignement secondaire, si l'on se décide à les adjoindre en nombre plus ou moins considérable, de deux choses l'une : ou bien ils devront renoncer à leur chaire pour être attachés au service des examens du baccalauréat, ou bien ils n'auront place dans les jurys qu'à titre de collaborateurs de circonstance et d'auxiliaires de passage[2]. — Certaines assemblées seraient portées à pousser plus loin encore cet esprit de défense : la collation des grades appartient aux facultés; c'est leur raison d'être et leur honneur[3]; les en dépouiller serait porter atteinte à leur autorité

1. *Enquête*, faculté des sciences de Montpellier, p. 460. = Lycée de la Rochelle, p. 802. = Recteur de Bordeaux, p. 125 ; — de Dijon, p. 255 ; — de Douai, p. 311.

2. *Enquête*, faculté des lettres de Caen, p. 157 ; — des lettres de Grenoble, p. 372 ; — des lettres de Lyon, p. 417 ; — des lettres de Rennes, p. 821 ; — de droit de Paris, p. 616.

Admettent le concours de l'enseignement secondaire à titre conditionnel les assemblées suivantes : faculté de droit d'Aix, p. 7 ; — des lettres d'Aix, p. 11 ; — des sciences de Bordeaux, p. 92 ; — des lettres de Bordeaux, p. 96 ; — des lettres de Clermont, p. 180 ; — des sciences de Lille, p. 281 ; — de droit de Nancy, p. 522 ; — de médecine de Nancy, p. 528 ; — des lettres de Nancy, p. 531 ; — des sciences de Paris, p. 635 ; — de droit de Poitiers, p. 782 ; — des sciences de Poitiers, p. 783 ; — des lettres de Rennes, p. 821 ; — école de médecine et de pharmacie d'Aix, p. 11 ; — des lettres d'Alger, p. 892. = Cf. recteur de Besançon, p. 73 ; — Grenoble, p. 388 ; — Nancy, p. 570 ; — Rennes, p. 834 ; — Alger, p. 903.

3. Enseigner les principes, conférer les grades universitaires, voilà la double mission sociale des professeurs de faculté. » *Enquête*, faculté de droit de Douai, p. 261. — « Sans doute, en province, les professeurs de faculté travaillent et produisent ; mais les facultés de province, malgré la valeur hautement reconnue de leurs maîtres, ne passent point encore aux yeux du public pour des centres d'activité scientifique et ne jouissent point sous ce rapport de l'autorité à laquelle elles ont droit. Ce qui leur donne une autorité morale incontestée, ce qui, au jugement du plus grand nombre, et il faut compter avec l'opinion commune, les rehausse et les met hors de pair, c'est qu'elles constituent un tribunal toujours respecté devant lequel viennent se présenter les jeunes gens désireux de prouver qu'ils ont fait, dans les établissements d'enseignement secondaire, de sérieuses études générales. » Recteur de l'académie d'Aix, p. 44. — Cf. faculté des sciences de Marseille, p. 8. = Lycée Louis-le-Grand, p. 692.

morale et violer leur droit[1]. Mieux vaudrait encore le régime des examens de carrière, quels qu'en soient les dangers, que ces jurys bâtards. Se figure-t-on les professeurs de faculté réduits à la présidence des commissions, allant de lycée en lycée, de collège en collège, « exercer le métier de gendarmes, et de gendarmes que tout le monde s'entendra pour tromper », à moins que, se faisant débonnaires, ils ne soient décidés à tout sanctionner les yeux fermés[2]? — Et quel serait dans ces commissions le rôle des professeurs de l'enseignement secondaire eux-mêmes? Un rôle forcément inférieur et subordonné[3]. De tels compromis ne sont acceptables pour personne. — A défaut de l'intervention directe des maîtres, on parle de notes fournies sur les élèves : les facultés n'ont que faire de ces témoignages; les dossiers de composition et d'interrogation leur suffisent pour juger[4].

Les scrupules de l'enseignement secondaire. — Si l'enseignement supérieur se montre peu disposé à se laisser dessaisir de ce qui lui appartient, l'enseignement secondaire marque encore moins d'empressement à accepter

1. « L'introduction des professeurs de l'enseignement secondaire dans le jury serait un acte de défiance que la faculté repousse, une menace de conflits perpétuels qu'il vaut mieux éviter. » *Enquête*, faculté des lettres de Dijon, p. 213. — « La faculté doit être absolument maîtresse de l'examen ou ne pas s'en mêler. » *Enquête*, faculté des lettres de Lyon, p. 415. — Voir aussi : faculté des sciences de Grenoble, p. 370; — de droit de Montpellier, p. 452; — des sciences de Montpellier, p. 455; — des lettres de Montpellier, p. 477; — de droit de Toulouse, p. 862; — des lettres de Toulouse, p. 868; — école préparatoire de médecine de Clermont, p. 180; — des sciences d'Alger, p. 890.
2. *Enquête*, faculté des lettres de Douai, p. 283; des sciences de Grenoble, p. 368.
3. *Enquête*, faculté de droit de Montpellier, p. 452.
4. « La faculté, voulant être maîtresse absolue de l'examen, repousse toute pression exercée sur elle par le moyen des notes officiellement communiquées sur le compte des candidats. » *Enquête*, faculté des lettres de Lyon, p. 417. — Cf. faculté des sciences de Dijon, p. 210. = Recteur de Douai, p. 341.

ce qui lui est offert. Non pas qu'on ne considère comme regrettable l'espèce de séparatisme dans lequel les deux personnels tendent à s'isoler l'un à l'égard de l'autre[1]; non pas même qu'il ne semblât bon en général que les professeurs de lycée pussent participer aux opérations de baccalauréat : on insiste beaucoup au contraire sur la nécessité de les y intéresser, afin de mieux mettre l'examen au point[2]; mais c'est à la condition expresse

1. *Enquête*, lycée Louis-le-Grand, p. 609.

2. Ce sentiment étant l'un de ceux qui ont été le plus vivement exprimés dans l'enquête, il est utile d'en relever la formule.

« Ces deux clauses (nécessité d'être pourvu du titre d'agrégé pour faire partie des jurys de baccalauréat, et possibilité de s'adjoindre des agrégés appartenant ou ayant appartenu à cet enseignement) ont pour objet de répondre aux plaintes qui se sont élevées dans ces derniers temps contre certains professeurs de faculté que la nature même de leurs connaissances porte à se montrer trop exigeants sur un point spécial, ou qui n'ont pas acquis, dans les relations suffisamment prolongées avec la jeunesse, l'art de la connaître, de la guider dans le travail d'esprit qu'un examen comporte et de bien prendre sa mesure. » (Faculté des lettres de Besançon, p. 49.) — « Les objections contre le système actuel subsistent, les professeurs de faculté étant ou des savants qui n'ont eu avec l'enseignement secondaire que des relations passagères et qui peuvent oublier ce qu'est un élève moyen de nos classes, ou bien de jeunes maîtres de conférences ayant débuté dans l'enseignement supérieur après de brillantes études à Paris et à l'École Normale et n'ayant jamais connu les difficultés qui arrêtent la plupart de nos élèves. » (Lycée de Coutances, p. 111.) — « Les professeurs de faculté, quoique très savants, ne sont pas tous propres à corriger les thèmes ou les versions de langues vivantes donnés aux examens du baccalauréat.... Beaucoup de professeurs de faculté n'ont jamais eu entre les mains d'élèves de lycées et sont impropres à les juger malgré toute leur science. Il faudrait que l'enseignement secondaire fût représenté dans le jury pour modérer le zèle scientifique des facultés; et, de plus, ceux qui n'ont jamais enseigné dans les lycées devraient avoir sur le résultat final de l'examen une influence moindre que les autres. Il y a là un mal sérieux auquel il faut remédier. M. Voisin cite des exemples.... M. Voigt veut que, chaque fois qu'une partie de l'examen ne pourra être confiée à un professeur agrégé spécial, pris dans la faculté, on s'adresse à un professeur des lycées, agrégé dans la partie où l'élève doit être examiné. Le doctorat ne doit pas être considéré comme le signe de la compétence de l'examinateur : c'est l'agrégation qu'il faut exiger des membres du jury. » (Lycée de Lyon, p. 424.) — « Les professeurs de faculté qui n'ont jamais pratiqué l'enseignement des lycées ou qui en ont oublié le vrai niveau et les limites exactes sont beaucoup moins aptes que les professeurs de l'enseignement secondaire à proportionner, comme il convient, la difficulté de l'épreuve écrite et les interrogations orales au véritable état intellectuel des can-

qu'ils n'interrogeront pas leurs élèves et que les membres des commissions seront toujours empruntés à un établissement ou, mieux, à un département voisin;

didats. » (Lycée Janson de Sailly, p. 687.) — « Aujourd'hui beaucoup de membres de l'enseignement supérieur n'ont jamais appartenu à l'enseignement secondaire ou n'ont fait que traverser cet enseignement. Ceux-là ne peuvent apporter à l'examen que leur expérience d'élèves. Cette expérience ne nous paraît pas suffisante. Ajoutons que, dans l'enseignement supérieur, la division des études, ou, si l'on veut, la spécialité, est bien plus tranchée que dans l'enseignement secondaire. Par exemple, il peut arriver (en fait il arrive) qu'un professeur d'histoire naturelle ne se soit jamais occupé de mathématiques ou de physique depuis le temps où il préparait lui-même son baccalauréat. Quand un examinateur, dans ces conditions, examine un candidat sur une question de mathématiques ou de physique, nous nous permettons d'avoir des doutes sur sa compétence. » (Lycée Louis-le-Grand, p. 693, 694.) — « Il peut arriver que certaines épreuves confiées à des savants d'ailleurs distingués ne soient pas dirigées avec une méthode convenable. » (Lycée de Vanves, p. 710.) — « Sans contester la compétence générale des professeurs des facultés, on fait remarquer qu'un certain nombre d'entre eux n'ont pas professé dans les lycées; que quelques-uns d'entre eux n'ont même jamais appartenu à l'enseignement secondaire; que beaucoup enfin, par suite du caractère spécial de leurs travaux et de leur enseignement, n'ont pas une habitude aussi grande que les professeurs de lycées des exercices scolaires et sont moins au fait de ce qu'on est d'ailleurs en droit d'exiger des candidats. » (Lycée de Versailles, p. 717.) — « L'enseignement élevé des professeurs de faculté ne leur permet pas de se mettre tout à fait au niveau des élèves; ils ne les ont pas vus travailler sous leurs yeux et ne sauraient juger très exactement les résultats et les expériences que l'on peut attendre d'eux. De plus, il serait facile de citer des professeurs de faculté qui ne sont jamais passés par l'enseignement secondaire et qui se sont adonnés à des études spéciales. » (Lycée de Limoges, p. 796.) — « L'assemblée émet le vœu que les professeurs de faculté ne puissent faire partie des jurys d'examen que s'ils ont fait de l'enseignement secondaire. » (Lycée de Poitiers, p. 799.) — « On a quelquefois reproché aux professeurs de faculté de ne pas se mettre suffisamment à la portée des élèves qu'ils avaient à juger; pourquoi ne déciderait-on pas qu'on ne pût entrer dans les facultés qu'après avoir passé quelques années dans l'enseignement secondaire? » (Lycée de Toulouse, p. 878.) — « Il serait utile que le jury ne fût composé que de professeurs agrégés et ayant enseigné plusieurs années dans les lycées. La science est sans doute une belle chose, mais l'expérience et la pratique sont aussi nécessaires. » (Collège de Beaume-les-Dames, p. 60.) — « Les professeurs de faculté ne connaissent pas, en général, les élèves de l'enseignement secondaire; l'examen devant les facultés est quelquefois porté à un niveau trop élevé pour que les candidats de force moyenne puissent y atteindre. » (Collège de Luxeuil, p. 64.) — « Les professeurs de l'enseignement supérieur, placés en dehors et au-dessus de l'enseignement secondaire, ont beaucoup de peine à se mettre à la portée des jeunes gens qu'ils examinent et risquent de tomber dans deux excès contraires : ou bien ils ont conscience de la dis-

en un mot, que les candidats seront des inconnus pour les juges, et les juges des étrangers pour les can-

tance qui sépare les deux enseignements, et cherchent à se mettre au niveau des candidats, alors leur indulgence devient excessive; ou bien ils se renferment dans le rôle des professeurs de faculté, et dans ce cas le candidat est victime d'une sévérité outrée. » (Collège de Blaye, p. 113.) — « Les professeurs de faculté ne sont plus depuis longtemps en contact quotidien avec les jeunes gens qui préparent leur baccalauréat, et involontairement ils croient quelquefois s'adresser à des candidats qui subissent des épreuves d'un ordre plus élevé. » (Collège de Tulle, p. 193.) — « Les professeurs de faculté ne connaissent pas les élèves. Ils ne peuvent les juger en deux ou trois jours, après quelques heures d'examen. La plupart sont trop au-dessus des matières sur lesquelles ils interrogent. Quelques-uns sont depuis des années étrangers à ces matières. D'autres n'ont jamais professé dans l'enseignement secondaire. » (Collège de Gap, p. 378.) — « On fait remarquer que dans les facultés chaque professeur est souvent obligé d'interroger des candidats sur les matières étrangères à sa spécialité, par exemple un professeur d'histoire sur les lettres, un professeur de lettres sur l'histoire et la philosophie; on pense qu'il serait utile d'adjoindre au jury de nouveaux membres pour augmenter le nombre des professeurs spéciaux. « (Collège de Meaux, p. 779.) — « Aujourd'hui, dans la faculté des sciences, il est tel professeur de sciences qu'on regrette de voir faire partie d'un jury chargé d'examiner les candidats au baccalauréat. S'il donne une question qui rentre dans le cercle de ses études habituelles, il ne comprend guère que le candidat sache modérément ce qu'il a raison d'estimer avant tout; et, s'il se hasarde sur un domaine qu'il ne connaît guère, les questions qu'il pose risquent d'être parfois insuffisantes. « (Recteur d'Aix, p. 45.) — « Beaucoup de professeurs de l'enseignement supérieur ont quitté depuis longtemps l'enseignement secondaire; un certain nombre n'ont même jamais enseigné dans les lycées. Il ne serait donc pas mauvais qu'un professeur de lycée vînt apporter au jury une expérience plus fraîche, un sentiment plus précis, plus immédiat de la réalité et ajouter aux probabilités d'une appréciation exacte. » (Recteur de Rennes, p. 851.) — « L'inégalité des examens résulte, d'une part, de ce que le professeur de faculté, qui a constamment vécu dans le milieu scientifique ou littéraire constituant sa spécialité, n'a pas, comme le professeur ayant longtemps préparé les élèves, la notion des degrés dans la difficulté; d'autre part, de ce qu'à force de songer à la poursuite d'idées neuves, il oublie souvent l'ensemble du domaine scientifique qui lui a été dévolu, ou n'est que trop porté à interroger constamment sur ses propres travaux. » (Recteur de Besançon, p. 72, 73.) — « Les jurys de faculté sont, quoi qu'on dise, compétents, bien qu'un peu sévères, quand les jeunes professeurs y dominent. » (Recteur de Bordeaux, p. 125.) — Cf. Faculté de droit de Nancy, p. 522. = Lycée d'Avignon, p. 17; — Nice, p. 27; — Vesoul, p. 57; — Agen, p. 99; — Coutances, p. 144; — le Havre, p. 161; — Roanne, p. 440; — Carcassonne, p. 483; — Montpellier, p. 491; — Reims, p. 745; — Guéret, p. 184; — Nantes, p. 832. = Collège de Beaume-les-Dames, p. 60; — Luxeuil, p. 64; — Blaye, p. 113.

didats. La responsabilité dont les investirait l'examen intérieur les effraye[1]. Ce qui ailleurs est considéré comme le moyen d'influence le plus efficace, comme la force morale par excellence, leur paraît une autorité

1. *Enquête*, lycée de Nice, p. 27 : « Les professeurs de lycées ne pourraient en aucun cas interroger leurs propres élèves » ; — Belfort, p. 51 ; — Périgueux, p. 109 ; — Rouen, p. 159 : « Les membres de l'enseignement secondaire faisant partie du jury seront pris parmi les professeurs des lycées ou des collèges du département ou des départements voisins » ; — Chaumont, p. 215 : « Un membre a demandé que les professeurs de l'élève fussent exclus du jury » ; — Saint-Omer, p. 291 : « Les professeurs n'interrogeront pas leurs élèves » ; — Valenciennes, p. 301 : « Les noms des candidats seront tenus secrets au baccalauréat comme dans les examens d'enseignement primaire » ; — Montpellier, p. 491 : « Un professeur ne peut se trouver juge de ses propres élèves » ; — Nîmes, p. 501 : « Les professeurs composant le jury ne seraient jamais délégués dans l'académie à laquelle ils appartiendraient » ; — Condorcet, p. 659 ; — Janson de Sailly, p. 687 ; — Vanves, p. 709, 710 ; — Bourges, p. 724 : « Les professeurs faisant partie des jurys ne devront pas avoir été en exercice pendant l'année scolaire » ; — Orléans, p. 731 ; — Angoulême, p. 788 : « Les professeurs adjoints au jury devront être pris en dehors de l'académie ; — Tours, p. 881 : « Il ne convient pas que les professeurs soient juges de leurs élèves » ; — Laval, p. 828 : « Les professeurs de l'enseignement secondaire seront choisis parmi les professeurs en retraite ou en congé » ; — Rennes, p. 837 : « Le nom des candidats sera remplacé sur les feuilles de composition par une devise ou un numéro d'ordre, comme cela se pratique dans les concours généraux ; aucun élève ne doit être interrogé par son professeur » ; — Montauban, p. 874 : « A la condition que les membres du jury ne soient pas pris parmi les professeurs en activité de service » ; — Rodez, p. 875 ; — Toulouse, p 876. = Collège de Pontarlier, p. 67 ; — Bayeux, p. 161 : « Les jurys seraient composés de professeurs pris dans des établissements différents » ; — Dieppe, p. 164 : « Comme suprême sauvegarde, le chef de l'établissement ne fera pas partie de la commission d'examen » ; — Auxerre, p. 229 : « L'examen final sera subi devant un jury étranger à l'établissement » ; — Arras, p. 303 : « Les professeurs ne pourraient être juges de leurs propres élèves » ; — Cambrai, p. 308 ; — Dunkerque, p. 315 ; — Hazebrouck, p. 317 ; — Saint-Étienne, p. 432 : « Il serait désirable, pour éviter tout soupçon de partialité, que les noms des candidats ne fussent pas inscrits en tête des copies et fussent inconnus aux membres du jury » ; — Saint-Dié, p 503 : « Aucun professeur ne saurait être examinateur dans son propre département » ; — Châlons-sur-Marne, p. 750 : « Il serait à souhaiter que le professeur de l'enseignement secondaire faisant partie du jury fût arrivé à l'âge de la retraite : il n'y aurait ainsi de son fait ni dérangement dans les classes ni soupçon de partialité » ; — Coulommiers, p. 760 : « Les examinateurs seront pris parmi les agrégés de l'enseignement secondaire à la retraite » ; — Dreux, p, 761 : « A la condition que les professeurs de l'enseignement secondaire désignés n'auront jamais à examiner leurs propres élèves ; — Fontenay-le-Comte, p. 808 ; — Dinan, p. 839. = Cf. faculté des sciences de

impraticable et dangereuse. Habitués à vivre avec la jeunesse dans des rapports de confiance, parfois de direction intime, comment pourraient-ils devenir les arbitres de son sort? L'enseignement supérieur se préoccupe de leurs intérêts, de l'inévitable interdiction des leçons particulières, qui constituent le plus souvent le meilleur de leurs ressources[1]; c'est un argument auquel ils ne se montrent pas indifférents; mais ils sont touchés surtout de leurs propres scrupules. L'expérience leur a appris que, pour être à l'abri du soupçon, il ne suffit pas toujours de ne le point mériter. Si le jury de

Caen, p. 134: « Les membres du jury choisis parmi les professeurs de l'enseignement secondaire seront tous pris nécessairement dans les établissements d'enseignement secondaire situés hors du département dans lequel le jury aura à fonctionner »; — des sciences de Lille, p. 280; — des lettres de Montpellier, p. 478: « Les professeurs d'un lycée chargés d'un enseignement dans une faculté ne devront pas faire partie des jurys qui auront à examiner des élèves provenant de l'établissement auquel ils sont attachés »; — des lettres de Nancy, p. 531; — des lettres de Rennes, p. 821: « Pourvu que les professeurs ne retrouvent pas leurs élèves dans l'examen ». = Recteur de Dijon, p. 237; — Grenoble, p. 388: « A la condition toutefois, pour éviter toute suspicion, que les professeurs d'enseignement secondaire adjoints au jury n'aient jamais à examiner leurs propres élèves »; — Rennes, p. 834: « Pour mettre les professeurs à l'abri de toute suspicion, on déciderait qu'ils ne pourraient interroger leurs élèves ».

N'admettent pas la participation de l'enseignement secondaire : lycée de Nice, p. 24; — le Mans, p. 154; — Dijon, p. 221; — Bourges, p. 724; — la Rochelle, p. 802; — Tours, p. 804; — Rennes, p. 838; — Albi, p. 872; — Toulouse, p. 880. = Collège de Marmande, p. 122; — Cherbourg, p. 162; — Eu, p. 165; — Falaise, p. 167; — Beaune, p. 230; — Chalon-sur-Saône, p. 435; — Perpignan, p. 510; — Lunéville, p. 550; — Clermont, p. 755; — Épernay, p. 763; — Vitry-le-François, p. 774; — Meaux, p. 780; — Fontenay-le-Comte, p. 808; — Bône, p. 899; — Oran, p. 700; — Philippeville, p. 901. = Recteur de Douai, p. 311; — Montpellier, p. 511.

Voudraient un jury exclusivement composé de membres de l'enseignement secondaire : lycée de Bayonne, p. 101; — Bourg, p. 421. = Collège de Fontainebleau, p. 763; — la Rochefoucauld, p. 810; — Saint-Jean-d'Angély, p. 811; — Blaye, p. 125; — Morlaix, p. 842; — Saint-Servan, p. 848; — Bagnères, p. 882; — Saint-Gaudens, p. 886.

1. *Enquête*, faculté des sciences de Marseille, p. 9; — des sciences de Caen, p. 136; — des lettres de Dijon, p. 211; — de droit de Grenoble, p. 352; — des lettres de Nancy, p. 531; — des sciences de Rennes, p. 838. = Cf. lycée Louis-le-Grand, p. 698.

faculté est un peu loin peut-être, ce qui explique la proposition faite de le rapprocher en y introduisant des éléments intermédiaires, le jury intérieur est beaucoup trop près. L'indulgence et la sévérité seraient toujours plus ou moins taxées de sympathie et de ressentiment, en un mot de parti pris[1].

Même en écartant l'idée de ces suggestions, non moins fâcheuses pour ceux qui pourraient les concevoir que pour ceux qui en seraient l'objet, tant de sollicitations d'apparence légitime seraient toujours prêtes à se jeter à la traverse des intentions les plus fermes! Les facultés sont des corps peu nombreux, bien unis, qui peuvent se défendre. Est-il sage de faire le même fond sur tous les lycées, sur tous les collèges de plein exercice qui arriveraient tôt ou tard à jouir du privilège d'accorder le certificat? Les familles comprendraient-elles assez leur véritable rôle pour ne pas travailler à mettre l'examen à la portée de tous? « Laissez, disait V. de Laprade, aux lumières des parents, dans les classes les plus riches et les plus éclairées, à leur zèle pour la science pure, à leur goût de la distinction intellectuelle, le soin de fixer le niveau des études classiques, et je vous réponds que, dans quinze ans d'ici, la grande masse de nos fils de famille saura lire, écrire et compter[2] ! »

On allègue, il est vrai, que pendant près de quarante ans il y eut deux sortes de jurys siégeant simultané-

1. *Enquête*, lycée de Mont-de-Marsan, p. 106; — Rouen, p. 155; — Vanves, p. 709; — Orléans, p. 731. = Collège de Neufchâteau, p. 155; — Cherbourg, p. 162; — Dieppe, p. 161; — le Quesnoy, p. 329; — Lunéville, p. 519. = Faculté de droit de Douai, p. 261 : « En France on n'a jamais su, on n'a jamais pu résister aux sollicitations des parents ». = Recteur de Douai, p. 310; — de Rennes, p. 851.
2. *Le Baccalauréat et les études classiques.*

ment : un jury de faculté et un jury de professeurs de lycée dans les centres où il n'y avait pas de faculté ; et que, d'après la déclaration officielle d'un Ministre[1], ce n'était pas le jury de lycée qui se montrait le moins exigeant. Des survivants de ce régime confirment, en effet, ce témoignage[2]. Mais d'autres en contestent l'exactitude. Selon eux, les jurys intérieurs, jalousement surveillés, étaient en butte aux plus malveillantes insinuations[3]; et combien aujourd'hui l'opinion, encouragée par les mille voix de la presse, n'est-elle pas devenue plus entreprenante et plus subtile.

Aussi bien s'est-on suffisamment rendu compte de la toute-puissance de ces commissions? Voilà donc trois ou quatre professeurs constitués juges suprêmes de l'enseignement de tous leurs collègues, juges de l'administration de leurs chefs hiérarchiques, et — la prospérité d'un établissement se mesurant au succès — maîtres en somme de la fortune de la maison[4]. Quelle situation pour tout le monde et pour eux-mêmes! Que de causes de dissentiments et de luttes[5]! — Contre cette conjuration des intérêts et des passions, quel sera le rempart? L'État, qui pourra sans doute retirer à tel établissement devenu indigne le droit d'examen? Mais sera-t-il toujours facile au gouvernement de revendiquer ce pouvoir, et quelle résistance ne rencontrera-t-il pas de la part des autorités locales, qui verraient le collège

1. V. Cousin.

2. *Enquête*, école préparatoire de médecine et de pharmacie d'Amiens, p 286.

3. *Enquête*, faculté des sciences de Grenoble, p. 367. = Collège de Cambrai, p. 309. = Recteur de Dijon, p. 214, 215.

4. *Enquête*, collège de Dieppe, p. 164.

5. *Enquête*, faculté des lettres de Dijon, p. 211 ; — de droit de Grenoble (rapport de M. Fournier), p. 361 ; — des lettres de Nancy, p. 532 ; — des lettres de Paris, p. 637, 638. = Lycée d'Alger, p. 161. = Collège de Dieppe, p. 164. = Recteur de Douai, p. 310. = Pour l'opinion contraire, voir le lycée d'Évreux, p. 119.

qu'elles patronnent, destitué, ne fût-ce que pour un temps, d'un privilège que conserverait le collège voisin[1]?

Encore si les études devaient tirer de ce régime quelque bénéfice! Mais est-ce un examen que cette appréciation dernière, préparée et presque commandée par toutes les appréciations antérieures? Assuré par avance du jugement qui l'attend, l'élève se gardera bien de faire le grand, l'indispensable effort de la fin. Ce qui d'ailleurs donne au diplôme son prix, c'est qu'il faut l'emporter de haute lutte, en présence de camarades de toute provenance, dans une sorte de concours où chaque maison prend à cœur de soutenir l'honneur du drapeau. A côté de ces titres publiquement conquis, que sera ce certificat délivré *intra muros*, furtivement[2]? Il commencera par avoir une valeur fort inégale : il y aura des bacheliers de lycée de première et de deuxième catégorie, des bacheliers de lycée et des bacheliers de collège[3]. Et, comme les établissements, qu'on le veuille ou non, seront classés d'après la moyenne des diplômes qu'ils délivreront, on rivalisera d'indulgence[4], si bien que partout, inévitablement, les épreuves fléchiront. — Nous ne parlons que des candidats. Et les juges? Ici

1. « L'ambition de toute préfecture ou sous-préfecture serait de posséder un établissement universitaire à baccalauréat; les candidats électoraux, maires, conseillers généraux, députés, ne manqueraient pas de s'employer pour obtenir ou conserver ce privilège désiré. » *Enquête*, faculté de droit de Douai, p. 263.

2. *Enquête*, lycée de Mâcon, p. 429.

3. *Enquête*, faculté de droit de Nancy, p. 361; — de droit de Montpellier, p. 450; — de droit de Paris, p. 597. = Lycée de Montpellier, p. 481; — Henri IV, p. 661; — la Rochelle, p. 800; — Lorient, p. 820. = Recteur de Dijon, p. 237.

4. *Enquête*, faculté de droit de Douai, p. 261 : « L'expérience apprend que certains candidats consultent avec un soin minutieux les statistiques officielles et qu'ils se présentent de préférence devant la faculté qui leur semble la moins sévère. Nous craignons que les centres réputés les plus stricts soient désertés au profit de ceux qui auront une réputation

des agrégés, là des licenciés : quelle cause de différence profonde ! En vain essayera-t-on de réagir : force sera bien de couvrir ces faiblesses, qu'on craindra de mettre en lumière en les réprimant trop sévèrement. Ne sait-on pas combien il est difficile de faire exécuter les règles les plus raisonnables des instructions relatives aux examens de passage[1] ?

Il faut enfin compter avec l'enseignement libre. Sous le régime de l'examen intérieur, que deviendrait-il ? Pourra-t-on, comme en Allemagne, obliger ses élèves à venir prendre le certificat devant les jurys des lycées ou des collèges ? En présence de la loi de 1850, poser la question, c'est la résoudre

III

Les systèmes mixtes. — Le système du droit commun conditionnel. — Après les systèmes francs, les systèmes mixtes. Pour concilier le principe de la liberté avec le bien des études, les partisans de l'examen intérieur ne feraient pas difficulté d'attribuer aux écoles libres le droit de délivrer le certificat, moyennant certaines conditions, telles que l'adoption des programmes de l'enseignement public, la mise en pratique rigoureuse des examens de passage, la garantie des grades (agrégation ou licence) pour les professeurs des classes supérieures,

de clémence ». — Faculté des lettres de Douai, p. 282 ; — de droit de Lyon, p. 397 ; — des lettres de Poitiers, p. 786. = Lycée de Chaumont, p. 215 ; — Louis-le-Grand, p. 697 ; — Bourges, p. 723. = Collége de Brioude, p. 193 ; — Hesdin, p. 319 ; — la Fère, p. 322 ; — le Quesnoy, p. 320 ; — Saint-Pol, p. 332 ; — Lunéville, p. 519 ; — Meaux, p. 775. = Recteur de Grenoble, p. 381 ; — Rennes, p. 831.

1. *Enquête*, recteur de Grenoble, p. 381.

l'exercice de l'inspection de l'État et l'assistance d'un commissaire du gouvernement aux examens[1]. Accordée sur le rapport de l'inspecteur d'académie par le conseil académique de la région, cette faveur serait retirée dans les mêmes conditions et par les mêmes pouvoirs aux établissements qui en auraient mésusé. Quant à ceux qui se refuseraient à accepter ce régime, ils devraient envoyer leurs élèves subir l'examen dans un autre établissement libre dûment autorisé.

Mais à cette proposition on objecte d'abord l'effet moral produit par un moyen de constatation qui accuserait et aggraverait en l'accusant, la division des esprits dans la direction de la jeunesse. L'examen commun qui, à un jour donné, réunit sur les mêmes bancs et devant un même jury les candidats au baccalauréat, maintient le lien dans une certaine mesure ou l'empêche, au moins pour quelques-uns, de se briser. L'examen subi dans des conditions aussi égales qu'il serait possible de les faire, mais à distance, devant des juges divers, après des préparations diverses, achèverait de creuser l'abîme. Deux courants distincts se formeraient : ceux que l'enseignement supérieur réunit auraient plus de peine encore qu'aujourd'hui à se rapprocher; pour ceux que la vie active entraîne tout de suite dans ses directions multiples, c'est-à-dire pour le plus grand nombre, ils n'auraient plus de raison ni d'occasion de se toucher.

1. *Enquête*, faculté des lettres d'Aix, p. 12; — des lettres de Besançon, p. 72; — de droit de Douai, p. 282. = École préparatoire de médecine et de pharmacie d'Amiens, p. 283. = Faculté des lettres de Grenoble, p. 372; — des lettres de Montpellier, p. 476; de théologie protestante de Paris, p. 582; — de théologie protestante de Montauban, p. 836. = Lycée Louis-le-Grand, p. 693. = Collège de Bayeux, p. 161; — Beaune, p. 230; — Nantua, p. 439; — Pontivy, p. 834; — Vic-en-Bigorre, p. 838. = Recteur de Chambéry, p. 175; — Grenoble, p. 384. = Pour les objections faites à ce système, voir la faculté de droit de Grenoble, p. 352.

On n'accepte point, d'autre part[1], que l'enseignement libre, quelque condition qu'il soit prêt à consentir, jouisse des mêmes prérogatives que l'enseignement public. Le droit d'enseignement n'implique nullement le droit d'examen. La collation d'un grade ou la délivrance d'un diplôme équivalent à un grade est un droit d'État. De simples particuliers, très différents les uns des autres par le caractère des personnes et le but des institutions, libres avant tout et toujours prêts à s'abriter derrière cette liberté qui est leur force légitime, ne sauraient, en aucun cas, être assimilés à un corps hiérarchiquement ordonné, enchaîné à des règles, soumis à un incessant contrôle, avec lequel l'État engage son autorité. Ce n'est point à dire qu'il faille en revenir au certificat d'études exigé avant la loi de 1850, comme la proposition en a été faite au Parlement[2]. Nul-

1. *Enquête*, faculté des lettres de Clermont, p. 179; — des lettres de Douai, p. 281 : « Dans l'état actuel de la société française, en face de la division profonde qui va s'élargissant tous les jours entre l'enseignement de l'État et l'enseignement libre, presque tout entier aux mains du clergé, l'État ne saurait avoir un seul instant la pensée d'aliéner, dans une mesure si faible qu'elle soit, le droit absolu qu'il a dû revendiquer sur la collation des grades par la suppression des jurys mixtes ». — Faculté de droit de Lyon, p. 596-599; — des lettres de Montpellier, p. 464; — de droit de Nancy, p. 517, 518. = École supérieure de pharmacie de Nancy, p. 538. = Faculté des sciences de Poitiers, p. 782; — de droit de Toulouse, p. 861. = École de droit d'Alger, p. 889; — des sciences d'Alger, p. 890. = Lycée de Nîmes, p. 503; — Condorcet, p. 659; — Louis-le-Grand, p. 695; — Orléans, p. 732, 737. — Limoges, p. 704. = Collège de Libourne, p. 119; — Brioude, p. 193; — la Fère, p. 323; — Sedan, p. 335; — Meaux, p. 777; — Chinon, p. 807; — Fontenay-le-Comte, p. 808; — Quimper, p. 816; — Saint-Nazaire, p. 847; — Gaissac, p. 884. = Recteur de Dijon, p. 219 : « N'oublions pas que les établissements libres servent une cause et que les motifs d'un ordre supérieur inspirent et légitiment à leurs yeux leurs appréciations et leurs actes »; — Douai, p. 359; — Lyon, p. 441.

2. Voir la proposition de la loi déposée par M. Marcou, député, et les rapports présentés à la Chambre les 14 janvier et 13 mai 1882 : « Seront seuls admissibles aux épreuves du baccalauréat ès lettres et ès sciences les élèves qui justifieront de leur certificat régulier après avoir fait les trois classes de seconde, de rhétorique et de philosophie, soit dans leurs familles, soit dans les lycées ou les collèges communaux, soit dans les institutions assimilées aux établissements de l'Université. Les certi-

lement. Mais autre chose est le rétablissement du certificat d'études[1], autre chose la suppression des garanties que la liberté a dû accepter contre elle-même pour la collation des grades. L'État ne peut ni résigner ses droits ni s'affranchir de ses devoirs : ce serait une abdication mortelle aux études, funeste à l'intérêt social. Si l'Allemagne ne connaît pas ces réserves défensives, c'est qu'elle n'en a pas besoin, les règlements de l'enseignement de l'État étant acceptés par l'enseignement libre comme la loi commune[2].

Les jurys mi-partis. — La coexistence de deux jurys. — Restent le procédé des jurys mi-partis et celui de la coexistence de deux jurys

Certaines assemblées considèrent qu'il ne serait pas injustifiable — l'intervention de l'enseignement secon-

ficats seront délivrés par les pères de famille ou les tuteurs, par les proviseurs des lycées, par les principaux des collèges communaux, par les chefs d'institution agrégés à l'Université. Les certificats sortiront leur plein et entier effet. En cas de contestation, le conseil académique prononcera, hors le cas où les certificats seraient argués de faux. » (Art. 1er du projet adopté par la Commission.)

1. Quelques établissements seulement ont exprimé un vœu à ce sujet : « L'État pourra exiger des jeunes gens qui se destinent aux fonctions publiques qu'ils aient fait leurs deux dernières années d'études dans un de ses établissements d'enseignement secondaire. » (*Enquête*, lycée de Moulins, p. 4-187.) — « L'assemblée demande que l'on rétablisse le certificat d'études, le droit de délivrer ce certificat pouvant être accordé à des établissements libres. » (Lycée de Poitiers, p. 800.) — « Il faut rétablir le certificat d'études, sinon dans sa teneur ancienne, du moins conçu de telle sorte qu'on puisse être assuré que le candidat a fait séparément en deux années distinctes la rhétorique et la philosophie. » (Recteur de Poitiers, p. 815.) = Faculté de droit de Grenoble, p. 351. — Cf. faculté de droit de Paris, p. 599, qui demande l'obligation du certificat de grammaire. = Collège d'Avranches, p. 161.

2. *Enquête*, voir à des titres divers : faculté des sciences de Bordeaux p. 92 ; — de médecine et de pharmacie de Lyon, p. 400 ; — des lettres de Dijon, p. 211. = Lycée de Besançon, p. 56 ; — Nîmes, p. 503 ; — Poitiers, p. 799. = Collège de Montbéliard, p. 66 ; — Lisieux, p. 170 ; — Landrecies, p. 325 ; — le Quesnoy, p. 330 ; — Gap, p. 379 ; — Louhans, p. 459 ; — Châtellerault, p. 806 ; — Chinon, p. 807 ; — Saint-Jean-d'Angély, p. 811. = Recteur de Grenoble, p. 381.

daire dans les commissions du baccalauréat étant admise — d'y faire la part de l'enseignement libre[1]. Mais la proposition soulève trois observations qui semblent péremptoires : 1° Les écoles libres ne jugeraient-elles pas cette demi-garantie insuffisante, aujourd'hui qu'elles ont la pleine garantie de l'impartialité des facultés? 2° Pourraient-elles fournir assez d'agrégés dans les jurys des lycées, de licenciés dans les jurys des collèges, ce grade étant la condition de l'investiture, alors surtout qu'on voudrait généralement qu'aucun siège n'appartînt à personne à titre permanent et que les professeurs dûment qualifiés fussent appelés à prendre place dans les commissions par voie de roulement? 3° Le principe des jurys mi-partis a fait ses preuves en Belgique; il a été condamné en France pour l'attribution des grades de l'enseignement supérieur : comment penser à le rétablir pour l'enseignement secondaire[2]?

La coexistence de deux jurys semble, au premier abord, plus défendable. Jury intérieur pour les établissements de l'État jouissant du droit de conférer le diplôme; jury de facultés pour les établissements publics auxquels ce droit ne serait pas reconnu, pour les écoles libres, pour les candidats élevés dans la famille, pour ceux enfin dont les circonstances, la maladie, le manque de ressources ont retardé les études : quoi de plus simple? Et si l'on ajoute que tout candidat des établissements publics aurait le droit de choisir entre les deux catégories de juges, quoi de plus libéral? Cette

1. *Enquête*, faculté des lettres de Besançon, p. 48. = Lycée Janson de Sailly, p. 683; — Vendôme, p. 747; — Pontivy, p. 837. = Collège de Luxeuil, p. 63; — Libourne, p. 119; — Châteaudun, p. 753; — Castelsarrasin, p. 183; — Condom, p. 883.

2. *Enquête*, faculté de droit de Douai, p. 265; — de théologie protestante de Paris, p. 574. = Lycée d'Orléans, p. 735; — Nantes, p. 832; — Toulouse, p. 879. = Collège de Calais, p. 306; — Cambrai, p. 309. = Recteur de Besançon, p. 70. — Dijon, p. 242.

dualité avec droit d'option n'existe-t-elle pas déjà pour l'examen de grammaire[1] ? — Mais c'est cela même, répond-on, dont se plaignent l'enseignement libre et les collèges : notre esprit d'égalité se trouve froissé de ce que les élèves des lycées obtiennent, le plus grand nombre sans examen, quelques-uns après un examen à huis clos, un diplôme que les autres doivent aller prendre au chef-lieu de l'académie, devant une commission spéciale, en courant tous les risques d'une épreuve publique. — Est-on bien sûr d'ailleurs que la coexistence de deux jurys, ne résultant pas, comme autrefois, alors que le nombre des facultés était restreint, d'une impossibilité matérielle qui la justifiait, mais représentant une différence de régime voulue et où il serait difficile de voir autre chose qu'un expédient, ne porterait pas atteinte à la dignité des jugements, surtout avec la faculté d'option laissée au candidat ? Le but et l'effet de l'organisation allemande, c'est de donner pleins pouvoirs aux professeurs de l'enseignement secondaire. L'élève aura-t-il le même souci de cette action bienfaisante, lorsqu'il sentira qu'il peut obtenir avec d'autres juges ce que ses juges naturels lui auront refusé ? — Au surplus, on invoque toujours l'exemple de l'Allemagne : c'est sans doute pour profiter de son expérience et ne pas prendre à notre compte les erreurs dont elle s'est corrigée. Eh bien, de 1812 à 1834, pendant une période de transition, l'institution des jurys coexistants a régné en Prusse, et il a fallu y renoncer, parce que beaucoup de jeunes gens,

1. *Enquête* faculté des lettres de Besançon, p. 48 ; — de droit de Lyon, p. 393 ; — de théologie protestante de Paris, p. 583 ; — de théologie protestante de Montauban, p. 857. = Lycée de Châteauroux, p. 791 ; — la Roche-sur-Yon, p. 803 ; — Constantine, p. 897. = Collége de Gap, p. 379 ; — Bagnères, p. 882 ; — Castelnaudary, p. 883. = Voir le *Projet de réforme du baccalauréat ès lettres*, par M. Émile Beaussire, ancien professeur de faculté, député. Extrait des publications de la *Société pour l'étude des questions d'enseignement supérieur*, Paris, Hachette, 1880.

abandonnant les études normales, se présentaient devant la commission extérieure, qui, à tort ou à raison, passait pour être plus indulgente : les hautes classes étaient désertées ; l'examen, préparé hâtivement, superficiellement, en dehors de toute direction régulière, était devenu dérisoire[1].

Conclusions. — Finalement, avec ces procédés d'ingénieuse conciliation comme sous sa forme simple, l'examen intérieur est repoussé. D'un caractère très différent, les objections qu'il soulève sont en même temps d'une portée très inégale ; mais chacune d'elles, prise en elle-même, reflète, pour ainsi dire, une des préoccupations de l'esprit public ; et la conclusion, plus ou moins absolue, mais unanime au fond, moins les quelques exceptions que nous avons signalées, c'est que l'examen extérieur, égal pour tous, à jury unique, l'examen du baccalauréat, en un mot, est le système auquel il faut se tenir.

IV

Les améliorations à apporter à l'examen du baccalauréat. — L'accord établi sur ce point, nul ne fait difficulté de reconnaître que le baccalauréat ait besoin

1. *Enquête*, faculté des sciences de Marseille, p. 10 ; — des lettres de Grenoble, p. 372 ; — de Montpellier, p. 464, 473 ; — de droit de Nancy, p. 518 ; — des lettres de Nancy, p. 531 ; — des lettres de Poitiers, p. 787 ; — des lettres de Rennes, p. 820 ; — de droit de Toulouse, p. 861 ; — des lettres de Toulouse, p. 868. = École de droit d'Alger, p. 889. = Lycée de Rouen, p. 155 ; — Chaumont, p. 217 ; — Louis-le-Grand, p. 697, 698 ; — Limoges, p. 793. = Collège de Lunéville, p. 551, 555. = Recteur de Dijon, p. 237 ; — Grenoble, p. 581, 583 ; — Lyon, p. 412.

d'être amélioré. Ceux qui défendent l'institution ne sont pas moins décidés à cet égard que ceux qui l'attaquent.

Tel qu'il existe aujourd'hui, le baccalauréat laisse trop de part à la fortune : on ne saurait raisonnablement admettre que les résultats de huit années de travail soient souverainement appréciés en quelques heures par des juges qui ne connaissent pas les candidats. — L'examen vicie en outre la direction des études, qu'il convertit pour la plupart des jeunes gens en une préparation tumultuaire, artificielle et malsaine. — Enfin il exige d'un grand nombre d'élèves un effort qui ne leur profite pas, et il n'assure point comme il conviendrait l'éducation de l'élite[1].

C'est donc le vœu commun que des modifications soient apportées tant dans la forme des épreuves que dans l'organisation fondamentale de l'examen.

Les modifications de forme. — Les propositions touchant les modifications de forme ont trait au dossier

1. *Enquête:* « On a dit et répété bien des fois que le baccalauréat était une véritable loterie. Les exemples ne manquent pas, en effet, de brillants élèves qui ont échoué, alors que de véritables cancres ou tout au moins des candidats parfaitement médiocres sortaient victorieux de l'épreuve. Chacun de nous pourrait certainement, sans beaucoup de peine, contribuer à grossir cette liste de victimes ou de favoris injustes du sort. Il est juste de reconnaître que ces exemples, si nombreux soient-ils, restent à l'état d'exceptions ; tout compte fait, ce sont encore les meilleurs élèves qui ont l'avantage : il serait, je crois, difficile de le contester. Il n'en reste pas moins vrai que, si l'on pouvait trouver un moyen, sinon de prévenir tout à fait ces malheurs, du moins de les rendre de plus en plus rares, on aurait réalisé une amélioration qui ne serait pas sans valeur. » (Lycée de Montpellier, p. 493.) = Cf. faculté de droit de Grenoble, p. 350 ; — des sciences de Lyon, p. 414 ; — des lettres de Lyon, p. 415 ; — des sciences de Montpellier, p. 456 ; — des lettres de Montpellier, p. 462. = École supérieure de pharmacie de Nancy, p. 535. = Faculté des lettres de Paris, p. 636. = École de médecine et de pharmacie d'Alger, p. 893. = Lycée de Carcassonne, p. 484 ; — la Rochelle, p. 800. = Collège de Gap, p. 378 ; — Vienne, p. 581 ; — Chinon, p. 806, etc.

du candidat, à la procédure et à l'appréciation des épreuves, au programme, à la composition du jury.

Le dossier du candidat. — Le dossier de l'élève ne comprend aujourd'hui, avec son acte de naissance, que les compositions qu'il a faites pour l'examen même. On y voudrait joindre soit une sorte de livret scolaire, de *curriculum vitæ*, indiquant les notes, les places, les récompenses qu'il a obtenues pendant les dernières années avec un certain nombre de compositions à l'appui, soit une pièce constatant qu'il possède le certificat de grammaire et qu'il a fait un nombre d'années d'études correspondant au nombre normal des classes à parcourir, soit la mention du résultat des deux examens de passage les plus caractéristiques, soit simplement l'indication qu'il a été porté par l'assemblée des professeurs du lycée ou du collège au tableau des candidats jugés en état de réussir[1].

1. *Enquête*, faculté des sciences de Bordeaux, p. 92; — de droit de Caen, p. 129; — des lettres de Clermont, p. 180; — des lettres de Dijon, p. 215; — de droit de Douai, p. 266; — des lettres de Douai, p. 281; — de droit de Grenoble, p. 333; — mixte de médecine et de pharmacie de Lyon, p. 410; — des lettres de Montpellier, p. 478; — de droit de Nancy, p. 523; — de médecine de Nancy, p. 528; — des lettres de Nancy, p. 534; — de théologie protestante de Paris, p. 583; — de droit de Paris, p. 610; — des sciences de Paris, p. 636; — des lettres de Paris; p. 642. = École supérieure de médecine et de pharmacie de Reims, p. 649. = Faculté des sciences de Rennes, p. 819; — de théologie de Montauban, p. 858. = École de droit d'Alger, p. 889; — des lettres d'Alger, p. 892. = Lycée d'Avignon, p. 19; — Bastia, p. 23; — Nice, p. 27; — Besançon, p. 55; — Lons-le-Saunier, p. 57; — Bayonne, p. 103 (point pour les élèves des établissements libres); — Bordeaux, p. 105; — Mont-de-Marsan, p. 107; — Perpignan, p. 110 (avec extension aux établissements libres); — Alençon, p. 140; — Caen, p. 142; — Évreux, p. 150; — le Mans, p. 153; — Rouen, p. 158; — Montluçon, p. 186; — Moulins, p. 187; — Aubusson, p. 189; — Chaumont, p. 220; — Nevers, p. 225; — Sens, p. 226; — Amiens, p. 288; — Charleville, p. 290; — Douai, p. 291; — Lille, p. 293; — Saint-Omer, p. 294; — Grenoble, p. 375; — Lyon, p. 423; — Carcassonne, p. 487; — Nîmes, p. 505 (seulement pour les lycées); — Bar-le-Duc, p. 539; — Nancy, p. 541; — Condorcet, p. 662; — Henri IV, p. 672; — Janson de Sailly, p. 684; — Vanves, p. 713; — Versailles, p. 718; — Reims, p. 747; — Vendôme, p. 747; — Angou-

Cet avis n'est pas celui de tout le monde. A quoi servirait ce dossier? Les bons candidats n'en ont pas be-

lême, p. 789; — Limoges, p. 793-797; — la Roche-sur-Yon, p. 804; — Angers, p. 820; — Brest, p. 827; — Laval, p. 828; — Lorient, p. 830; — Nantes, p. 833; — Saint-Brieuc, p. 838; — Albi, p. 869; — Auch, p. 872; — Tarbes, p. 877; — Toulouse, p. 878; — Alger, p. 896; — Constantine, p. 898. = Collège d'Arles, p. 33; — Carpentras, p. 36; — Arbois, p. 58; — Gray, p. 63; — Luxeuil, p. 63; — Pontarlier, p. 67; — Salins, p. 68; — Libourne, p. 121; — Marmande, p. 122; — Avranches, p. 161; — Dieppe, p. 165; — Eu, p. 166; — Falaise, p. 167; — Flers, p. 168; Honfleur, p. 169; Lisieux, p. 171; — Brioude, p. 194; — Brives, p. 195; — Thiers, p. 197; — Auxerre, p. 220; — Beaune, p. 230; — Arras, p. 303; — Avesnes, p. 304; — Boulogne-sur-Mer, p. 305; — Calais, p. 307; — Château-Thierry, p. 314; — Dunkerque, p. 316; — Hesdin, p. 320; — la Fère, p. 324; — Landrecies, p. 326; — Saint-Amand, p. 331; — Sedan, p. 333; — Gap, p. 308; — Valence, p. 380; — Chalon-sur-Saône, p. 435; — Nantua, p. 439; — Roanne, p. 440 (sous pli cacheté); — Béziers, p. 506; — Vienne, p. 382; — Saint-Étienne, p. 432; — Autun, p. 434; — Cette, p. 508; — Mende, p. 509; — Perpignan, p. 510; — Commercy, p. 543; — Épinal, p. 547; — Longwy, p. 548; — Lunéville, p. 551; — Neufchâteau, p. 556; — Remiremont, p. 560; — Saint-Dié, p. 563; — Saint-Mihiel, p. 564; — Toul, p. 565; — Verdun, p. 567; — Rollin, p. 723 (point pour les élèves de l'enseignement libre); — Châlons-sur-Marne, p. 750; — Châteaudun, p. 754 (dossier formé en comité secret pour les lycées et collèges de plein exercice); — Compiègne, p. 756; — Provins, p. 769; — Meaux, p. 777; — la Rochefoucauld, p. 811; — Saint-Jean-d'Angély, p. 814; — Saint-Nazaire, p. 847; — Saint-Servan, p. 848; — Saumur, p. 845; — Castres, p. 883; — Figeac, p. 884; — Pamiers, p. 886; — Revel, p. 886; — Saint-Girons, p. 887; — Bône, p. 900; — Oran, p. 901. = Recteur de Besançon, p. 73; — Bordeaux, p. 121; — Chambéry, p. 174; — Clermont, p. 201; — Dijon, p. 240; — Douai, p. 347; — Montpellier, p. 512; — Rennes, p. 851; — Alger, p. 903.

N'admettent pas la production du dossier : faculté des lettres d'Aix, p. 13. = École préparatoire de médecine et de pharmacie de Clermont, p. 182. = Faculté de droit de Dijon, p. 210; — des sciences de Lille, p. 280 : « L'égalité la plus absolue, la condition *sine qua non* de l'impartialité à l'égard de tous les candidats, quelle qu'en soit l'origine, c'est qu'ils soient tous inconnus du jury, quels que soient leurs antécédents »; — des sciences de Grenoble, p. 370; — des lettres de Lyon, p. 417; — de droit de Montpellier, p. 452; — des sciences de Poitiers, p. 784. = Lycée de Toulon, p. 31; — Pau, p. 109; — Caen, p. 140; — Clermont, p. 184; — Dijon, p. 221; — Troyes, p. 228; — Saint-Quentin, p. 298; — Mâcon, p. 430; — Montpellier, p. 494; — la Rochelle, p. 802; — Rennes, p. 838; — Toulouse, p. 882. = Collège de Draguignan, p. 55; — Dôle, p. 61; — Lure, 63; — Cherbourg, p. 162; — Cassel, p. 311; — le Cateau, p. 312; — Condé, p. 313; — Louhans, p. 459; — Béziers, p. 507; — Beauvais, p. 748; — Clermont, p. 755; — Dreux, p. 761; — Épernay, p. 763; — Fontainebleau, p. 764; — Vitry-le-François, p. 774; — Saintes, p. 812; — Morlaix, p. 842; — Quimper, p. 846; — Philippeville, p. 901 = Recteur de Grenoble, p. 588.

soin et il ne peut sauver les mauvais. Pour les juges ce témoignage ne serait le plus souvent qu'un embarras, à moins qu'on ne veuille leur forcer la main! Sans compter qu'autoriser les recommandations, quelle qu'en soit la forme, c'est du même coup provoquer ou autoriser tout au moins les déclarations contraires; prenons garde aux apparences de proscription : les familles, en cas d'insuccès, ne seront que trop portées à s'en prendre au dossier... — N'est-il pas juste, au surplus, que chacun se présente aux épreuves avec toutes ses chances, et qu'un élève bien doué puisse, au moment du péril, se racheter de sa paresse par son intelligence. L'aléa a sa part dans tous les actes de la vie : il n'est pas mauvais que les jeunes gens en fassent de bonne heure l'utile expérience.

Ces raisons n'ont pas prévalu, malgré la vivacité avec laquelle elles étaient soutenues. Le dossier a paru être pour les élèves méritants — et ce sont ceux-là qui importent — un motif de sécurité légitime, pour les maîtres un moyen d'autorité, pour l'examen une condition de moralité. La règle en est déjà appliquée aux demandes de bourse; et, à Paris, l'usage n'existe-t-il pas pour les candidats d'annexer à leurs copies de composition les billets d'admission au Concours général? Quelques-uns souhaiteraient même que le livret scolaire fût doté d'un coefficient, et que la production de la pièce eût un caractère obligatoire. D'autres iraient jusqu'à accorder l'admissibilité aux épreuves orales à ceux dont le livret serait irréprochable[1]. Il suffit à la grande majorité que

1. *Enquête*, faculté des lettres de Montpellier, p. 478; — de théologie protestante de Paris, p. 583 : « Les notes obtenues par le candidat pendant les six derniers mois pour les travaux du même genre faits en classe lui seront comptées à titre égal avec celles des épreuves écrites de l'examen. » — « L'admissibilité aux épreuves orales pourrait être conférée

le document soit fourni comme renseignement et à titre facultatif : faculté qui serait étendue aux écoles libres.

La procédure des épreuves. — Aujourd'hui la règle, on le sait, est que les épreuves écrites soient subies au siège des facultés, où les candidats sont convoqués successivement par séries, et que les sujets de composition choisis par la faculté varient avec les séries; on sait aussi que la deuxième session annuelle a lieu dans la première quinzaine de novembre et se prolonge parfois au delà du mois; on sait enfin que le nombre considérable des candidats oblige généralement à restreindre la durée de l'examen oral. — On demande qu'il soit prescrit de procéder partout suivant les prescriptions de l'arrêté du 6 juin 1882 : à savoir que, comme dans les académies de Toulouse, Poitiers, Clermont, Rennes et Caen, tous les candidats réunis au chef-lieu du département du ressort auquel ils appartiennent subissent les épreuves écrites en même temps sur des sujets communs, et que les épreuves orales ne commencent qu'après que toutes les corrections sont terminées; c'est même un vœu assez commun que, d'un bout à l'autre de la France, les candidats soient appelés à traiter, le même jour, à la même heure, la même composition, dont le Ministère de l'Instruction publique donnerait le texte après avis du comité consultatif de l'enseignement supérieur[1]. —

tout élève appartenant à la première moitié de la classe. » (Lycée de Caen, p. 142, 143.) — Même proposition sans détermination de proportion au lycée de Nîmes, p. 505.

1. On y ajoute toutes sortes de précautions : *Enquête*, lycée d'Avignon, p. 20 : « Le papier sera fourni par l'État; il sera de couleur variée suivant les compositions et les sessions » ; — Bastia, p. 23 ; — Toulon, p. 31; — Belfort, p. 52; — Vesoul, p. 57; — Agen, p. 101 : « Le nom des candidats sera caché » ; — Bayonne, p. 104 ; — Pau, p. 107 ; — Rouen, p. 158; — Argentan, p. 159; — Guéret, p. 184; — Moulins, p. 186; — Aubusson, p. 189; — Charleville, p. 289; — Valenciennes, p. 301; — Char-

On demande, d'autre part, surtout en ce qui touche les examens de la première série, que la deuxième session puisse être close le 15 octobre au plus tard, de façon que l'année scolaire ne soit pas engagée tant pour ceux qui sont condamnés à redoubler la rhétorique que pour ceux que leur succès autorise à passer en philosophie[1]. — On demande en troisième lieu qu'aux épreuves orales les explications soient suffisamment prolongées (un quart d'heure par texte est indiqué comme mesure) pour donner le temps aux candidats de se remettre, et que les interrogations proprement dites comprennent toujours plus d'une question, deux ou trois au moins, nul ne pouvant être sûr d'avoir au premier appel une réponse toute prête[2].

lemagne, p. 658; — Janson de Sailly, p. 674 (ressort académique); — Versailles, p. 718 (ressort académique); — Orléans, p. 736; — Reims, p. 746; — Pontivy, p. 866; — Rennes, p. 837 (ressort académique); — Rodez, p. 875; — Tarbes, p. 877. = Collège de Dôle, p. 61; — Gray, p. 62; — Saint-Claude, p. 68; — Blaye, p. 115: « De façon à établir un véritable concours entre tous les élèves et tous les professeurs »; — Dieppe, p. 165; — Honfleur, p. 170; — Aurillac, p. 190; — Thiers, p. 198; — Langres, p. 251; — Avesnes, p. 301; — Dunkerque, p. 314; — la Fère, p. 328; — Maubeuge, p. 328; — le Quesnoy, p. 330; — Sedan, p. 335; — Valence, p. 381; — Saint-Étienne, p. 432; — Autun, p. 439 (ressort académique); — Perpignan, p. 510; — Épinal, p. 546; — Mirecourt, p. 555; — Remiremont, p. 558; — Saint-Mihiel, p. 561; — Toul, p. 565; — Verdun, p. 568; — Poitiers, p. 723 (ressort académique); — Beauvais, p. 748 (ressort académique); — Blois, p. 749; — Chartres, p. 751; — Coulommiers, p. 760; — Dreux, p. 770; — Fontainebleau, p. 761; — Melun, p. 763 (ressort académique); — Montargis, p. 766; — Figeac, p. 884 (ressort académique); — Saint-Girons, p. 887. = Recteur de Besançon, p. 73; — Dijon, p. 253; — Douai, p. 348; — Rennes, p. 853.

1. *Enquête*, lycée du Havre, p. 153; — Rouen, p. 157; — Moulins, p. 187; — Saint-Quentin, p. 298; — Rennes, p. 839. = Collège de Langres, p. 231; — Avesnes, p. 304.

2. *Enquête*, lycée de Saint-Omer, p. 295; — Charlemagne, p. 656; — Pontivy, p. 836; — Rodez, p. 876. = Collège d'Argentan, p. 159 : « Les candidats admissibles à l'examen oral tireront au sort les questions sur lesquelles ils devront être interrogés. Chaque candidat tirera toutes ses questions en même temps; il aura une demi-heure pour s'y préparer par la réflexion sous la surveillance des examinateurs »; — Laon, p. 327; — Morlaix, p. 844. = La faculté des lettres de Paris demande que les compositions philosophiques comprennent toujours au moins deux questions, p. 610.

La dernière proposition a trouvé une adhésion complète partout où elle a été faite. — La seconde ne peut avoir contre elle que les habitudes des facultés; elle constituerait pour les études secondaires une amélioration sérieuse. — Quant à la première, elle a donné lieu à certaines réserves : l'identité des sujets de composition pour toute la France est une garantie d'équité plus apparente que réelle; il faudrait pouvoir établir en même temps l'identité d'appréciation, pour arriver véritablement à une commune mesure, et cette sorte d'uniformité de jugement qui peut être applicable jusqu'à un certain degré dans l'enseignement primaire, en raison du caractère élémentaire de l'examen, conviendrait-elle de même aux études secondaires? Pourrait-on l'imposer aux facultés? Ne suffit-il pas d'assurer l'égalité des sujets, autant que faire se peut, dans chaque ressort académique? Et n'arriverait-on pas à ce résultat en choisissant à l'avance un certain nombre de textes de difficulté équivalente? Au reste, les avantages de l'unité des épreuves pour les candidats d'une même région sont fort contestables. Le mode d'examen recommandé par l'arrêté du 6 juin 1882 produit une économie de quelques jours de session, et c'est bien quelque chose pour tout le monde. Mais l'intérêt du candidat est que l'épreuve orale suive de près l'épreuve écrite, et que de l'une à l'autre il n'y ait pas un intervalle de fiévreuse attente. Ce qui est surtout désirable, c'est que chaque élève soit interrogé par les examinateurs qui ont corrigé ses copies. Les deux jugements s'éclairant l'un par l'autre, le jugement final ne peut qu'être à la fois plus bienveillant et plus exact[1].

L'appréciation des épreuves. — C'est le même esprit

1. *Enquête*, lycée de Vanves, p. 713. = Collège de Barbezieux, p. 806; — Morlaix, p. 841.

qu'on applique à la revision des règles traditionnelles d'appréciation. On propose : quelques-uns, de ramener à un examen unique les deux séries d'épreuves, tels candidats pouvant avoir manqué leurs compositions, qui se relèveront à l'interrogation orale, et les deux séries d'épreuves n'étant pas de trop pour motiver une condamnation[1]; ceux-ci, de substituer au tarif de 0 à 5 le tarif de 0 à 20 qui comporte plus de nuances d'évaluation et conséquemment plus de chances de justice relative[2]; ceux-là, d'attribuer un coefficient aux différentes matières en prenant pour base du rapport le nombre des heures accordées à l'enseignement de chacune d'elles dans la répartition hebdomadaire du temps[3]; d'autres enfin, de maintenir le bénéfice de l'admissibilité à ceux qui l'ont une fois acquise, soit à terme indéfini, soit pendant une ou deux années, soit seulement d'une session à une autre. On demande encore qu'il soit tenu compte à ceux qui ont échoué à l'examen oral des parties pour lesquelles ils avaient obtenu une note satisfaisante, — rien n'étant plus décourageant pour les jeunes gens qu'un échec après un succès, et la dignité du jugement pouvant elle-même avoir à souffrir de cette sorte d'instabilité dans des décisions rendues à trois mois de distance[4].

1. *Enquête*, lycée de Besançon, p. 55; — Montluçon, p. 186; — Charlemagne, p. 656 : « L'exclusion à l'examen écrit ne pourra être prononcée d'ailleurs qu'à l'unanimité du jury » ; — Niort, p. 798; — Rodez, p. 876. = Collège de Beaume-les-Dames, p. 60; — Saint-Claude, p. 68; — Langres, p. 233; — Barbezieux, p. 805. = Faculté de droit de Nancy, p. 521.

2. *Enquête*, lycée de Nîmes, p. 503; — Vanves, p. 714. = Collége de Cette, p. 507.

3. *Enquête*, lycée de Nancy, p. 541; — Niort, p. 798 = Collége de Fontainebleau, p. 764; — Saint-Gaudens, p. 887.

4. *Enquête*, faculté de droit de Bordeaux, p. 93; — des lettres de Bordeaux, p. 98; — des sciences de Lille, p. 281 : « A la condition que le candidat ait obtenu l'admissibilité sans note *mal*, et avec une note au moins supérieure à *passable* » ; — de droit de Paris, p. 610; — des lettres de Poitiers, p. 788; — de droit de Toulouse, p. 861. = Lycée d'Agen, p. 101, — Alençon, p. 141 : « A une certaine moyenne de notes » ; — Rouen,

A-t-on bien calculé la charge que ferait peser sur les jurys la nécessité de procéder pour tous les candidats à un examen complet? — Une échelle de points graduée comme pour un concours n'introduirait-elle pas un mécanisme bien compliqué dans des épreuves qui doivent rester simples? — Les vrais coefficients n'existent-ils pas dans l'esprit même des juges, qui n'ont pas besoin de tarif pour apprécier l'importance proportionnelle des divers éléments de l'examen; et d'une façon générale est-il bon de traduire en opération mathématique ce qui doit être avant tout le résultat d'une impression d'ensemble? Des doutes sont exprimés sur ces différents points. — Au contraire, on considère communément comme acceptable que l'admissibilité, une fois obtenue, demeure acquise, non pour toujours, — ce qui pourrait ouvrir la porte aux abus de préparation, — non pas même pour une durée prolongée, — mais de la session normale à la session de réparation, de juillet à octobre, la raison étant en cela d'accord avec la justice.

Les programmes. — Sur les programmes, les divergences de vues sont sensibles. Généralement les lycées et les collèges ne répugnent pas à l'idée de voir ajouter de nouvelles matières à l'examen, tant écrit qu'oral, à l'examen écrit surtout : un thème latin, une version grecque, avec ou sans alternance avec la version latine, une composition spéciale de cosmographie, une composition d'histoire, un dessin, une épreuve de sciences

p. 156; Chambéry, p. 172; — Montluçon, p. 181; — Louis-le-Grand, p. 701 : « Pour deux épreuves nouvelles »; — Saint-Louis, p. 707; — Vanves, p. 714 : « Pour un examen »; — Niort, p. 708; — Rodez, p. 870. = Collège de Digne, p. 34; — Grasse, p. 34; — Beaune, p. 250; — Dunkerque, p. 317 : « Pour la session suivante »; — Saint-Girons, p. 887 : « Pour la session suivante »; — Villefranche, p. 838. = Recteur de Bordeaux, p. 124 : « Jusqu'à la deuxième session suivante »; — Dijon, p. 236 : « A la condition que le candidat n'ait pas la note *mal* pour l'une des compositions »; — Douai, p. 317 : « Pendant le laps de deux années ».

Le Collège de Verdun, p. 258, se déclare formellement contraire.

au baccalauréat de rhétorique, une épreuve de composition française et même une épreuve de grec au baccalauréat ès sciences. La considération principale de ceux qui demandent ces extensions est que toutes les matières de l'enseignement doivent être l'objet d'un examen, d'un examen possible au moins, — le sort décidant la matière qui serait choisie, — sous peine de voir sacrifié par l'élève ce qui est omis dans le programme. Leur intention, contrairement aux apparences, est de soulager le candidat, dont, à leur avis, les chances se multiplient avec le nombre des épreuves, en vertu du système des compensations[1]. — Les facultés tendent plutôt à res-

1. *Enquête,* lycée de Bastia, p. 22; — Besançon, p. 55; — Agen, p. 102; — Alençon, p. 141 (le dessin); — Coutances, p. 146; — le Mans, p. 151; — Rouen, p. 155 (les compositions occuperaient deux jours entiers); — le Puy, p. 188; — Chaumont, p. 220; — Sens, p. 227; — Charleville, p. 289; — Saint-Omer, p. 295 (questionnaire grammatical écrit); — Valenciennes, p. 300 (rétablissement de la composition latine); — Bourg, p. 420; — Nancy, p. 511; — Charlemagne, p. 657; — Condorcet, p. 662 (renforcer la partie littéraire du baccalauréat ès sciences); — Janson de Sailly, p. 674 et 686; — Vanves, p. 711; — Orléans, p. 733; — Reims, p. 746; — Poitiers, p. 798; — Niort, p. 798; — la Rochelle, p. 803 (interrogations sur les sciences à la première partie du baccalauréat ès lettres); — Tours, p. 805; — Angers, p. 825; — Brest, p. 826 (adjonction d'une épreuve scientifique au baccalauréat ès lettres et d'une composition française au baccalauréat ès sciences); — Lorient, p 830 (exercice grec au baccalauréat ès lettres, composition française au baccalauréat ès sciences); — Nantes, p. 832; — Albi, p. 870 (examen scientifique au baccalauréat ès lettres); — Tarbes, p. 876 (version latine et version grecque aux épreuves écrites du baccalauréat ès lettres). = Collège d'Arbois, p. 58; — Libourne, p. 120; — Vire, p. 171; — Langres, p. 233; — Armentières, p. 302 (dessin facultatif); — Hazebrouck, p. 317; — Landrecies, p. 326; — le Quesnoy, p. 330; — Saint-Pol, p. 332; — Louhans, p. 439 (dessin); — Cette, p. 507 (l'examen oral du baccalauréat ès lettres comportera l'explication à livre ouvert d'un auteur grec facile); — Commercy, p. 542; — Pont-à-Mousson, p. 558 (fortifier les épreuves littéraires du baccalauréat ès sciences); — Remiremont, p. 559 (fortifier les épreuves littéraires du baccalauréat ès sciences); — Saint-Dié, p. 565 (fortifier es épreuves littéraires du baccalauréat ès sciences); — Toul, p. 565 (des notions de grec seraient exigées à l'examen oral pour le baccalauréat ès sciences); — Beauvais, p 748; — Compiègne, p. 755 (composition française aux épreuves écrites du baccalauréat ès sciences); — Fontainebleau, p. 765; — Provins, p. 769 (adjonction d'une épreuve littéraire au baccalauréat ès sciences); — Meaux (adjonction d'une épreuve écrite en grec au baccalauréat ès lettres; — Lesneven, p. 841 (discours

treindre le programme, mais en enlevant au candidat le droit de diriger lui-même son examen, c'est-à-dire de choisir les auteurs sur lesquels il doit être interrogé. La multiplicité des épreuves ne leur paraît servir que les préparations superficielles. Elles tiennent moins à la représentation exacte et à la preuve faite, sur pièce déterminée, de toutes les connaissances acquises qu'au développement d'intelligence et à la culture générale du candidat; elles se préoccupent aussi de leur liberté d'appréciation que le système du programme restreint sauvegarde plus sûrement[1]. — On s'entend d'ailleurs

latin facultatif); — Quimper, p. 847; — Figeac, p. 881 (épreuve littéraire au baccalauréat ès sciences); — Foix, p. 881 (un thème latin au baccalauréat ès lettres, des épreuves littéraires au baccalauréat ès sciences); — Moissac, p. 886 (interrogation scientifique aux examens du baccalauréat ès lettres, 1re partie); — Saint-Gaudens, p. 887 (thème latin et interrogations scientifiques au baccalauréat ès lettres, 1re partie); — Saint-Girons, p. 887 (épreuve de dessin); — Bône, p. 890. = Recteur de Chambéry, p. 177; — Dijon, p. 256; — Douai, p. 316; — Rennes, p. 833; — Alger, p. 903.

1. *Enquête*, faculté des lettres de Caen, p. 136; — des sciences de Clermont, p. 178; — des lettres de Dijon, p. 214 (réunion de l'examen en une seule série d'épreuves : version latine et dissertation française, composition unique à l'écrit; suppression de l'explication latine à l'oral); — de droit de Douai, p. 268; — de droit de Grenoble (rapport de M. Fournier), p. 361; — des lettres de Grenoble, p. 372; — des lettres de Lyon, p. 416; — de droit de Nancy, p. 521; — des lettres de Nancy, p. 533; — de droit de Paris, p. 608; — des lettres de Paris, p. 615 : « Réduire les épreuves écrites à la version latine et à la dissertation philosophique; dans les épreuves orales, rattacher l'interrogation d'histoire littéraire à l'explication des auteurs; faire porter l'interrogation d'histoire et de géographie avant tout sur le programme des deux dernières années, et, quant au reste, ne demander absolument aux candidats que ce que personne n'a le droit d'ignorer. Pour les explications de textes, rendre à l'examinateur toute liberté de choisir un auteur quelconque du programme des classes de rhétorique et de philosophie; fondre l'explication des autres auteurs philosophiques français avec l'interrogation sur l'histoire de la philosophie, et l'explication des auteurs philosophiques grecs et latins avec l'explication des autres auteurs anciens »; — de droit de Poitiers, p. 781; — des sciences de Poitiers, p. 783; — des lettres de Poitiers, p. 787; — de droit de Toulouse, p. 785. = École de droit d'Alger, p. 889. = Lycée de Mont-de-Marsan, p. 107; — Valenciennes, p. 300; Montpellier, p. 495; — Nancy, p. 533; — Charlemagne, p. 656 : « La composition dans les sciences portera toujours sur une question de cours; elle ne sera jamais un problème »; — Janson de Sailly, p. 674;

pour souhaiter que l'enseignement et l'examen reposent exactement sur les mêmes bases, et que de l'un à l'autre il n'y ait pas, comme il arrive, discordance ou déviation[1].

Le jury. — Pour la composition du jury, l'idée d'adjoindre des professeurs de l'enseignement secondaire à ceux de l'enseignement supérieur n'est pas écartée, nous savons dans quelles conditions. De la part des facultés, c'est une concession : il pourra être fait appel aux professeurs des lycées, parfois, à titre d'aides temporaires, et sans que jamais ils priment par le nombre les membres des facultés : voilà comme on formule la nouveauté. — Le personnel de l'enseignement secondaire, qui l'accepte, met dans son acceptation la même réserve[2]. Certains collèges

« Supprimer le choix de l'auteur pour les élèves » ; — Versailles, p. 719 : « Alléger la partie scientifique du baccalauréat ès lettres » ; — Alger, p. 896. = Collège de Blaye, p. 115 ; — Arras, p. 200 ; — Maubeuge, p. 328 ; — Loudun, p. 809. = Recteur de Bordeaux, p. 124 ; — Chambéry, p. 177 ; — Douai, p. 346 ; — Grenoble, p. 386 ; — Lyon, p. 413 ; — Alger, p. 903.

1. *Enquête*, faculté de médecine de Nancy, p. 527. = Lycée de Rouen, p. 157 ; — Condorcet, p. 662. = Recteur de Grenoble, p. 383.

2. *Enquête*, lycée d'Avignon, p. 17 ; — Toulon, p. 30 ; — Lons-le-Saunier, p. 58 ; — Vesoul, p. 63 ; — Bordeaux, p. 103 ; — Mont-de-Marsan ; — Pau, p. 107 ; — Périgueux, p. 109 ; — Alençon, p. 141 ; — Caen, p. 142 ; — Coutances, p. 144 ; — Rouen, p. 158 ; — Argentan, p. 159 ; — Chambéry, p. 172 ; — Moulins, p. 186 ; — Aubusson, p. 189 ; — Chaumont, p. 219 ; — Troyes, p. 227 ; — Amiens, p. 283 ; — Charleville, p. 290 ; — Douai, p. 291 ; — Lille, p. 292 ; — Saint-Omer, p. 231 ; — Saint-Quentin, p. 298 ; — Valenciennes ; — Grenoble, p. 375 ; — Lyon, p. 424 ; — Mâcon, p. 430 ; — Carcassonne, p. 481 ; — Nîmes, p. 504 ; — Bar-le-Duc, p. 538 ; — Nancy, p. 540 ; — Charlemagne, p. 634 ; — Condorcet, p. 662 ; — Henri IV, p. 671 ; — Janson de Sailly ; — Louis-le-Grand, p. 700 ; — Saint-Louis, p. 703 (deux tiers) ; — Vanves, p. 710-711 ; — Versailles, p. 717 ; — Bourges, p. 727 ; — Orléans, p. 730 ; — Vendôme, p. 747 ; — Angoulême, p. 789 ; — Châteauroux, p. 791 ; — Limoges, p. 794 ; — Poitiers, p. 796 ; — la Roche-sur-Yon, p. 803 ; — Angers, p. 824 ; — Laval, p. 828 ; — Nantes, p. 832 ; — Saint-Brieuc, p. 838 ; — Auch, p. 872 ; — Cahors, p. 873 ; — Montauban, p. 874 ; — Rodez, p. 875 ; — Alger, p. 897 ; — Constantine, p. 898. = Collège de Carpentras, p. 85 ; — Arbois, p. 50 ; — Luxeuil, p. 64 ; — Poligny, p. 67 ; — Salins, p. 68 ; — Blaye, p. 117 ;

se tailleraient volontiers une large place. Quelques-uns seraient d'avis, par exemple, que tous les collèges fussent représentés dans les jurys afin de pouvoir surveiller les opérations[1]. Dans la pensée de plusieurs autres, l'enseignement secondaire devrait avoir la prépondérance au sein des bureaux d'examen; c'est à lui qu'il serait raisonnable et juste de laisser le choix des sujets d'épreuves; au moins serait-il nécessaire que les textes fussent discutés par le jury tout entier avant d'être proposés aux candidats[2]. Mais les professeurs de lycées se montrent plutôt embarrassés de l'honneur qui leur est fait ou que, pour se conformer à l'opinion courante, ils se résolvent à accepter. La question n'est point d'ailleurs de suivre leurs élèves à l'examen, nous l'avons vu. Il ne s'agit que d'apporter aux jurys le tribut absolument désintéressé de leur expérience. — Ainsi s'explique la formation d'une sorte de tiers parti qui ne veut pour juge ni de l'enseignement

— Libourne, p. 118-120; — Sarlat, p. 122; — Avranches, p. 185; — Flers, p. 168; — Honfleur, p. 169; — Annecy, p. 173; — Bonneville, p. 173; — Brioude, p. 194; — Aurillac, p. 191; — Mauriac, p. 196; — Tulle, p. 199; — Langres, p. 232; — Arras, p. 303; — Avesnes, p. 304; — Calais, p. 307; — Cambrai, p. 310; — Château-Thierry, p. 314; — Hazebrouck, p. 318; — Hesdin, p. 320; — la Fère, p. 323; — Laon, p. 327; — Maubeuge, p. 328; — le Quesnoy, p. 330; — Saint-Pol, p. 332; — Sedan, p. 338; — Gap, p. 380; — Valence, p. 381; — Vienne, p. 382; — Saint-Étienne, p. 431; — Autun, p. 434; — Roanne, p. 440; — Béziers, p. 508-508; — Mende, p. 509; — Commercy, p. 542; — Épinal, p. 547; — Mirecourt, p. 553; — Neufchâteau, p. 556; — Remiremont, p. 559; — Saint-Dié, p. 562; — Verdun, p. 567; — Beauvais, p. 748; — Blois, p. 749; — Châlons-sur-Marne, p. 750; — Châteaudun, p. 754; — Coulommiers, p. 760; — Dreux, p. 761; — Melun, p. 766; — Montargis, p. 769; — Nogent-le-Rotrou, p. 773; — Meaux, p. 775-776; — Barbezieux, p. 806; — Chinon, p. 807; — Loudun, p. 809; — Rochefort-sur-Mer, p. 810; — Saintes, p. 813; — Saint-Nazaire, p. 817; — Castelsarrasin, p. 882; — Castres, p. 883; — Condom, p. 884; — Revel, p. 886; — Villefranche, p. 888. = Cf. recteur de Chambéry, p. 174. = Faculté des lettres de Poitiers, p. 788.

1. *Enquête*, collège de Condom, p. 884.

2. *Enquête*, Collège de Vienne, p. 382; — Saint-Dié, p. 563. — Cf lycée de Nîmes, p. 605.

supérieur, ni de l'enseignement secondaire, procédant isolément ou réunis dans un tribunal commun. L'appareil un peu idéal que les défenseurs de ce système conçoivent est celui de commissions régionales ou départementales, indépendantes de l'un et de l'autre ordre d'enseignement, y tenant par leurs grades, mais non par leurs fonctions, une commission de professeurs en inactivité, en congé, en retraite, placés hors cadre par avancement et en vue de ce service propre : des irréguliers, des émérites, des consulaires[1].

En dernière analyse cependant, un certain nombre des suffrages se rallient à l'idée d'un jury composé de professeurs de l'enseignement supérieur et de professeurs de l'enseignement secondaire. Mais, le principe établi, les points d'interrogation se posent. Que la présidence du bureau appartienne à l'enseignement supérieur, cela ne fait point difficulté. Mais quel sera le nombre des représentants de l'enseignement secondaire? deux sur trois? trois sur cinq? Suffira-t-il d'exiger de chacun d'eux le titre d'agrégé ou de licencié? et n'y aura-t-il pas lieu de demander en outre une expérience professionnelle de quelque durée? La représentation sera-t-elle permanente ou temporaire? Dans ce dernier cas, combien de temps vaudra-t-elle? trois ou six ans? Le choix des délégués se fera-t-il par l'élection, par le sort, par une décision de l'autorité supérieure? Où sera le siège des opérations? à la faculté, au chef-lieu du département, dans chaque établissement? — A la rigueur, le service des professeurs de l'enseignement

1. *Enquête*, lycée de Chambéry, p. 172 ; — Guéret, p. 181 ; — Nevers, p. 215 ; — Sens, p. 223 ; — Saint-Louis, p. 704 ; — Orléans, p. 736 ; — Limoges, p. 794 ; — Tours, p. 801 ; — Laval, p. 828 ; — Lorient, p. 829 ; — Montauban, p. 874. — Cf. lycée Louis-le-Grand, p. 699. = Collège Rollin, p. 723 ; — Épinal, p. 514 ; — Fontainebleau, p. 764 ; — Saint-Servan, p. 818. = Recteur de Montpellier, p. 811.

supérieur pourrait se prêter à cette mission ambulatoire; encore sera-t-il nécessaire que les cours soient suspendus pendant les sessions. Mais qui pourvoira au service des professeurs de l'enseignement secondaire durant leur absence? Il n'y faudra rien moins qu'une légion de suppléants. Or a-t-on prévu les dépenses résultant de cette organisation? Aujourd'hui les examens font partie de la fonction des facultés. C'est tout un budget qu'il sera indispensable de constituer pour indemniser les titulaires de l'enseignement secondaire délégués et rétribuer leurs suppléants : un budget de deux ou trois cents personnes au moins[1]. Ajoutez que ces maîtres manqueraient à leurs classes quand ils y seraient le plus utiles, au commencement et à la fin de l'année scolaire, juste au moment de donner l'élan aux premiers efforts ou de consacrer les résultats acquis. — De prendre pour cette collaboration des professeurs hors d'exercice, on n'y peut songer. Pour éclairer le jury il ne saurait suffire d'avoir appartenu à l'enseignement secondaire : les procédés d'enseignement se renouvelant, les programmes se modifiant, il faut ne pas avoir cessé d'y appartenir. — On essaye de tout concilier, il est vrai, en proposant de faire les examens pendant les vacances[2]; mais, avec le nombre des examens à faire subir, quel est le corps qui résisterait à ce régime? Et comment assurer les sessions d'octobre et d'avril? — Ainsi, à quelque parti que l'on s'arrête, on se heurte à des embarras. En préconisant chacune leur mode, les diverses assemblées sont naturellement induites à attaquer le mode qu'elles ne préfèrent pas, et il n'en est pas un qui échappe à la critique[3].

1. *Enquête*, lycée Louis-le-Grand, p. 699.
2. *Enquête*, lycée d'Alger, p. 897.
3. *Enquête*, faculté des lettres de Douai, p. 283; — de droit de Nancy, p. 517; — de théologie protestante de Paris, p. 574. = Lycée d'Avignon,

Quelques indications toutefois méritent d'être relevées parce qu'elles ont réuni la grande majorité des avis. On ne croit pas bon que le candidat soit libre de se présenter où il lui plaît et de changer de juge après un insuccès; on voudrait l'obliger à prendre le grade dans le ressort où il a fait ses études et à réparer son échec avec le jury devant lequel il l'a subi[1].

Les modifications de fond. — Les propositions de modification de fond comprennent différents projets qui peuvent se formuler ainsi : refonte générale des baccalauréats; — organisation d'un système d'examens de passage remplaçant l'examen final; — substitution au diplôme du baccalauréat d'un certificat d'études secondaires; — création d'un baccalauréat élémentaire commun et de baccalauréats supérieurs répondant aux besoins divers de la science et de l'enseignement.

La refonte des baccalauréats. — La question de la refonte des baccalauréats a été déjà indirectement mise à l'étude à l'occasion de la discussion du baccalauréat ès sciences restreint[2]; les esprits étaient donc préparés par des délibérations antérieures et par la presse scolaire.

Les conclusions des facultés. — Dans l'enseignement supérieur, chaque faculté s'est placée plus particu-

p. 19; — Montpellier, p. 491; — Henri IV, p. 667; — Louis-le-Grand, p. 700; — Nantes, p. 833. = Collège de Lunéville, p. 550; — Châlons-sur-Marne, p. 750. = Recteur de Dijon, p. 246.

1. *Enquête*, faculté des sciences de Montpellier, p. 461; — des lettres de Nancy, p. 535; — des sciences de Paris, p. 636; — des lettres de Paris, p. 643. — La faculté des sciences de Paris demande, en outre, que les notes obtenues dans chaque matière soient consignées sur le diplôme. — Même vœu au lycée de Chambéry, p. 172. — Le lycée de Vanves est d'un avis contraire, p. 711.

2. *Enquêtes relatives à l'enseignement supérieur*, fascicule II : *Le baccalauréat ès sciences restreint.*

lièrement au point de vue des intérêts qu'elle représente.

Les facultés de droit. — Les facultés de droit, qui ont surtout besoin de trouver chez leurs étudiants une culture générale étendue et ferme, seraient disposées à ramener tous les baccalauréats à un seul, le baccalauréat classique proprement dit ou baccalauréat ès lettres, en le dégageant d'un certain nombre de matières scientifiques et en fortifiant l'élément littéraire; les autres diplômes pourraient subsister; mais ils n'auraient plus que la valeur d'un témoignage d'instruction complémentaire [1]. Cette proposition émane de la faculté de Paris. Elle n'est dans les autres facultés ni appuyée ni combattue formellement; mais il est clair que le sentiment général lui est favorable : on se refuse surtout très nettement à considérer le baccalauréat ès sciences comme l'équivalent du baccalauréat ès lettres pour l'admission aux études juridiques [2].

L'idée est énergiquement soutenue par la faculté de théologie protestante de Paris, en ce sens que, comme base de l'examen intérieur qu'elle défend, elle réclame un fond d'éducation unique, mais avec cette différence que les sciences et les lettres y soient représentées presque à part égale, comme dans le plan d'études de 1880 [3].

1. *Enquête*, faculté de droit de Paris, p. 600; — des sciences de Dijon, p. 209; — des lettres de Douai, p. 284; — de médecine et de pharmacie de Lyon, p. 412; — des lettres de Montpellier, p. 477; — des sciences de Poitiers, p. 785; — des lettres de Poitiers, p. 788; — de théologie protestante de Montauban, p. 857. = Lycée d'Evreux, p. 153; — Pontivy, p. 836; — Reims, p. 837. = Collège de Langres, p. 231; — Pontarlier, p. 617; — Nogent-le-Rotrou, p. 771; — Saint-Servan, p. 848; — Philippeville, p. 801. = Recteur de Besançon, p. 72.

2. *Enquête*, faculté de droit de Dijon, p. 204; — de Grenoble (rapport de M. Tartari), p. 338; — de Paris, p. 610. — La faculté de droit de Nancy exprime un avis contraire, p. 619.

3. *Enquête*, p. 575.

Les facultés des lettres. — Les facultés des lettres s'accordent avec les facultés de droit pour demander que le baccalauréat reçoive un caractère plus littéraire ; elles renvoient le contrôle de l'instruction scientifique à deux baccalauréats spéciaux : baccalauréat ès sciences mathématiques, baccalauréat ès sciences physiques, lesquels permettraient de supprimer le baccalauréat restreint. Elles seraient d'avis, en outre, que les deux examens de rhétorique et de philosophie fussent ramenés comme autrefois à un seul, placé à l'issue de la dernière année de scolarité[1]. Elles souhaiteraient enfin — et c'est un vœu qui dans les Lycées a trouvé des appuis[2] — que la possession du baccalauréat ès lettres fût la condition préalable de l'inscription pour tout autre baccalauréat.

Les facultés de médecine. — Cette condition est très explicitement adoptée par les facultés de médecine. Ce qu'elles mettent de plus en lumière, c'est la néces-

1. *Enquête*, faculté des lettres de Besançon, p. 48 ; — Clermont, p. 180 ; — Dijon, p. 214 ; — Montpellier, p. 477 ; — Nancy, p. 533 ; — Paris, p. 639 ; — Poitiers, 788 ; — Toulouse, p. 807. — Cf. faculté de droit de Caen, p. 130 ; — de droit de Grenoble (rapport de M. Fournier), p. 363 ; — de droit de Montpellier, p. 451 ; — de droit de Nancy, p. 520 ; — de droit de Toulouse, p. 863 ; — école de droit d'Alger, p. 889 ; — faculté de médecine de Nancy, p. 528 ; — de Lyon, p. 406 ; — des sciences de Clermont, p. 178 ; — des sciences de Poitiers, p. 784 ; — des sciences de Toulouse, p. 865 ; — de théologie protestante de Montauban, p. 857. = Lycée de Besançon, p. 54 ; — Évreux, p. 151 ; — Saint-Omer, p. 293, demande que la première partie du baccalauréat ès lettres ne confère plus aucun droit ; — Versailles, p. 719 ; — la Roche-sur-Yon, p. 803. = Collège d'Arles, p. 33 ; — Luxeuil, p. 64 ; — Salins, p. 68 ; — Blaye, p. 113 ; — Marmande, p. 122 ; — Avranches, p. 161 ; — Dieppe, p. 165 ; — Aurillac, p. 191 ; — Nantua, p. 430 ; — Béziers, p. 506 ; — Cette, p. 508 ; — Lunéville, p. 519 ; — Saintes, p. 811. = Recteur de Besançon, p. 74 ; — Bordeaux, p. 121 ; Douai, p. 315 ; — Montpellier, p. 512 ; — Nancy, p. 576 ; — Poitiers, p. 810 ; — Rennes, p. 841.

2. *Enquête*, lycée de Limoges, p. 793. = Recteur de Chambéry, p. 171 Quelques établissements exigeraient seulement la première partie du baccalauréat ès lettres : lycée d'Avignon, p. 21 ; — Toulon, p. 377 ; — Niort, p. 798.

sité de supprimer le baccalauréat restreint créé pour elles, mais qui ne leur offre pas de gages suffisants, et d'instituer un baccalauréat ès sciences physiques et naturelles dont le programme, préparé sous leur direction, leur soit une véritable garantie : l'opinion sur ce point est unanime.

Les facultés des sciences. — Les facultés des sciences ne s'expliquent point sur le baccalauréat ès lettres, mais elles sont prêtes à sacrifier le baccalauréat restreint. La faculté de Paris accepte un examen de baccalauréat ès sciences conforme dans ses bases générales à l'examen actuel et embrassant avec une partie littéraire les éléments de toutes les sciences ; mais elle provoque en outre la création de deux baccalauréats supérieurs portant, l'un sur les sciences mathématiques, l'autre sur les sciences physiques et naturelles, et donnant lieu à des diplômes distincts[1]. C'est également la proposition de Lille[2]. Dans une conception similaire, Besançon[3], Caen[4], Clermont[5] demandent trois baccalauréats correspondant aux trois ordres de licence. Deux diplômes suffiraient, de l'avis de Montpellier[6], Rennes[7] et Toulouse[8], celui

1. *Enquête*, p. 634.
2. *Enquête*, p. 281.
3. *Enquête*, p. 47.
4. *Enquête*, p. 131.
5. *Enquête*, p. 178.
6. *Enquête*, p. 456.
7. *Enquête*, p. 718.
8. *Enquête*, p. 865. — Cf. lycée de Lorient, p. 831. = Recteur d'Aix, p. 41 ; — de Clermont, p. 203 ; — Dijon, p. 256 ; — Montpellier, p. 512. — Pour l'opinion contraire, voir le rapport du recteur de Douai qui propose de réduire le nombre des baccalauréats et de fondre le baccalauréat ès sciences avec le baccalauréat d'enseignement spécial, p. 341-343 : « Il est logique que le baccalauréat spécial prenne la place du baccalauréat ès sciences ; qu'il lui emprunte son programme et même son nom ou un nom voisin, celui du baccalauréat ès sciences appliquées, par exemple. » — Cf. faculté des sciences de Poitiers, p. 783-785 ; — des sciences de Rennes, p. 818.

des sciences mathématiques proprement dites et celui des sciences physiques et naturelles.

Les conclusions des lycées et des collèges. — Dans les lycées et les collèges, nul, sauf à Cassel[1] et à Toul[2], n'a défendu le baccalauréat ès sciences restreint; on le verrait sans regret remplacé par le baccalauréat ès sciences physiques et naturelles. Un bon nombre d'établissements vont au-devant de l'institution d'un baccalauréat ès sciences mathématiques comme couronnement de la classe de mathématiques spéciales; on considère que les deux examens s'ajusteraient l'un et l'autre à des cours existants et entreraient d'eux-mêmes en quelque sorte dans les cadres de l'enseignement[3].

Le maintien de l'examen scindé au baccalauréat ès lettres est plus discuté. Les adversaires de la scission opérée en 1874 objectent qu'elle fait entrer l'élève trop tôt dans les préoccupations étroites et les agitations fiévreuses de la préparation; que la rhétorique, qui était par excellence la classe des études affranchies, des grandes lectures, « des longs espoirs et des vastes pensées », se trouve réduite à des exercices rapprochés, par leur caractère, leur forme et leurs proportions, des compositions de combat; qu'aux volontaires de la vétérance, qui tenaient la tête et redoublaient pour confirmer de fortes études, ont succédé les vétérans par contrainte, qui embarrassent la queue, s'ingéniant pé-

1. *Enquête*, p. 311.
2. *Enquête*, p. 503.
3. *Enquête*, lycée de Moulins, p. 187; — Saint-Omer, p. 207; — Louis-le-Grand, p. 702; — Saint-Louis, p. 703; — Vanves, p. 714; — Orléans, p. 733; — Montauban, p. 873. = Collège de Saumur, p. 849. = Au collège Rollin, la majorité s'est prononcée contre la création d'un baccalauréat de mathématiques spéciales, p. 722.

niblement à combler les lacunes de leur instruction rudimentaire. Ils considèrent en outre que, la première partie du baccalauréat suffisant pour assurer certains avantages, un grand nombre d'élèves passent de rhétorique en mathématiques et échappent ainsi à l'enseignement de la philosophie[1]. — A ces critiques, la réponse est que, si les désertions sont regrettables, elles sont peu nombreuses, tandis que l'obstacle placé au seuil de la philosophie élève le recrutement de cette classe si importante ; que les bons sujets ne cèdent pas plus en rhétorique qu'en philosophie à l'appréhension de l'examen ; que les candidats médiocres qui travaillent en vue du diplôme sont encore pour la marche générale des études un empêchement moins redoutable que ceux qui ne travaillent pas du tout, et que pour ceux-là même enfin c'est un bien que la menace prochaine de l'examen les fasse partir un an plus tôt[2].

Quant à la fusion du baccalauréat ès lettres et du baccalauréat ès sciences en un baccalauréat unique, ou à l'exigence du baccalauréat ès lettres pour l'inscription au baccalauréat ès sciences, on en repousse généralement le vœu. On fait valoir la variété naturelle des aptitudes, que nul ne saurait forcer sans violenter la nature, et la nécessité d'ouvrir l'accès des diverses carrières. On reconnaît le besoin d'assurer la culture littéraire au baccalauréat ès sciences ; mais cette culture n'est-elle pas assez représentée par l'étude des lan-

1. *Enquête*, lycée de Versailles, p. 718 ; — Orléans, p. 732. = Collège de Lunéville, p. 819. — Cf. faculté de droit de Bordeaux, p. 91 ; — de droit de Montpellier, p. 450 ; — de droit de Paris, p. 606 ; — des lettres de Rennes, p. 821.

2. *Enquête*, lycée de Belfort, p. 52 ; — Rouen, p. 186 ; — Clermont, p. 182 ; — Louis-le-Grand, p. 701 ; — Albi, p. 869 ; — Toulouse, p. 879 ; — Alger, p. 896. = Collège Rollin, p. 722 ; — Dinan, p. 839.

gues, pour que, sous ce contrôle qui prévient les spécialisations prématurées, on laisse les esprits suivre leur voie? Le recrutement des grandes écoles souffrirait d'un régime trop exclusif. Il suffit d'encourager ceux qui en ont à la fois le goût et le loisir à conquérir successivement les deux diplômes[1].

Les propositions nouvelles. — Toutes ces conclusions se rattachent plus ou moins à des idées qui sont en cours. Voici des propositions d'un caractère plus nouveau.

La série des examens de passage remplaçant l'examen final du baccalauréat. — Il n'est presque pas de délibération où la question des examens de passage ne tienne une place considérable.

Actuellement, dans les établissements où le règlement est observé, les juges de l'examen de passage sont le professeur de la classe dont sort l'élève et celui de la classe où il va entrer, sauf en septième et en quatrième, où, en raison de l'importance de l'épreuve qui clôt une période d'études, le proviseur et le censeur dirigent les opérations. Dans un certain nombre de résolutions, il s'agirait d'instituer, soit pour toutes les classes, soit au moins pour les classes supérieures, un jury spécial, composé mi-parti de professeurs de l'établis-

1. *Enquête*, faculté de droit de Bordeaux, p. 93; — des sciences de Poitiers, p. 783. — Lycée de Dijon, p. 222; — Condorcet, p. 600; — Henri IV, p. 671; — Vanves, p. 711; — Orléans, p. 735; — Angoulême, p. 780; — Limoges, p. 790; — Pontivy, p. 833; — Alger, p. 806. = Collège Saint-Claude, p. 68; — Avranches, p. 161; — Brioude, p. 191; — Rollin, p. 721; — Saintes, p. 811; — Dinan, p. 839; — Quimper, p. 816. = Recteur de Dijon, p. 251. — Quelques établissements demandent que le baccalauréat ès sciences soit scindé comme le baccalauréat ès lettres: lycée de Bastia, p. 22; — Bayonne, p. 103; — Mâcon, p. 430; — Tarbes, p. 870. = Collège du Cateau, p. 312; — Hazebrouck, p. 518; — Blois, p. 749.

sement, mi-parti de professeurs étrangers, et présidé par l'inspecteur d'académie ou par un délégué du Ministre; ce jury, à la suite d'une double série d'épreuves, épreuves écrites et épreuves orales, procéderait, comme au baccalauréat, à des éliminations sévères [1].

Plusieurs assemblées font leurs réserves sur les dangers de cette application extrême. Elles voudraient concilier, dans la mesure du possible, l'intérêt de l'enseignement, qui serait de tout sacrifier à la qualité des élèves, avec l'intérêt des finances, qui est de ne pas faire trop bon marché de la quantité, surtout dans les col-

1. *Enquête*, faculté des lettres d'Aix, p. 14; — de droit de Lyon, p. 393; — de médecine de Montpellier, p. 453; — de théologie protestante de Paris, p. 578; — de théologie protestante de Montauban, p. 857; — des lettres de Rennes, p. 838. = École supérieure de médecine et de pharmacie de Nancy, p. 536. = Lycée d'Évreux, p. 148; — Aubusson, p. 189; — Saint-Omer, p. 294; — Janson de Sailly, p. 675-680; — Bourges, p. 726; — Reims, p. 743; — la Rochelle, p. 800 (le système n'a pas prévalu, mais il a été fortement soutenu); — Angers, p. 821; — Constantine, p. 897. = Collège de Vienne, p. 67; — Bergerac, p. 112; — Blaye, p. 115; — Libourne, p. 119 : « Toutefois l'élève qui aura passé deux années dans la même classe sera admis de droit dans la classe qui suit immédiatement »; — Armentières, p. 302; — Calais, p. 314; — Dunkerque, p. 318; — la Fère, p. 322; — Vienne, p. 382 : « Les jeunes gens qui appartiennent aux institutions libres seront autorisés à se soumettre à ces examens de passage devant les commissions des lycées et collèges, ou bien ils pourront les remplacer par un examen unique, trois mois avant les épreuves de baccalauréat, portant sur les matières des examens de passage de toutes les classes et subis devant le jury chargé de faire passer le baccalauréat »; — Commercy, p. 511; — Épinal, p. 516; — Lunéville, p. 531; — Neufchâteau, p. 557; — Verdun, p. 567 (pour les écoles libres, même système qu'à Vienne); — Blois, p. 749; — Châlons-sur-Marne, p. 750; — Provins, p. 767 et 768 : « Le certificat des examens de passage successifs remplacera les diplômes des baccalauréats et conférera les mêmes droits ». — Meaux, p. 777; — Châtellerault, p. 806; — Chinon, p. 807; — Fontenay-le-Comte, p. 808; — Rochefort-sur-Mer, p. 809; — la Rochefoucauld, p. 811; — Saint-Jean-d'Angély, p. 814; — Lesneven, p. 840; — Morlaix, p. 842; — Quimper, p. 844; — Saumur, p. 848; — Vannes, p. 850; — Bagnères, p. 882; — Castelsarrasin, p. 882; — Castres, p. 883; — Condom, p. 883; — Foix, p. 885; — Gaillac, p. 885; — Millau, p. 883; — Pamiers, p. 886; — Vic-en-Bigorre, p. 887; — Bône, p. 899.

léges, où la diminution de l'effectif se traduit pour le budget municipal par une diminution de recettes. Si au Prytanée de la Flèche, allégué comme exemple, on peut se passer d'indulgence, c'est que, tous les élèves étant en possession d'une bourse, l'État n'a aucun avantage à garder les incapables ou les paresseux. — A quoi, dans notre organisation d'études, la sévérité sans merci servirait-elle, sinon à grossir les rangs des écoles libres ? à moins qu'on n'entendît soumettre les écoles libres au même régime : ce qui suppose leur assentiment, lequel est peu probable, ou la violation d'un droit, ce qui ne peut même pas se discuter[1]. — Que d'injustice aussi dans l'excès de rigueur ! Les enfants ne sont pas toujours coupables de leurs faiblesses : la maladie, une croissance trop prompte, un malheur de famille, une mauvaise direction, peut faire perdre à un bon élève une année entière ; dans une même classe, suivant le professeur, le nombre des enfants laborieux varie du simple au double ; de huit à quinze ans, rien n'est définitif, rien n'est irréparable : il y a des esprits lents qui se développent, des indifférents qui se laissent prendre, des entêtés qui arrivent à s'attacher au travail comme ils s'étaient obstinés à la négligence. Pour tenir compte de tout ce qui est dans la nature, supposons des intelligences absolument rebelles, des caractères irréductibles : ne vaut-il pas mieux laisser ces épaves s'en aller à la dérive et s'échouer où elles pourront que de les retenir à des barrières artificielles,

1. *Enquête*, faculté de théologie protestante de Montauban, p. 856. = Lycée Janson de Sailly, p. 682. Le proviseur propose que les écoles libres fournissent un ensemble de renseignements d'une valeur équivalente aux certificats des examens de passage : notes, places, etc., pendant les trois dernières années. = Collège de Blaye, p. 118 ; — Provins, p. 769 ; — Saintes, p. 812 ; — Lesneven, p. 841 ; — Saumur, p. 849 ; — Vannes, p. 850.

et de les accumuler au milieu de leurs condisciples plus jeunes qu'ils ne peuvent que gâter? — Même pour les meilleurs, quels ne seraient pas les inconvénients d'une série de baccalauréats, petits et grands, subis sans interruption de la huitième à la philosophie? Cette incessante préoccupation d'un examen annuellement renouvelé exalte le système nerveux; il n'est pas pour l'éducation d'hygiène plus redoutable : il faut à la jeunesse une atmosphère d'étude calme et sereine; un peu d'insouciance ne nuit pas[1].

Nul ne se méprend sur la portée de ces observations. Mais l'exagération même de la discipline que l'on voudrait faire prévaloir indique combien est vive dans certains esprits la réaction contre la forme d'épreuves qui met au sort d'une journée toute la destinée de l'écolier. C'est sa vie entière qu'on demande à appeler en témoignage. Dans certains systèmes, au terme des classes, les certificats de passage délivrés par le jury seraient transmis par le recteur au Ministre de l'Instruction publique, qui les convertirait en un certificat d'études secondaires[2]. D'autres proposent de conférer le diplôme de bachelier aux élèves qui seraient arrivés d'examen en examen jusqu'à la philosophie sans sortir du premier quart de leur classe, ou qui, pendant les quatre dernières années, auraient constamment figuré

1. *Enquête*, faculté des lettres de Bordeaux, p. 97; — de médecine et de pharmacie de Lyon, p. 408 et 412; — des lettres de Lyon, p. 415; — de droit de Montpellier, p. 449; — des lettres de Montpellier, p. 466. = École de droit d'Alger, p. 889. = Lycée d'Amiens, p. 288; — Carcassonne, p. 486; — Tours, p. 805; — Toulouse, p. 879. = Collège de Luxeuil, p. 64; — Perpignan, p. 510; — Épernay, p. 763; — Meaux, p. 777. = Recteur de Dijon, p. 251; — Poitiers, p. 817; — Rennes, p. 851; — Alger, p. 904.

2. *Enquête*, collège de Poligny, p. 67; — Blaye, p. 117; — Langres, p. 232; — Gap, p. 379; — Valence, p. 380; — Quimper, p. 814 et 815.

dans les nominations de l'excellence [1]. Un plus grand nombre désireraient simplement que les examens de passage subis avec succès, de quatrième en troisième et de seconde en rhétorique, devinssent une condition préalable à l'obtention du diplôme, de façon qu'en réalité le baccalauréat fût subi en deux ou trois fois [2]. En résumé, l'objet commun de toutes les combinaisons, des plus sages comme des plus hardies, c'est la nécessité de tenir des études antérieures un compte sérieux et d'opérer, par des examens de passage plus ou moins radicaux, une intelligente sélection.

La substitution au diplôme du baccalauréat d'un certificat d'études secondaires. — Frappées de l'inconvénient des études poursuivies en vue d'un profit immédiat, quelques assemblées seraient d'avis de substituer au baccalauréat un simple certificat d'études secondaires. A chaque faculté, à chaque administration, à chaque corps de reconnaître ensuite les siens. Ce système a été particulièrement soutenu au collège

1. *Enquête*, école supérieure de pharmacie de Montpellier, p. 481. = Faculté de droit de Toulouse, p. 860. = Lycée de Bourg, p. 419; — Saint-Brieuc, p. 838.

2. *Enquête*, lycée de Toulon, p. 52; — Coutances, p. 145; — Évreux, p. 148 à 151; — Saint-Étienne, p. 432; — Carcassonne, p. 486; — Lorient, p. 850. = Collège de Carpentras, p. 36; — Arbois, p. 58; — Luxeuil, p. 64; — Montbéliard, p. 66; — Villeneuve-sur-Lot, p. 123 et 124; — Bayeux, p. 161; — Dieppe, p. 164; — Saint-Flour, p. 197; — Armentières, p. 302; — Calais, p. 307; — Château-Thierry, p. 313 et 314; — la Fère, p. 322; — Saint-Amand, p. 331; — Sedan, p. 333. = Voir faculté de droit de Bordeaux, p. 85 et 86. = École préparatoire de médecine et de pharmacie de Grenoble, p. 373. = Recteur de Bordeaux, p. 124; — Chambéry, p. 174 à 176. — Dans une sorte de contre-projet opposé au projet de M. Marcou sur le rétablissement du certificat d'études, M. Alfred Mézières proposait que les élèves des établissements universitaires ou assimilés, qui avaient satisfait aux examens de passage depuis la quatrième inclusivement, fussent dispensés des épreuves écrites du baccalauréat.

d'Auxerre et au lycée de Montpellier. A Auxerre, la proposition est de délivrer des certificats pour chacune des branches de l'enseignement aux élèves qui auront suivi pendant les trois dernières années d'études les cours des lycées et collèges de plein exercice. Cette délivrance serait faite sur le vu des récompenses méritées pendant la même période et d'après les résultats d'un examen final subi devant un jury étranger à l'établissement. Les certificats ne seraient pas obligatoires pour l'inscription aux facultés[1]. Dans la pensée des professeurs de Montpellier, il n'y aurait même pas d'examen : le certificat serait accordé d'après les notes des trois dernières années d'études et il n'assurerait d'autre droit que celui de se présenter aux examens de faculté et à certains examens professionnels. Aucun inconvénient dès lors à laisser tous les établissements, les collèges comme les lycées, les écoles libres comme les écoles publiques, distribuer cette pièce. On ne se dissimule pas que la valeur pourrait en être fort inégale; on s'en remet aux garanties spéciales qu'exigeraient les facultés et les administrations intéressées, et l'on se place ainsi sous le coup des objections faites aux examens de carrière[2].

La création d'un baccalauréat élémentaire commun et de baccalauréats supérieurs répondant aux divers besoins de la science et de l'enseignement. — A la suppression du baccalauréat d'autres opposent l'institution de divers degrés de baccalauréat.

C'est l'observation unanime des facultés que, trop souvent chez les élèves qu'elles reçoivent, la culture

1. *Enquête*, p. 225.
2. *Enquête*, p. 493 et suiv. — Voir dans la *Critique philosophique* les articles de M. Renouvier, novembre et décembre 1877.

générale fait défaut[1], et les lycées ne disconvien-

1. Ici encore, en raison de l'importance de la question, nous devons citer le texte même des observations des facultés; nous ne prendrons que les plus expressives.

« Nous n'en devons pas moins constater que les bacheliers qui abordent l'enseignement supérieur n'y arrivent pas, en général, suffisamment préparés. D'un côté, ils ne possèdent pas toujours les notions préliminaires qui leur seraient indispensables; le complément de leur préparation scientifique absorbe ainsi un temps précieux qui devrait être exclusivement consacré à des études d'enseignement supérieur. D'un autre côté, et sans que nous voulions en rechercher ici le motif, nos bacheliers ne possèdent pas le plus souvent ces qualités de spontanéité, cette manière de penser en quelque sorte indépendante, qui doivent distinguer les élèves de l'enseignement supérieur. Nous l'avons déjà dit, nous avons à déplorer chez les étudiants qui entrent dans nos facultés beaucoup d'incertitude dans les connaissances essentielles, une regrettable ignorance de l'histoire; nous faisons en vain appel à leur activité personnelle, nous relevons tous ces défauts d'initiative contre lesquels nous nous efforçons de réagir. » (Faculté de droit de Bordeaux, p. 77, 78.)

« Il serait très désirable qu'il fût institué un grade littéraire et un grade scientifique intermédiaires entre les baccalauréats et les licences actuels, attestant une capacité et des connaissances suffisantes pour aborder avec fruit les études faisant l'objet de l'enseignement supérieur. » (Faculté des sciences de Bordeaux, p. 93.)

« On est ainsi conduit à proposer d'établir des examens spéciaux à l'entrée des facultés et des carrières publiques. L'idée n'est pas à dédaigner. De tels examens s'ajouteraient parfois utilement à l'examen de fin d'études : la faculté ne pense pas qu'ils puissent le remplacer. La faculté constate que de nombreux étudiants, quoique bacheliers, ont grand peine à comprendre un texte latin de difficulté moyenne, par exemple un texte de Gaius ou de Justinien. » (Faculté de droit de Caen, p. 128, 129.)

« Il faut bien reconnaître, en effet, que les candidats, tels que nous les voyons à chaque session d'examens, laissent beaucoup à désirer; l'ensemble de leurs connaissances ne dépasse pas un niveau moyen bien modeste. » (Faculté des sciences de Caen, p. 131.)

« Que deviendraient les études classiques, si elles n'avaient plus la sanction du baccalauréat, lorsque chaque année la faculté constate de plus en plus la faiblesse extrême des candidats, incapables le plus souvent de traduire un texte des *Institutes* ou du *Digeste?* » (Faculté de droit de Dijon, p. 201.)

« La faculté déplore depuis quelques années dans ses rapports officiels l'abaissement du niveau des études classiques. Elle constate chez la plupart des bacheliers qui entreprennent l'étude de la science juridique une grande difficulté pour lire les textes de droit romain, une ignorance presque absolue de l'art de la composition et du style, un manque général de connaissances historiques. » (Faculté de droit de Douai, p. 267.)

« L'abaissement des études littéraires et par suite celui de la culture générale qu'elles donnent à l'esprit sont des faits trop certains qui vont s'aggravant chaque jour. Il est incontestable, d'autre part, que les ba-

nent pas que la préparation qu'ils donnent peut être

soins de l'époque rendent chaque jour plus nécessaire l'extension des études positives et pratiques. Si l'on ne veut pas, en conséquence, que les études littéraires meurent avant peu de consomption, il faut trancher dans le vif, en faire résolument l'apanage d'une petite élite. » (Faculté des lettres de Douai, p. 285.)

« Lorsque l'étudiant arrive à la faculté de droit, il est fort empêché de traduire couramment le texte le plus élémentaire de droit romain, et son ignorance presque complète de l'histoire générale lui interdit de pouvoir comprendre le développement des institutions juridiques qui lui sont exposées. Ce n'est pas une exagération de dire que la majorité des étudiants de première année n'est pas capable d'expliquer correctement le latin, pourtant très simple, des *Commentaires* de Caius ; les passages juridiques de Cicéron leur demeurent lettre close. Quant à l'histoire, en dépit des exigences des programmes du baccalauréat, il n'est que trop facile de s'assurer que beaucoup d'étudiants n'en connaissent guère les grandes lignes : ils ne peuvent donc retirer aucun fruit de l'enseignement du droit romain et de l'histoire du droit qui leur est présenté dès le début de leurs études juridiques. » (Faculté de droit de Grenoble, p. 353-360.)

« Pour parler seulement des notions historiques élémentaires indispensables à l'intelligence de l'histoire du droit, nous constatons fréquemment chez un grand nombre d'étudiants une manifeste insuffisance de savoir. » (Faculté de droit de Lyon, p. 392.)

« La faculté mixte de médecine et de pharmacie de Lyon demande un examen d'entrée spécial (p. 410-413). De même la faculté des sciences (p. 414).

« La faculté des lettres, très préoccupée de maintenir et même d'élever le niveau des études classiques, pense que les études gagneraient à être envahies par un moins grand nombre d'élèves qui y cherchent moins une culture élevée qu'un grade devenu à la fois indispensable et banal. Un examen d'entrée à la faculté permettrait d'en interdire l'accès à beaucoup d'incapables, comme on en rencontre parmi les bacheliers actuels, et il répondrait peut-être aux critiques récemment formulées contre l'insuffisante préparation classique des candidats aux diverses licences. » (Faculté des lettres de Lyon, p. 417, 418.)

« Dans l'état actuel, les bacheliers ès lettres ou ès sciences n'apportent à leur entrée dans les facultés que des connaissances insuffisantes aux études spéciales. Cela est manifeste surtout à l'école de droit, où l'on arrive avec des connaissances dérisoires, surtout en histoire. » (Faculté de droit de Paris, M. Cauwès, p. 589.) — « Dans l'état actuel, il est constant qu'un grand nombre des bacheliers arrivent à l'école sans avoir les connaissances historiques et philosophiques nécessaires. » (*Id.*, M. Glasson, p. 618.) « L'enseignement classique ne s'adressant pas seulement aux futurs candidats à la licence ès lettres, mais à des jeunes gens en nombre infiniment plus considérable qui n'y visent pas, l'instruction littéraire, historique, philosophique, a été naturellement restreinte à la portée et aux besoins du plus grand nombre, et est restée au-dessous de ce qui est indispensable à ceux qui veulent entrer dans l'enseignement des collèges ou devenir ce qu'on a si bien nommé dans ces derniers temps des étudiants en lettres. » (*Id.*, p. 612.)

effectivement insuffisante[1]. On espère trouver le remède dans la création d'un baccalauréat élémentaire commun

« Les jeunes étudiants arrivent dans les écoles munis d'une instruction préparatoire littéraire et scientifique tout à fait insuffisante. » (Faculté de médecine de Paris, p. 623, 624.) — « Nos étudiants deux fois diplômés ont d'ordinaire une fort médiocre culture littéraire et scientifique; ils ne sauraient, pour la plupart, lire un ouvrage écrit en langue anglaise ou allemande; et malgré l'extension exagérée sur quelques points du baccalauréat ès sciences restreint, ils ne peuvent généralement suivre un cours élevé de botanique ou de chimie médicales. » (*Id.*, p. 625.) — « Beaucoup d'élèves munis du diplôme de bachelier ès lettres ne possèdent aujourd'hui que des connaissances littéraires très incomplètes. » (*Id.*, p. 628.) — La commission est frappée de l'insuffisance des candidats qui arrivent munis du baccalauréat ès sciences. (*Id.*, p. 628.)

« Beaucoup de nos élèves viennent assister à nos cours sans avoir les connaissances voulues pour être en état de comprendre les professeurs. » (Faculté des sciences de Paris, p. 637.)

« L'immense majorité des élèves est hors d'état d'improviser trois pages vraiment bonnes. A très peu d'exceptions près, toutes les copies se ressemblent par un caractère commun d'insignifiance et de médiocrité. » (Faculté des lettres de Paris, p. 640.) — « On peut être bachelier et savoir peu de grec, de latin et même de français. » (*Id.*, p. 641.)

« Nourris de littérature latine, nos jeunes étudiants ne seraient plus exposés à hésiter dans la traduction, je ne dis pas des textes des jurisconsultes classiques, mais simplement des *Institutes*, dont le style n'est cependant pas fait pour arrêter les moins lettrés. Ils seraient aussi moins étrangers aux faits principaux de l'histoire romaine. Enfin, mieux préparés par de fortes études philosophiques, ils deviendraient avec moins de peine capables sinon de trouver, au moins de suivre les raisonnements abstraits qui abondent dans la science du droit. » (Faculté de droit de Toulouse, p. 863.)

« Le baccalauréat est insuffisant comme garantie des connaissances nécessaires pour les études médicales. » (École de médecine et de pharmacie d'Alger, p. 893.)

1. Sur l'insuffisance de la préparation, nous ne relèverons que quelques témoignages :

« Considérant qu'il y a entre l'enseignement des lycées, tel qu'il a été constitué par les dernières réformes, et celui des facultés une lacune qu'il est urgent de combler, l'assemblée propose : 1° qu'il soit créé dans certains lycées importants des cours supérieurs de lettres où ne seront admis que les élèves déjà bacheliers, pour y être exercés spécialement à la composition latine en prose et en vers, aux traductions et aux explications approfondies des textes dans les trois langues classiques et dans les langues vivantes, comme aussi à l'étude de l'histoire, de l'histoire des littératures et des institutions grecques et romaines ; 2° que comme sanction un certificat ou plutôt un diplôme supérieur soit délivré aux ayants droit et donne seul l'accès des facultés des lettres aux candidats à la licence. » (Lycée du Havre, p. 153.) — « Le grec est de plus en plus négligé. » (Lycée de Rouen, p. 157.) — « En proposant qu'à l'avenir une des épreuves serait, selon que le sort en déciderait, ou une version latine,

et de baccalauréats supérieurs répondant aux divers besoins de la science et de l'enseignement.

Le baccalauréat élémentaire embrasserait l'ensemble des connaissances littéraires et scientifiques jugées indispensables. L'examen serait subi à la fin soit de la rhétorique, soit de la seconde, soit même de la troisième ; le diplôme auquel il donnerait droit ne serait en réalité qu'un certificat d'études ; et, dans ces termes, rien ne s'opposerait à ce que les épreuves eussent lieu à l'intérieur des lycées et des collèges, devant un jury local ou départemental, composé exclusivement ou pour la plus grande part des professeurs de l'établissement avec adjonction d'un ou deux membres de l'enseignement libre [1]. Quelques assemblées seraient disposées à dédoubler cet examen élémentaire et à créer un baccalauréat ès lettres et un baccalauréat ès sciences de premier degré

ou un thème latin, ou une version grecque, l'assemblée estime que ce serait là un excellent moyen de relever les études grecques et latines, en ce moment trop négligées, faute d'une sanction suffisante, et de former des élèves moins incapables de suivre fructueusement, à leur sortie du lycée ou du collège, les cours de faculté. » (Collège de Libourne, p. 120.) — « L'explication des auteurs grecs et latins est très négligée. » (Collège de Honfleur, p. 169.) — Cf. collège de Soissons, p. [illegible] ; — Saint-Dié, p. 562, etc.

1. *Enquête*, faculté des lettres de Besançon, p. 49 ; — des sciences de Bordeaux, p. 93 ; — des sciences de Caen, p. 133 ; — de médecine et de pharmacie de Lille, p. 276 ; — de droit de Grenoble, p. 353 ; — de médecine et de pharmacie de Lyon, p. 411-413 ; — des sciences de Lyon, p. 414 ; — des lettres de Lyon, p. 418 ; — de droit de Paris, p. [illegible]-622 ; — des lettres de Paris, p. 614 ; — des sciences de Rennes, p. 818 ; — des sciences de Toulouse, p. 863. = École des sciences d'Alger, p. 891 ; — des lettres d'Alger, p. 894. — Voir aussi faculté des lettres de Clermont, p. 181. = Lycée de Nice, p. 24 ; — Toulon, p. 52 ; — Vesoul, p. 57 — Agen, p. 102 ; — Alençon, p. 140 ; — Chambéry, p. 172 ; — Saint-Quentin, p. 297, 298 ; — Lyon, p. 428 ; — Nîmes, p. 504 ; — Montauban, p. 8[illegible] = Collège de Bonneville, p. 173 ; — Tulle, p. 198 ; — Auxerre, p. 229 ; — Abbeville, p. 302 ; — Calais, p. 307 ; — la Fère, p. 323 ; — Autun, p. 434 ; — Chalon-sur-Saône, p. 435 ; — Cette, p. 508, 50[illegible] ; — Saint-Mihiel, p. 564 ; — Châteaudun, p. 753 ; — Coulommiers, p. 757, 759 ; — Épernay, p. 762 ; — Fontainebleau, p. 765 ; — Montargis, p. 768 ; — Nogent-le-Rotrou, p. 771 ; — Bône, p. 899. = Recteur de Chambéry, p. 176 : « L'examen

dont l'attribution serait maintenue aux facultés[1]. Ce n'est là toutefois qu'une sorte d'amendement. Le vœu, dans sa formule générale, peut s'exprimer ainsi : un baccalauréat élémentaire ou certificat d'études comme tronc commun, lequel se ramifierait en baccalauréats distincts : baccalauréat ès lettres ou de philosophie, baccalauréat ès sciences mathématiques, baccalauréat ès sciences physiques et naturelles, et, pour la sanction de l'enseignement spécial, baccalauréat ès arts[2].

C'est dans les lycées et collèges que se préparerait et se passerait le baccalauréat élémentaire ; c'est dans les facultés que se prépareraient et se passeraient le baccalauréat de philosophie et les baccalauréats des sciences physiques et mathématiques, afin de permettre à l'enseignement supérieur de diriger lui-même le recrutement de ses élèves. Pour les facultés comme le droit et la médecine, où les études n'auraient pas le contrôle d'un grade, il y serait suppléé par une année de candi-

intérieur pourrait être passé dans les établissements libres devant un jury de professeurs libres auxquels serait adjoint un représentant de l'État » ; — Clermont, p. 201 ; — Nancy, p. 569 (mêmes prérogatives pour le certificat d'études que pour le baccalauréat, sauf en ce qui concerne l'inscription dans les facultés).

1. *Enquête*, faculté des sciences de Rennes, p. 818.

2. *Enquête*, faculté des sciences de Bordeaux, p. 93 ; — de médecine et de pharmacie de Lille, p. 270 ; — de droit de Grenoble (rapport de M. Fournier), p. 353, 355 ; — des sciences de Montpellier, p. 456, 459 ; — école supérieure de médecine de Montpellier, p. 482 ; — faculté des sciences de Paris, p. 630 ; — école préparatoire de médecine et de pharmacie de Reims, p. 618 ; — faculté des sciences de Poitiers, p. 781 ; — des sciences de Rennes, p. 818 ; — des sciences de Toulouse, p. 865. — Cf. faculté des sciences de Grenoble, p. 369 ; — de droit de Paris, p. 585-590. = Lycée du Havre, p. 153 (proposition de créer une rhétorique supérieure dans un certain nombre de lycées importants) ; — Janson de Sailly, p. 689 (note de M. Breitling). = Recteur de Clermont, p. 202 ; — Alger, p. 906, 907 (demande que l'examen commun ne soit subi qu'à la fin de la philosophie). — Cf. dans la *Revue scientifique* (n° du 7 mars 1885) un article de M. H. de Lacaze-Duthiers, membre de l'Institut, *sur la réforme du baccalauréat*, p. 293.

dature ou de stage probatoire, ainsi que l'exigeait le statut du 16 février 1810[1] ; nul ne serait immatriculé qu'il n'eût fourni la preuve, à la fin d'une première année de cours, tant dans la faculté où il exercerait ses aptitudes spéciales qu'à la faculté où il poursuivrait son instruction générale, qu'il est en état de suivre l'enseignement supérieur auquel il veut se faire inscrire[2].

Rien de plus séduisant, à première vue, que cet ensemble de dispositions. Mais on les énonce plutôt qu'on ne les discute[3]. Il semble qu'on n'ose pas en pousser l'examen, les difficultés et les dangers apparaissant de toutes parts. Nous retrouverons la question plus loin[4]. Le seul point qui demeure acquis, c'est que la majorité des jeunes gens sortant des études classiques avec le diplôme sont insuffisamment préparés à l'enseignement supérieur et qu'il est urgent d'aviser, si l'on ne veut laisser fléchir le niveau.

1. Art. 16.

2. *Enquête*, faculté de droit de Bordeaux, p. 84 ; — de droit de Paris, p. 621, 622. Voici en quels termes le rapporteur, à la faculté de Paris, avait formulé la proposition : « ... que les élèves munis du certificat d'études classiques ne doivent être admis à s'inscrire comme étudiants aspirants à la licence dans les facultés de droit et dans les facultés des lettres qu'après une année d'études complémentaires correspondant à un enseignement donné en commun par les deux facultés intéressées et sanctionné par un examen qui pourrait être dénommé *examen de candidature en droit et en lettres* ». Après une longue et vive discussion, « la proposition, dit le procès-verbal, a été repoussée par 6 voix contre 5 et 1 abstention ; mais la faculté se montre favorable à la création d'une année d'études complémentaires pour les aspirants aux fonctions de l'enseignement secondaire et à la licence ès lettres ». = Recteur d'Aix, p. 43 ; — Bordeaux, p. 125 ; — Rennes, p. 854. — Cf. faculté de théologie protestante de Paris, p. 577 : « L'examen de première année, passé devant l'une des cinq facultés, donnerait droit au service militaire d'un an, si cette institution était maintenue ».

3. *Enquête*, faculté de droit de Grenoble (rapport de M. Fournier), p. 362 ; — de droit de Paris, p. 620, 622. = Lycée Condorcet, p. 660 ; — Orléans, p. 735. = Collège de Coulommiers, p. 757, 759. = Recteur de Grenoble, p. 385, 386 ; — Alger, p. 904.

4. Voir plus loin, p. 211 et suivantes.

Ainsi peuvent se résumer les discussions provoquées par l'enquête et les propositions auxquelles elle aboutit.

Avant de tirer les conclusions, on est tout d'abord amené à se demander d'où vient cette importance si grande accordée à un examen en réalité si modeste, et à chercher si les résultats qu'il produit dans l'économie générale de nos études sont bien en rapport avec la place qu'il y tient.

QUELQUES MOTS SUR L'HISTOIRE DU BACCALAURÉAT.

L'examen comparatif des institutions d'enseignement dans les différents pays met parfois en lumière de singuliers contrastes. C'est en 1788 (23 décembre) que l'examen intérieur a été substitué, dans les gymnases de la Prusse, aux épreuves que les élèves subissaient jusque-là dans les universités; et cette pratique nouvelle, dont pendant vingt-cinq ans la guerre empêcha l'application, devint le règlement définitif à partir de 1812. C'est en 1809 qu'en France l'examen de faculté remplaça l'examen intérieur, qui pendant des siècles avait été le mode de contrôle exercé sur les études préparatoires à l'enseignement supérieur.

I

La déterminance dans les écoles du moyen âge. — L'examen portait à l'origine le nom de *déterminance*; le nom de *baccalauréat* n'apparait qu'à la fin du XIVe siècle; mais déterminance ou baccalauréat, la valeur de la chose était la même[1]. Nos bacheliers

1. Charles Thurot, *De l'organisation de l'enseignement dans l'université de Paris au moyen âge*, chap. I, § 2.
Baccalauréat ou maîtrise ès arts, les deux mots ont le même sens. Voir les *Statuts de la Faculté des Arts* de 1598, art. 52, 53, 54, 55, 56, 57,

modernes, à qui leur titre permet de prétendre à tout, seraient bien surpris d'apprendre qu'autrefois ce titre ne comptait pour rien. Un bachelier n'était, à la guerre, qu'une sorte de servant; dans la vie civile, qu'un apprenti, en un mot, un homme qui n'était pas encore classé. De là vint que, par extension, le nom en était donné aux célibataires[1], c'est-à-dire à ceux qui n'avaient pas de famille, pas de maison, dont il n'était point fait état.

On pouvait se présenter à la déterminance à quatorze ans, un an plus tôt que ceux de nos candidats au baccalauréat qui obtiennent la dispense d'âge; il suffisait de justifier qu'on avait suivi pendant deux ans un cours de logique à l'université de Paris ou dans une autre université qui n'eût pas moins de six régents[2]. Les épreuves, composées de trois séries de disputes, soutenues à quelques jours d'intervalle, étaient toutes domestiques[3]. L'étudiant comparaissait au siège de sa

58 et 75. Cf. *Projet de réforme des Statuts*, 1720, chap. VI, 1 à 7. — Cette assimilation du baccalauréat et de la maîtrise des arts a été reconnue formellement par l'arrêté du 12 mai 1809, qui porte que « le grade de maître ès arts correspond à celui de bachelier ès sciences et ès lettres ». Voir la circulaire du 30 mars 1816. — C'est à titre de disposition temporaire que le statut du 18 octobre 1808 (art. 21) admettait l'équivalence entre le degré de maître ès arts et celui de docteur ès arts ou ès sciences.

1. « Baccalarios item nuncupamus qui, egressi ex ephebis, matrimonium non contraxerunt : immo cælibes, quantumvis grandævos. » (Henrici Spelmanni, *Equitis Anglo-Brit. Archæologus in modum glossarii ad rem antiquam posteriorem de Baccalariis*, p. 64. Londini, apud Joannem Beale, 1626. — Ce sens est resté celui du mot anglais *bachelor*.

2. « Quand un écolier avait appris la lecture, l'écriture et les éléments de la langue latine, il était jugé capable de suivre les cours de logique. Il pouvait se rendre à l'université de Paris et commencer à suivre les leçons de la Faculté des Arts,... Les études de la Faculté des Arts, à cette époque, correspondaient donc à ce qu'on appelle aujourd'hui les classes supérieures des lettres : troisième, seconde, rhétorique et philosophie. » (Ch. Thurot, *De l'organisation de l'enseignement*, etc., chap. I, § 1.)

3. *Id.*, *ibid.*

Nation, devant des juges délégués par sa Nation[1]. La Faculté des Arts n'avait pas le droit d'intervenir. Ceux qui étaient refusés pouvaient en appeler; et c'était encore devant la Nation, réunie en assemblée plénière, que l'appel s'instruisait. Il y a bien quelque apparence que les jugements de pourvoi n'étaient pas plus que ceux du premier ressort exempts de faveur[2]; mais on se tenait pour satisfait que l'affaire fût réglée en famille. Généralement il n'était pas donné de diplôme en règle; la Nation se bornait à délivrer une attestation à ceux qui la sollicitaient[3].

La réforme de 1598. — Le statut de 1598 introduisit dans l'examen des formes plus rigoureuses. L'enseignement de la logique avait dès lors cessé d'être l'attribut exclusif de la Faculté des Arts. Il se donnait dans les collèges de plein exercice[4]; et aucun étudiant ne pouvait être admis dans la classe où elle était professée sans produire un certificat régulier d'études grammaticales et littéraires[5]. C'était le bienfait de la Renaissance, le

Ch. Thurot, *De l'organisation*, etc. « En 1275 on jugea utile de faire précéder la déterminance par un examen particulier qui écartait de l'épreuve les candidats qui auraient fait trop peu d'honneur à la Nation. »

2. *Id.*, *ibid.* « Un maître dont les écoliers étaient repoussés considérait leur échec comme une offense personnelle; comme les examinateurs étaient ses pairs, il pouvait réclamer contre eux. Il n'avait qu'à choisir le jour où l'assemblée de la Nation ne comptait que quatre ou cinq membres, ses amis, et il enlevait tout ce qu'il voulait. »

3. *Id.*, *ibid.* — Cf. *Dictionnaire de l'Encyclopédie*, v° Maître ès arts.

4. « Les collèges de l'université de Paris se divisaient en deux classes : les collèges de plein exercice offraient un cours complet d'études et préparaient au titre de maître ès arts; les autres étaient destinés à des boursiers qui, indépendamment de leurs études particulières, étaient obligés de fréquenter les collèges de plein exercice. » (H. Lantoine, *Histoire de l'enseignement secondaire au* XVIIe *siècle*, ch. I. — Cf. Ch. Lenormant, *Essai sur l'instruction publique*, chap. I, p. 120. Voir aussi pages 65 et suivantes.)

5. « Scholastici ad studium philosophicum non transeant, nisi linguarum græcæ et latinæ periti, et grammaticis ac rhetoricis præceptis abunde informati, cujus rei cognitio ad Collegiorum præfectos pertinebit. » (*Statuts de la Faculté des Arts*, art. 56.)

fruit des efforts de Ramus, qui avait lutté si longtemps pour substituer aux exercices de la scolastique l'éducation des humanités. Toutes les mesures étaient prises en outre afin d'assurer la juste sévérité et la moralité des épreuves[1] : les juges devaient prêter le serment de probité professionnelle[2], les étudiants fournir la constatation de leur identité et de leur bonne conduite. L'examen ne durait pas moins de trois heures et il était interdit de faire passer à la fois plus de deux candidats[3]. Mais il conservait son caractère familial et il tendait à perdre tout caractère de publicité même restreinte à la Nation : les épreuves, disent les statuts de 1720, auront lieu à huis clos[4]. Le titre au surplus n'était

1. Toutes les pratiques établies par la tradition sont résumées dans l'article 2 du chapitre IV du projet de réforme de 1720. On sait que ce projet avait été rédigé par Pourchot sous la dictée ou tout au moins sous l'inspiration de Rollin : « Candidati baccalaureatus artium in sua quisque Natione tentabuntur de rhetorica et litteris græcis ac latinis a professoribus rhetoricæ et humanarum litterarum, suo antiquitatis ordine assumptis, censore examini præsidente. Si professores in aliqua Natione deficiant, in aliis Nationibus per ordinem supplebuntur, ut nullus illorum plus quam semel intra quinquennium tentatoris munere fungatur. Tentatores omnes in manibus procuratoris suæ Nationis præstito sacramento promittent se nulli nisi digno esse suffragaturos. Nemo ad baccalaureatus gradum promovebitur, nisi cujus eruditio tribus saltem arbitris, sive ii quinque sedeant, sive quatuor tantum pro more cujusque Nationis, fuerit probata. Si contra hanc legem aut alias peccabitur, censori intercedendi jus esto. Januis clausis fit examen per tres horas, nec plures quam duo candidati simul tententur. » (Chap. VI, art. 2.)

Voici, dans le même projet, les prescriptions relatives à la moralité et à l'identité du candidat : « Quum eorum qui in academiam admitti volunt mores non minus quam doctrinam explorari conveniat, candidati magisterii in artibus, antequam studiorum examen subeant, deponent inter manus Rectoris testimonium, quo de eorum moribus constet, subscriptum quidem a gymnasiarchis, si bursarii et alumni erunt, aut in collegiis degent; si vero extra collegia, ab aliquo notæ probitatis viro. » (Chap. VI, art. 1. — Cf. chap. II, art. 23.)

2. « Examinatores... apud procuratores suæ Nationis conceptis verbis, jurent se neminem nisi dignum ad artium baccalauriatum admissuros. (*Statuts de la Faculté des Arts*, art. 49.)

3. *Statuts de la Faculté des Arts*, art. 58. — Cf. le décret du 30 avril 1615 et la circulaire rectorale du 10 octobre 1637.

4. « Januis clausis. » Voir ci-dessus note 1. — La publicité est prescrite, au contraire, pour la licence.

recherché que par les jeunes gens qui se vouaient à l'enseignement, à la théologie ou à la médecine[1]. On ne l'exigeait pas pour entrer à la Faculté de Décret — notre Faculté de Droit, — bien que dès ce moment cette faculté fût signalée comme fournissant des sujets de premier ordre aux charges de l'État, tant ecclésiastiques que séculières[2] : l'étudiant pouvait se faire inscrire sur la simple production d'une lettre testimoniale constatant qu'il avait fait sa philosophie et qu'il possédait la connaissance du grec et du latin[3].

La lettre testimoniale et les examens de passage : Arnauld et Rollin. — Cette lettre testimoniale a été, pendant deux cents ans, le véritable certificat des études secondaires en France. Les Jésuites n'avaient guère à leur disposition d'autres titres : leurs prétentions à se constituer en universités délivrant les grades ayant échoué[4], c'était dans la solide constitution de leurs

1. « Nullus Lutetiæ ad superiorum Facultatum baccalaureatum, ut theologiæ et medicinæ, nisi laurea magistri fuerit insignitus. » (*Statuts de la Faculté des Arts*, art. 57.) — On sait que les facultés étaient rangées officiellement dans l'ordre suivant : théologie, droit, médecine, arts. Les trois premières étaient dites supérieures, parce que la faculté des arts leur servait d'introduction.

2. « ...Seminarium honestissimorum hominum ad ecclesiasticos gradus et reipublicæ munia, tam ecclesiastica quam secularia, promovendorum. » (*Statuts de la Faculté de Décret*, préambule.)

3. « Ad hoc studium (jus canonicum) nullus accedat qui non in humanioribus primum artibus et disciplinis philosophicis probe versatus sit, ac linguarum, græcæ et latinæ cognitionem habeat. » (*Statuts de la Faculté de Décret*, art. 4 ; cf. *arrêt du Parlement* du 13 juillet 1617.) Plus tard (*Projet de réforme* de 1720), ceux qui ne justifiaient pas de certificat devaient remplir certaines conditions d'âge : on n'était pas admis avant dix-huit ans. « Solis artium magisteriis ad baccalaureatum in Theologica et Medica Facultate patebit aditus ; neque ii ad illum gradum consequendum de rebus philosophicis ulterius tentabuntur, sed tantum de materiis quæ ad illas facultates pertinent. Iidem ad studium utriusque juris admittentur statim post adeptum artium magisterii gradum ; sed qui eo gradu non fuerint insigniti, iis ante decimum octavum ætatis annum ad studium illud non licebit accedere. » (Art. 7.)

4. Deux de leurs collèges seulement, Pau et Dijon, furent érigés en uni-

cadres qu'ils cherchaient leur point d'appui. Mais on n'en avait point d'autres dans les corporations rivales. A la fin de chaque année un examen était prescrit[1]; telle était la règle commune, à l'Université[2], comme à l'Ora-

versités (1722) et en conservèrent les privilèges jusqu'en 1761. Le décret qui conférait au recteur du collège de Pau le titre de recteur et de vice-chancelier de l'université de Pau est du 4 décembre 1723. Antérieurement la Compagnie avait vainement essayé de convertir en université le collège de Tournon et celui d'Angoulême. D'autre part, en 1612, elle avait demandé, sans succès aussi, que le collège de Clermont (le futur lycée Louis-le-Grand) « fust déclaré estre de l'université de Paris ». Même tentative infructueuse en 1778 pour l'université de Caen.

1. « Generalis solemnisque promotio semel in anno post anniversarias vacationes facienda est. Si qui tamen longe excellant atque in superiore schola magis quam in sua profecturi videantur (quod inspiciendis catalogis rogandisque magistris cognoscetur) nequaquam detineantur, sed quocumque anni tempore post examen ascendant. Quamquam a suprema grammatica ad humanitatem et ab humanitate ad rhetoricam vix patet ascensus. » (*Ratio atque institutio studiorum societatis Jesu Regulæ præfecti studiorum inferiorum*, art. 13.) « Examinatores tres esse oportet. Unus erit ut plurimum ipse præfectus : alios duos rerum humaniorum bene peritos qui, si fieri potest, magistri non sint, rector cum præfecto constituet. » (*Id.*, *ibid.*, art. 18.) — « Si quis nulla ratione ad gradum faciendum videatur idoneus, nullus deprecationi sit locus. Si quis ægre quidem aptus, sed tamen propter ætatem, tempus in eadem classe positum, aut aliam rationem promovendus videatur, id ea conditione, nisi quid obstiterit, fiat, ut si minus suam magistro probarit industriam ad inferiorem scholam remittatur, nec in catalogo ejus ratio habeatur. Si qui denique ita sint rudes, ut nec eos promoveri deceat, nec ullus in propria classe fructus speretur, agatur cum rectore ut eorum parentibus aut curatoribus per humaniter admonitis, locum non occupent. » (*Id.*, *ibid.*, art. 25.) — « Publice promovendorum catalogus vel ad singulas seorsum classes, vel in aula simul ad omnes recitetur. Si qui longe inter ceteros emineant, primi honoris causa nominentur, in ceteris alphabeti, vel doctrinæ ordo servabitur. » (*Id.*, *ibid.*, art 26.) Cf. *Regulæ communes professoribus classium inferiorum*, art. 37 : « Ad promotionem generalem uno ferme ante examen mense discipuli in præcipuis quibusque rebus in omnibus classibus, excepta saltem rhetorica, exerceatur. Quod si quis longe in ipso anni decursu excelleret, de eo magister referet ad præfectum, ut privatim examinatus gradum ad superiorem scholam facere possit. » — Voir aussi le chapitre *Scribendi ad examen leges*, 1 à 2, et la *Manière d'apprendre et d'enseigner* du P. Jouvency, 2ᵉ partie, chap. II, art. 8.

2. « Quemquam scholasticum in classem quamcunque, nisi excussum ac penitus introspectum, et de omnibus quæ in classibus inferioribus doceri solent,... ne intromittanto. » (*Règlement pour les collèges de Paris*, 15 novembre 1626, art. 30.) Cette prescription est reprise et développée avec une sollicitude particulière dans le *Projet de réforme des statuts de la Faculté des Arts* de 1720 : « Quoniam ad scientiarum culmen non

toire[1] et à Port-Royal. Les statuts disciplinaires témoignent tous sur ce point d'une intelligente sévérité : les arriérés étaient maintenus dans la classe qu'ils avaient mal faite, les incapables rendus à leurs familles ; nul ne pouvait passer d'un collège dans un autre sans justifier qu'il était en mesure de suivre le cours pour lequel il se présentait.

Ce n'était là, il est vrai, que des prescriptions de règlement, et les règlements laissent toujours en défiance. Mais les faits consignés année par année, nom par nom, dans les archives des grandes maisons d'éducation du XVIIe et du XVIIIe siècle ne permettent de concevoir aucun doute sur l'exactitude avec laquelle ces prescriptions étaient appliquées. Les examens, commencés le 25 août, devaient être terminés la veille de la Nativité (8 septembre). Ce jour-là avait lieu avec un certain éclat la proclamation. Dans la grande salle des Actes, le

conscenditur nisi per gradus, et studia nimis festinata nunquam maturescent, gymnasiarchæ, singulis annis, paulo ante Lucalia, vel per se, vel per vicarios suos, seu progymnasiarchos, scholasticos omnes diligenter examinent, et singulos pro illorum captu in classes distribuant. — Idem observetur in iis qui post Lucalia accedent et in eam rem primariorum decreto magistri omnes pareant. — Itaque nemo injussu gymnasiarchæ suam mutet, nemo eligat aut suo aut alterius arbitratu ; sed ut quisque profecerit, vel ascendat aut descendat, vel in eadem classe maneat, ex gymnasiarchæ præscripto, prius ab eo examinatus et probatus. Qui ab uno collegio, postulantibus ita forte parentibus, ad aliud transire voluerint, ab gymnasiarcha et professore dimissorium libellum habeant ; secus, ne admittantur. Gymnasiarchæ vero et professores, qui decretum hoc violaverint, academica pœna puniantur. Libellus autem iste dimissorius non denegabitur sine gravissimis causis, quarum cognitio ad rectorem pertinebit. (Chap. II, art. 10 à 13.)

1. « Tous les ans, huit jours avant les vacances, le général de l'Oratoire venait lui-même faire la visite de l'académie de Juilly et présider aux examens des classes.... Les épreuves, que rendaient très importantes le rang, le mérite et le nombre de ceux qui les dirigeaient, décidaient du passage des élèves dans une classe supérieure, et la sévérité avec laquelle on les faisait subir stimulait puissamment le travail et entretenait la force des études. » (Ch. Hamel, *Histoire de l'abbaye et du collège de Juilly*, livre IV, chapitre I.)

préfet, assisté de tous les régents, adressait aux élèves une courte allocution, puis il faisait, par classe et par ordre de mérite pour chaque classe, l'appel de tous les écoliers. Ils étaient partagés en cinq catégories, désignées de la façon suivante : *eximii*, *boni*, *mediocres*, *dubii*, *maneant;* distingués, bons, médiocres, douteux, incapables de passer. Nul, même parmi les meilleurs, n'était dispensé de subir l'examen ; s'il avait été empêché par une cause légitime avant les vacances, on le reprenait à la rentrée. Tout jugement était suivi de ses effets ; l'âge ni les protections n'y pouvaient rien : c'était du moins l'intention formelle ; de là vient qu'on trouve dans les catalogues des rhétoriciens de plus de vingt-cinq ans. Les régents notaient sur leurs registres les exceptions dont ils n'étaient pas arrivés à se défendre, comme pour s'en faire reproche et empêcher de les invoquer à titre de précédents[1]. Livrés à eux-mêmes, ils auraient laissé « pourrir » en seconde un mauvais élève plutôt que de le promouvoir en rhétorique[2]. Chaque écolier montait ainsi de classe en classe avec un dossier bien en règle. Certains personnages, devenus illustres dans les arts, les

1. « S'il y a eu cette année des promotions parmi les *dubii*, c'est que ces élèves étaient en petit nombre et que nous avons dû nous incliner devant la persistance quelque peu importune de personnages considérables auxquels on ne pouvait rien refuser ; l'exception n'a été consentie toutefois qu'à la condition que, si les enfants qui en sont l'objet ne font pas de progrès durant les deux premiers mois de l'année, ils redescendront dans la classe inférieure. » (Note tirée d'un manuscrit de la bibliothèque de Troyes (nº 357) intitulé : *Catalogus scolasticorum Collegii Trecensis*. Le collège de Troyes appartenait aux Oratoriens. Le registre donne le nom de tous les écoliers qui se sont succédé sur les bancs de 1632 à 1702. La note se rapporte à l'année 1683.)

2. Voici quelques-unes des mentions prises dans le catalogue précité : « Abfuit ab examine sine licentia. — Abfuit sine licentia. — Excessit ante examen sine licentia, strictæ orationis præmium meritus ; puniatur priusquam ascendat in secundam. — Morbi causa abfuit : ascendat absque examine. — Die examinis abiit, penso recusato ; ne rursus admittatur, nisi prius sextam scolam frequentarit. — Abiit binis duobus ante pronunciationem ; examini subjiciatur ad instaurationem scolarum. — Putrescat in secunda nec unquam in rhetoricam ascendat.... »

lettres ou les sciences, se trouvent avoir sous cette forme une histoire qui ne manque point de piquant.

Au collège des Oratoriens de Troyes, pour le prendre comme exemple, François Girardon, le grand sculpteur du XVIIe siècle, ne put jamais arriver en rhétorique : à vingt ans, son père dut le retirer. Trois savants, trois futurs membres de l'Académie des Inscriptions et Belles-Lettres, Boutard, Levesque de la Ravallière, Grosley, eurent à redoubler leur quatrième et leur troisième : enfant bien doué, dit le registre au sujet de Grosley, mais léger et indiscipliné : *semper dolos meditans*. Un recteur de l'université de Paris, un des successeurs de Rollin, Charbonnet, avait ses jours de paresse. Deux généraux qui ont marqué dans les guerres de la Révolution, Vaubois, le héros d'Arcole et de Malte, Songis, le premier inspecteur général de l'artillerie, quittèrent le collège, le premier en rhétorique, sans avoir réglé ses comptes de fin d'année, l'autre dès la troisième, pour s'engager, en laissant derrière lui cette mention : *pigritia et morum comitate perinde notus*. L'amiral Decrès est classé, en seconde, *inter dubios*. Danton n'a que de bonnes notes[1].

L'examen le plus redoutable était l'examen d'entrée en philosophie. Il ne suffisait pas d'avoir franchi avec succès les humanités. Celui qui ne semblait pas avoir l'esprit suffisamment mûr était arrêté : *nondum maturus philosophiæ... puer ad philosophiam parum maturus*, lisons-nous au registre. A l'issue de la philosophie, les meilleurs passaient leur thèse ; mais c'était le fait d'une élite. Le véritable examen terminal, l'examen commun

1. Nous devons la plupart de ces détails à M. Carré, professeur d'histoire au lycée Lakanal, qui les a relevés dans le catalogue précité.

à la grande majorité des écoliers, était l'examen de rhétorique. Et il faut croire que l'attestation délivrée par le préfet du collège avait une certaine valeur, puisqu'on voit des rhétoriciens à qui elle avait été refusée pour cas d'indiscipline, mettre l'épée à la main, afin de contraindre le préfet à la leur donner quand même[1].

Comment contester au surplus le sérieux caractère de ces règles, quand on voit l'importance qu'y attachent Arnauld et Rollin ? C'est sur l'examen de passage que le législateur des « Petites Écoles » faisait reposer toute l'organisation de l'éducation classique, et il y intéressait l'honneur du maître. « On peut sur cela, disait-il, s'en rapporter à un professeur intègre, exact, qui a des talents et qui est reconnu pour tel. » Arnauld

1. *Le Collège des Oratoriens au Mans*, Revue de l'enseignement secondaire, numéro du 1er juillet 1883, p. 507.

Les Jésuites paraissent avoir attaché plus d'importance à l'examen de philosophie, ou du moins lui avoir fait tenir dans les études de la majorité des élèves une plus large place. Voici ce que nous lisons dans leurs règlements : « Sub finem cursus philosophici, disputationes habeantur de universa philosophia : ad quos deligantur pauci et egregie instructi, qui ejus loci dignitatem sustinere valeant, hoc est, qui multo plus quam mediocriter profecerint. Examinabunt autem semper præfectus et præceptor proprius, quibus a rectore addetur tertius ex reliquis magistris, vel alius, qui recte id facere posse judicatur.... Alumnos, seu convictores, satis est examinari a suo præfecto et duobus philosophiæ repetitoribus.... Verum qui ab his judicati erunt idonei, non prius ad actum sese comparent, quam sui præceptoris ac præfecti generalis judicio sint probati. — Hoc examen (a quo, et severe quidem agendo, nullus fere excipiendus e nostris ; et si fieri potest, nullus etiam ex alumnis et convictoribus) publicum erit, nisi quid obstet ; videlicet si nostrorum est, coram omnibus nostris philosophiæ auditoribus ; sin alumnorum, seu convictorum, coram omnibus sui Collegii philosophis ; sin externorum (qui tamen ut examen hoc subeant, cogendi non sunt) coram omnibus externis philosophis saltem suæ classis. — Examinandi initium sub anni finem fiat, distributis diebus eo ordine quem rector, audito præfecto et professore, existimaverit commodissimum. Duret autem singulorum minimum una hora ; eatque per omnes primarias materias, quas præfectus tempestive ac secreto examinatoribus assignabit. Porro philosophici actus totum scholarum tempus occupent minimum, vel mane, vel prandio. Tres fere argumententur.... » (*Ratio atque institutio studiorum societatis Jesu*, Regulæ prefecti studiorum, art. 19 à 21.

proscrivait toute solennité dans l'épreuve, mais il n'admettait pas l'indulgence, et il voulait que cette « rigueur inflexible » s'accrût au fur et à mesure que l'écolier s'acheminait vers les hautes classes[1]. « Ainsi arriverait-on à ne conserver, pour prendre des degrés dans les facultés supérieures, que ceux qui seraient fondés dans les lettres humaines et à retrancher le grand nombre d'ignorants qui les déshonorent. » On ne trouve dans Rollin aucune allusion à un examen extérieur, bien que sa prévoyance discrète, mais très attentive, suive souvent l'élève au delà des bancs[2]; c'est dans l'enchaînement des connaissances bien digérées qu'il faisait consister la force des études, c'est dans le contrôle exercé chaque année, au collège même, par « les exercices ou actions publiques », qu'il en plaçait la sanction[3].

Le président Rolland et les réformateurs de la Révolution. — La loi du 11 floréal an X. — Ce principe est également la base des plans de réforme du président Rolland[4],

1. *Règlement d'études sur les lettres humaines.* « Outre les examens annuels, dit-il, il en faudrait deux plus rigoureux, l'un pour monter de rhétorique en philosophie, l'autre pour être reçu maître ès arts. »

2. *Traité des études*, 3e partie, *Du gouvernement intérieur des classes et des collèges*, chap. I, art. 4.

3. *Traité des études*, 3e partie, chap. II, art. 2, § 1. « On appelle exercices les actions publiques dans lesquelles les écoliers rendent compte des auteurs qu'ils ont vus en classe ou en particulier et de tout ce qui a fait la matière de leurs études.... Par là on tient les enfants en haleine pendant toute une année et on les oblige d'apporter beaucoup plus d'attention à leurs études, en leur montrant de loin le public comme devant être le témoin et le juge des progrès qu'ils y auront faits.... La matière ordinaire des exercices doit être ce qu'on explique en classe pendant le cours de l'année, en sorte que pour s'y bien préparer il suffise presque de se rendre bien attentif aux leçons du professeur... » Et Rollin cite l'exemple de deux jeunes frères (fils du procureur général, M. de Fleury) « dont l'un étudiait en cinquième, l'autre en troisième, interrogés l'un et l'autre sur la langue française ».

4. « Les élèves n'omettront dans le cours d'études aucune classe, dit le *Règlement concernant la police du collège royal de Rouen* (27 août 1762);

Les prescriptions de l'arrêt du 20 janvier 1765, où sont codifiées les idées nouvelles, ne font sur ce point que résumer, pour les appliquer à tous les collèges, les traditions des examens annuels établies par les règlements des diverses corporations et consacrées par l'usage[1]. Elles subsistent dans les projets de Talleyrand, Condorcet, Lakanal, Fourcroy, dans toutes les propositions relatives à l'éducation nationale qui tiennent tant de place dans les discussions des assemblées de la Révolution et du Consulat. D'après la loi du 11 floréal an X (1er mai 1802), le terme des classes était fixé pour tous les élèves à dix-huit ans, et l'État devait assurer des bourses dans les écoles spéciales ou des emplois dans les carrières publiques au cinquième des jeunes gens dont il prenait l'entretien à ses frais. Le concours décidait du choix. Pour ceux que l'épreuve n'avait pas favorisés, le certificat qu'ils emportaient du lycée était la garantie acceptée de leur valeur intellectuelle. On comptait sur l'émulation des concours pour élever le niveau[2].

et pour passer, dans le courant de l'année, d'une classe à l'autre (ce qui doit être très rare), il leur faudra le consentement du principal, des professeurs qu'ils quittent et de celui dans la classe duquel ils désirent entrer. » (Art. 60.)

1. « Quelques jours avant les vacances, le principal du collège et le professeur de chaque classe examineront tous les écoliers à l'effet de juger de leurs capacités pour être admis dans la classe supérieure.... Le dernier jour, on nommera publiquement ceux qui devront être admis avec plus ou moins de distinction et quelquefois avec éloge. Les écoliers qui se trouveront trop faibles seront laissés douteux ; après les vacances, ils seront examinés de nouveau, en la même forme, ainsi que ceux qui se présenteront pour la première fois.... Pour ceux qui seraient jugés absolument incapables de suivre les études, lesdits principaux, professeurs ou régents auront soin d'en avertir les parents, et lesdits parents seront tenus de les retirer. » (Art. 51 et 52.)

2. *Loi du 11 floréal an X* (1er mai 1802), titre VII, art. 32 à 36. — Voir les rapports de Fourcroy (30 germinal an X, 20 avril 1802) et de Jard-Panvillier (10 floréal an X 30, avril 1802) dans le *Recueil des lois et règlements sur l'enseignement supérieur*, publié par A. de Beauchamp, chef de bureau au Ministère de l'Instruction publique.

II

Le décret du 17 mars 1808; le baccalauréat. — L'organisation du baccalauréat, tel qu'il existe aujourd'hui, date du décret du 17 mars 1808. Le baccalauréat y est présenté comme une sorte de création. C'était le premier grade universitaire[1], et la collation en était exclusivement réservée aux professeurs de l'enseignement supérieur[2], bien que, par une contradiction qui est peut-être la première cause du malaise dont nous souffrons, il dût être le couronnement des études secondaires[3]. On ne négligeait aucun moyen d'en rehausser

1. *Décret du 17 mars* 1808, art. 19 : « Les grades dans chaque faculté sont au nombre de trois : le baccalauréat, la licence, le doctorat. »

2. *Id.*, art. 8 : « Les écoles appartenant à chaque académie seront classées dans l'ordre suivant : 1° Les facultés pour les sciences approfondies et la collation des grades.... »

3. *Id.*, art. 10 : « Pour être admis à subir l'examen du baccalauréat dans les facultés des lettres, il faudra.... répondre sur tout ce qu'on enseigne dans les hautes classes des lycées. » Art. 22 : « On ne sera reçu bachelier dans les facultés des sciences qu'après avoir obtenu le même grade dans celles des lettres. » — Cf. *Statut du 16 février* 1810, art. 26 : « Les examens du baccalauréat se feront dans les quinze derniers jours de l'année classique du lycée. » — Art. 17 : « Les aspirants au baccalauréat dans les facultés des lettres seront interrogés sur les matières enseignées dans les classes de rhétorique et de philosophie. » Art. 18 : « Pour être admis à l'examen, tout aspirant justifiera qu'il a fait une année de rhétorique et de philosophie, soit dans un lycée, soit dans une école où ce double enseignement aura été formellement autorisé. » — Art. 60 : « Les élèves qui auront fait une année de rhétorique et de philosophie dans les lycées de Paris pourront se présenter devant la faculté des lettres au baccalauréat, sans avoir suivi les cours de la faculté. » — *Décret du 15 novembre* 1811, art. 23 : « Les étudiants qui se présenteront pour prendre des grades dans les lettres ou dans les sciences seront tenus de représenter le certificat d'études dans une école de la même ville, à moins qu'ils ne prouvent avoir été élevés par un instituteur, par leur père ou bien un frère. » — Voir aussi le *Statut du 18 octobre* 1808, art. 5 et 22. — *L'Ordonnance du 17 octobre* 1821 réduisait à une année de philosophie la justification à produire (art. 1er) : condition qui fut confirmée par l'arrêté du 6 mai 1830; mais

le caractère. Le recteur était invité à assister de sa personne aux examens pour leur donner plus d'importance[1]. C'était au nom de l'empereur qu'était décerné le brevet[2].

La persistance des traditions de l'examen intérieur : le certificat d'études pièce fondamentale du dossier. — On ne saurait dire cependant que ces formes aient, à l'origine, beaucoup pesé sur les études. Les habitudes séculaires ne se modifient pas en un jour. Il fallait ménager la transition, compter avec les privilèges, satisfaire aux nécessités d'ordre public. « Les élèves des séminaires, dans les académies où il n'y a point encore de faculté des lettres, disait l'arrêté du 23 juin 1809, pourront recevoir du grand maître le diplôme de bachelier ès lettres sur un certificat d'aptitude signé par les professeurs desdits séminaires, visé par l'évêque diocésain et portant que lesdits élèves ont fait preuve des connaissances requises pour ce grade par les règlements de l'Université. » — « Lorsque les écoles secondaires ecclésiastiques seront éloignées de la ville où siège la faculté des lettres, répète l'arrêté du 23 novembre 1810[3], un inspecteur d'académie en tournée ou un autre officier de l'Université, désigné à cet effet par le recteur, se transportera au grand séminaire pour examiner les candidats ; il s'adjoindra pour cet examen ceux des professeurs qu'il jugera convenable et revêtira de sa signature le certificat d'aptitude. » Pour les lycées aussi, au fond et malgré l'appareil des décrets, l'examen intérieur était resté, par la force de l'usage et par la difficulté de pro-

cet arrêté reposait sur la règle que nul ne pouvait être admis en philosophie sans avoir fait une année de rhétorique.

1. *Circulaire du 5 août* 1810.

2. *Arrêté du* 1er *octobre* 1808. — Cf. *Ordonnance du 18 février* 1815, art. 30 : « Les diplômes sont délivrés au nom du Roi ».

3. Art. 3.

céder autrement, la règle commune. Dans les chefs-lieux académiques où siégeait la faculté, c'était bien devant la faculté que se passait l'examen ; mais, à Paris, les professeurs de premier ordre des lycées faisaient de droit partie des facultés [1], et partout le proviseur et le censeur étaient adjoints aux commissions d'examen ; partout aussi le doyen pouvait appeler les professeurs du lycée à prendre séance [2] : des trois membres qui composaient nécessairement le bureau, il suffisait qu'un seul appartînt proprement à la faculté [3]. Dans les académies où il n'existait pas de faculté, le grade était conféré par une commission composée du proviseur, faisant fonctions de doyen, du censeur, du professeur de philosophie et du professeur de rhétorique du chef-lieu [4] ; les élèves se trouvaient donc nécessairement avoir leurs maîtres pour juges.

Le statut du 16 février 1810 prescrivait sans doute la publicité de l'examen [5] ; mais la procédure était des plus simples, trop simple même parfois. L'épreuve était exclusivement orale ; elle devait durer une demi-heure au moins et trois quarts d'heure au plus [6]. Le candidat se présentait devant le jury, qui, pour les lettres, lui mettait entre les mains un auteur expliqué dans les cours ; et, sur ce texte ou à l'occasion de ce texte, un entretien s'engageait, que le professeur étendait, variait, prolongeait, suivant qu'il trouvait une intelligence plus ou moins ouverte. Il n'était pas interdit d'examiner huit

1. *Statut du 16 février* 1810, art. 69.
2. *Id.*, art. 23 et 24.
3. *Id.*, art. 22. — Faute de locaux, presque partout les facultés faisaient leurs cours et tenaient leurs séances au lycée. (Voir la circulaire du 5 avril 1810.)
4. *Ordonnance du 17 février* 1815, art. 32. — *Arrêté du 31 octobre* 1815, art. 2. — *Ordonnance du 18 janvier* 1816, art. 2.
5. *Statut du 16 février* 1810, art. 20.
6. *Id.*, art. 28.

élèves à la fois. C'était une véritable classe. « Je n'ai jamais eu de meilleur cours de latin que le jour de mon baccalauréat », me disait un jour M. Charles Giraud, qui se souvenait d'avoir eu à traduire un passage de Tacite. La véritable garantie de l'examen résidait dans le certificat exigé pour s'y présenter : tout aspirant était tenu de justifier qu'il avait fait une année de rhétorique et une année de philosophie, soit dans un lycée, soit dans une école où ce double enseignement était autorisé, soit dans sa famille[1]. Des mesures sévères étaient prescrites pour prévenir les complaisances. Il était formellement défendu aux professeurs de donner aucun certificat d'études avant la clôture régulière des classes[2] : c'était la pièce fondamentale du dossier.

Le nombre des bacheliers de 1810 *à* 1820. — « A la vérité, dit un autre témoin de cette période de notre histoire universitaire, M. H. Cournot[3], les écoliers ne se préoccupaient guère du baccalauréat. Ceux-là seuls recherchaient la sanction de l'examen qui en avaient besoin pour se faire inscrire aux facultés de droit et de médecine[4], ou pour être admis dans les sé-

1. *Statut du* 16 *février* 1810, art. 18 et 20. — *Statut du* 18 *novembre* 1811, art. 23. — *Arrêté du* 26 *septembre* 1818. — *Ordonnance du* 5 *juillet* 1820, art. 2 et 3. — *Statut du* 13 *septembre* 1820, art. 1 et 2. — *Règlement du* 13 *mars* 1821, art. 1 et 2. — *Ordonnance du* 17 *octobre* 1821, art. 1 et 2. — *Arrêté du* 15 *janvier* 1822, art. 1. — *Arrêté du* 17 *janvier* 1835. — Cf. *Décision du conseil de l'Université en date du* 20 *novembre* 1812 et *Ordonnance du* 5 *octobre* 1814, art. 5. — Voir plus haut, page 163, note 3.

2. *Arrêté du* 8 *octobre* 1813 : « Le conseil, après avoir entendu la section des études relativement à la mesure à prendre par rapport aux élèves qui, parvenus à leur dernière année, quitteraient le lycée avant la clôture des classes ; considérant que cet abus désorganise les classes au moment le plus important des études et qu'il est dès lors essentiellement nuisible à l'intérêt des élèves.... » Cf. *Circulaire du* 16 *novembre* 1813.

3. *Des institutions d'instruction publique en France*, IIe partie, chapitre VIII.

4. *Décret du* 17 *mars* 1808, art. 23, 26 et 27 — Cette condition ne fut

minaires diocésains[1]. » De 1810 à 1818, la faculté des sciences de Paris délivra 95 brevets, soit environ 10 par an; en 1816, il n'y en eut que 1[2]. Pour la faculté des lettres, le chiffre est, en 1810, de 67; en 1811, de 115; en 1812, de 78; en 1813, de 66; en 1814, de 164. S'il s'élève, en 1816, à 843, c'est que l'ordonnance du 17 janvier 1815, ayant d'un seul coup supprimé dix-sept facultés ou centres d'examens[3], Paris vit refluer un flot de candidats. Quelques années plus tard, le nombre retomba à 315, 498, 393. Et il ne semble pas que cette génération où il y avait relativement si peu de bacheliers ait compté moins d'hommes[4].

même exigible pour la Faculté de Médecine qu'à partir de 1815. (Voir la *Décision du 14 octobre* 1815.) Et on a lieu de penser qu'elle n'était pas très rigoureusement appliquée, puisqu'elle est reproduite comme une nouveauté dans l'ordonnance du 5 juillet 1820, art. 1. La même ordonnance impose la production du baccalauréat ès sciences pour l'inscription à la Faculté de Médecine, à compter du 10 janvier 1823. (Art. 4.)

1. *Décret du 9 avril*, art. 1er. — Cf. *Arrêté du 23 juin* 1809.

2. On sait qu'on ne pouvait subir l'examen du baccalauréat ès sciences qu'après avoir obtenu le baccalauréat ès lettres. (*Statut du* 17 *mars* 1808, art. 22.) Le petit nombre des candidats était prévu par les décrets : « Lorsqu'il y a plusieurs élèves d'un lycée qui demandent le baccalauréat à la fin de leurs études de lycée, le proviseur en prévient le doyen et se concerte avec lui. » (*Règlement particulier pour la faculté des sciences de Paris du* 10 *octobre* 1809, art. 30.) — Voir aux Annexes, nos VIII et IX, l'état général des diplômes délivrés à Paris depuis l'origine jusqu'à ce jour.

3. Facultés des lettres d'Amiens, Bordeaux, Bourges, Cahors, Clermont, Douai, Grenoble, Limoges, Lyon, Montpellier, Nancy, Nîmes, Orléans, Pau, Poitiers, Rennes et Rouen; Facultés des sciences de Besançon, Lyon et Metz. — Le nombre fixé dans l'organisation primitive était de 32.

4. Il convient toutefois de remarquer que les professeurs qui comptaient dix années de service dans l'enseignement pouvaient recevoir par collation les grades de bachelier, de licencié et même de docteur, suivant la classe dont ils étaient chargés, en payant simplement les droits d'examen et de diplôme. (*Décret du 17 septembre* 1808, art. 11. — *Statut du* 11 *novembre* 1826, art. 179.) — Ce n'est qu'en 1831 (*décision du* 5 *février*) que fut supprimé le droit de collation. Une seule exception a été établie depuis par la loi du 9 août 1849 en faveur des élèves de l'École d'administration.

III

L'ordonnance du 13 septembre 1820; *la charte du baccalauréat.* — C'est à partir de 1820 que le baccalauréat devient une véritable institution. Le statut du 13 septembre en est la charte.

« La création des facultés des lettres et des sciences, disait la circulaire interprétative du statut organique du 16 février 1810, n'est pas un des moindres bienfaits du décret impérial du 17 mars 1808, ce décret conférant les grades désormais nécessaires pour la plupart des carrières de la vie sociale et politique. » Et, le 15 novembre 1811, le Conseil de l'instruction publique était invité à « préparer le projet indiquant les professions auxquelles il conviendrait d'imposer l'obligation de prendre les grades[1] ». C'est dans le même esprit que l'ordonnance royale du 18 février 1815 entendait réglementer la collation des diplômes « exigés ou à exiger pour les diverses fonctions et professions ecclésiastiques, politiques et civiles[2] ». Tout ce travail préparatoire aboutit pour le baccalauréat, à la déclaration du statut du 13 septembre 1820 : « Voulant, y lisons-nous, assurer à la société la garantie que le grade qui ouvre l'entrée des professions les plus importantes est destiné à lui donner.... » — « Dorénavant, ajoutait l'instruction avec plus de précision encore, le grade de bachelier va ouvrir l'entrée à

1. Art. 187.
2. Art. 50.

toutes les professions civiles et devenir pour la société une garantie essentielle de la capacité de ceux qu'elle admettra à la servir[1]. »

A cette déclaration de principe destinée à devenir aussitôt la règle des écoles et des grandes administrations répond une série de mesures étudiées dans les conseils de l'instruction publique, commentées par la presse, discutées au Parlement. De 1830 à 1848 il n'est pas de personnage politique qui n'ait eu à engager son opinion dans le débat[2]. On y rattachait, il est vrai, la discussion de la liberté d'enseignement[3]. Mais cette discussion même se trouvait ramenée au baccalauréat, lorsqu'on se transportait sur le terrain des faits pour attaquer le certificat d'études et les privilèges de l'Université. D'autre part, c'est vers l'examen du baccalauréat que convergeaient tous les projets de réforme des études. Il était devenu la règle, la mesure, la pierre de touche de l'enseignement secondaire[4]. F. Bastiat, au fond, n'étonnait personne, lorsque, sous une forme paradoxale, il en faisait une question sociale[5].

1. Circulaire du 19 septembre 1820. — Voir *le Lycée, journal général de l'instruction*, t. V, p. 314.

2. Voir : le projet de loi de M. Guizot (1er février 1836) et le rapport de M. Saint-Marc Girardin (14 juin 1836) ; les projets de loi de M. Villemain (10 mars 1841 et 2 février 1844) et le rapport de M. de Broglie (12 avril 1844) ; le projet de loi de M. de Salvandy (12 avril 1847) et les discussions de la Chambre des Députés et de la Chambre des Pairs.

3. On sait que la liberté d'enseignement avait été promise par la Charte (art. 69, § 8).

4. « Voici maintenant, dans leur ordre d'importance et dans leur enchaînement logique, les diverses mesures que j'avais cru devoir prendre dans l'intérêt de l'enseignement national, écrivait V. Cousin exposant et défendant les actes de son ministère. La première de toutes, la plus indispensable, était la réforme du baccalauréat ès lettres..... Il est le terme des études, il les résume, il les juge. Il est le passage du collège à l'instruction supérieure et à la société. » (*Huit mois au Ministère de l'Instruction publique*, *Revue des Deux Mondes*, 1er février 1841.)

5. *Baccalauréat et socialisme*, par F. Bastiat.

Cette préoccupation démesurée se trahit notamment dans les modifications successives des programmes et dans la procédure adoptée pour l'examen.

Les programmes de l'examen. — Aux termes du décret de 1808, l'épreuve du baccalauréat ès lettres était purement orale et portait sur les matières enseignées dans les hautes classes[1] ; par hautes classes on entendait exclusivement la rhétorique et la philosophie[2]. A partir de 1820, l'interrogation dut comprendre les matières d'enseignement de toutes les classes supérieures : philosophie, rhétorique et humanités[3]. Le 13 mars 1821, un règlement nouveau ajouta, à titre facultatif, les sciences mathématiques et physiques[4] ; et, pour donner à l'épreuve plus de solennité, l'arrêté décida que l'examen de philosophie serait soutenu en latin[5] : mesure qui subsista pendant dix ans[6]. Enfin, le 17 octobre de la même année, une ordonnance rendait obligatoires les éléments des sciences[7]. L'ensemble de l'épreuve ainsi déterminée devait durer trois quarts d'heure au moins, et il était fait défense d'interroger à la fois plus d'un candidat. Il semble que l'organisme du baccalauréat fût dès ce moment complet. Cependant de 1821 à 1864 il va se compliquant sans cesse[8]. 1840, 1852, 1857, 1859 marquent les principales étapes de ce développement. Chaque fois qu'un enseignement nouveau vient enrichir les programmes, l'examen grossit d'autant[9]. « Vous rappelez-vous, écrivait plaisamment

1. Art. 19.
2. *Statut du 16 février* 1810, art. 17.
3. *Statut du 13 septembre* 1820, art. 3.
4. Art. 3.
5. Art. 3, 4 et 5.
6. *Arrêté du* 11 *septembre* 1830.
7. Art. 3 et 4.
8. *Statut du 13 mars* 1821, art. 7.
9. Voir l'arrêté du 25 mars 1848 relatif à la cosmographie.

E. Bersot, cette page où Rabelais raconte comment un procès grandit : c'est d'abord un sac informe; puis, par les soins des gens de justice, il pousse une tête, une queue, des oreilles, des dents, des pattes et des griffes jusqu'à ce qu'il devienne un animal parfait : telle est l'histoire du baccalauréat[1]. »

En 1830, à l'examen oral jugé insuffisant, non sans raison d'ailleurs, pour justifier les privilèges attachés au diplôme, fut jointe une épreuve écrite : tout candidat au baccalauréat ès lettres était tenu « d'écrire instantanément un morceau en français, soit de sa composition, soit en traduisant un passage d'un auteur classique[2] ».

En 1840 Victor Cousin substitua à la composition française « une version latine de la même force et de la même étendue que celles qui se donnent en rhétorique[3] » : réforme excellente, aucune épreuve ne pouvant mieux permettre de constater le savoir acquis, l'intelligence et même le talent. Mais, pour accomplir cette amélioration, le Ministre avait eu à résister aux entraînements de l'opinion, qui ne réclamait pas moins de trois, quatre et cinq épreuves écrites[4]; et, afin de ne pas trop heurter le mouvement des esprits, il dut augmenter l'importance de cette composition unique et lui donner un caractère éliminatoire. Les épreuves orales comprenaient elles-mêmes deux parties distinctes : l'explication des textes et les interrogations. Dans l'explication des textes, une place était donnée pour la première

1. *Questions d'enseignement, Lettres sur l'enseignement*, douzième lettre.
2. *Arrêté du 9 février* 1830.
3. *Règlement du 14 juillet* 1840.
4. *Circulaire du 17 juillet* 1840. Trois académies proposaient cinq compositions; six académies, quatre; trois académies, trois; cinq académies, deux.

fois aux classiques français. Les sujets d'interrogation restaient les mêmes; mais, pour chacun d'eux, le champ était élargi. Déjà, en 1832[1], le programme de philosophie avait été sensiblement étendu; on en confirmait le cadre. Les sciences, l'histoire, la géographie recevaient à leur tour une ampleur nouvelle. En même temps le nombre des membres du jury était porté de trois à cinq, et un professeur d'histoire y était introduit pour compléter la représentation des spécialités. Enfin, l'identité de procédure étant considérée comme une forme essentielle de l'unité nationale, les diversités qui avaient été tolérées jusque-là dans l'interprétation du règlement étaient interdites dans toutes les facultés et commissions du royaume; l'arrêté du 14 juillet devait être rigoureusement observé.

En 1848, le certificat d'études ayant été aboli[2] conformément aux principes de la Constitution républicaine[3], et les candidats pouvant se présenter au baccalauréat sans autre condition que celle de l'âge[4], l'obligation parut s'imposer de chercher un complément de garanties. L'épreuve écrite fut doublée : on demanda, outre la version, une composition, latine ou française, suivant que le sort en déciderait[5], et la composition latine ne tarda pas à prévaloir exclusivement[6]. Deux heures étaient accordées pour la version, quatre pour la composition; l'examen oral n'avait plus lieu que le lendemain et il ne devait pas durer moins d'une heure.

1. *Arrêté du 18 septembre.*
2. *Décret du 16 novembre 1849.*
3. Art. 9.
4. *Loi du 15 mars 1850*, art. 63.
5. *Décret du 10 août 1852*, art. 8. *Règlement du 5 septembre 1852*, art. 8.
6. *Arrêté du 5 août 1857.*

La multiplication des baccalauréats. — Ce n'étaient pas seulement les matières de l'examen qui se multipliaient, c'étaient les examens eux-mêmes. L'histoire des variations du baccalauréat ès sciences est particulièrement intéressante à suivre sur ce point. A l'origine, nul ne pouvait prétendre au diplôme des sciences qui ne fût muni du diplôme des lettres[1], et le baccalauréat ès sciences était exigé pour l'inscription à la Faculté de Médecine[2]. Mais on avait presque aussitôt reconnu qu'il y avait intérêt à distinguer dans l'examen des sciences ce qui convenait à la préparation aux études médicales. En 1821, à côté du baccalauréat des sciences mathématiques proprement dites, un baccalauréat des sciences physiques et naturelles avait été institué[3]. Plus tard, sur cette seconde branche du baccalauréat on avait greffé un baccalauréat spécialement approprié aux candidats à l'agrégation de philosophie[4]. Après des vicissitudes diverses[5], c'est à cette division judicieuse au fond, bien qu'un peu compliquée, qu'avait abouti, en 1848, la constitution du baccalauréat ès

1. *Statut du 17 mars* 1808, art. 22; — *Statut du 16 février* 1810.
2. *Ordonnance du 8 juillet* 1820, art. 4; — *Arrêté du 9 septembre* 1823, art. 1 à 6.
3. *Règlement du 23 septembre* 1821, art. 1er : « Les aspirants au baccalauréat ès sciences seront admis à des examens différents, selon qu'ils se proposeront d'enseigner les sciences mathématiques ou de se livrer aux sciences naturelles et à la médecine. Il en sera fait mention sur leurs certificats de capacité et sur leurs diplômes. » — Cf. *Règlement du 8 juin* 1848, art. 2 : « Le baccalauréat, dit baccalauréat ès sciences physiques, est exigible pour les élèves en médecine ».
4. « Les candidats à l'agrégation de philosophie qui se présenteront au baccalauréat ès sciences physiques seront dispensés de répondre à la partie du programme de cet examen relative à la chimie et à l'histoire naturelle. » (*Arrêté du 23 février* 1837.)
5. L'ordonnance du 18 janvier 1831 avait rapporté l'article 4 de l'ordonnance du 8 juillet 1820, qui obligeait les étudiants en médecine à prendre préalablement le baccalauréat ès sciences. L'ordonnance du 9 août 1836 l'avait fait revivre. — Plus tard, le décret du 10 août 1852 (art. 12) avait de nouveau supprimé cette obligation, et de nouveau le décret du 23 août 1858 (art. 2) l'avait rétablie.

sciences[1]. Sous l'empire des préoccupations systématiques du plan d'études de 1852 et des règlements de 1854, on avait ramené ces épreuves distinctes à l'unité[2], mais pour les diviser à nouveau le lendemain et augmenter le nombre des variétés. Bref, en 1859 il n'existait pas moins de cinq baccalauréats ès sciences : le baccalauréat complet[3], le baccalauréat scindé qu'on pouvait subir en deux parties à une année d'intervalle[4], le baccalauréat restreint ou baccalauréat des aspirants au doctorat en médecine[5], le baccalauréat complémentaire, celui par lequel on complétait à son heure les épreuves du baccalauréat restreint[6], enfin le baccalauréat à l'usage de ceux qui, étant déjà bacheliers ès lettres, n'avaient plus à justifier de leur aptitude littéraire[7]. Guidés par le Manuel, les candidats, paraît-il, s'y reconnaissaient encore; les examinateurs ne s'y retrouvaient plus.

La procédure des épreuves orales : le tirage au sort; les salles d'examen; le jury. — On n'est pas moins surpris lorsqu'on se représente la procédure des épreuves orales.

Cherchant des garanties, puisque telle était la visée de l'ordonnance de 1820, il semblait qu'on ne pût les trouver nulle part mieux que dans la libre conscience du juge. Mais on se défiait du juge. Pour le défendre contre lui-même et contre tout le monde, on n'avait imaginé rien de mieux que de l'enchaîner. Tous les

1. *Règlement du 8 juin 1848.*
2. *Règlements des 7 septembre 1852 et 7 août 1857*
3. *Décret du 10 avril 1852*, art. 9.
4. *Arrêté du 6 décembre 1859*, art. 1 à 3.
5. *Arrêté du 24 janvier 1859*, art. 1 à 6.
6. *Décret du 23 août 1858*, art. 3.
7. *Arrêté du 7 août 1857*, art. 16.

objets des épreuves étaient partagés en séries numérotées[1]. En prenant place devant le bureau, le candidat tirait un certain nombre de boules, une par matière, et c'étaient ces boules qui décidaient de la direction à donner à l'examen : heureux si la fortune n'avait pas trahi sa faiblesse générale; malheureux, quel que fût d'ailleurs son mérite, s'il avait amené un numéro qui atteignît quelque ignorance particulière[2]! Jusqu'en 1849 le certificat d'études resta une sauvegarde. Mais, après comme avant la suppression du certificat, si haute

1. *Règlement du* 13 *mars* 1821, art. 6. Le texte vaut la peine d'être rappelé : « Les objets de l'examen seront tirés au sort. On rédigera, à cet effet, un tableau, en trois séries, des questions principales qui pourraient être proposées sur les matières de l'examen. La première série embrassera la connaissance des auteurs grecs et latins et la rhétorique; la seconde, l'histoire et la géographie; la troisième, la philosophie. On disposera dans trois urnes des boules portant les numéros correspondant à ces questions, et chaque boule qui sera extraite des urnes indiquera la question à laquelle le candidat devra répondre. » *Règlement du* 14 *juillet* 1840, art. 20, 21 et 23. — Cf. *Règlement du* 28 *novembre* 1849, art. 14, 15 et 16.

2. Ce n'est qu'en 1857 qu'on paraît avoir été frappé des inconvénients du système. « Un seul sujet restreint, indiqué par le sort, même lorsqu'il n'est pas convenablement traité, ne prouve pas l'ignorance absolue du candidat, dit une circulaire du 14 août; et cependant il est noté comme ignorant, parce qu'il n'a aucun moyen de racheter l'insuffisance de son instruction sur un point déterminé. Le succès, en pareil cas, ne prouve pas davantage en faveur de ses connaissances acquises. Le sort a d'étranges caprices, et il a bien pu lui assigner une question tout à fait élémentaire dont les préparateurs ont fourni d'avance la réponse. Il était nécessaire de rendre à l'examen le caractère d'un jugement équitable en cessant d'enfermer les candidats et les juges dans le cercle étroit et infranchissable d'une question unique. » Conformément à ces intelligentes observations, dans chaque numéro on avait groupé deux ou trois questions : par exemple : pour l'histoire une question d'histoire ancienne, une question d'histoire du moyen âge, une question d'histoire moderne et une question de géographie, qui fournissaient à la fois au professeur et au candidat une sorte de recours contre une réponse insuffisante. Mais le sort restait le maître de la direction générale de l'interrogation. « Toutes les parties de l'examen sont également obligatoires, stipulait l'article 18 du règlement du 7 août 1857; le candidat qui ne voudrait ou ne pourrait répondre à aucune des questions comprises dans le numéro que le sort lui aurait assigné est ajourné, sans qu'il soit passé outre à la suite de l'examen, si le jury, après délibération, décide que le candidat est absolument nul sur cette partie. »

était l'importance qu'on attachait au diplôme, qu'on ne sentait pas ce qu'avait d'étrange cette façon de juger les résultats de huit ans de discipline intellectuelle[1]; on n'était touché que de l'apparente gravité du système : Victor Cousin, qui avait vu pourtant et admiré la conduite des examens en Allemagne, avait dû mettre le programme de philosophie en numéros.

Cette mainmise du sort ne semblait pas encore une précaution suffisante. Les locaux eux-mêmes étaient suspects. Faute de salles suffisamment spacieuses, on avait dû pendant longtemps faire les examens au collège; le collège avait été interdit : s'il ne se trouvait pas au siège de la faculté une enceinte convenable, c'était la salle du conseil académique qui devait être affectée à la solennité[2].

A plus forte raison devait-on se tenir en garde contre la composition du jury. Il fallut éliminer des commissions où ils siégeaient, d'abord les proviseurs et les censeurs[3], puis les professeurs de lycée[4]. Les maîtres de l'enseignement supérieur ne pouvaient manquer d'avoir leur tour. En 1844 un projet de loi fut adressé aux Chambres, qui proposait de substituer aux jurys des quinze facultés un jury unique choisi par le sort — c'était l'arbitre infaillible — au sein de l'Institut et ainsi composé : trois membres de l'Académie des Sciences pour les sciences mathématiques, chimiques et naturelles; trois de l'Académie française pour la littérature, la rhétorique et la philosophie; trois de l'Académie des Inscriptions et Belles-Lettres pour les langues

1. *Arrêté du 28 septembre 1832.*
2. *Arrêté du 14 juillet 1840*, art 9.
3. *Ibid.*, art. 11.
4. *Ordonnance du 1er janvier 1847.*

modernes et anciennes, la géographie et l'histoire générale. Ce jury central devait parcourir les départements une fois par an, afin d'examiner les candidats tant au baccalauréat qu'à la licence et au doctorat. « L'intervention de l'Institut dans tous les examens, disait-on, produira un effet des plus salutaires à cause de la supériorité même des membres, qui possèdent une connaissance approfondie de tous les systèmes et de toutes les découvertes de l'esprit humain[1]. »

La préparation aux examens : le règne du Manuel ; les faussaires. — Cette singulière disproportion de moyens, qui montre quelle fausse conception l'opinion était arrivée à se faire du baccalauréat, éclate plus manifestement encore lorsqu'on envisage les procédés auxquels les candidats ne craignaient pas d'acheter le succès. Une industrie s'était formée qui, à l'aide de Manuels, se chargeait de préparer les jeunes gens, en quelques mois, à forfait[2]. Bien plus, des faussaires de métier parcouraient les facultés, se présentant sous des signatures empruntées, changeant de nom, d'âge et de condition, et passant un examen, bon ou médiocre, suivant le prix.

L'État ne négligeait aucun moyen de déjouer ces coupables artifices. Pour s'assurer de la régularité des études, il réclamait spécialement le certificat de rhétorique en même temps que le certificat de philosophie,

1. *Études sur l'instruction secondaire, suivies d'un projet de loi avec exposé des motifs adressé à MM. les membres des Chambres législatives*, par P.-E. Gasc fils. — Cf. Ch. Lenormant, *Essais sur l'instruction publique*, *Du certificat d'aptitude*, p. 263.

2. « Ils passent aux mains d'entrepreneurs qui se chargent de mettre en six mois l'être le plus inepte en état de répondre aux questions des examinateurs ; et ils réussissent plus souvent qu'ils n'échouent dans leur entreprise. » (Ch. Lenormant, *Essais sur l'instruction publique*, chapitre I, p. 153.)

— l'usage s'étant établi, par une sorte de relâchement, de se contenter du dernier, qui supposait, mais qui ne garantissait pas toujours la possession du premier[1]. M. de Salvandy avait même pensé à créer, sous le nom de bulletin scolaire, une sorte de livret d'études qui aurait permis d'embrasser dans son ensemble la vie du candidat. On avait aussi modifié le questionnaire : le nombre considérable des numéros était pour les préparateurs une aisance, par cela même qu'il était une gêne pour l'examinateur, qui ne pouvait sortir du terrain étroit où la question l'enfermait; afin de permettre au juge d'étendre ses investigations, les numéros avaient été réduits de quatre cents à cent quarante-six d'abord, puis à soixante-neuf[2]. En même temps on avait cessé d'indiquer dans la liste des auteurs publiée annuellement les passages sur lesquels les candidats seraient interrogés; le sort ne devait plus désigner que l'ouvrage où l'examinateur était libre de choisir les quelques lignes qu'il lui paraissait bon de faire expliquer[3]. On avait de plus interdit les cours préparatoires, c'est-à-dire les cours spécialement ouverts en vue de l'examen dans des établissements qui, aux termes de la législation existante, n'avaient pas qualité pour fournir l'enseignement régulier de la rhétorique et de la philosophie[4]. On s'attachait surtout à prévenir les substitutions : le règlement primitif du 13 mars 1821 se bornait à provoquer avant l'examen une déclaration d'identité[5]; l'arrêté du 11 août 1837 exigeait que tout certificat d'études fût précédé de la demande du candidat écrite en entier de sa main[6]. Nul ne pouvait d'ailleurs subir l'examen qu'au

1. *Arrêtés du 17 juillet 1835 et du 21 février 1840.*
2. Voir Jules Simon, *La réforme de l'enseignement secondaire*, p. 74.
3. *Circulaire du 1er décembre 1839.*
4. *Arrêté du 28 août 1838.*
5. Art. 1.
6. Art. 1 et 2

chef-lieu soit de l'académie où il avait terminé ses études, soit de celle où il avait son domicile reconnu[1]; et la loi punissait sévèrement les fraudes.

Mais le nombre même et le caractère de ces prescriptions sans cesse rappelées indiquent combien les abus étaient enracinés[2]. La suppression du certificat d'études ne contribua pas à les détruire. Le souvenir en est resté dans les annales de l'Université. Il n'est peut-être pas de témoignage qui fasse plus tristement ressortir le danger de l'importance attribuée au diplôme et des coupables convoitises qu'il excitait en paraissant les justifier[3]. Aurait-on jamais imaginé ces ruses et ces contrefaçons, aussi funestes à la moralité qu'aux études de la jeunesse, si le baccalauréat n'avait été la porte de toutes les carrières, la clef de toutes les positions[4]?

1. *Règlement du 13 mars 1821*, art. 21. — *Arrêté du 28 octobre 1817*, art. 2. — *Circulaire du 3 novembre de la même année.*

2. Voir les procès-verbaux des délibérations de la Faculté des Sciences, notamment la séance du 20 juin 1812.

3. « Les mesures prescrites pour déjouer les réceptions frauduleuses ont fait, en grande partie, disparaître les abus qui avaient excité de si justes plaintes. » (*Circulaire du 8 mai 1810.*)

4. Le nombre des carrières que le diplôme ouvrait ou dont il facilitait l'accès était cependant moins considérable qu'il ne l'est devenu depuis. Aujourd'hui, en dehors des fonctions dans l'enseignement secondaire public ou libre — fonctions d'administration comme fonctions d'enseignement, — le baccalauréat est exigé pour les emplois d'administration au Ministère de l'Instruction publique, le surnumérariat de 1re classe dans l'administration centrale des Finances, le surnumérariat dans l'Enregistrement, les Domaines et le Timbre, les emplois supérieurs de la culture et de la comptabilité dans l'administration générale des Manufactures nationales de tabac, l'emploi de rédacteur au Ministère de l'Intérieur, l'emploi de commis stagiaire au Ministère de la Guerre.

Le diplôme ès lettres dispense de l'examen d'admission pour l'entrée à l'École des Langues orientales vivantes.

Le diplôme ès sciences est exigé pour l'École Polytechnique, et le diplôme ès lettres assure un avantage de 15 points.

Le diplôme ès lettres (1re partie) est exigé pour Saint-Cyr. Le diplôme complet ou le diplôme ès sciences avec le certificat de la première partie pour les lettres assure un avantage de 20 points; les deux diplômes complets donnent 50 points.

Pour le Prytanée militaire, le certificat de la première partie du bac-

IV

Le décret du 27 novembre 1864. — En abolissant le tirage au sort et les questionnaires numérotés, M. V. Duruy rendit au jugement son vrai caractère, au juge son indépendance et sa dignité. En faisant exclusivement porter les épreuves orales sur les programmes de la rhétorique et de la philosophie pour le baccalauréat ès lettres, des mathématiques élémentaires pour le baccalauréat ès sciences, il a sagement soulagé l'intelligence des candidats du poids des connaissances universelles que représentait l'indigeste Manuel. Il a, de plus, régularisé et élargi le courant naturel de l'enseignement secondaire, en supprimant tous les baccalauréats parasites et en n'en reconnaissant que deux : le baccalauréat littéraire et le baccalauréat scientifique, sauf à laisser pour ce dernier une issue spéciale vers les études médicales[1]. C'est la voie dans laquelle M. Jules Simon était résolu à le maintenir[2], et telle a été aussi la pensée du décret du 25 juillet 1874[3]. Qu'on

calauréat ès lettres ou le diplôme de bachelier ès sciences permet d'entrer à dix-huit ans.

Pour l'École Navale, le certificat d'aptitude à la première partie du baccalauréat ès lettres donne 20 points.

Pour l'Institut Agronomique, le baccalauréat ès sciences dispense des examens d'entrée.

Pour l'École Forestière, le diplôme ès lettres cumulé avec le diplôme ès sciences assure 50 points.

Pour l'École des Hautes Études Commerciales et pour le volontariat, la possession de l'un des deux diplômes dispense de l'examen d'admission.

La faculté de médecine et de pharmacie de Lyon demande que le diplôme soit exigible pour toutes les carrières dont l'État dispose, quelles qu'elles soient. (*Enquête*, p. 410.)

1. *Décret du 27 novembre 1864.*
2. Jules Simon, *La réforme de l'enseignement secondaire*, p. 78.
3. Voir le discours prononcé à la distribution des prix du Concours gé-

approuve ou qu'on critique l'institution du baccalauréat scindé, il est incontestable qu'elle procède de l'intention de mieux assurer le succès du travail régulier, et d'atténuer, sinon de supprimer, le caractère encyclopédique et aléatoire des épreuves.

La persistance des préoccupations d'examen. — Mais si l'esprit de l'examen a été, dans une certaine mesure, heureusement modifié, l'examen n'est-il pas resté, je ne dis pas le terme désiré — rien n'est plus légitime, — mais le but unique des études et leur raison d'être pour la plupart des candidats? Le diplôme a-t-il cessé de hanter les rêves des familles, moins en raison de la valeur qu'il exprime ou qu'il est censé exprimer que pour les droits qu'il confère[1]? On en parle à la tribune parlementaire comme autrefois, et, comme autrefois aussi, ce n'est pas pour demander qu'il soit l'incontestable garantie des solides études, mais pour se plaindre que les difficultés dont on entoure l'examen en

néral, par M. de Cumont, le 5 août 1874. — Cf. le Rapport de Mgr Dupanloup au Conseil supérieur de l'Instruction publique (juillet 1873).

1. Ceux qui défendent le plus énergiquement l'institution du baccalauréat n'en disconviennent pas. « S'il y a encore des élèves dans les classes de nos lycées, c'est que le baccalauréat est exigé à l'entrée de toutes les carrières spéciales. » (*Enquête*, lycée d'Orléans, p. 730.) — « Le baccalauréat cesse trop souvent d'être la consécration des études pour en devenir l'objet exclusif, et il semble ainsi aller contre le but même de son institution. » (*Ibid.*) — « Malheureusement le baccalauréat n'a réellement de valeur que grâce aux privilèges qui y sont attachés. » (Lycée de Pontivy, p. 833.) — « L'influence pernicieuse du baccalauréat sur les études, dit-on ailleurs, s'explique par l'influence extraordinaire qu'il a prise aux yeux des élèves, des familles et même de la loi par les avantages qu'il rapporte. Il n'est pas ce qu'il devrait être : l'attestation d'études secondaires régulièrement, consciencieusement faites, la sanction naturelle et dernière de l'enseignement donné au lycée et au collège.... C'est un examen solennel et hasardeux qui confère un diplôme d'émancipation scolaire définitive, véritable signe d'émancipation qui donne l'accès de presque toutes les carrières. » (Lycée de Montpellier, p. 488.) — Voir, dans *l'Instruction publique* du 23 mai 1885, les réflexions de M. E.-A. Hild, professeur à la faculté des lettres de Poitiers, sur la *Réforme du baccalauréat et le volontariat.*

fassent une barrière infranchissable au plus grand nombre. Il y a trois ans, dans une académie où l'adoption des examens régionaux avait permis de serrer le jugement d'un peu plus près, la proportion des candidats admis ayant baissé de plus d'un quart, ce fut une clameur publique dans tous les départements intéressés. Que deviendraient les jeunes gens à qui l'on fermait ainsi l'accès de tous les emplois et comme l'accès de la vie[1]?

C'est toujours ce laisser-passer auquel on prétend. Vienne le moment de le prendre, on y sacrifie tout. Je ne parle pas des maisons de refuge ou d'expiation qui — ceux qui les dirigent avec le plus de succès ne nous démentiront pas — sont la justification la plus éclatante de nos observations; j'entends les lycées et les collèges où les cours des deux dernières classes sont convertis en pure préparation[2]. Ne trouve-t-on pas chez le professeur une assistance suffisamment étroite et aveugle, on se retire. Même à Paris, faut-il le dire? dans nos plus grands, dans nos meilleurs externats, dès le mois de juin les jeunes gens quittent les bancs, quelque raisonnement, tiré de leurs propres intérêts, qu'on leur oppose. Ils rompent avec les études. Leur unique souci est de ramasser en vue des épreuves leur petit bagage et

1. « La presse s'est émue chaque fois qu'elle a connu le nombre des échecs qui se produisent à la suite des examens du baccalauréat ès lettres, et vous ne serez pas surpris de cette émotion, quand vous vous rappellerez que ces échecs s'élèvent en moyenne à 70 ou 80 p. 100 — je dis 80 p. 100; je pourrais peut-être dire davantage, si je rappelais que ce chiffre s'applique aux élèves qui se présentent pour la première fois devant les examinateurs. Quoi qu'il en soit, il en résulte évidemment un désappointement considérable dans les familles. Les jeunes gens se découragent; et alors que vont-ils devenir? Ah! c'est ici que la gravité de la question éclate et m'émeut. Oui, je le répète, que voulez-vous qu'ils fassent? que vont-ils faire? » (Chambre des Députés, 2 décembre 1882, discours de M. Chevandier de Valdrôme.)

2. « Il n'y a peut-être pas vingt établissements en France (lycées ou collèges) où l'on fasse en rhétorique et en philosophie un enseignement de rhétorique et de philosophie. » (*Enquête.*)

de se faire la main. Pour s'assurer tellement quellement ce qu'on n'apprend que pour l'oublier, comme dit énergiquement Kant[1], *in futuram oblivionem*, — je veux dire avec Kant lui-même, ce qui ne sert qu'à l'examen, — ils sacrifient de gaieté de cœur ce qui est le fruit durable de l'effort scolaire régulièrement poursuivi. Ils se privent du bénéfice de ces vives et chaudes lumières qui, à la fin d'une année de rhétorique ou de philosophie, se dégagent des dernières leçons d'un cours bien fait. Quant aux parents, ils ne se bornent pas à tolérer ces désertions, ils les encouragent; pour en obtenir la sanction, ils nous payent de motifs que la conscience de leurs propres enfants ne reconnaît pas. Et à côté de ces jeunes gens qui s'absentent de la classe, combien s'absentent dans la classe même! L'habitude de cet effort de la dernière heure en vue du parchemin est si bien entré dans les mœurs, qu'on arrive presque à s'en féliciter[2]. Nous l'avons relevé : si le plus grand nombre des professeurs et des chefs d'établissement demandent le maintien du baccalauréat scindé pour les lettres, et si quelques-uns sont prêts à approuver la même mesure pour les sciences, c'est qu'à leurs yeux le travail y gagnerait d'être assuré pour deux ans, le commun des élèves ne commençant à s'y mettre que lorsqu'ils entrevoient l'examen qui est la condition de tout le reste. Et le travail est sérieux en effet; un de ces nombreux visiteurs étrangers qui aiment à pénétrer dans nos classes, et dont il est toujours bon de recueillir les impressions, m'en faisait récemment la remarque : « Que n'obtiendriez-vous de la masse de vos élèves, di-

1. *Pédagogie*, A. § 3. — Voir E. Lavisse, *Questions d'enseignement national*, p. 68-89. — Voir aussi, dans la *Revue historique* (numéro de mai-juin 1885), les observations de M. G. Monod (*Bulletin de la France*).
2. Voir notamment le rapport du recteur de l'académie d'Aix (*Enquête* p. 39).

sait-il, s'ils consacraient seulement à l'ensemble des études, pendant toute la durée de leurs classes, le quart des forces qu'ils dépensent à s'entraîner pour le baccalauréat! »

V

Les résultats du baccalauréat. — La valeur des épreuves. — Quels sont donc, en dernière analyse, les résultats de cette contention tardive ?

Nous avons entendu tout à l'heure les facultés, presque toutes les facultés, déclarer que le diplôme ne leur présente pas, pour les études supérieures, une garantie suffisante, et leur opinion n'est que trop confirmée par les notes d'examen. C'est assurément un des vices de l'institution du baccalauréat que le diplôme couvre tout, les ignorances comme les supériorités. Dans les pays qui ne connaissent que le certificat de maturité, la pièce délivrée constate la valeur du candidat pour chacune des épreuves qu'il a subies. Il a été question plus d'une fois d'introduire cet usage en France. Le procédé semblait avec raison plus digne pour le candidat, plus loyal pour la commission d'examen, plus sûr pour la société. Nos habitudes de générosité vraiment bien naïve parfois, peut-être aussi nos préjugés d'égalité, ont fait écarter la proposition. On a préféré laisser au bachelier le bénéfice complet de son succès tant bien que mal acquis; on n'a pas cru qu'il pût être utile de l'éclairer sur ce qu'il avait à perfectionner ou à apprendre, et d'avertir ceux entre les mains ou sous l'autorité desquels il passerait des lacunes qu'il devait combler. Il a paru qu'il suffisait de résumer dans une note d'ensemble, *très bien*, *bien*, *assez bien*, *passablement*, la valeur générale de l'épreuve. Encore ce mode d'appréciation a-t-il eu beaucoup de peine à s'établir[1]. Quoi qu'il en soit, voici ce que donne le total de ces diverses mentions, additionnées, pour chaque groupe d'examens, depuis 1882, dans toute la France[2].

	TRÈS BIEN.	BIEN.	ASSEZ BIEN.	PASSABLEMENT.	TOTAL.
Baccalauréat ès lettres :					
1re partie.	63	1015	3522	9 340	13 940
2e partie.	53	787	2501	7 771	11 120
Baccalauréat ès sciences :					
Complet	86	646	1715	5 245	7 720
Restreint.	17	154	553	1 234	1 700
	221	2602	8126	23 598	34 542

D'où l'on voit que la proportion des bacheliers qui dépassent plus ou moins le niveau de l'examen est de 31,70 pour 100, tandis que celle des jeunes gens qui l'atteignent tout juste s'élève à 68,30 pour 100. Quant à ceux qui donnent satisfaction complète, — je parle des *bien* et des *très bien*, — ils ne représentent pas dans l'ensemble plus de 8,17 pour 100. J'ai hâte, il est vrai, d'ajouter que parmi les *passable* il est plus d'un candidat dont la valeur est supérieure à la note : l'expérience prouve tous les jours — et c'est un des justes griefs souvent reproduits contre l'institution — qu'en embrassant

1. Cette appréciation a été prescrite pour la première fois par V. Cousin. (*Règlement du 14 juillet* 1840, art. 27.)

2. J'ai pris les trois dernières années, parce que c'est surtout depuis 1882 que les facultés, sur l'invitation de l'administration supérieure, ont noté exactement la valeur de chaque examen.

un trop grand nombre de matières et en portant sur trop d'élèves à la fois, l'examen oblige le juge à se tenir dans une sorte de moyenne qui ne mette en défaut ni sa rigueur ni son indulgence[1]. Ainsi a-t-on pu dire avec raison « que la médiocrité est la loi du baccalauréat »[2].

Le nombre des admissions. — C'est donc par le nombre des admissions qu'il convient plutôt d'en juger les effets.

Chaque année nous aimons à relever le nombre des diplômes obtenus dans nos lycées ou collèges. Ces succès assurément — puisque telle est l'unique sanction des études — ne sont ni sans intérêt ni sans honneur ; et les chiffres paraissent satisfaisants, lorsqu'on les groupe.

Depuis vingt ans, les vingt-quatre collèges de l'académie de Paris n'ont pas produit moins de 634 bacheliers ès sciences ; depuis dix ans, c'est-à-dire depuis qu'on a établi pour les lettres le baccalauréat scindé, nous comptons 577 diplômes représentant la première partie et 388 la seconde.

Dans les lycées, c'est à 4586 que s'élève, pour le même laps de temps, le nombre des diplômes de sciences complets :

Paris	3303
Départements	1183

1. Voir dans l'*Enquête*, p. 385, les observations du recteur de l'académie de Grenoble. — Un renseignement plus récent encore confirme ce calcul : « Parmi les candidats admis au baccalauréat, à Paris, pendant l'année 1885-1886, dit le rapport du Conseil général des Facultés *d'Université de Paris en* 1885-1886), les bonnes notes ont été assez rares : à la Faculté des Sciences, 9 *très bien*, 159 *bien*, 323 *assez bien*, 689 *passable* sur 1180 ; à la Faculté des Lettres, 12 *très bien*, 206 *bien*, 689 *assez bien*, 1560 *passable*, sur 2467. »

2. *Enquête*, faculté des lettres de Poitiers, p. 787. — Cf. faculté des lettres de Bordeaux, p. 99. — Lycée de Toulouse, p. 877.

Celui des diplômes de lettres atteint, depuis 1874, 3694 pour la première partie :

Paris	2648
Départements	1046

2697 pour la seconde :

Paris	1920
Départements	777

Mais si l'on cherche dans l'ensemble de ces chiffres la proportion exacte des succès annuels, qu'arrive-t-on à constater?

De 1878 à 1884 — pour ne prendre que cette période — en appliquant le calcul à toutes les facultés de France, — on trouve qu'au baccalauréat ès lettres le nombre proportionnel des candidats admis varie, pour la première partie, de 36,18 pour 100 à 41,88 pour 100 ; pour la seconde, de 43,63 pour 100 à 48,19 pour 100; qu'au baccalauréat ès sciences complet il oscille entre 34,62 pour 100 et 38,80 pour 100 ; enfin, qu'au baccalauréat restreint il va de 38,85 pour 100 à 45,44 pour 100.

Les facultés de Paris, prises isolément, donnent une proportion maximum un peu plus élevée quant au baccalauréat ès lettres : première partie, 32,87 pour 100; seconde partie, 55,15 pour 100. Pour le baccalauréat ès sciences, au contraire, la proportion maximum est légèrement inférieure : 36,93 pour 100, baccalauréat complet; 44,62 pour 100, baccalauréat restreint[1].

1. On rapprochera utilement ces chiffres de ceux de la première session de 1885 (juillet-août). Si la proportion des succès est un peu plus élevée, c'est qu'elle représente dans l'ensemble du résultat annuel l'élément le plus favorable, les échecs étant toujours sensiblement plus nombreux à la session de novembre qu'à celle de juillet. Voir aux Annexes, n° XII.

Quelles que soient les différences, ce qui ressort de ces calculs, c'est, d'une part, que le nombre des élèves qui obtiennent le diplôme est sensiblement au-dessous de la moitié de ceux qui y prétendent; et ne dépasse guère les 2/5. A la vérité les candidats refusés peuvent indéfiniment recommencer, et d'un premier ou même d'un second et d'un troisième échec on ne peut conclure à un échec définitif. Mais du même coup il faut reconnaître que, dans la proportion des succès établie pour l'ensemble d'une année, il est plus d'un candidat qui affrontait l'épreuve au moins pour la seconde fois, et qu'ainsi le chiffre des élèves qui, à la fin de leurs classes, atteignent régulièrement le but, doit être diminué d'au moins 10 pour 100, ce qui réduit à 1/3 ce qu'on peut appeler les succès de première épreuve[1].

Tel est le bilan de cet examen auquel l'opinion a attaché la fortune de notre enseignement et l'avenir de la jeunesse.

Conclusion. — Est-ce là un régime d'études normal ? Que deviennent ceux qui n'ont pas affronté l'épreuve, et de quoi sont-ils capables au terme de leur stage scolaire poursuivi sans plus d'illusion que d'énergie? Parmi ceux-là même qu'après plusieurs tentatives

1. Cette proportion a presque toujours été la même à peu de chose près. En 1842 et en 1843, dit le duc de Broglie dans le rapport présenté à la Chambre des Pairs au nom de la commission chargée de l'examen du projet de loi sur l'instruction secondaire de M. Villemain, elle s'établissait ainsi :

Études faites	dans les collèges royaux, admission.	53 p. 100.
	dans les collèges communaux de premier ordre.	41 p. 100.
	dans les institutions de plein exercice.	43 p. 100.
	dans les familles.	36 p. 100.
Soit pour la proportion moyenne, laquelle contient à la fois ceux qui se présentent pour la première fois et tous les autres		41 p. 100.

infructueuses, un jour de bonheur sauve ou qu'un effort désespéré finit par jeter au port, combien en est-il dont le savoir, l'intelligence ou même simplement les habitudes de travail représentent ce qu'on serait en droit d'attendre de l'éducation générale qui est le propre des études secondaires?

Serait-ce que le nombre de ceux qui se livrent à ces études est plus considérable que ne le comportent les intérêts des individus et les besoins de la société?

L'enseignement secondaire, public et libre, comptait, à l'ouverture de la dernière année scolaire (1883-1884), 161 727 élèves[1]. Sur les 4 238 929 enfants et jeunes gens de sept à vingt ans dénombrés au recensement de 1881, c'est une proportion de 3,81 pour 100. Si l'on considère en outre que, malgré les progrès accomplis dans l'enseignement supérieur, nos facultés, à la même date, ne réunissaient pas plus de 16 464 étudiants[2], on conviendra sans peine que, bien loin d'excéder la limite raisonnable, le nombre des élèves des lycées et des facultés est loin d'atteindre la proportion nécessaire à la

1.

Lycées	49 634
Collèges	39 720
Enseignement libre laïque	25 917
Enseignement libre congréganiste	46 456
Total	161 727

2.

Facultés	de théologie catholique (dont 17 étudiants en droit)	250
	de théologie protestante	80
	de droit	5 747
	de médecine	6 005
	des sciences (préparation à la licence et à l'agrégation)	1 130
	des lettres (préparation à la licence et à l'agrégation)	1 724
Écoles supérieures de médecine et de pharmacie		1 528
		16 464

haute culture d'un grand pays. La Prusse aujourd'hui, pour ne prendre que cet exemple, puise dans ses gymnases, au profit des universités, plus de 24 000 étudiants.

Le mal ne vient donc pas de ce que les études secondaires sont trop recherchées, mais de ce que, par la direction donnée au contrôle qui en est la sanction, elles sont engagées dans une voie étroite et fausse. Laisser aveuglément converger tous les efforts vers le baccalauréat comme vers leur fin unique, n'est-ce pas déconcerter de nos propres mains l'équilibre des classes, et, renversant la pyramide, en faire imprudemment reposer sur le sommet tout le poids?

Mais comment serait-il possible de rendre à l'enseignement secondaire la large assise qui lui manque?

LES CONCLUSIONS A TIRER DE L'ENQUÊTE.

I

Les avantages de l'examen intérieur. — Nous l'avons vu : ni l'examen de carrière ni l'examen avec matières facultatives ne soutient la discussion. Il n'en est pas de même de l'examen intérieur. Pour nous, si nous avions à constituer en table rase et si l'État était seul maître de la direction de l'enseignement, nous n'hésiterions pas à proposer le système des examens intérieurs successifs, couronnés par un dernier examen plus solennel, mais intérieur aussi, et subi devant les maîtres de l'enseignement secondaire, juges autorisés, intéressés et légitimes.

C'est un mode de sanction qui a ses imperfections sans doute. Les abus en ont été plus d'une fois signalés à la tribune du Parlement de Berlin[1]. Pas plus qu'aucun autre, il ne saurait remédier aux infirmités de la nature humaine. Mais, pris dans son ensemble, il offre, à notre avis, d'incontestables avantages. Le premier de tous, c'est qu'il ne trompe personne. Les élèves sont avertis que le succès dépend du fond même de leurs études et non d'une préparation de la dernière heure ; que chaque pas qu'ils font les avance lentement,

1. Voir les observations critiques des directeurs de gymnase dans l'étude *Sur le baccalauréat et les assemblées de directeurs en Prusse*, publiée par M. Lange (*Bulletin pédagogique d'enseignement secondaire*, n^os des 20 juillet, 25 août et 8 septembre 1881).

mais sûrement, vers le but, et qu'il ne suffit pas d'un bond heureux pour le saisir. En même temps d'une année à l'autre les familles se sentent éclairées, soutenues, dirigées. De son côté, le maître, ayant conscience que les jeunes gens lui appartiennent et que le temps ne lui fera point défaut, peut conduire son enseignement sans se laisser ni attarder par les paresseux ou les incapables, dont, chemin faisant, il s'affranchit, ni entraîner par les impatients, qui n'ont rien à gagner à précipiter la marche commune. L'État enfin, tant par l'action particulière de chaque président de commission que par le contrôle général de l'ensemble des examens, intervient avec une autorité efficace, chaque établissement sachant qu'il est jugé par les résultats qu'il produit et faisant effort pour ne pas rester au-dessous de ses rivaux.

Les objections réfutables : les inquiétudes et les scrupules du corps enseignant. — Nous savons les inquiétudes que le système soulève dans l'esprit du corps enseignant ; nous n'en méconnaissons point la délicatesse. Mais les facultés ne se montrent-elles pas trop peu justes envers elles-mêmes, lorsqu'elles attachent aux examens du baccalauréat une part si considérable de l'autorité dont elles jouissent? Que le jugement des épreuves leur fournisse un moyen d'action, cela est moins contestable, bien que les conférences préparatoires aux grades et l'institution des boursiers leur donnent aujourd'hui toute sorte de vues plus larges et de prises plus fortes sur les études secondaires. La question est de savoir si cet office, qui les détourne assurément et parfois les absorbe pour un mince profit, ne peut être aussi bien rempli par d'autres, et si, pour la fonction dont elles sont investies comme pour la science à laquelle elles se doivent, il n'y aurait pas intérêt à les décharger d'un fardeau qui, alors même qu'il ne paraîtrait plus aussi lourd qu'autrefois, n'a pas cessé d'être pesant[1].

Non moins honorables sont les scrupules sur lesquels se fondent les résistances du personnel des lycées; mais ces scrupules ne dépassent-ils pas la mesure? Pourquoi nos maîtres seraient-ils moins propres que ceux des autres pays à remplir avec sagesse une obligation professionnelle? Les jeunes gens ne sont-ils pas jugés le plus souvent, au début même de leur carrière, par leurs professeurs immédiats? L'École Centrale, l'École de Saint-Cyr, l'École Polytechnique, l'École des Beaux-Arts, toutes les grandes Écoles d'application, en un mot, ne confèrent-elles pas directement les diplômes ou les emplois auxquels elles préparent? Et n'est-ce pas pour la licence et le doctorat le rôle propre des facultés? Entre l'enseignement secondaire et l'enseignement supérieur, où les auditeurs sont devenus aujourd'hui des élèves au sens étroit du mot, la différence ne serait-elle pas plutôt à la charge de l'enseignement supérieur, qui se prononce sur des intérêts d'une portée plus haute? Les professeurs des lycées invoquent contre eux-mêmes les faiblesses de notre tempérament national. Peut-être vaudrait-il mieux chercher à combattre ces préjugés pour en guérir que de se borner à s'en excuser pour les conserver? A ce compte d'ailleurs, pourquoi les susceptibilités de conscience n'iraient-elles pas jusqu'à s'interdire d'assigner des rangs et de donner des notes, de récompenser ou de punir, de prononcer

1. « En 1885-1886, lisons-nous dans le *Rapport du Conseil général des facultés* (*l'Université de Paris en* 1885-1886), le nombre des examens au baccalauréat a été, pour la Faculté des Sciences, de 5271, pour la Faculté des Lettres, de 7953, soit, au total, 13 224 — sans compter 518 examens de licence (280 pour les sciences, 518 pour les lettres) et 49 de doctorat 33 pour les licences, 16 pour les lettres).

sur les résultats des examens de passage qui peuvent arrêter net un enfant au cours de ses études? Notre personnel a, grâce à Dieu, toute sorte de raisons pour prendre plus de confiance en soi. Et quel complément de force ne trouverait-il pas dans cette solidarité d'efforts rattachant toutes les classes entre elles jusqu'à la classe suprême! Quelle puissance dans cette responsabilité de direction virilement acceptée! Quelle leçon aussi, véritable leçon d'éducation civique, que cet exemple de préoccupation élevée du bien général! Si en Allemagne le professeur — le professeur de gymnase comme le professeur d'université — jouit d'une considération que rien n'égale, c'est qu'au respect de la science qu'il représente s'ajoute dans l'opinion le respect de la magistrature qu'il exerce. Question de mœurs sans doute, et les mœurs ne changent pas au gré des règlements; mais la raison publique peut les modifier. L'autorité s'acquiert par le judicieux usage du pouvoir. Soyons-en sûrs : l'opinion une fois faite sur la fermeté éclairée des jurys de l'enseignement secondaire, les sollicitations dont on redoute l'assaut viendraient échouer à la porte des lycées, comme elles expirent aujourd'hui au seuil des facultés.

Les difficultés d'application. — Plus discutables sont les objections qui touchent à l'insuffisance au moins temporaire des juges. Pour quelques lycées, et pour un plus grand nombre de collèges, faute d'un personnel qualifié, le système de l'examen intérieur rendrait nécessaire pendant un certain temps l'institution de commissions départementales ou régionales, laquelle serait en quelque sorte la négation du système; mais il n'est pas de réforme qui ne suppose un régime de transition. Il n'est pas douteux non plus que la liberté de jugement laissée, même sous la surveillance d'une autorité supérieure, à chaque établissement, pourrait entraîner à l'origine, sur certains points, quelque dépression des études; mais entre les diplômes délivrés aujourd'hui n'y a-t-il pas, du premier au dernier, une différence à peu près égale à celle qui pourrait distinguer d'abord les uns des autres les certificats des divers lycées? Si l'on calcule toutes les chances mauvaises, ne faut-il pas faire aussi la part de la salutaire ambition des établissements qui, se sentant investis d'une sorte de personnalité, arriveraient à créer des règles? Ajoutons encore, si l'on veut, que certains collèges transformeraient sans doute leur enseignement de classique en spécial. Mais y aurait-il lieu de s'en plaindre? — Ce ne sont là, au surplus, que des difficultés d'application qui demanderaient une administration résolue, vigilante, et dont une solide organisation parviendrait à triompher.

Les objections décisives dans l'état présent de nos mœurs et de nos lois : le vœu du corps enseignant; les droits de la liberté. — Cependant — nous ne faisons pas difficulté de le déclarer — tous les raisonnements ne peuvent tenir à cette heure ni contre le vœu du corps enseignant, ni surtout contre l'état de la législation.

Le maintien du baccalauréat l'a emporté dans la très grande majorité des consultations; et lorsqu'on interroge un corps, c'est apparemment pour tenir compte de son avis, sauf à chercher à l'éclairer.

L'opinion contraire eût-elle prévalu, le principe de la liberté d'enseignement opposerait, quant à présent, aux tentatives les plus conciliantes un obstacle insurmontable. L'État ne peut remettre le droit de conférer un grade à des établissements qui n'acceptent pas son contrôle. Peut-il, d'autre part, étant donnée la division des esprits, les obliger à envoyer leurs élèves soit devant les commissions des lycées, soit devant des jurys mixtes? Peut-il enfin laisser les candidats se partager, suivant leur préférence, entre les commissions des lycées et les commissions de facultés, sans s'exposer à émouvoir les passions? Aujourd'hui les facultés offrent un champ neutre[1]; ce n'est pas le moment d'y planter le drapeau de la lutte. Il faut attendre et ne pas compromettre le fond de la réforme en l'appliquant avant que le temps et la raison publique aient fait leur œuvre de sagesse et d'apaisement.

Mais si, dans les conditions où nous sommes appelés à vivre aujourd'hui, le régime de l'examen intérieur ne saurait être adopté sans danger, quels que soient les avantages qu'il dût offrir pour rectifier et consolider l'assiette des études secondaires, — l'enquête suggère diverses mesures dont l'observation suivie avec zèle imprimerait sans aucun doute à l'enseignement une meilleure et plus fructueuse direction.

II

La réforme du baccalauréat par le baccalauréat : les propositions à suivre. — C'est du baccalauréat lui-même, respecté dans sa constitution traditionnelle, qu'on attend, faute de mieux, les remèdes aux vices du baccalauréat.

On veut moraliser l'examen, assurer les chances du travail régulier, atténuer la part de la fortune, égaliser les difficultés de l'épreuve. Si les propositions faites pour arriver à ces résultats n'ont pas toutes la même valeur, il suffit de choisir, en prenant celles qui sont d'un carac-

1. *Enquête*, recteur de Dijon, p. 215.

tère net et d'une indiscutable utilité. Voici, pour notre part, comment nous les apprécions.

1° Considérant l'état présent de nos mœurs et de nos lois, nous repoussons l'idée de modifier le jury. L'institution d'une commission spéciale et extra-scolaire — qu'elle soit départementale, régionale ou nationale — est celle qui s'éloigne le plus du but dont nous voudrions nous rapprocher. Sans lien direct avec les études, elle serait moins que toute autre en mesure d'en servir les intérêts. D'un autre côté, un bureau mi-parti ne donnerait satisfaction à personne. Il placerait l'un vis-à-vis de l'autre l'enseignement supérieur et l'enseignement secondaire dans une situation mal définie, délicate, grosse de difficultés. Les facultés n'y trouveraient d'ailleurs qu'un soulagement insuffisant; pour les lycées, on l'a justement remarqué, ce serait un élément de trouble, les professeurs étant enlevés à leur enseignement alors qu'ils y seraient le plus nécessaires. Enfin, à supposer qu'on pût, dans ces bureaux mi-partis, faire place aux écoles libres, serait-on sûr de trouver partout dans leurs représentants en province des assesseurs pourvus des titres nécessaires? Le principe de l'examen intérieur écarté, il n'est pas de jury qui puisse être mis en balance avec le jury de facultés, composé des professeurs et des maîtres de conférences : ce qui leur manque parfois d'expérience pratique de l'enseignement secondaire est compensé et au delà par la largeur d'esprit qu'ils apportent dans la conduite de l'examen.

2° Ce qui nous préoccupe surtout, c'est de fortifier les moyens qui permettent au candidat de se faire connaître, au juge de se prononcer avec sécurité, au personnel enseignant de combattre les préparations artificielles.

A ce titre, rien ne nous paraît plus légitime que d'autoriser la production d'un livret scolaire authentique, portant les notes, places, récompenses des dernières années d'études. C'est un témoignage loyal qui, n'ayant qu'une valeur morale, peut éclairer le jury sans le contraindre[1]. Nous n'oublions pas que, dans un sentiment contraire, on a demandé que les noms des candidats, enfermés sous pli cacheté, ne soient connus qu'après la correction des copies; mais cette sorte de mystère, sans compter qu'il paraît mettre le correcteur en suspicion, constitue à nos yeux une fausse mesure d'impartialité. Plus le candidat se sentira à découvert devant ses juges, plus il prendra confiance dans la valeur de son intelligence et dans les résultats de son application : ce qui est la première et juste récompense des études bien faites. Nous n'avons aucun goût non plus pour les étranges considérations de morale pratique qui conduisent à faire à l'aléa une large place, sous le prétexte de préparer la jeunesse aux mécomptes de la vie, ni pour le singulier système d'équité qui, indifférent aux mérites des meilleurs et sensible aux périls des autres, aboutit presque à accorder indirectement des points de faveur à la paresse ou à la médiocrité.

3° Nous craindrions de voir établir le régime de l'uniformité absolue des épreuves. Outre qu'il y a, semble-t-il, quelque chose de puéril à jeter toute la jeunesse à la même heure dans le même moule d'exa-

1. Voir au *Journal officiel* (séance de la Chambre des Députés des 23 et 24 mai 1882) les discours de MM. Mézières et Freppel : le commun reproche qu'ils font à l'examen du baccalauréat, c'est que le juge ne connaît pas ou connaît très insuffisamment le candidat sur le sort duquel il prononce.

men, nous ne croyons pas que l'identité du sujet de composition soit le moyen le plus éclairé d'assurer la justice du jugement; sans fermer les yeux aux inconvénients des déplacements, lesquels sont réels, nous partageons la manière de voir de ceux qui estiment que l'intérêt du candidat est d'être apprécié en une fois, par le même juge, dans son unité vivante, non à intervalle, et par des juges différents. Quelle nécessité d'ailleurs de ramener mathématiquement, pour ainsi dire, à une commune mesure le résultat des études, et d'empêcher, par exemple, que la faculté de Paris prenne sa règle dans le milieu scolaire où sa clientèle se développe? Laissons les jurys, à l'ouverture de chaque session, choisir eux-mêmes leurs sujets, en se préoccupant d'y maintenir un sage équilibre, et n'allons point, par je ne sais quelle superstition d'égalité — de l'égalité qui abaisse, — courber, d'un bout à l'autre de la France, tous les esprits sous le même niveau [1].

1. Nous devons reconnaître toutefois que le vœu relatif à l'uniformité de l'épreuve est assez général. En dehors de l'enquête, il a été formulé dans une pétition présentée, il y a deux ans, au Conseil supérieur par des représentants de l'enseignement libre. Nous croyons utile d'en reproduire ici le texte :

Les soussignés, directeurs d'établissements libres d'enseignement secondaire, inspirés par la pensée de servir les intérêts de l'instruction, des familles, des professeurs et des élèves, ont l'honneur de présenter à M. le Ministre de l'Instruction publique, président, et à MM. les membres du Conseil supérieur de l'Instruction publique la pétition suivante, dont l'objet principal est d'obtenir que les candidats aux deux baccalauréats ès lettres et ès sciences bénéficient du mode d'examen en vigueur depuis cinquante ans pour les écoles du gouvernement, telles que les Écoles Militaire et Polytechnique.

C'est pourquoi :

1° Considérant que les dérangements graves et les déplacements onéreux qui résultent de l'obligation de se rendre au siège de l'académie pour les épreuves écrites comme pour l'examen oral seraient évités aux candidats, si les compositions se faisaient au chef-lieu de chaque département et de chaque arrondissement, qui sont d'ordinaire les villes où sont établies les maisons d'études : de sorte que les seuls admissibles c'est-à-dire environ la moitié seulement des candidats, resteraient assu-

4° Nous ne sommes point davantage partisan des prescriptions générales sur la marche des examens, les

jettis à l'obligation de se rendre au siège des facultés pour l'examen oral,

Les soussignés demandent :

Que les épreuves écrites se fassent, pour toute la France, dans chaque chef-lieu de préfecture et de sous-préfecture, sous la surveillance d'un fonctionnaire de l'autorité administrative ou d'un membre délégué des facultés;

2° Considérant qu'il importe d'établir une entière uniformité et une équitable égalité dans l'objet des examens et conséquemment dans la valeur des grades, en faisant porter chacune des épreuves écrites sur un sujet ou sur un texte identique partout : ce qui rendrait impossible la différence remarquée à cet égard entre les diverses facultés et sessions,

Les soussignés demandent :

Qu'il soit donné un même sujet ou texte de composition à tous les candidats d'une même session, et que conséquemment les compositions se fassent les mêmes jours par toute la France;

3° Considérant qu'il importe de donner aux examens toutes leurs justes garanties d'impartialité, et d'éviter ainsi le soupçon, fondé ou non, d'acceptions de personnes, et pour cela il importe de montrer, par une mesure décisive et générale, que le seul mérite de la composition décide de l'admissibilité des candidats, à l'exclusion de leurs noms, titres et recommandations,

Les soussignés demandent :

Que les noms des candidats, remis sous pli cacheté, ne soient apposés sur les compositions qu'après la correction et le classement de celles-ci, avec les précautions d'usage;

4° Considérant que, surtout dans ces conditions meilleures, le succès du candidat à l'épreuve écrite constitue une constatation suffisante et définitive de sa capacité dans ce genre d'épreuve, sans qu'il soit besoin, en cas d'échec à l'examen oral, de l'assujettir ultérieurement à de nouvelles compositions en vue de nouveaux examens,

Les soussignés demandent :

Que l'admissibilité une fois obtenue par le candidat lui soit acquise indéfiniment et lui assure le droit de se présenter ensuite à l'examen oral, dans les sessions suivantes, tout en tenant compte, pour son admission, de la valeur des compositions qui ont décidé de l'admissibilité;

5° Enfin, considérant qu'il importe que désormais les cours scolaires soient le moins possible désorganisés dans les mois d'examen, et que pour cela il soit fait un règlement uniforme de la date des sessions, d'où il résulterait qu'un mois de plus serait donné à l'étude sérieuse : soit la première moitié de juillet et la seconde moitié de novembre,

Les soussignés demandent :

Que l'époque des épreuves écrites soit fixée aux premiers jours de juillet, et que les épreuves orales commencent le 20 juillet au plus tôt et le 1er novembre au plus tard.

Persuadés que les précédentes améliorations seraient profitables à

coefficients, etc. Nous ne voudrions réglementairement défendre au profit des candidats qu'une seule chose : l'intégrité de l'année de travail. L'examen nous opprime non seulement par ses exigences spéciales, mais par les dates auxquelles il s'impose. Pour l'admission aux grandes écoles du gouvernement, il rompt les classes dès le mois de juin; pour le baccalauréat, le ralentissement, puis la désorganisation commence avec le mois de juillet. Et voici qu'aux examens des élèves viennent s'ajouter ceux des maîtres : l'époque des épreuves écrites de l'agrégation étant avancée, les professeurs sont éloignés de leur chaire juste au moment où ils auraient à soutenir le dernier effort[1]. Aucune mesure ne serait plus utile peut-être que celle qui consisterait à ne laisser nulle part les sessions de baccalauréat s'ouvrir avant le 15 ou le 20 juillet : du même coup on reporterait au 15 octobre au plus tard la session de novembre, afin de ne pas retarder la constitution des classes[2]. Telles étaient les dates fixées

tous : aux candidats, pour qui l'admissibilité deviendrait désormais un droit acquis ; — aux familles, qui se verraient déchargées de frais considérables; — aux maisons d'éducation, qui y gagneraient un mois d'études; — aux professeurs de facultés, qui, n'ayant plus à surveiller des compositions si nombreuses, verraient abréger le temps et alléger la charge des sessions d'examens; — enfin au pays tout entier, qui trouverait dans ces réformes des garanties d'impartialité et d'équité,

Les soussignés ont la confiance que M le Ministre de l'Instruction publique et MM. les membres du Conseil supérieur de l'Instruction publique voudront bien prendre leur requête en considération,

Et ils les prient d'agréer l'hommage du plus profond respect avec lequel ils ont l'honneur d'être

Leurs très humbles serviteurs,

Suivent les signatures des adhérents, certifiées conformes.

1. Par suite de cette innovation, dans l'académie de Paris seule — et elle est naturellement l'une des mieux pourvues de professeurs munis de grades, — plus de 150 classes se sont trouvées sans direction, à partir du 20 juillet. Nous espérons que l'innovation ne sera pas maintenue.

2. En 1838 (circulaire du 21 juillet), M. de Salvandy avait prescrit aux commissions de ne procéder aux examens qu'après la distribution des

par les anciens règlements, et l'étendue des locaux dont disposent aujourd'hui les facultés, le nombre des chaires et des conférences qui ont été créées, leur permettraient assurément de resserrer les périodes d'examen : elles seraient les premières à en recueillir le profit[1].

5° Tant que, par l'application complète des instructions relatives aux examens de passage, nous ne serons pas arrivé à prendre de sérieuses garanties préalables, il nous paraîtra difficile de simplifier les épreuves, écrites ou orales. Mais c'était une règle bien judicieuse que celle du décret de 1811 repris par M. V. Duruy, qui prescrivait simplement d'interroger les candidats sur les programmes des deux dernières classes. Aucune idée ne nous semble pédagogiquement plus décevante que celle qui consiste à faire représenter dans l'examen toutes les matières de l'enseignement. « L'explication des matières, la spécification détaillée des questions, l'importance égale attachée à toutes les épreuves, amènent les candidats à se préoccuper d'accumuler dans leur souvenir des réponses toutes prêtes bien plus que de travailler pour le développement de leurs facultés à se rendre capables d'en trouver eux-mêmes. La tendance des élèves à une sorte de réceptivité toute passive s'en trouve fortifiée et arrive à déjouer souvent les efforts faits pour la combattre; c'est ainsi que, pour préparer à la composition française, on se

prix, afin de laisser aux élèves le bénéfice d'une complète année de travail.

1. « Chaque année, au mois d'octobre, dit le *Rapport du Conseil général des facultés* (*l'Université de Paris en* 1885-1886), que nous avons déjà plus d'une fois cité, nous voyons nos étudiants arriver très empressés; ils copient les affiches des cours, s'informent, cherchent à s'installer; mais leur place est prise par les candidats au baccalauréat, et leurs maîtres ne les voient qu'à la hâte, entre deux examens, très affairés, très fatigués. Cette session de novembre est nuisible aux études, très nuisible. »

préoccupe bien moins d'acquérir les qualités nécessaires de pensée, de méthode et de style que de se charger la mémoire de résumés tout faits et de fragments de manuscrits[1]. » Rien n'est plus exact. Le candidat succombe sous le fardeau de ces préparations aussi superficielles que laborieuses. Quant au jury, il n'a pas besoin de tant d'éléments d'appréciation. Il convient seulement de donner au juge le droit de choisir les textes d'explication, sans l'intervention de l'aspirant, et de lui assurer tout le temps nécessaire pour apprécier.

6° Eu égard à la surcharge des programmes, nous pensons qu'il y a, quant à présent, moins d'inconvénients que d'avantages à laisser subsister, pour les lettres, le baccalauréat scindé; au fond, ce dédoublement de l'examen se rapproche par quelque côté du mode de contrôle successif que nous croyons le plus sûr.

7° Si les jeunes gens ne peuvent être obligés à se présenter dans la région académique où ils ont fait leurs classes — les principes de la liberté pouvant en paraître atteints[2], — rien ne semble s'opposer à ce que, son choix une fois fait, le candidat soit, sauf exceptions justifiées, contraint de réparer son échec devant la faculté où il l'a subi : c'est le meilleur moyen d'encourager les efforts consciencieux et de tenir en éveil les négligences invétérées : un revers immérité n'est qu'un malheur; un succès de surprise est un scandale[3].

1. *Enquête*, recteur de Grenoble, p. 585.
2. « Le candidat peut choisir la faculté devant laquelle il subira son examen. » (Loi du 15 mars 1850, art. 60.)
3. « Ne pourrait-on du moins épargner aux facultés de Paris la peine d'examiner ces candidats voyageurs qui fuient leurs juges naturels, sans doute parce qu'ils espèrent cacher leur faiblesse dans cette foule qui nous assiège à chaque session? » (*Rapport du Conseil général des facultés de Paris*, 1885-1886).

8° Accorder indéfiniment le bénéfice de l'admissibilité acquise aurait, dans notre pensée, pour effet inévitable d'accréditer, sinon d'autoriser, les préparations de la pire espèce : on se ferait son plan d'études à petites journées, par étapes ; il n'est pas d'enseignement qui pût s'accommoder de cette marche à volonté. Que les candidats admissibles aux examens de juillet se présentent comme tels au mois de novembre devant le jury qui les a une première fois jugés, nous nous rallions volontiers à cette proposition, la session de novembre pouvant être considérée à quelques égards comme le prolongement de celle qui clôt l'année régulière. Mais tout examen subi après une année scolaire nouvelle doit embrasser les deux séries d'épreuves, sous peine de voir le baccalauréat exercer sur les études une influence encore plus funeste.

9° Nous allons plus loin : pour couper court aux candidatures qui se perpétuent dans la mollesse ou l'incapacité et qui ne peuvent produire que des sujets étiolés et sans fonds, nous serions disposé à émettre le vœu qu'après trois échecs l'aspirant fût obligé de renoncer.

10° La création d'un baccalauréat ès sciences physiques et naturelles et d'un baccalauréat ès sciences mathématiques nous semble justifiée : mais, pour des raisons que nous déduirons tout à l'heure, nous ne croyons pas qu'il y ait lieu d'instituer un baccalauréat élémentaire ou du premier degré.

11° L'ensemble de ces mesures ne peut être efficace qu'autant qu'elles seront soutenues par une forte discipline d'examens annuels. C'est de la juste sévérité des examens antérieurs que dépend la valeur de l'épreuve finale. La règle en est appliquée aujourd'hui dans l'enseignement supérieur[1]. Il y a longtemps qu'elle est prescrite dans l'enseignement secondaire[2]. On peut dire que, à cet égard, la tradition des statuts de l'an-

1. Tout étudiant qui n'a pas subi avec succès l'examen de fin d'année à la session de novembre au plus tard est ajourné à la fin de l'année suivante. *Décret du* 28 *décembre* 1880, art. 7, § 4 et 5 (Faculté de Droit). — *Décret du* 20 *juin* 1878, art. 4, § 3 (Faculté de Médecine, doctorat). — *Décret du* 1er *août* 1863, art. 6, § 1 (officiers de santé). — *Décrets des* 14 *juillet* 1875, art. 3, § 2, et 12 *juillet* 1878, art. 2, § 2 (diplôme de pharmacie).

2. Les termes de l'institution ont été, dès l'origine de l'Université, indiqués avec une grande précision : « Il y aura chaque année deux examens (les élèves faisaient deux classes par an), l'un au 15 fructidor et l'autre au 1er germinal. Les élèves qui n'auront pas les connaissances suffisantes pour passer à une classe supérieure resteront dans la même classe. Les examens seront faits par le directeur et le professeur de la classe pour laquelle les élèves se présenteront. Si le directeur est en même temps professeur, il s'adjoindra un autre professeur pour l'examen des élèves qui se présenteront à sa classe. » (*Arrêté du* 19 *vendémiaire an XII*, 12 octobre 1803, art. 27.)

« A la fin de chaque année scolaire, les élèves seront examinés sur toutes les connaissances affectées à leur classe, et l'on déterminera d'après cet examen s'ils peuvent monter à une classe supérieure. Cet examen se fera sous la présidence du recteur dans les lycées des chefs-lieux d'académie, et sous celle d'un inspecteur dans les autres lycées. Il sera fait au commencement de l'année un examen semblable des nouveaux élèves, pour fixer la classe où ils peuvent être placés. Les élèves qui n'auraient pas obtenu leur promotion à l'examen de la fin de l'année classique pourront se représenter à cet examen au commencement de l'année. » (*Statut du* 28 *septembre* 1814, art. 119, 120, 122, 123.)

« A la fin du dixième mois, d'après le résultat de l'examen, comme aussi d'après les notes et les places obtenues dans le cours de l'année, le proviseur dresse une liste des élèves de chaque classe qui sont susceptibles de monter, à la rentrée, dans une classe supérieure. Il inscrit sur une seconde liste tous ceux qui n'ont point obtenu leur inscription sur la première. Un double de ces deux listes est envoyé au recteur de l'académie. A la rentrée des classes, les élèves compris dans la deuxième liste sont soumis au nouvel examen, qui se fait en présence du proviseur, du censeur et du professeur de la classe à laquelle chaque élève est destiné. C'est d'après cet examen qu'on détermine définitivement ceux de ces élèves qui doivent monter dans une classe supérieure. A Paris, les examens ont lieu en même temps dans les divers collèges, et le recteur nomme à cet effet : 1° pour l'examen des classes d'humanités, autant de commissions qu'il y a de collèges; 2° pour l'examen des deux classes de philosophie, une commission spéciale partagée en trois sections, chargées, la première, de l'examen de la philosophie; la seconde, de l'examen des mathématiques; la troisième, de celui des sciences physiques. » (*Statut du* 4 *septembre* 1821, art. 203 à 205.)

cienne Université n'a jamais été interrompue. Depuis la loi du 10 floréal an X chaque plan d'études est suivi d'un arrêté relatif aux examens de passage[1]. Il n'est pas d'instruction peut-être qui ait été plus rigoureusement renouvelée.

Depuis cinq ans elle est suivie dans tous les lycées et collèges de l'académie de Paris. A la rentrée de 1880, 210 élèves de l'enseignement classique ont dû redoubler leur classe ou quitter l'établissement, et 50 ont pris ce dernier parti. Ce n'était qu'une sorte d'avertissement. En 1884 le nombre des examens jugés insuffisants s'est élevé à 1179 : 878 enfants ou jeunes gens ont été invités à refaire le cours qu'ils avaient mal fait ; 301 se sont résolus à partir. Une telle sanction, certes, n'est pas illusoire[2]. Ce qui s'est fait témoigne de ce

1. *Arrêté du 12 octobre* 1803. — *Statut du* 28 *septembre* 1814. — *Statut du* 4 *septembre* 1821. — *Arrêté du* 29 *juin* 1838. — *Arrêté du* 22 *septembre* 1840. — *Arrêté du* 30 *avril* 1852. — *Arrêté du* 14 *mars* 1865. — *Circulaire du* 28 *septembre* 1880.

Deux arrêtés, celui du 1er juillet 1830 et celui du 8 août 1837, limitaient l'obligation de l'examen de passage aux classes supérieures à partir de la quatrième inclusivement; l'arrêté du 22 septembre 1840 l'avait rétablie pour toutes les classes.

2. A la fin de la présente année scolaire 1884-1885, voici quel a été le résultat des examens du passage :

	NOMBRE des élèves.	ADMIS.	AJOURNÉS à l'examen de rentrée.	AJOURNÉS définitivement.
Lycées.	7 406	4 462	2 603	431
Collèges	4 601	3 035	1 076	490
TOTAUX. . . .	12 007	7 497	3 679	921

Sur le nombre des ajournés on peut calculer, d'après les notes, que la

qui se pourrait faire, alors surtout que tout le monde est d'accord pour reconnaître combien il est raisonnable de faire fond sur ce moyen d'action. Les objections ne viennent que de la crainte de voir l'enfant soumis chaque année à un régime d'examen préjudiciable à sa santé. Mais ces objections tombent devant le procédé judicieusement recommandé de tout temps pour l'exécution des règlements[1]. En réalité, tout élève qui, au

proportion de ceux qui, au mois d'octobre, devront prendre le parti soit de redoubler, soit de renoncer, atteindra près de 2000. Cette proportion a été justifiée par les faits.

1. L'un des meilleurs règlements qui aient été édictés sur les examens de passage est celui du 22 septembre 1840. Il est ainsi conçu :

« Article premier. A la fin de l'année scolaire, il sera dressé, dans toutes les classes des collèges royaux et des collèges communaux de plein exercice, une liste des élèves de chaque classe ou division de classe par ordre de mérite. Cette liste sera formée d'après les notes et les places obtenues par les élèves dans chaque classe, y compris les compositions de la fin de l'année pour la valeur qui leur est attribuée par les règlements

« Art. 2. A partir de la sixième inclusivement, les élèves qui ne seront pas compris dans les trois premiers quarts de la liste de mérite précitée ne pourront être admis dans la classe immédiatement supérieure avant d'avoir subi un examen qui constate leur aptitude à suivre utilement ladite classe.

« Art. 3. Ces examens d'admissibilité auront lieu pendant la première semaine à dater du jour de la rentrée des collèges, aux heures ordinaires des classes, en présence de tous les élèves de la classe ou division. Ils seront faits dans chaque classe par le professeur ou agrégé divisionnaire.

« Art. 4. Dans les chefs-lieux académiques, le recteur assistera auxdits examens avec le concours des inspecteurs d'académie, du proviseur et du censeur des études. Dans les collèges royaux autres que ceux des chefs-lieux académiques, un inspecteur sera délégué pour assister aux examens, avec le concours du proviseur et du censeur des études.

« Art. 5. Dans les collèges de Paris. les examens auront lieu avec le concours du proviseur, du censeur des études et d'un délégué spécial du Ministre. Le proviseur et le censeur des études se partageront les diverses classes ; le délégué du Ministre s'assurera que les examens se font dans toutes les classes avec la sévérité convenable.

« Art. 6. Tout élève qui, d'après le résultat de l'examen, ne sera pas jugé capable de suivre utilement le cours pour lequel il s'est présenté sera replacé dans la classe inférieure.

« Art. 7. Chaque professeur dressera un procès-verbal de l'examen avec ses propositions motivées. Le proviseur joindra ses observations, le délégué du Ministre un rapport spécial, et le recteur prononcera. Le résultat définitif de ces diverses opérations sera transmis au Ministre.

« Art. 8. Tout élève porté sur la liste prescrite par l'article 1er du pré-

cours de l'année, a pris rang dans le premier tiers de sa classe, obtient par cela seul droit de passage. L'examen n'est imposé qu'à ceux qui se sont laissés attarder par la paresse ou dont l'inaptitude a formellement arrêté les progrès. Y a-t-il quelque incertitude sur la valeur de l'enfant, provisoirement l'indulgence prévaut. L'examen mal subi par l'élève au mois de juillet devant les professeurs de la classe qu'il va quitter et qui le connaissent le mieux peut être réparé au mois d'octobre devant les professeurs de la classe où il va entrer. Tout ce travail intérieur est suivi par le chef de l'établissement, préoccupé de concilier les conditions d'un bon régime d'études avec le crédit de bienveillance qu'il est toujours juste de faire à la jeunesse. Le procédé est donc aussi simple que sincère. Du jour où il serait appliqué avec une prudente énergie, les critiques dont le baccalauréat est l'objet perdraient beaucoup de leur importance[1]. « Les examens de passage, disait en 1872 M. Jules Simon, ont à nos yeux une importance capitale. En effet, pour qu'une classe soit bien

sent règlement, et qui, pour motifs légitimes, aurait obtenu l'autorisation de ne rentrer au collège qu'après l'ouverture des cours, devra satisfaire à l'épreuve ci-dessus prescrite. Tout élève venant du dehors, qui, soit au commencement, soit dans le cours de l'année scolaire, se présenterait pour être reçu dans une classe, devra, indépendamment des certificats exigés par l'article 76 du statut du 4 septembre 1821, subir un examen spécial d'admission. Dans l'un et l'autre cas, l'examen aura lieu devant le professeur ou agrégé, avec le concours du proviseur et du censeur des études.

« Art. 9. Le présent arrêté sera applicable dans tous les collèges royaux et dans les collèges communaux de plein exercice, à partir de la prochaine rentrée des classes. »

1. Circulaire du 27 septembre 1877. — Cf. les circulaires des 26 juillet 1841, 25 septembre 1847, 21 juin 1851, 22 mai 1852, 29 juin 1855, 27 septembre 1872, 28 septembre 1880. « Trop souvent, dit cette dernière circulaire, les familles, considérant comme une sorte de déchéance les refus d'admission dans le cours supérieur, assiègent l'administration de leurs doléances pour que ce chagrin leur soit épargné. Elles oublient trop, ce semble, qu'elles courent au-devant d'un mal beaucoup plus grand et plus réel, dont les conséquences, pour être lentes à se manifester, n'en seront pas moins désastreuses. »

faite, il faut que tous les élèves présents soient en état de la suivre. Les enfants qui remplissent les derniers bancs, et qui, faute de préparation antérieure, ne comprennent plus ce qui se dit devant eux, détournent l'attention de leurs camarades, découragent le professeur et le réduisent trop souvent aux conditions d'un surveillant. Mais ce qui est encore plus grave, c'est de ne pas avertir les familles de l'incapacité de leurs enfants. Prévenu à temps, un père renoncerait à pousser son fils jusqu'au baccalauréat; il le mettrait dans l'industrie, dans le commerce, et ne s'épuiserait pas en sacrifices inutiles pour entretenir un écolier paresseux et préparer à la société le pire des parasites, un ignorant présomptueux. Ce sont ces neuf ans de tolérance coupable qui rendent le discernement des candidats difficile à faire et la justice pénible à exercer. »

III

Le besoin d'une autre forme d'éducation secondaire. — Toutefois le mal est plus profond. L'institution du baccalauréat, consacrée par les privilèges que les règlements et l'usage ont attribués au diplôme, a eu pour effet de ramener les études secondaires à un type unique. Cette unité est-elle compatible avec notre état social ? Il y a déjà plusieurs années que nous avons posé le problème[1]. L'enquête le soulève à son tour. Il n'en est point dont la solution soit plus pressante.

1 Voir, tomes II et III, *l'Enseignement secondaire spécial* et *la Question des programmes.*

Le type uniforme de l'enseignement classique. — Certains esprits, fidèles à des traditions de l'ordre le plus élevé, se persuadent volontiers aujourd'hui encore que les études fondées sur la connaissance des langues anciennes constituent seules l'éducation à laquelle doit aspirer quiconque prétend au delà de l'instruction primaire. On considère que, même chez ceux qui n'ont fait que les traverser, ces études laissent un fonds de culture que rien ne remplace : les plus médiocres se reconnaissent à je ne sais quel sentiment tout à la fois plus vif et plus juste des choses humaines ; ils ont profité, presque sans le vouloir, comme on profite inconsciemment de l'air salubre que l'on respire. Nous ne contestons point ce que d'une manière générale l'observation a d'exact. Sans doute — tous ceux qui ont professé en ont fait l'expérience, — il est dans nos lycées un certain nombre d'élèves qui, sans marquer aux premiers rangs, se forment en quelque sorte dans l'ombre de la classe, tant par l'exemple de leurs camarades que sous la parole du maître, et recueillent sans éclat les germes d'un enseignement qui fructifie plus tard dans leur esprit mûri par la pratique sérieuse de la vie. Mais combien d'autres, faute d'avoir trouvé l'aliment qui convenait à leur intelligence, s'isolent du mouvement général et ne remportent de ces études mal appropriées que des habitudes d'indifférence et d'inertie, l'impatience de tout travail, le dégoût, plus redoutable encore peut-être que l'ignorance pour le développement de l'activité de l'enfant !

Peut-on oublier d'ailleurs la nécessité de faire une place, à côté de la culture littéraire, aux nouveaux éléments d'instruction que comporte le progrès incessant des sciences dans les sociétés modernes? Il y a moins de quarante ans encore, le programme des études secondaires avait presque la simplicité de la tragédie antique. Quelle complexité aujourd'hui dans ces enseignements qui se pénètrent, se croisent, s'enchevêtrent! Alors que la division du travail est devenue la loi universelle, convient-il de n'admettre dans l'éducation nationale qu'une forme à laquelle soient assujetties toutes les intelligences, quelle que soit la différence des destinations qui les attendent et des intérêts qui les sollicitent? Cet enseignement propre à tout et à tous sert-il les besoins du pays? Remplit-il les vœux des familles? Profite-t-il même aux études classiques qu'il s'agit de sauver?

L'éducation secondaire à deux degrés. — Le sentiment qui ressort des témoignages de l'enquête, c'est qu'il est impossible d'embrasser dans une même direction des vocations absolument divergentes; sentiment si précis, qu'il se traduit en un vœu d'une nouveauté hardie : la constitution d'une éducation secondaire à deux degrés; le premier degré répondant aux nécessités communes de l'éducation dite libérale, le second ouvrant la voie dans l'enseignement supérieur à tous les compléments d'études spéciales.

Mais est-il possible de se dissimuler que la création d'un baccalauréat élémentaire aurait tout d'abord pour résultat l'abaissement du niveau général, alors que l'objet même de cette création serait de mettre le premier diplôme à la portée du plus grand nombre? Il est tant d'ambitions qui s'en trouveraient satisfaites! Ce serait, à bref délai, le découronnement de l'enseignement secondaire, qui, si l'examen, comme on le propose, était placé à la fin de la seconde, n'aurait plus de rhétorique ni de philosophie, ces deux classes maîtresses, moins encore peut-être à cause des études qu'elles représentent qu'en raison de la maturité relative avec laquelle on les aborde et qui en assure le profit. — Si du moins la mesure devait tourner à l'avantage de ceux qui pousseraient au delà du terme commun! Mais comment espérer sérieusement faire marcher de front avec cette élite la masse de ceux qui seraient résolus par avance à ne pas fournir toute la carrière[1]? C'est cette masse paresseuse et lourde, sans fond ni foi, qui comme toujours ferait la loi. Et sur une base ainsi affaiblie que pourrait édifier l'enseignement supérieur? Pour ne parler que des facultés des lettres, après avoir très utilement transformé une partie de leurs cours en conférences, elles devraient donc convertir leurs conférences en classes avec correction de devoirs écrits et retour aux premiers principes! Ne sait-on pas ce que dès aujourd'hui elles ont à faire pour combler les lacunes de l'instruction élémentaire de leurs boursiers? Dépression des études secondaires, au grand détriment de la culture intellectuelle moyenne du pays, et déviation de l'enseignement supérieur, au détriment non moins grand de la culture la plus élevée, tels sont les deux termes auxquels aboutirait fatalement l'organisation d'un baccalauréat à deux degrés. L'exemple de la Belgique, sous ce rapport, n'est-il pas le plus décisif des avertissements[2]? N'enlevons rien à l'enseignement secondaire, si nous voulons, d'une part qu'il offre à l'enseignement supérieur un support

1. « Aujourd'hui, dès la quatrième, les élèves refusent d'étudier le grec, sous prétexte qu'ils ne doivent pas poursuivre leurs études littéraires. » (*Enquête*, collège de Compiègne, p. 756.)

2. M. Bréal, *Excursions pédagogiques*, p. 180, 181. — « Les meilleurs esprits ne sont-ils pas déjà presque résignés à réserver le grec pour l'examen de licence? » (*Enquête*, faculté des lettres de Paris, p. 607.) — Un

résistant, d'autre part qu'il demeure le régulateur autorisé de l'esprit public et continue à former pour la société des cadres solides.

On suppose, il est vrai, que cet enseignement de second degré pourrait être créé dans des conditions telles, que les facultés n'en reçussent aucun affaiblissement, bien plus, que les études du lycée en fussent fortifiées. Il s'agirait simplement d'organiser des cours supérieurs de lettres sur le plan des cours de mathématiques spéciales, qui, à l'origine, portaient, eux aussi, le nom de mathématiques supérieures. Mais oublie-t-on les conditions dans lesquelles se recrutent ces cours de mathématiques? Un certain nombre des élèves qui les peuplent sont des jeunes

mouvement en ce sens s'est produit l'an dernier en Hollande. « Vers la fin de l'année 1886, écrit M. Block, professeur d'histoire à Groningue, un certain nombre de pères de famille de La Haye présentèrent au conseil municipal une adresse tendant à faire disparaître le grec du programme de l'enseignement secondaire. Un peu plus tard les professeurs de l'Université entrèrent dans la lice : quelques professeurs de droit demandèrent que le grec fût déclaré facultatif pour les élèves des gymnases qui voudraient suivre le chemin des études juridiques.... Et les professeurs des sciences ne restèrent pas en arrière.... Ils furent d'avis que le grec fût déclaré facultatif pour les élèves des gymnases qui voudraient suivre le chemin des sciences, et que le latin subît pour ces mêmes élèves une restriction sensible. C'était vers l'époque où les chambres des États-Généraux ouvrirent la discussion générale sur le budget des affaires intérieures, dont l'enseignement forme une partie considérable.... A son tour la presse se mêla de l'affaire.... Des brochures sur la question du grec inondèrent le marché.... Enfin la discussion devant les Chambres s'ouvrit. Le Ministre de l'Intérieur, assisté de quelques membres de la Chambre des Représentants, se prononça pour le grec.... Courage, champions de l'enseignement classique!... La discussion devant la Chambre des Représentants vous a montré que le danger pour le grec n'était pas encore imminent. Déjà la tempête s'est calmée, mais ne vous reposez pas sur vos lauriers. Améliorez ce qui peut être amélioré, mais songez que vous avez un puissant adversaire dans ce siècle : le Satan de l'utilité immédiate, qui veut voir le résultat du moment, en oubliant les résultats des temps à venir, qui veut sacrifier l'idéal à la pratique. » (*Revue internationale de l'enseignement*, 15 mai 1887.) — Voir aux Annexes, n° XIII, le Discours que nous avons prononcé à la réunion de l'Association pour l'encouragement des études grecques en France, et n° XIV, Une Visite à l'Université d'Édimbourg.

gens qui, changeant de voie à partir de la quatrième ou de la troisième, ont passé par toute la série des classes de mathématiques depuis les préparatoires; les autres, poussant jusqu'à la seconde, ont débuté par une division inférieure d'élémentaires; les meilleurs attendent qu'ils aient terminé leurs études littéraires et pris le baccalauréat ès lettres ; parmi ceux-là même il n'en est guère qui ne fassent une ou deux années d'élémentaires, et il n'en est point qui ne redoublent les spéciales ; en un mot, c'est toute une éducation. Imagine-t-on qu'il puisse en être autrement pour les lettres? Oui peut-être, s'il ne s'agit que d'appliquer une sorte de vernis sur un fond sans solidité. Mais, la tâche étant sérieuse — qu'elle soit accomplie à la faculté ou au lycée, — il faudra bien, dans ces cours de second degré, reprendre à nouveau les éléments plus ou moins bien établis dans le premier. Il suffit de voir ce qui se passe pour les candidats à l'École Normale et aux bourses de licence. Sauf les exceptions qui sont le fait d'une élite restreinte, n'ont-ils pas à subir une double, parfois une triple vétérance de rhétorique? Et, parmi ceux dont le succès couronne les efforts, combien en est-il qui arrivent surmenés, n'ayant plus ni fraîcheur d'esprit ni force, faute d'avoir été préservés de la fatigue des fausses manœuvres par une direction prise de loin, ferme et sûre ! Gardons-nous de cette espèce d'enseignement à rallonges, pour me permettre ce terme familier. La superposition des cours peut être, dans certains cas, un moyen nécessaire ou un expédient utile; elle ne saurait servir de règle. L'étoffe dont se fait un bon esprit ne se compose pas de pièces rapportées et ajustées avec plus ou moins de bonheur; c'est une trame tissée dès les premiers linéaments suivant un plan régulier, et où tout se coordonne, s'enchaîne, se tient.

La nécessité de séparer pour fortifier. — Au lieu de s'ingénier à tronquer les études pour tenir rapprochés des éléments que tout sépare, pourquoi ne pas chercher plutôt à distinguer franchement, résolument, ce qui est devenu distinct par la force des choses, et fortifier, par la séparation même, ce qu'une union factice ne peut qu'affaiblir?

Ce sentiment s'impose de plus en plus à l'opinion éclairée[1]. « C'est le rêve de toute administration, de l'administration universitaire comme des autres, de vouloir partout établir les mêmes règles, écrivait récemment, dans une étude justement remarquée, un publiciste d'une compétence incontestée et d'un sens droit[2]. Les esprits sont différents, les caractères différents, les aptitudes différentes, n'importe! On veut tout plier aux mêmes lois, faire peser sur tous les mêmes exigences. Ne faudrait-il pas, tout au contraire, en matière d'éducation surtout, se rapprocher davantage de la nature qui est si libre, si riche et si variée? Plus nous aurons de types divers de l'enseignement, plus nous aurons de chance que tout jeune homme rencontre ici ou là la direction qui lui est propice; les intelligences seront moins coulées les unes et les autres dans le même moule et l'activité du pays tout entier y aura gagné. Hélas! s'il sort de nos lycées tant de véritables avortés, ce n'est pas à eux seuls qu'en appartient la faute! » Et il concluait à la constitution d'un enseignement secondaire français, distinct de l'enseignement dit

1. Voir la brochure *la Crise de l'enseignement secondaire*, par M. Ch Lebaigue, membre du Conseil supérieur de l'Instruction publique.

2. M. Charles Bigot, *les Programmes de l'enseignement secondaire*. Cette étude a été insérée dans la *Revue politique et littéraire* des 13 et 20 décembre 1884, 5 et 10 janvier 1885. Elle fait aujourd'hui partie du volume intitulé *Questions d'enseignement secondaire*.

classique, classique aussi cependant à sa façon, — car il embrasserait, avec les sciences, la langue et la littérature françaises, les langues vivantes, l'histoire et la philosophie, — mais absolument indépendant du grec et du latin, réservés dès lors à ceux qui rechercheraient une culture d'un ordre plus raffiné et plus délicat : « Quand nous aurons un enseignement secondaire français ainsi organisé, ajoutait-il, il n'y aura plus de raison de refuser à ses disciples et le baccalauréat et les avantages que confère le diplôme de bachelier. » — « La véritable réforme des études secondaires, la réforme la plus urgente, disait de son côté, avec une égale passion des fortes études et du bien public, M. Th. Reinach[1], est de fermer l'accès des classes supérieures à un grand nombre de jeunes gens qui ne font que les encombrer. » Et il demandait qu'on leur ouvrît les portes de l'enseignement secondaire spécial régularisé et fortifié. Enseignement secondaire français ou enseignement secondaire spécial, au fond, se[illegible]e-t-il, la différence n'est pas grande, sauf en ceci, que l'un existe et n'a besoin que d'être encouragé, tandis que l'autre serait à constituer de toutes pièces. L'enseignement spécial n'a-t-il pas même pendant longtemps porté le nom d'enseignement français ? Mais, quelles que soient les diversités d'appellation — diversités qui ne résisteraient pas à l'interprétation saine et libérale des règlements actuels de l'enseignement spécial, — l'objet commun de ces protestations qu'appuient tant d'autres témoignages, c'est qu'on ne saurait espérer de maintenir dans le même lit deux courants qui tendent chaque jour à s'écarter davantage.

1. Lettre au journal *le Temps*, 8 octobre 1879. Cf. dans le même journal un article du 19 septembre 1879 et une lettre anonyme insérée dans le numéro du 10 octobre de la même année.

A ne prendre la question que par le côté où elle touche aux examens de passage, qui sont unanimement considérés comme la force la plus sûre dont nous disposions pour la régénération du baccalauréat, quelle sera la sanction raisonnable de ces jugements, si les moyens nous manquent de remettre dans leur chemin ceux qui se fourvoient? Les éliminations les plus justifiées ne vont jamais sans quelque peine pour ceux qui les imposent aussi bien que pour ceux qui les subissent. Si l'on veut qu'elles tournent au profit des enfants qu'elles frappent, ne faut-il pas qu'on puisse leur dire : il y a d'autres études secondaires qui se proposent, elles aussi, dans une large mesure, l'éducation générale de l'esprit, que la société honore et auxquelles elle assure les avantages compatibles avec les garanties qu'elles fournissent[1]?

C'est l'incomparable supériorité qu'offre l'organisation de l'enseignement public dans la plupart des pays qui nous environnent ; et cet avantage, nous en sommes encore à nous le disputer à nous-mêmes, alors que les autres en recueillent déjà si manifestement le profit.

Les obstacles opposés au développement de l'enseignement secondaire spécial. — Chose singulière : une révolution s'est accomplie, il y a cent ans, dans l'état social des peuples civilisés; et, comme il était naturel, nulle part cette révolution n'a marqué plus profondé-

1. C'est sur ce point qu'insistait judicieusement M. Chevandier de Valdrôme dans les déclarations qu'il avait portées à la Chambre des Députés (séance du 2 décembre 1882). Voir plus haut, p. 182, note 1. — « Quant au moyen de défendre l'examen contre tout abaissement de niveau qui tiendrait à la faiblesse de la majorité des candidats, et d'éviter l'encombrement des classes par des élèves insuffisants, tout en parant aux conséquences d'examens de passage rigoureux et officiellement constitués, ce n'est pas, il me semble, dans un simple remaniement des baccalauréats, mais dans une réorganisation de notre système d'enseignement qu'il faudrait le chercher. » (*Enquête*, recteur de Grenoble, p. 387, 388.)

ment sa trace que dans le pays d'où le mouvement était parti. Tout s'est transformé dans nos sentiments, nos intérêts, nos lois, nos mœurs; l'instruction a cessé d'être un privilège, la propriété un droit de naissance. A une société reposée et enfermée dans les limites que lui avait assignées la nature, ne connaissant et ne pratiquant guère avec les nations voisines d'autre échange que celui des idées, a succédé une société affairée, expansive, sollicitée de toutes parts par les intérêts du commerce et de l'industrie, mise en demeure, non plus seulement de soutenir l'éclat de sa grandeur héréditaire par la propagande de la production littéraire ou des découvertes scientifiques dont elle n'a pas cessé d'être le foyer, mais de lutter sur tous les marchés du monde pour le développement de sa richesse matérielle, pour la vie. Sur une population de 15 millions d'hommes engagés dans les branches diverses de l'activité nationale, plus de 14 millions sont voués aux professions industrielles et commerciales, tandis que les professions libérales en retiennent à peine 800 000. Par un effet naturel du progrès de la démocratie, ce sont les représentants de ces professions industrielles et commerciales qui sont appelés, chaque jour davantage, à siéger dans les conseils élus, à régler les intérêts généraux, à décider de la fortune et de l'honneur de la France. En présence de cette transformation, il n'est pas un ministre de l'instruction publique, depuis quatre-vingts ans, pas un homme d'État qui n'ait travaillé à établir la nécessité d'élargir les cadres de l'enseignement secondaire, en respectant, en développant même les études classiques, mais en créant à côté d'elles une forme d'éducation nouvelle pour des besoins nouveaux[1]. Un enseignement s'est créé, en effet,

1. Cette idée est nettement définie dans tous les documents relatifs à la création de l'enseignement spécial « Sur la base commune de

dans l'esprit que Richelieu avait, il y a deux siècles, préconisé et comme prophétisé, d'après les règles étudiées de notre temps par Renouard, Guizot, Cousin, Villemain, Saint-Marc Girardin, et codifiées par M. V. Duruy. Mais tout a manqué à sa naissance : le nom, qui fait souvent la fortune des choses; les ressources, sans lesquelles les meilleures institutions sont condamnées au discrédit; la confiance de ceux qui devaient contribuer à le fonder. Malgré les difficultés qu'il rencontrait pour vivre, il a réussi d'abord à ne pas mourir. Bientôt il s'est fait reconnaître. Puis, par la clientèle nombreuse qu'il a réunie, il s'est imposé. Un jour vint où des programmes lui furent donnés, programmes étendus outre mesure, comme il arrive dans les jours d'entraînement[1]. Tandis que pour les études classiques on maintenait le baccalauréat ès sciences distinct du baccalauréat ès lettres, on réunissait pour le baccalauréat de l'enseignement spécial les

l'enseignement secondaire, disait M. Duruy, s'élèveront parallèlement les deux enseignements secondaires. » — « L'enseignement secondaire spécial, écrivait M. Chauchat, rapporteur du projet de la loi de 1865 au Corps législatif, n'est pas en opposition avec l'enseignement classique; il a sa place et sa place nécessaire à côté de cet enseignement. » — « Le nouvel enseignement, répétait à son tour M. le conseiller d'État Langlois dans son exposé des motifs, constitue une variété, une division de l'ordre d'instruction que la loi a désignée sous le nom d'instruction secondaire. — Son nom même, dans la pensée de ceux qui en avaient étudié de plus près les caractères nécessaires, achevait de lui assurer ce rang. » « La commission, nous citons ici encore le texte même du rapport de M. Chauchat, la commission croyait avoir trouvé la dénomination vraie qui distinguerait l'enseignement nouveau de l'enseignement classique. Dans l'enseignement classique, ce sont les langues mortes qui servent d'instrument principal pour l'éducation et l'instruction. Dans le nouvel enseignement secondaire, on n'apprendra plus ni le grec ni le latin; c'est l'étude approfondie de la langue française qui sera l'instrument principal de culture. La majorité de la commission avait donc préféré à toute autre la dénomination d'*enseignement secondaire français*. Mais l'amendement présenté à ce sénat a été rejeté par le conseil d'État. »

1. Voir les programmes du 28 juillet 1882.

sciences et les lettres[1]. Et par une nouvelle disgrâce qui est tout à la fois un manque de justice et une faute, en même temps qu'on lui demandait tout, on ne lui accordait rien. Sauf l'admission aux examens de la licence ès sciences[2], le baccalauréat de l'enseignement spécial ne confère à ceux qui seraient tentés de le prendre aucun des avantages dont le baccalauréat classique est si largement doté[3]. Ce n'est même pas pour lui qu'il élève ses meilleurs sujets. Arrivés à la veille du terme de leurs études, ils l'abandonnent — comme si son sort était d'être trahi par tout le monde, même par les siens — pour passer dans quelque classe préparatoire où, après s'être frottés de latin pendant six mois, ils s'assurent le bénéfice d'un diplôme qui les met en possession de tous les droits[4].

L'enseignement secondaire spécial devant l'enquête. — Jamais cependant, il faut le reconnaître, il n'a ren-

1. Ces anomalies singulières se retrouvent dans le détail même des programmes. « N'est-il pas étrange, par exemple, que le programme d'aucun baccalauréat, sauf celui du baccalauréat de l'enseignement spécial, ne contienne pas la plus petite mention d'histoire ancienne? C'est cependant ainsi. » (*Enquête*, faculté mixte de médecine et de pharmacie de Lille, p. 270.)

2. *Décret du* 28 *juillet* 1882, art. 8.

3. « Aujourd'hui le baccalauréat de l'enseignement spécial n'est accepté par aucune administration. Dans les contributions indirectes, par exemple, on recevra un candidat qui apportera un certificat constatant qu'il a fait ses études jusqu'en troisième avec plus de faveur qu'un bachelier de l'enseignement spécial. » (*Enquête*, lycée d'Albi, p. 872.)

4. « Malgré les plus grands efforts, les lycées de Paris et quelques rares lycées de province sont à peine arrivés à constituer la cinquième année de l'enseignement spécial. La multiplicité et la difficulté des épreuves du baccalauréat de l'enseignement spécial, jointes à l'absence de sanction, en détournent les candidats. Les élèves qui se destinent aux carrières scientifiques abandonnent, comme par le passé, l'enseignement spécial au bout de la troisième ou de la quatrième année pour les classes de mathématiques de l'enseignement classique. » (*Enquête*, lycée Janson de Sailly, rapport présenté par MM. Brettling, censeur des études, et Fourteau, professeur de physique, p. 689.)

contré plus de bon vouloir, à en juger par l'enquête. Dans un grand nombre d'assemblées — facultés, lycées ou collèges — il a obtenu les honneurs d'une discussion sérieuse, passionnée même parfois, à son profit[1]. Il est, semble-t-il, peu d'esprits qui lui restent décidément hostiles[2]; la plupart reconnaissent qu'il a, qu'il doit avoir sa place[3]. On demande en sa faveur des établissements distincts[4]; on sollicite des privilèges bien déterminés pour les diplômes auxquels il aboutit; on compte sur l'opinion pour les réclamer, et sur les pouvoirs publics pour les accorder[5]. Des juges en mesure de suivre le mouvement des esprits n'hésitent même pas à proposer de fondre le baccalauréat ès sciences avec

1. *Enquête*, faculté des sciences de Dijon, p. 208; — de médecine et de pharmacie de Lille, p. 276; — de droit de Paris, p. 587 et 601; — des sciences de Rennes, p. 818; — des sciences de Toulouse, p. 865, 866. — Lycée d'Avignon, p. 17; — Caen, p. 115; — le Havre, p. 153; — Chaumont, p. 220; — Lyon, p. 426; — Janson de Sailly, p. 681 et 684; — Orléans, p. 757; — Reims, p. 741; — Pontivy, 837. = Collège de Nice, p. 29; — Grasse, p. 34; — Ajaccio, p. 55; — Tulle, p. 199; — Cassel, p. 311; — Saint-Amand, p. 331; — Gap, p. 378; — Chalon-sur-Saône, p. 425; — Cette, p. 509; — Perpignan, p. 510, 511; — Nogent-le-Rotrou, p. 570, 571; — Meaux, p. 776; etc. = Recteur de Besançon, p. 70; — Grenoble, p. 388; — Poitiers, p. 815.

2. *Enquête*, faculté de droit de Paris, p. 601. = Collège d'Avignon, p. 17. = Recteur de Poitiers, p. 815.

3. *Enquête*, faculté des sciences de Dijon, p. 208; — de médecine et de pharmacie de Lille, p. 276; — de Rennes, p. 818, etc.

4. *Enquête*, collège de Cassel, p. 311.

5. « La nécessité se fera bientôt sentir de donner plus d'importance au baccalauréat de l'enseignement spécial et de le regarder comme suffisant pour les places où il n'est besoin ni de grec ni de latin. On peut ajouter que toute tentative pour diminuer l'importance de l'épreuve classique actuelle est un pas fait vers l'accroissement de l'enseignement spécial. Il y a donc lieu, ce semble, de donner satisfaction à un double besoin : laisser la situation s'établir et apporter à un baccalauréat classique plus riche, où le grec aurait une place plus large, les meilleurs éléments du pays (c'est par là que seraient sauvegardés les intérêts des classes supérieures); d'autre part, abaisser devant l'esprit industriel la barrière actuelle nuisible à un autre ordre d'intérêts, non moins pressants, quoique d'une nature moins relevée.» (*Enquête*, faculté des lettres de Caen, p. 137.) — « Il faut de toute nécessité accorder de sérieuses garanties aux examens de l'enseignement spécial. Sans doute il n'y a pas lieu de demander pour les deux enseignements des privilèges

le baccalauréat spécial[1]. L'intention manifeste est de laisser se faire, de seconder même une sélection qui permette à la jeunesse de suivre ses penchants raisonnés

identiques; sans quoi, aboutissant au même point, ils n'ont plus qu'à se confondre. Mais on peut demander, pour le diplôme d'études de 3e année, l'admission au volontariat; pour le baccalauréat de 3e année, l'admission à Saint-Cyr, à l'École Polytechnique, à l'administration des Finances, aux Postes, etc. (*Enquête*, collège de Remiremont, p. 561.) — Cf. lycée de Caen, p. 145; — de Reims, p. 741. = Collège de Gap, p. 578; — Perpignan, p. 510; — Meaux, p. 776, etc. = Au lycée de Saint-Quentin, p. 249, on irait jusqu'à l'égalité absolue des droits: le baccalauréat de l'enseignement spécial conférerait pour les écoles, excepté pour l'École Normale Supérieure, les mêmes droits que le baccalauréat de l'enseignement classique. Cette proposition n'a été adoptée qu'à 2 voix de majorité. Toutefois l'assemblée a demandé à l'unanimité qu'il y ait un baccalauréat assurant des droits sérieux aux élèves de l'enseignement spécial. — Voir sur les avantages attribués aujourd'hui au baccalauréat de l'enseignement spécial, tome II, *l'Enseignement secondaire spécial*.

1. « Chacun sait ce qu'il faut penser de la médiocrité, pour ne pas dire de l'insuffisance absolue, des connaissances en latin (je ne parle pas du grec), en histoire, en français même, de la plupart des aspirants au baccalauréat ès sciences. Il n'est pas douteux que le savoir littéraire d'un bachelier spécial, pour être limité à la littérature française, est bien préférable à ce mensonge d'érudition latine qui se dissimule mal, au baccalauréat ès sciences, sous les ambitieuses épreuves de la version latine et de l'explication des auteurs latins. Je conclus en demandant résolument que le baccalauréat spécial prenne la place du baccalauréat ès sciences, qu'il lui emprunte son programme et même son nom ou un nom voisin, celui de baccalauréat ès sciences appliquées, par exemple. » (*Enquête*, recteur de Douai, p. 343. — Cf. p. 347.) — « La faculté des sciences ne verrait aucun inconvénient à supprimer le latin et les questions de philosophie dans le programme du baccalauréat ès sciences; ce qui permettrait d'identifier cette épreuve avec le baccalauréat ès arts et d'éviter ainsi une multiplicité d'examens et de programmes destinés à faire la preuve des études d'enseignement secondaire. » (*Enquête*, faculté des sciences de Poitiers, p. 783.) — « Quant au baccalauréat ès sciences et au baccalauréat de l'enseignement spécial, la Commission estime que ce dernier confère de trop médiocres avantages et donne trop peu de droits à ceux qui l'ont obtenu, et que, d'autre part, la connaissance du français ou bien d'une langue vivante est au moins aussi utile que la connaissance du latin à des jeunes gens qui se destinent à la carrière militaire, à l'industrie ou au commerce. Aussi juge-t-elle que ces deux examens devraient être réduits à un seul, et que la version latine, dans ce cas, serait avantageusement remplacée par une composition française ou une composition de langues vivantes, au gré des candidats. » (*Enquête*, lycée de Nancy, p. 420.) — Cf. lycée de Pontivy (opinion de la Commission), p. 831; — Albi, p. 872. = Collège d'Ajaccio, p. 35; — de Melun, p. 765.

et légitimes dans les voies ouvertes par les besoins d'un monde transformé[1].

Conclusion. — Et quel bénéfice pourrait-il y avoir, en effet, pour le pays, à conserver sur les bancs de l'enseignement gréco-latin des jeunes gens qui pourraient fort utilement, pour eux et pour les autres, porter ailleurs l'effort d'une application éclairée[2]. En sauvant cette catégorie d'élèves qui végètent, et en les rendant à leur activité naturelle, ce sont les études classiques que du même coup on peut espérer de relever. Elles ne perdront rien à se séparer de ceux qui ne leur appartiennent point; elles peuvent tout gagner à s'assurer plus fortement ceux qui veulent leur rester fidèles[3]. Allégé du poids qui l'écrase, le ressort des bonnes études se redressera; le baccalauréat, puisqu'il en est le signe reconnu et, quant à présent du moins,

1. « Ne vaut-il pas mieux comprendre que, dans notre société profondément modifiée, renouvelée, des besoins impérieux et les luttes de la vie active restreignent singulièrement la place de ces études désintéressées auxquelles on se livrait aux siècles passés? (*Enquête*, recteur de Dijon, p. 255.)

2. « L'abaissement des études littéraires et par suite celui de la culture générale qu'elles donnent à l'esprit sont des faits trop certains, qui vont déjà s'aggravant chaque jour avec le système actuel. Il est incontestable, d'autre part, que les besoins de l'époque rendent chaque jour plus nécessaire l'extension des études positives et pratiques. Si l'on ne veut pas, en conséquence, que les études littéraires meurent avant peu de consomption, il faut trancher dans le vif et en faire résolument l'apanage d'une petite élite. » (*Enquête*, faculté des lettres de Douai, p. 283.)

3. « La variété des aptitudes a pour conséquence la variété des programmes, dit M. Paul Laffite; s'il est déplorable qu'un enfant soit condamné, au nom de l'égalité, à dix ans d'études pour lesquelles il n'a aucun goût, il serait aussi déplorable que celui qui peut tirer profit de ces études en fût privé. Le paradoxe est le même de vouloir supprimer l'enseignement classique et d'en vouloir faire la règle commune.... Ne disons plus : « Faut-il que la jeunesse tout « entière apprenne le latin? » Mais : « Faut-il enseigner le latin à une « partie de la jeunesse? » La réponse n'est pas douteuse, si l'on admet qu'un grand peuple a besoin de lettrés, d'historiens, d'érudits, de légistes, tout comme il a besoin de savants, d'agriculteurs, de commerçants, de manufacturiers. » (*Le paradoxe de l'égalité, l'égalité dans l'enseignement.*)

difficile à changer, se relèvera; l'enseignement libre, qu'il n'est possible de régler que par l'exemple, sera entraîné dans le mouvement commun. Sans doute on modifie les institutions dont on améliore les formes; mais on ne peut espérer de les rajeunir qu'en y infusant un sang nouveau. Développer l'enseignement spécial en étendant, dans la mesure qu'il comporte, à ceux qui le suivent, les avantages sociaux qu'ils ont le droit de partager, et, par une bonne constitution des examens de passage, affranchir l'enseignement classique de tous ceux qui lui nuisent sans profit pour eux-mêmes, telle est peut-être aujourd'hui, en attendant mieux, la solution la plus praticable de la question du baccalauréat.

ANNEXES

N° I

EXTRAIT DES PROCÈS-VERBAUX DES DÉLIBÉRATIONS DU CONSEIL ACADÉMIQUE. — AGRANDISSEMENT DE LA FACULTÉ DE MÉDECINE.

(Voir page 8.)

Séance du 20 octobre 1831.

M. Lemaire, qui a été chargé, dans la dernière séance, de l'examen d'une réclamation d'honoraires formée par M. de Gisors, architecte de l'École de Médecine, fait son rapport en ces termes :

Avant d'examiner les pièces que vous m'avez remises pour vous faire un rapport sur la réclamation de M. de Gisors, architecte de l'École de Médecine, j'ai dû le prier de me donner une connaissance authentique de ses travaux, de ses dépenses, et des ordres en vertu desquels il a opéré.

M. de Gisors s'est rendu près de moi ; et, dans une conférence assez longue, j'ai acquis la preuve certaine des faits suivants :

1° Le 24 juin 1820, en vertu des instructions émanées du Conseil académique et transmises à M. Landré Beauvais, alors doyen de la Faculté de Médecine, M. de Gisors s'est livré à la rédaction des projets définitifs et des devis estimatifs de tous les travaux à exécuter pour la construction nouvelle de divers bâtiments destinés à l'École de Médecine et à l'hospice clinique qui en dépend.

2° Le 9 août suivant, cette rédaction était achevée et remise par lui à M. Landré Beauvais ; elle se compose de huit dessins et de deux devis estimatifs très détaillés. Le premier devis comprend les travaux nécessaires pour construire deux ailes de bâtiment à droite et à gauche de la fontaine actuelle, sur la place de l'École-de-Médecine, et pour agrandir et restaurer l'hospice actuel; le montant de cette dépense est estimé à 490 000 francs. Il s'agit dans le second devis d'établir des salles de dissection et un musée d'anatomie dans l'ancien bâtiment des Cordeliers; d'élever un mur de clôture et de soutènement sur la rue Racine projetée et arrêtée par ordonnance royale de 1821, et enfin de construire un pavillon d'entrée aux salles de dissection et au jardin botanique. L'estimation de cette dépense monte à 220 000 francs. Le total de ces deux estimations est donc de 710 000 francs.

3° M. de Gisors a remis également un état qui renferme l'évaluation et les superficies de terrains appartenant à l'École de Médecine qui pourraient être vendus à son profit, soit pour former la rue projetée, soit pour construire des maisons particulières; il a joint également à ce travail l'évaluation des autres terrains occupés en 1821 par le collège Saint-Louis.

Par une décision que vous avez prise le 13 août 1829, vous avez nommé une commission pour examiner ces projets; elle était composée de MM. Lebeau, président, Breton, Cahier, Thenard, Lemaire et Landré Beauvais, chez lequel, comme doyen de la Faculté de Médecine, plusieurs conférences ont eu lieu. Un membre du Conseil des bâtiments civils, M. Rohault, inspecteur général, fut appelé pour donner son avis sous le rapport de l'art; le résultat de ces conférences et l'avis de l'inspecteur général furent favorables à M. de Gisors.

Mais comme il paraît probable aujourd'hui que l'exécution de ces projets est ajournée pour longtemps, M. de Gisors réclame les honoraires qui lui sont dus pour la rédaction de ses travaux; il les évalue à la somme de 11 835 francs, y compris ses déboursés : il établit son calcul sur la jurisprudence du conseil des bâtiments civils près le Ministre des Travaux publics, qui alloue aux architectes $1\frac{2}{3}$ pour 100 du montant de leur devis. Or ces devis s'élèvent, comme je l'ai dit plus haut, à 710 000 francs; donc l'évaluation est juste, car $1\frac{2}{3}$ pour 100 de 710 000 francs produit 11 835 francs.

Le doyen actuel de la Faculté de Médecine, notre honorable collègue M. Orfila, vous a communiqué son avis dans sa lettre du 1er septembre dernier : il a conclu, après un mûr examen des pièces, que la réclamation de M. de Gisors méritait d'être accueillie avec intérêt par l'autorité supérieure. Toutefois, considérant la difficulté des circonstances, il vous propose d'accorder un acompte de cinq mille francs, savoir 2896 fr. 20, pour les déboursés dont les dépenses sont ci-jointes, et le surplus pour l'indemniser, quant à présent, des travaux auxquels il s'est livré pour la conception et rédaction de ses projets.

J'adopte cette conclusion, et j'ai l'honneur de la soumettre à votre approbation, quoique M. de Gisors n'ait demandé, pour le moment, que de rentrer seulement dans ses déboursés de 2896 fr. 20, en attendant des moments plus favorables pour obtenir la totalité de ses honoraires.

Le Conseil académique, après avoir entendu la lecture de ce rapport et après avoir pris connaissance des observations de M. le doyen de la Faculté de Médecine ;

Attendu que les honoraires de M. de Gisors ont été calculés par lui d'après le montant des travaux dont il a fait les devis, lesquels travaux n'ont point encore été exécutés ;

Attendu que leur exécution paraît être indéfiniment ajournée ;

Est d'avis que, sans rien préjuger sur l'indemnité à laquelle M. de Gisors aurait droit pour la confection des devis dont il s'agit, il y a lieu, quant à présent, de payer à cet architecte la somme de 2896 fr. 20, montant de ses déboursés, dont il produit les quittances et qui fait l'objet plus spécial de ses instantes réclamations.

N° II

EXTRAIT DES PROCÈS-VERBAUX DES DÉLIBÉRATIONS DU CONSEIL ACADÉMIQUE. — AGRANDISSEMENT DE LA FACULTÉ DE MÉDECINE.

(Voir page 9.)

Séance du 14 *janvier* 1832.

M. Lebeau, au nom de la commission spéciale, nommée dans la séance du 7 de ce mois, fait son rapport au sujet du projet de prolongement de la rue Racine sur un terrain dépendant de l'École de Médecine de Paris, projet auquel se rattache un plan de réparation et reconstruction à faire pour le service de cette Faculté.

Le Conseil, après avoir entendu ce rapport, prend la délibération suivante :

Le Conseil académique, vu la lettre de M. le Ministre de l'Instruction publique et des cultes du 6 janvier courant, adressée à M. l'Inspecteur général de l'académie de Paris, par laquelle, en transmettant au Conseil académique les pièces relatives au prolongement de la rue Racine sur un terrain dépendant de l'École de Médecine et dont elle est en jouissance, il invite le Conseil académique à donner son avis sur la double question des constructions à faire dans les bâtiments existants et sur le terrain dont jouit la Faculté, d'après les plans de M. de Gisors, architecte, et de prolongement de la rue Racine avec celle de La Harpe au moyen de la perte des terrains qui resteront libres de l'autre côté de la nouvelle rue, et de la subvention en argent à accorder tant par la Ville que par la caisse de l'Université ;

Les demandes réitérées des doyens de la Faculté de Médecine, tendant à ce que la ville de Paris fasse les réparations nécessaires aux bâtiments des anciens Cordeliers et aux pavillons destinés aux dissections ;

L'ordonnance royale du 3 janvier 1822, ainsi conçue : la

rue Racine, à Paris, sera prolongée sur une même largeur jusqu'à la rencontre de celle de La Harpe;

Les plans dressés en 1829, par M. Gisors, architecte de l'École de Médecine, en conséquence d'un programme qui, en prélevant le sol nécessaire pour le prolongement de la rue Racine, et réservant une portion considérable de terrain susceptible d'être aliéné, avait pour but, au lieu de se borner à faire des réparations incomplètes, de réaliser immédiatement, dans l'intérêt de la science et de l'humanité, la création reconnue indispensable d'une clinique d'accouchement, de deux cliniques chirurgicale et médicale avec leurs accessoires, et la construction de pavillons de dissection susceptibles de faciliter l'instruction des nombreux élèves qui fréquentent l'école;

Vu lesdits plans, d'après lesquels, en restreignant le terrain nécessaire aux bâtiments à réparer ou à construire, et retranchant, sur le terrain dont est en jouissance l'École de Médecine, les trois cents toises environ qui doivent entrer dans le prolongement de la rue Racine jusqu'à celle de La Harpe, il reste de l'autre côté de la rue environ huit cent quatorze toises de terrain susceptibles d'être vendues;

Les devis dont le total, en réunissant les divers éléments qui composent la dépense, monte à 460 128 francs;

La correspondance entre M. le ministre de l'instruction publique et M. le préfet de la Seine dans le courant de 1831, relative aux réparations à faire aux bâtiments de l'École de Médecine et aux moyens de réaliser le prolongement de la rue Racine par l'abandon du terrain nécessaire à ce prolongement;

La lettre de M. le proviseur du collège Saint-Louis, qui, dans l'intérêt de la santé des élèves, invite M. le préfet à faire réaliser le prolongement de la rue et à éloigner ainsi et à isoler des bâtiments du collège les pavillons de dissection;

Celle de M. le Ministre des Travaux publics et du Commerce, par laquelle il provoque auprès du ministre de l'Instruction publique l'abandon du terrain nécessaire au prolongement de la rue Racine jusqu'à celle Hautefeuille;

Les observations de M. le doyen de la Faculté de Médecine, desquelles il résulte qu'une réparation partielle aux pavillons de dissection serait une mesure précaire, et entraînerait une dépense en pure perte; que, dans l'intérêt de la science et de la salubrité publique, il convient d'exécuter les plans dressés par M. Gisors, de lever l'exécution de ces plans au prolongement de la rue Racine vers celle de la Harpe; que ce prolongement satisferait à tous les besoins; qu'à moins de détruire l'établissement lui-même, il convient d'abandonner toute idée de prolongement de cette rue Racine vers celle Hautefeuille; qu'enfin des terrains libres restant à vendre atténueront d'autant les dépenses;

La réponse du Ministre de l'Instruction publique à celui du commerce, qui, en adoptant le prolongement de la rue Racine vers la rue de La Harpe, s'oppose au même prolongement vers celle Hautefeuille comme inutile et tendant d'ailleurs à enlever sans compensation une partie des bâtiments et du terrain dont jouit la Faculté de Médecine et qui lui sont nécessaires;

Considérant que, dans l'état d'instruction où se présente l'affaire, le Conseil est appelé à donner son avis sur les questions principales suivantes:

1° Quel que soit le système à adopter, ou de simples réparations aux bâtiments et aux pavillons de dissection, ou d'exécution complète des plans de M. Gisors, architecte, y a-t-il lieu de prolonger la rue Racine dans la direction de celle Hautefeuille?

2° Doit-on se borner à faire aux pavillons de dissection et aux bâtiments de la Faculté de Médecine les réparations nécessaires pour les conserver dans leur état actuel?

3° Ne convient-il pas au contraire d'embrasser dans son ensemble le système d'amélioration résultant de l'ensemble des plans présentés, et, pour en faciliter l'exécution, de combiner ce système avec le prolongement de la rue Racine dans la direction de celle de La Harpe?

4° Dans le cas d'affirmative, par quels moyens peut-on pourvoir aux dépenses que nécessitera la réalisation de ce double projet?

En ce qui touche la première question :

Considérant que le prolongement de la rue Racine se dirigeant vers la rue Hautefeuille n'existe qu'en projet; qu'il aurait pour conséquence inévitable, en traversant le terrain de la

Faculté de Médecine, de détruire l'ensemble de l'établissement; qu'en effet cinq des six pavillons de dissection actuellement existants seraient détruits; qu'une partie du jardin botanique disparaîtrait; que, pour réaliser ce projet, il faudrait entamer dans une proportion considérable une propriété particulière située sur la rue de l'École-de-Médecine et le bâtiment dit l'Ancien Chapitre; que les dépenses qu'entraînerait ce prolongement seraient considérables et hors de proportion avec le but d'utilité publique qu'on se propose; que ce but sera au contraire atteint d'une manière plus convenable si l'on effectue le prolongement dans la direction de la rue de La Harpe; qu'ainsi il n'y a pas lieu d'adopter le prolongement dans la direction de la rue Hautefeuille.

En ce qui concerne la seconde question :

Considérant que, si les simples réparations à faire aux bâtiments et aux pavillons semblent devoir conserver les choses dans l'état où elles sont aujourd'hui et ménager la dépense, on ne peut se dissimuler que cet état de choses est bien loin de répondre aux besoins généraux;

Considérant que ces pavillons de dissection sont d'une distribution incommode; que trois touchent immédiatement un établissement public, le collège Saint-Louis, et des maisons particulières; que leur conservation dans cette localité, sous le rapport sanitaire, est l'objet de vives réclamations; qu'ils ne peuvent même suffire à l'instruction des nombreux élèves qui fréquentent l'école; qu'il est du devoir de l'administration publique de voir les choses dans un ordre plus élevé;

Que dans l'intérêt de l'humanité et des sciences il convient de faciliter aux élèves les moyens de compléter leur instruction;

Que se borner à faire de simples réparations serait adopter une mesure précaire, se jeter dans une dépense provisoire, alors qu'à une époque plus ou moins rapprochée on sentira mieux la nécessité d'entrer dans une voie plus large, et que la ville de Paris voudra réaliser le prolongement de la rue Racine;

Qu'ainsi il y a lieu de renoncer aux simples réparations à faire aux bâtiments et aux pavillons de dissection.

Sur la troisième question :

Considérant que, si l'exécution complète des plans de M. de Gisors, architecte, est reconnue utile, cette exécution ne peut être séparée de celle du prolongement de la rue Racine dans la direction de celle de La Harpe, puisque ce prolongement entraîne avec soi, par la division du terrain dépendant de l'école, la destruction absolue de trois des pavillons de dissection, le déplacement du réservoir d'eau qui alimente la Faculté, le retranchement d'une portion du jardin botanique et qu'enfin ce prolongement tend à créer des moyens de subvenir d'autant à la dépense des projets de M. de Gisors ;

En ce qui touche le prolongement de la rue Racine dans la direction de celle de La Harpe :

Considérant que, dans cette localité, ce percement est favorable à la circulation, que son importance, qui tend à ouvrir une communication facile avec la place de l'Odéon, est incontestable, que son utilité a été reconnue depuis longtemps, puisque, d'une part, dans la vue de sa réalisation, l'État, en vendant comme domaine national l'église Saint-Côme-Saint-Damien, a imposé à l'acquéreur l'obligation de livrer gratuitement à la Ville le sol nécessaire à la rue, et que, de l'autre, l'ordonnance royale du 5 janvier 1822 a prononcé l'ouverture de cette rue ;

Considérant qu'en satisfaisant ainsi aux besoins de la circulation, l'ouverture de cette rue contribuera à la salubrité publique, à celle du collège Saint-Louis et des maisons environnantes, et procurera, par la vente des terrains laissés sans emploi, les moyens de subvenir à une partie de la dépense que doit entraîner le projet à exécuter ; que, pour réaliser ce prolongement au moyen de 300 toises environ retranchées sur le terrain de la Faculté pour le sol de la rue, la ville n'aura à acquérir que la maison de M. Mouliés, sur la rue des Fossés-Monsieur-le-Prince, et à payer à M. Popot une indemnité pour une portion de sa propriété traversée par la rue, et à subvenir aux frais de pavage ;

En ce qui touche les plans d'amélioration et de constructions dressés par M. de Gisors :

Considérant que, dans l'état de choses actuel, les pavillons de dissection ont été reconnus insuffisants; que, dans le système du prolongement de la rue Racine, trois de ces pavillons étant entièrement détruits, il faut pourvoir à leur remplacement dans une proportion qui soit en harmonie avec le nombre des élèves qui s'[illegible] d'anatomie, et faciliter ainsi à ces élèves un moyen d'instruction qui soit, pour ainsi dire, simultané avec les autres cours qu'ils suivent à l'École de Médecine; que, pour rendre, dans l'intérêt de la société et de l'humanité, ces moyens d'instruction complets, il est indispensable d'établir dans les bâtiments de la Faculté une clinique d'accouchement et deux cliniques médicale et chirurgicale, avec leurs dépendances et accessoires; que les plans présentés, réduits, après beaucoup d'études, à ce qui est nécessaire, compléteront un établissement qui satisfera aux besoins de la société et de l'enseignement, et qui sera digne de la capitale et de la juste réputation dont jouit l'École de médecine de Paris; qu'ainsi il y a lieu d'adopter ces plans;

En ce qui touche les moyens de pourvoir à la dépense, abstraction faite de la dépense inhérente au prolongement de la rue Racine, au pavage de cette rue, qui est une charge de la ville de Paris :

Considérant que les bâtiments et terrains occupés par la Faculté de Médecine composaient les dépendances de l'ancien couvent des Cordeliers; que cet immeuble était resté dans le domaine de l'État; que le décret du 9 avril 1811 en a concédé la propriété à la ville de Paris, mais avec affectation spéciale des localités à l'École de Médecine et sous les autres conditions y exprimées; que le prolongement de la rue Racine et l'exécution des projets d'amélioration et de construction adoptés laissent de l'autre côté de cette rue, distraction faite d'une zone comprenant environ trente toises pour procurer aux externes l'entrée du collège Saint-Louis, sept cent quatre-vingt-quatre toises de terrain dont la vente à opérer par la ville de Paris produira, d'après ses instructions et la chaleur des enchères, un capital important;

Considérant qu'il paraît juste que la ville de Paris contribue aux dépenses à faire, d'une part, d'une somme de 120 000 fr. au moins, en compensation : 1° de la dépense qu'elle serait incontestablement obligée de supporter dans l'état actuel pour les simples réparations à faire aux bâtiments et aux pavillons de dissection, dépense dont elle sera déchargée; 2° de la destruction de ces pavillons et de l'obligation de les reconstruire; 3° de la dépense nécessitée par la construction des murs de soutènement sur la rue, murs de soutènement commandés par la déclivité du sol de la rue;

Considérant d'autre part que l'abandon fait par la Faculté de Médecine des huit cent quatorze toises de terrain dont la jouissance lui est dévolue par le décret, des trois cent une toises formant le sol de la rue, et la facilité ouverte à la Ville d'opérer la vente de sept cent quatre-vingt-quatre toises de terrain restant libre, donnent ouverture à une indemnité en faveur de la Faculté; que l'équité commande d'attribuer à la Faculté la moitié du prix que produira la vente des sept cent quatre-vingt-quatre toises de terrain; que ces 120 000 fr., et la moitié du prix des terrains à vendre avec le concours à obtenir et offert par les propriétaires à raison du prolongement de la rue, et la subvention que M. le Ministre de l'Instruction publique est disposé à fournir, mettront la Faculté de Médecine en mesure de réaliser les projets d'amélioration; qu'ainsi il pourra être pourvu à la dépense;

Le Conseil est d'avis :

1° Qu'il n'y a pas lieu d'opérer le prolongement de la rue Racine vers celle Hautefeuille;

2° Qu'il ne convient pas de se borner à faire aux bâtiments et aux pavillons de dissection existants les réparations qui tendraient à laisser les choses dans l'état précaire où elles se trouvent;

3° Qu'il y a lieu, par la Ville et à sa charge, en prenant, sur le terrain de la Faculté, le sol nécessaire au prolongement de la rue Racine dans la direction de la rue de La Harpe, de réaliser ce prolongement;

4° Qu'il y a lieu d'approuver les plans de construction et d'amélioration dressés par M. de Gisors, d'après les réductions qu'ils ont subies;

5° Que, pour subvenir à la dépense qu'entraînera la réalisation de ces plans, indépendamment du concours offert par les propriétaires et de la subvention que M. le Ministre de l'Instruction publique est disposé à fournir, la Ville devra fournir : 1° une subvention de 120 000 fr. en compensation du terrain occupé par la rue, de la destruction des pavillons, de l'obligation de leur reconstruction et de celle des murs de soutènement sur la rue; 2° que la Ville, à titre d'indemnité de l'abandon de jouissance des sept cent quatre-vingt-quatre toises de terrain qui seront vendues par elle, payera la moitié du prix que produira cette vente, après qu'elle aura été réalisée.

N° III

EXTRAIT DES PROCÈS-VERBAUX DES DÉLIBÉRATIONS DE LA FACULTÉ DES SCIENCES. — AGRANDISSEMENT DE LA SORBONNE.

(Voir page 18.)

Séance du 15 novembre 1837.

Rapport présenté par M. J.-A. Dumas pour être adressé au Ministre de l'Instruction publique au nom de la Faculté des Sciences.

Monsieur le Ministre,

Dans la lettre que vous nous avez fait l'honneur de nous adresser le 19 octobre dernier, vous manifestez le désir que la Faculté des Sciences de Paris vous signale les améliorations qu'elle jugerait nécessaires pour l'enseignement scientifique. Une grave pensée vous préoccupe, c'est la décentralisation des lumières; vous voudriez que les Facultés des départements pussent s'élever à la hauteur de celle de la Capitale. Telles sont presque textuellement les expressions dont vous vous servez. Nous sommes heureux, Monsieur le Ministre, de les pouvoir reproduire ici : elles nous permettent d'espérer ce que nous souhaitons depuis longtemps. Convaincus que votre projet, si favorable à l'avancement des sciences, obtiendra l'assentiment universel parce qu'il est en harmonie avec les plus vives et les plus impérieuses tendances de notre époque, nous nous sommes empressés de rechercher ce qu'il y aurait à faire pour en préparer et en assurer l'exécution. D'importantes questions ont été soumises à un sérieux examen. Toute proposition utile a été accueillie avec faveur. Mais, comme il est dans la nature des choses que les améliorations naissent les unes des autres progressivement, la Faculté a dû faire la part du présent et celle de l'avenir.

Monsieur le Ministre, nous vous parlerons d'abord des Facultés des départements, qui n'attendent que votre appui pour s'avancer d'un pas ferme vers le but que vous avez si nettement marqué. Puis nous appellerons votre attention sur la Faculté de Paris, à laquelle on a confié l'honorable mission de former d'habiles professeurs, sans lui fournir les ressources indispensables pour la bien remplir. C'est un oubli que votre prévoyance se hâtera de réparer.

Sans doute nous souhaiterions avec vous, Monsieur le Ministre, que l'enseignement des Facultés départementales ne fût nulle part au-dessous de celui de la Capitale, et nous avons la confiance que, si ce progrès ne dépendait que des talents et du zèle de MM. les professeurs des départements, nos vœux ne tarderaient pas à s'accomplir. Mais il existe un obstacle dans l'institution même des Facultés départementales. Si l'enseignement y est incomplet, c'est que les chaires et les professeurs y sont en très petit nombre. Considérons que la Faculté de Paris qui, très certainement, n'a pas encore tout le nécessaire en hommes et en choses, compte pourtant quatorze chaires ayant des attributions distinctes et un nombre égal de professeurs; tandis que les Facultés de Montpellier et de Lyon, les plus favorisées de celles des départements, n'en ont que sept; que celles de Strasbourg et de Toulouse n'en ont que cinq; que celles de Caen et de Dijon n'en ont que quatre; que celle de Grenoble n'en a que trois. Comment, avec des moyens si inférieurs, serait-il possible d'obtenir des résultats égaux?

Nonobstant ces observations et quelque désir que nous ayons que les sciences se répandent en France et contribuent à sa gloire et à sa prospérité, nous comprenons que le moment n'est pas venu de mettre les Facultés des départements sur le même pied que celle de Paris. Mais s'il faut renvoyer à d'autres temps cette immense amélioration, rien n'empêche, du moins, qu'on ne fasse dès à présent un premier pas pour se rapprocher du but. Il suffit pour cela d'établir une parfaite égalité entre les sept Facultés des sciences des départements, en prenant pour type celles de Lyon et de Montpellier.

1° Un professeur de mathématiques pures;
2° — d'astronomie et de mécanique rationnelle;

3° Un professeur de physique;
4° — de chimie;
5° — de zoologie et de physiologie animale;
6° — de botanique et de physiologie végétale;
7° — de minéralogie et de géologie.

Il y aurait donc à créer dès à présent :

1° A Caen. . . . 1 chaire d'astronomie;
2 chaires d'histoire naturelle;
2° A Toulouse . . 2 chaires d'histoire naturelle;
3° A Strasbourg. . 2 chaires d'histoire naturelle;
4° A Dijon. . . . 1 chaire d'astronomie;
2 chaires d'histoire naturelle;
5° A Grenoble . . 1 chaire d'astronomie;
1 chaire de chimie;
2 chaires d'histoire naturelle.

En tout, trois chaires d'astronomie, dix chaires d'histoire naturelle et une de chimie. Bien entendu qu'il serait accordé aux Facultés les aides et conservateurs indispensables.

Il faudrait que le professeur d'astronomie enseignât aussi toute la partie de la mécanique rationnelle nécessaire à l'intelligence et au système du monde; mais nous insisterions très fortement pour que la chaire ne fût confiée qu'à un astronome connaissant la pratique des instruments, sachant observer et pouvant servir la science dans cette direction. La présence d'un astronome déciderait les villes à fonder des observatoires ou, du moins, à en faciliter l'établissement.

A ceux qui demanderaient comment l'histoire naturelle peut à elle seule exiger la création de dix chaires nouvelles, nous répondrons que cette science est devenue si vaste que l'étude approfondie et complète de l'une de ses trois grandes divisions est beaucoup plus que suffisante pour occuper la vie entière d'un seul homme, quelle que soit d'ailleurs sa capacité.

Cinq des sept Facultés des Sciences fondées dans les départements n'ont chacune jusqu'à ce jour qu'un professeur pour enseigner la minéralogie et la géologie, la botanique et la physiologie végétale, la zoologie et la physiologie animale.

Or ces sciences remplissent six cours de notre Faculté sans que la matière soit épuisée. Comme il n'est donné à personne de faire l'impossible, le professeur de Faculté départementale est réduit à la nécessité de mesurer sa tâche sur la durée de son cours, soit qu'il traite à fond d'une seule partie, soit qu'il partage également son cours entre toutes.

L'enseignement est donc incomplet ou superficiel. Dans ce dernier cas, qui est le pire à nos yeux, le professeur passe son temps à préparer des leçons pour discourir sur une multitude de branches de l'histoire naturelle qui ne lui sont pas également familières, et n'a pas le loisir de s'y livrer à des recherches profondes. Ceci est grave. L'honneur des Facultés exigerait que toujours le génie investigateur des maîtres se portât en avant des connaissances acquises. Ces hautes écoles ne seront en possession de donner une forte impulsion à l'enseignement qu'autant qu'elles fixeront l'attention publique par l'excellence des doctrines et l'importance des découvertes. C'est alors en effet que les élèves afflueront de toute part pour suivre des cours illustrés par les travaux des professeurs.

En considérant quelle serait la position de MM. les professeurs d'histoire naturelle des Facultés départementales, il est aisé de prévoir la direction qu'ils donneraient à leurs cours. Chacun, dans sa partie, enseignerait sans doute l'ensemble de la science ; mais en même temps il ferait en sorte que ses élèves acquissent les notions les plus exactes sur les produits naturels de notre sol. Par là tous les professeurs concourraient puissamment à un travail qui ne s'accomplira jamais sans leur assistance : *c'est l'histoire naturelle, générale et particulière de la France*, sur laquelle nous ne possédons encore que des notions très incomplètes. L'exécution de ce grand travail se recommande à double titre : elle reculerait les limites de la science ; elle ouvrirait une large voie aux plus utiles applications.

Nous pensons, Monsieur le Ministre, que, si vous approuviez la proposition de porter au nombre de sept les chaires des Facultés des sciences des départements qui n'en ont que trois, quatre ou cinq, il conviendrait de les créer sans délai ; mais en même temps nous serions d'avis qu'on ne se hâtât pas de nommer les professeurs. Quelques explications sont nécessaires pour justifier ces deux opinions qui, au premier aperçu, offrent une sorte de contradiction.

Quand il s'agit de faire choix des professeurs pour les Facultés des Sciences, il ne suffit pas que de brillants examens et des thèses soutenues avec succès témoignent que les candidats ont conservé un souvenir intelligent des cours qu'ils ont suivis. On attend d'eux des preuves plus irréfragables de leur capacité scientifique. Ce n'est pas trop de vouloir qu'ils se soient déjà fait connaître avantageusement du monde savant par des travaux originaux. Or les sujets en état de produire de pareils titres ne sont pas communs. Cette pénurie provient de deux causes: la rareté des chaires et l'insuffisance des traitements. Des jeunes gens doués d'heureuses dispositions et qui ont le sentiment de leur force, n'ont garde de s'engager dans une carrière sans présent et sans avenir. Chez les nations voisines où les élèves payent les professeurs des universités, les sciences mènent souvent à la fortune. Ici l'enseignement universitaire est à la charge de l'État. Nous applaudissons à cette munificence nationale, et certes nous ne demandons point que le trésor public enrichisse les professeurs, mais nous dirons que c'est donner à la jeunesse des départements une bien mince opinion de l'utilité des sciences que de traiter si mesquinement les savants qui les enseignent dans les chaires les plus éminentes. Ajoutons que ce serait œuvre d'équité d'élever les Facultés des Sciences, ne fût-ce que pour affaiblir la disproportion choquante qui existe entre elles et les Facultés de Droit et de Médecine.

Ces réflexions que nous vous soumettons, Monsieur le Ministre, plus encore dans l'intérêt de la société que dans l'intérêt des hommes qui suivent la carrière des sciences, nous déterminent à préciser notre pensée par un chiffre. Nous croyons que 5000 francs est le moindre traitement que l'on puisse offrir aux professeurs des Facultés des Sciences des départements, et nous demandons qu'il soit fixé à ce taux.

Si Paris, qui possède beaucoup plus d'établissements scientifiques et plus de professeurs célèbres qu'aucune autre capitale, ne fournit que très rarement des sujets aux chaires des départements, n'en cherchons pas d'autres causes que celles qui viennent d'être indiquées. Tant que cet état de choses subsistera, le projet généreux, sage et patriotique de décentraliser les lumières, ne sera qu'une utopie; mais en avoir hautement exprimé la pensée est déjà un présage certain de sa future exécution.

On comprend maintenant que la nécessité de la création immédiate de nouvelles chaires et la convenance de l'ajournement de la nomination des professeurs, sinon dans tous les cas, du moins dans un grand nombre, n'offrent rien de contradictoire et sont indiquées par les circonstances présentes.

Personne plus que nous, Monsieur le Ministre, ne désire l'établissement de Facultés dans beaucoup de villes importantes du royaume qui sont encore privées de ce bienfait; mais si nous reconnaissons qu'il est très difficile de trouver aujourd'hui un petit nombre de professeurs pour mettre l'enseignement de cinq des Facultés existantes au niveau des Facultés de Lyon et de Montpellier, à plus forte raison sommes-nous convaincus que les sujets manquent pour la formation des Facultés nouvelles. Cette mesure, dont votre zèle éclairé hâtera sans doute l'exécution, est le second pas à faire dans la carrière du perfectionnement.

Ce qui dépend dès aujourd'hui de la volonté du gouvernement est de donner aux Facultés existantes tous les moyens matériels de remplir leur mission, et l'intérêt public exige qu'il commence par la Faculté de Paris, puisqu'elle est chargée plus particulièrement que toute autre de former des professeurs. Nous allons aborder sans détour les questions que sa situation nous paraît de nature à soulever.

Quand on connaît les services que l'enseignement de la Faculté des Sciences de Paris rend chaque année à la jeunesse, à l'État; quand on sait combien ses cours sont suivis, il doit paraître peu probable qu'elle ait quelque chose à réclamer.

Cependant on pourra se convaincre, par les détails dans lesquels nous allons entrer, que la Faculté des Sciences de Paris a besoin que son matériel soit soumis à un remaniement complet, qu'elle ne peut s'accommoder beaucoup plus longtemps de l'étroit espace où elle est logée, et que, sous le rapport du nombre des chaires, elle a aussi quelques demandes à former.

Quel est le rôle de la Faculté de Paris? Il est évident

qu'elle a pour objet de préparer la jeunesse aux épreuves de la licence ès sciences, de l'agrégation et du doctorat ès sciences. De plus, elle répand dans le public la connaissance des sciences exactes par ses cours, auxquels tout le monde peut être admis, sans aucune distinction. C'est sous ce dernier point de vue que la Faculté des Sciences de Paris se présente à qui n'en étudie pas un peu profondément l'organisation. En effet, ce mélange d'auditeurs appartenant aux classes les plus élevées de la société et de jeunes gens qui ont un but positif, un état à acquérir, cette affluence de jeunes savants étrangers qui viennent terminer leurs études à la Faculté, tout cela forme un ensemble qui donne à l'enseignement de la Faculté un caractère spécial qui a pu faire naître des idées inexactes.

En voyant nos amphithéâtres remplis en grande partie d'auditeurs qui n'auront rien à réclamer de nous, une fois le cours terminé, on s'est accoutumé peut-être à la pensée que les rapports de la Faculté avec ses élèves commençaient et cessaient avec ses cours. Il n'en devrait pourtant pas être ainsi, et il y a longtemps qu'on s'en serait aperçu si les élèves de la Faculté avaient tous été dans le cas d'y prendre un grade quelconque, s'ils arrivaient tous entre ses mains bacheliers ès sciences, pour en sortir licenciés ou docteurs. Car, obligés de subir des examens sévères, ils n'eussent pas manqué de réclamer des moyens d'instruction que la Faculté ne leur donne pas. Mais ne devons-nous pas faire, dans un grand but d'utilité publique, ce que nous n'aurions pas refusé à l'intérêt particulier des candidats à la licence ?

Propager la connaissance des sciences, en perpétuer l'enseignement, tel doit être notre but, et pour l'atteindre nous devons nous aider de tous les moyens matériels nécessaires.

Ainsi l'on comprend facilement combien il serait nécessaire que les jeunes gens qui aspirent à la licence, au doctorat, à l'agrégation, et, en général, que tous nos auditeurs pussent compléter dans une bibliothèque spéciale les études qu'ils font dans nos cours. Rien de plus utile qu'une bibliothèque composée par la Faculté des Sciences, placée sous sa direction, lui appartenant, et affectée au service des auditeurs de ces cours. Cette bibliothèque, qu'il faudrait ouvrir non seulement le jour, mais le soir, et qui serait placée au centre même du quartier des études, rendrait des services essentiels à la jeunesse. Quand on peut éclairer un doute en sortant de l'amphithéâtre et qu'il suffit pour cela d'entrer dans la bibliothèque qui l'avoisine, on le fait. S'il faut attendre au lendemain, aller ailleurs, on l'oublie, et le temps qu'on aurait consacré à de sérieuses études se perd en frivolités. Quand on voit à quelles séductions de toute espèce sont exposés les jeunes gens qui fréquentent les écoles de Paris, on ne peut s'empêcher de regretter de la manière la plus vive qu'on n'ait rien prévu jusqu'à ces derniers temps pour préparer à ces jeunes gens un bon emploi de leurs soirées. Les professeurs de la Faculté demeurent convaincus de l'utilité certaine que présenteraient à ce sujet des bibliothèques spéciales ouvertes le soir. Le succès qu'obtiennent quelques cabinets de lecture le prouve à l'évidence. Et pourtant quel est le cabinet de lecture qui puisse se procurer les grandes collections académiques, véritables trésors de la science auxquels il faut toujours recourir? On ne peut s'empêcher de craindre que, soit à cause de son éloignement, soit par le défaut de spécialité, la bibliothèque Sainte-Geneviève ne remplisse pas tout à fait l'objet qu'on s'est proposé en l'ouvrant le soir et qu'elle ne soit pas fréquentée par les étudiants. Et pourtant ce sont les étudiants surtout qu'il importe d'arracher à l'oisiveté des cafés.

La Faculté s'est prononcée d'une manière unanime sur la convenance ou plutôt la nécessité de créer une bibliothèque spéciale à l'usage des auditeurs qui fréquentent ses cours. Cette opinion dérive de celle qui a présidé à l'ensemble de son travail. Elle croit pouvoir réclamer, en effet, sous tous les rapports, une existence large et distincte; elle voudrait obtenir un commencement d'exécution, qui permet toujours mieux de marquer clairement le but et de l'atteindre.

Mais si l'on n'admettait pas la convenance que nous croyons voir à ce projet général, ou si des considérations du moment obligeaient à en retarder l'exécution, nous demanderions tout au moins que la bibliothèque de l'Université fût modifiée de telle sorte qu'une salle spéciale y fût consacrée aux sciences; que cette salle fût ouverte le soir aux élèves et tous les jours pendant la durée des cours; qu'un fonds annuel fût réservé pour l'acquisition des ouvrages scientifiques; qu'enfin l'emploi de ce fonds, ainsi que la direction de cette portion de la bibliothèque, fussent dès à présent placés entre les mains de la Faculté des Sciences.

La Faculté craindrait d'avoir été imparfaitement comprise, en ce qui concerne la création de cette bibliothèque, si elle n'ajoutait qu'elle n'a pas voulu former une bibliothèque académique ou scientifique à l'usage des professeurs, mais bien un *cabinet de lecture* scientifique, créé et dirigé par elle à l'usage des étudiants.

Là ils trouveraient les journaux scientifiques les plus importants de l'Europe ou de l'Amérique et les ouvrages nécessaires à leurs études. On aurait de chaque ouvrage autant d'exemplaires qu'il le faudrait pour suffire aux demandes. Sous aucun prétexte, on n'en laisserait emporter aucun par personne, pas même par les professeurs de la Faculté.

La Faculté suppose qu'une telle bibliothèque coûterait environ 30 000 fr. pour le premier fonds. Elle pense qu'il faudrait consacrer en outre 3000 francs à son accroissement annuel en livres, aux abonnements, enfin aux reliures.

Ce que nous disons d'une bibliothèque spéciale pour les sciences, nous devons le répéter au même titre pour les collections diverses qui devraient servir de complément indispensable à un grand nombre de nos cours.

Comment un élève pourra-t-il reconnaître les substances qu'il a vues pendant quelques secondes entre les mains du professeur de chimie? Comment aura-t-il pu démêler la structure d'un appareil de physique un peu compliqué pendant le court espace de temps où le professeur l'a mis sous ses yeux? Où retrouvera-t-il les minéraux, les roches qu'il a entrevus à peine dans nos cours? Toutes ces questions, il faut les faire également en ce qui concerne les cours de zoologie et de botanique.

Nous n'hésitons point à le dire — et tous les amis des études solides partageront notre opinion, nous en sommes convaincus : — la Faculté des Sciences de Paris devrait avoir non seulement une bibliothèque spéciale, mais de plus des collections de chimie, un cabinet de physique, des collections d'histoire naturelle, véritables bibliothèques de la science où les élèves viendraient se familiariser à loisir avec les objets réels. . . . .

Qu'on n'aille pas dire que les élèves pourront étudier ailleurs, au Jardin du Roi par exemple, les objets dont il s'agit; ce serait une erreur. Ce que nous voulons, ce sont des collections pour l'enseignement, tel qu'il se pratique à la Faculté; un enseignement limité, clair et concis. Il nous faut des collections limitées, nettes et parlant vivement aux yeux. Laissant au Jardin du Roi les raretés, les doubles, les séries complètes, nous voulons réunir les objets les plus vulgaires, les mieux connus, les exemples les plus tranchés, enfin ce qu'il faut et seulement ce qu'il faut à notre enseignement. Le luxe du Jardin du Roi éblouirait nos élèves, qui perdraient plus de temps à y chercher l'échantillon qui les intéresse qu'ils n'en pourraient certainement consacrer à son étude.

Or la Faculté de Paris n'a rien en produits chimiques qu puisse être mis sous les yeux du public. Elle a même à ce sujet, quelle que soit la décision prise sur l'ensemble de ses réclamations, une demande urgente à faire pour remettre sa collection de produits chimiques au niveau des besoins actuels, et cette dépense ne saurait se retarder sans les plus graves inconvénients.

Il n'en est pas de même du cabinet de physique, quoiqu'il soit incomplet à beaucoup d'égards; il est en état d'être placé sous les yeux des élèves avec utilité. Les collections de minéralogie et de géologie sont à peu près suffisantes, quoique les besoins du cours exigent qu'elles soient complétées. La collection de zoologie laisse beaucoup à désirer, et le peu que la Faculté possède en ce genre se détruit rapidement, la salle de cette collection étant trop humide pour que les préparations puissent s'y conserver. Remarquons enfin que la Faculté ne possède aucun local qui soit disposé de manière à se prêter à une exposition publique. Il lui faudrait une galerie qui pût recevoir tous les objets dont il s'agit et qui fût arrangée de façon à permettre une surveillance exacte et facile.

La Faculté est même si mal logée, encore bien qu'elle soit établie dans un bâtiment vaste et très convenablement placé, elle est si mal logée que la situation à cet égard mérite une sérieuse attention.

Le laboratoire de chimie est tout à fait insuffisant; la zoologie n'a pas de laboratoire; la physique est dans le même cas ; la salle pour les examens est trop petite ; elle est humide et froide d'une manière vraiment fâcheuse.

Parmi nos amphithéâtres, il en est deux qui donnent sur la rue et où les leçons sont interrompues à chaque instant par les voitures, etc. On a même laissé, par une inadvertance inexplicable, s'établir une ligne d'omnibus dans cette rue ; bien plus, on a permis aux chevaux de relais qui lui sont nécessaires de s'installer sous les fenêtres mêmes de ces amphithéâtres qui sont au rez-de-chaussée. Cet état de choses est vraiment intolérable, et nous osons compter sur l'intervention de M. le Ministre pour le faire cesser, d'autant plus qu'au moment de la sortie des cours il arrivera tôt ou tard de graves accidents par le passage des voitures qui descendent la rue au milieu de la foule des élèves.

On voudrait trouver à la Faculté de Paris, pour l'enseignement des sciences expérimentales, les amphithéâtres disposés avec le soin et la prévoyance qui ont présidé à la construction des amphithéâtres analogues établis récemment dans d'autres pays. A la Faculté, en effet, les expériences se préparent en vue du public, et le professeur ne peut en aucune façon s'assurer que les préparations soient bien exécutées. Dans les établissements étrangers dont nous parlons, toutes les préparations sont faites dans un laboratoire contigu à l'amphithéâtre et communiquant avec lui à volonté. Les appareils arrivent sur des chariots et servent aux démonstrations dès qu'ils sont utiles. Le professeur peut donc, avant la leçon, s'assurer que les dispositions ont été bien prises, et les auditeurs, qui ne sont jamais distraits par aucune circonstance étrangère à la pensée du professeur, lui accordent une attention bien plus soutenue.

L'administration de l'École Polytechnique vient de demander, pour l'enseignement de la chimie, un amphithéâtre de ce genre ; et pourtant ces dispositions sont bien plus nécessaires dans un établissement public comme la Sorbonne qu'à l'École Polytechnique.

On voudrait donc à la Faculté des Sciences un amphithéâtre de chimie susceptible d'être mis en communication avec le laboratoire, de telle sorte que toutes les opérations pussent être présentées aux élèves au moment opportun et sur une grande échelle.

L'enseignement de la physique réclame un amphithéâtre

orienté de telle façon que l'on puisse y exécuter convenablement toutes les expériences d'optique. Il faudrait qu'il fût disposé de manière à communiquer librement avec le cabinet et le laboratoire de physique. Dans l'état actuel des choses, à la Faculté, le transport des appareils de cabinet à l'amphithéâtre est une opération périlleuse à la fois pour les appareils et pour ceux qui l'exécutent ; car il faut porter des machines souvent fort pesantes et toujours délicates dans leur construction, à travers des escaliers étroits et par-dessus toutes les banquettes de l'amphithéâtre.

La physique et la chimie demandent chacune un amphithéâtre. Il résulte beaucoup d'inconvénients pour l'enseignement de leur réunion dans le même local. Il serait trop long de les énumérer, et du reste ils dérivent tous de l'impossibilité où se trouve chaque professeur de prendre aucune disposition durable dans un amphithéâtre qui, chaque jour, change de destination.

La Faculté est tellement préoccupée de la nécessité d'organiser deux amphithéâtres pour la physique et la chimie avec leurs dépendances, elle attache une si grave importance à la création de ses collections publiques, qu'elle regarde comme un devoir de dire ici toute sa pensée.

Sans doute, s'il s'agissait d'élargir un peu l'espace qu'elle occupe à la Sorbonne, il serait facile, avec de faibles dépenses, de lui donner quelque emplacement de plus. Mais ce n'est pas là ce qu'elle désire, ce qu'elle réclame. Elle voudrait un local où l'enseignement des sciences expérimentales, où l'enseignement des sciences d'observation pussent recevoir tous les secours matériels dont on ne pourrait les priver sans nuire profondément aux progrès des élèves. Or la Faculté ne peut comprendre comment on arriverait, sans défigurer la Sorbonne, à y créer les salles de collections et les amphithéâtres dont elle vient de parler.

La Faculté des Sciences se croit donc fondée à demander qu'il soit construit un bâtiment spécial pour elle, sans pouvoir entrer ici dans aucun détail sur les moyens d'exécution qu'elle aurait à proposer.

En supposant que la Faculté des Sciences possédât des amphithéâtres mieux disposés, des collections propres à être mises sous les yeux du public, une bibliothèque scientifique spéciale, un jardin botanique approprié à son enseignement, enfin des cabinets convenables pour les recherches des professeurs. Il lui manquerait encore un complément très digne de la sollicitude du chef de l'Université.

Tous les ans un concours spécial donne le titre d'agrégé à quelques jeunes gens pleins de zèle et d'ardeur, déjà éprouvés par de sérieuses études et qui font l'espoir de l'enseignement des sciences. C'est parmi eux que sont choisis les professeurs de nos collèges; c'est parmi eux qu'il faudra choisir un jour, nous l'espérons du moins, la plupart de nos professeurs de Faculté.

Si ces jeunes gens se destinent aux études mathématiques, rien ne leur manque pour compléter leur éducation. Mais s'il s'agit d'en faire des physiciens, des astronomes, des naturalistes, leur instruction, incomplète encore, ne saurait se passer des travaux pratiques qui, seuls, peuvent les initier au maniement des appareils. Sous ce rapport, l'éducation de l'École Normale est et sera toujours insuffisante.

On aura fait faire un grand pas aux sciences le jour où l'on aura pris une résolution très simple et bien peu onéreuse à l'État, la résolution suivante :

Deux agrégés seraient attachés aux cours de chimie de la Faculté ; ils travailleraient dans le laboratoire, soit à la préparation des leçons, soit aux recherches qui seraient dirigées par les professeurs; — deux agrégés seraient attachés de la même manière et au même titre au laboratoire de physique; — un agrégé serait placé à l'Observatoire de Paris pour en suivre les travaux, si l'on ne préférait fonder un observatoire à la Faculté même. Provisoirement, du moins, on pourrait demander à l'administration du Muséum de vouloir bien ouvrir les laboratoires du Jardin des Plantes à trois agrégés, qui s'y perfectionneraient dans leurs études d'histoire naturelle.

Ces agrégés recevraient un traitement faible, mais suffisant. Ils seraient renouvelés tous les ans par moitié.

Il faudrait les considérer comme des élèves de l'École Polytechnique admis à passer aux écoles spéciales des Mines, des Ponts et Chaussées, de Metz, etc. Il faudrait donc leur accorder le même traitement, c'est-à-dire environ 1200 francs par an, indépendamment de leur traitement d'agrégé.

Cette institution donnerait aux agrégés de l'Université un accès assuré aux chaires de Faculté. En effet, ce concours des études théoriques et des études pratiques en ferait des hommes parfaitement préparés pour rendre de grands services aux sciences. Ils travailleraient à leurs progrès, et ce serait justice que de les récompenser plus tard de leurs efforts.

Dans l'état actuel des choses, rien de cela n'a lieu. Les agrégés manquent de pratique, et les cabinets ou appareils qu'on leur confie demeurent généralement stériles entre leurs mains. Ils n'ont jamais vu comment on en tire parti.

En un mot, il s'agit d'assurer la perpétuité de l'enseignement des sciences expérimentales, chose nouvelle, mais dont on conçoit la haute importance dans l'état de notre civilisation. Ce rôle appartient de droit à la Faculté de Paris.

Parmi les améliorations que la Faculté croit devoir réclamer, il en est une que son importance aurait dû peut-être faire placer au premier rang; c'est la création d'un cours de mécanique expérimentale.

Personne n'ignore quel est l'immense développement des arts mécaniques en Angleterre, et tout le monde est disposé à convenir de la supériorité que les Anglais conservent sur nous à cet égard. Mais on sait moins qu'en ce qui concerne les arts chimiques il en est tout autrement, et que, sous ce rapport, nos manufactures jouissent d'une supériorité incontestée.

Cette différence s'explique facilement quand on voit comment les connaissances chimiques, puisées dans les cours publics, pénètrent dans nos ateliers, nos manufactures et en révolutionnent successivement tous les procédés. Notre supériorité incontestée en tout ce qui concerne les arts chimiques s'explique donc par l'éclat que l'enseignement de la chimie en France conserve depuis quarante ans, et en particulier par le succès soutenu des cours de chimie de la Faculté.

La réaction de l'enseignement des sciences sur la pratique des arts industriels est donc à la fois prompte et efficace en France. Abandonner le perfectionnement de nos arts mécaniques à la pratique seule, c'est donc agir contrairement aux précédents et peut-être même contrairement au tour d'esprit national.

Nous regardons comme éminemment utile un enseignement qui aurait pour but de répandre des idées saines de mécanique dans le public qui fréquente les grandes écoles, et de mettre les résultats applicables de la mécanique rationnelle à la portée des jeunes gens qui ne possèdent que les mathématiques élémentaires. Cet enseignement, nous en avons la conviction, produirait d'immenses résultats.

Parmi les objets que ce cours devrait embrasser, nous citerons les suivants :

L'évaluation du travail des machines; — les lois du frottement; — la description des organes des machines; — la théorie des engrenages; — les phénomènes relatifs à l'écoulement des liquides et *la description des machines propres à les élever; — les roues hydrauliques; — les courants d'air considérés comme force motrice; — l'étude détaillée des machines à vapeur*, etc.

Pour des jeunes gens qui ont reçu déjà une éducation libérale et qui sont destinés à devenir propriétaires, industriels, capitalistes, l'utilité de ces connaissances est évidente, et nous pensons que la Faculté de Paris ne remplira complètement sa mission qu'alors qu'une chaire de mécanique expérimentale sera fondée dans son sein et largement pourvue de tous les moyens matériels nécessaires à son enseignement.

La Faculté n'ignore point que toute demande de ce genre soulève des objections, et qu'en proposant la création d'une chaire de mécanique expérimentale dans son sein, elle semble prendre un rôle qui appartient au Conservatoire des Arts et Métiers.

Si cette assimilation était faite, la Faculté déclare qu'elle ne l'admet point, et elle le déclare à l'unanimité. En effet, le Conservatoire s'adresse aux industriels, aux chefs d'atelier et n'exige aucune éducation préalable; il entre dans tous les détails qu'exige la construction ou l'emploi des machines. La Faculté s'adresserait à des jeunes gens déjà pourvus du grade de bachelier ès sciences, ou possédant les connaissances que ce grade exige. Elle leur donnerait les grandes notions de la mécanique expérimentale, celles qui doivent entrer dans l'éducation de tout homme bien élevé, au temps où nous vivons, sans vouloir entrer dans les détails du métier de constructeur de machines.

Un enseignement analogue à celui que la Faculté réclame existe à l'École Polytechnique, et son utilité n'y est point méconnue.

Relativement aux mathématiques, la Faculté pense qu'il y aurait lieu, dans l'état actuel de la science, à en compléter l'enseignement. Pour appliquer avec succès l'analyse, il faut en avoir étudié les principales branches. Or le cours de calcul différentiel et intégral, qui doit se faire en une seule année à la Faculté, ne peut renfermer que les éléments de l'analyse transcendante. Tout ce qui se rapporte aux intégrales définies, à leur application à l'intégration des équations, aux différentielles partielles ou au calcul des différences finies, en est exclu. Il en est de même de la théorie des transcendantes elliptiques, de la théorie des nombres, et d'autres théories non moins intéressantes. Or, comme ces différentes branches de l'analyse en constituent la partie la plus difficile et qu'elles servent le plus souvent dans les applications, il en résulte que les professeurs de mécanique et de calcul des probabilités sont souvent forcés d'interrompre leurs cours, pour donner à leurs auditeurs un supplément d'instruction analytique.

La durée de leur cours en est donc diminuée sans que l'enseignement de l'analyse en soit réellement plus complet pour cela.

En conséquence, la Faculté pense que, pour remplir cette lacune, on pourrait charger deux professeurs de l'enseignement du calcul différentiel et intégral. Dans ce cas, le cours se ferait en deux ans, et chaque année l'un d'eux commencerait son cours.

Pour compléter autant que possible l'enseignement des sciences mathématiques, il serait nécessaire de fonder à la Faculté une chaire de physique mathématique. C'est là que seraient exposées et discutées la théorie analytique de la chaleur, celle de l'attraction capillaire, celle des vibrations des surfaces élastiques, et en général tout ce qui concerne le calcul des actions moléculaires, qui depuis quelques années ont fait l'objet de tant de beaux travaux de la part de nos plus illustres géomètres. Ce serait certainement favoriser le développement des questions élevées de la physique, et très probablement préparer l'époque où la théorie générale de la chimie pourra mettre à profit les ressources du calcul.

Après la lecture de ce projet de rapport, une discussion s'était engagée dans la Faculté.

Voici l'extrait du procès-verbal qui s'y rapporte.

Dans ce rapport on trouve un passage où l'on demande la création d'une bibliothèque particulière pour la Faculté des Sciences. M. Thenard élève des objections contre cette disposition; il fait remarquer qu'on ne pourrait trouver un local convenable et faire en outre les frais d'un bibliothécaire, d'un aide, du chauffage et de l'éclairage, etc.

M. Dumas répond que tout son rapport est destiné à établir la nécessité de donner à la Faculté un local séparé de celui des Facultés des Lettres et de Théologie, comme le sont celles des Facultés de Droit et de Médecine; que d'ailleurs l'organisation de la bibliothèque est telle actuellement qu'on ne peut considérer cette bibliothèque que comme un établissement propre à la Faculté des Lettres.

M. Mirbel observe que le local actuel est beaucoup trop étroit, mais qu'il lui paraît difficile d'obtenir une bibliothèque séparée.

M. Libri expose que, dans l'état actuel des choses, quoique la bibliothèque porte le titre de *bibliothèque de l'Université*, elle n'est réellement que celle de la Faculté des Lettres, ouvrant et fermant en même temps que les cours de cette Faculté, qui d'ailleurs s'y considère comme seule dominante.

M. Thenard dit qu'il ne faut demander au ministre que ce qu'il peut accorder et qu'on peut espérer en obtenir; qu'en conséquence il faut se borner à désirer seulement que l'on augmente le local ainsi que le nombre des livres de sciences qui s'y trouvent et qui seraient réunis dans une pièce séparée; que surtout il faut demander que des fonds annuels soient destinés à l'achat des livres de sciences, et que la Faculté soit chargée d'indiquer quels sont ces ouvrages.

MM. de Blainville, Libri et Francœur appuient cette proposition et demandent que la bibliothèque soit ouverte le soir, ainsi que cela est exprimé dans le rapport de M. Dumas, afin d'offrir aux élèves un asile et de les enlever aux lieux de réunion qu'ils ne fréquentent que trop. Ils demandent même que les heures d'ouverture de la bibliothèque soient telles, que les élèves qui cultivent les sciences puissent, à la suite des leçons, aller consulter les livres qui traitent le même sujet, afin de lever leurs difficultés et leurs doutes avant que leur zèle se trouve refroidi ou leur mémoire perdue.

M. Thenard promet d'appuyer de tout son pouvoir les justes demandes de la Faculté. Il désire d'ailleurs que le bibliothécaire et le sous-bibliothécaire soient pris, l'un dans les lettres, l'autre dans les sciences.

La Faculté décide que le rapport exprimera le vœu que la bibliothèque ait une enceinte séparée pour les élèves de sciences; que des fonds spéciaux soient accordés chaque année pour en augmenter le nombre; que le choix en soit fait par les professeurs de la Faculté; qu'enfin la bibliothèque de l'Université soit ouverte le soir, et aussi aux heures de la journée qui seront réglées dans l'intervalle des cours.

Un autre passage, relatif à l'utilité des manipulations chimiques et physiques de la part des élèves, est supprimé, d'après l'observation de M. Dulong, à raison des frais que cette mesure exigerait, et surtout des difficultés d'y introduire de l'ordre. Cependant M. Dumas fait observer qu'à l'étranger ces manipulations sont admises, et que l'instruction publique y trouve de grands avantages.

Le rapport demande qu'un cours de mécanique expérimentale soit introduit dans la Faculté, et fait comprendre toute l'utilité de ce cours pour les succès de nos arts industriels et l'enseignement des masses. M. Thenard dit que cette proposition a déjà été faite, mais qu'elle a trouvé des oppositions; il sera très empressé d'appuyer cette demande : mais, pour le mettre en mesure de réussir, il faut qu'on lui donne un programme, qu'il réclame de M. Dulong.

La discussion s'ouvre sur ce sujet; M. Mirbel dit qu'il a sujet de craindre que l'on ne suppose que ce cours serait mieux placé au Conservatoire des Arts et Métiers.

M. Dumas insiste sur la nécessité de créer cette chaire dans la Faculté des Sciences, et prédit le succès qu'obtiendrait cet utile enseignement. Il pense que ce cours, loin d'être remplacé par celui du Conservatoire, qui n'est destiné qu'aux ouvriers et chefs d'atelier, ce cours, fait comme il le conçoit, ne pourrait être compris que par des jeunes gens déjà assez instruits dans les sciences mathématiques; par exemple, il serait propre aux élèves reçus bacheliers ès sciences physiques aux fils des manufacturiers et à ceux qui se proposent d'établir des fabriques industrielles.

M. Libri conçoit ce cours plus élevé que ne le suppose M. Dumas; il pense que l'enseignement donné dans tous les autres cours de la Faculté ne suffit pas pour donner l'instruction aux élèves qui veulent connaître les procédés de la mécanique pratique, et qui n'y trouveraient que des généralités et des notions superficielles. Il faut exposer les principales applications de la mécanique à l'hydraulique expérimentale, aux cours et écoulements d'eau, à la surface motrice qu'ils produisent, aux moyens de l'employer, et enfin à beaucoup d'autres sujets aussi difficiles qu'importants. M. Libri ajoute que M. Bidone est chargé spécialement, à Turin, de faire un cours d'hydraulique, et que ce cours y a le plus grand succès.

M. Beudant dit qu'à cet égard, dans les pays étrangers, les sciences sont beaucoup plus complètement enseignées qu'en France.

M. Dumas propose que la Faculté décide qu'un cours de mécanique expérimentale, en trente-six leçons, soit demandé pour la Faculté des Sciences.

M. Francœur fait remarquer que, loin de pouvoir considérer le cours élémentaire de mécanique du Conservatoire comme remplissant le but qu'on se propose, il est reconnu que le cours qui est fait à l'École Polytechnique sur ce sujet est insuffisant, et que, dans les écoles d'application du Génie, de l'Artillerie, des Ponts et Chaussées et des Mines, cette science est de nouveau enseignée. Il rappelle à cet égard les beaux travaux de MM. Poncelet, Navier, etc., et l'on reconnaît, par les ouvrages publiés par ces savants, que ces leçons sont élevées au même degré que celles de la Faculté des Sciences.

M. Thenard insiste pour qu'on lui remette un programme; M. Dulong dit que la phrase qui a été insérée à ce sujet dans le rapport lui paraît suffisante pour faire juger de l'importance de l'enseignement de la mécanique expérimentale dans la Faculté. Il ne consent pas à rédiger d'autre programme, observant d'ailleurs que ce sujet est, par sa nature, si distinct de la physique, que ce ne serait pas à lui qu'il faudrait le demander.

Sur la proposition de M. Libri, au lieu d'insérer dans le rapport de M. Dumas la création d'un cours de mathématiques supplémentaires, on demandera que le cours de calcul différentiel et intégral dure deux ans, soit fait par deux professeurs, et puisse ainsi comprendre diverses théories que maintenant il est impossible d'enseigner, sur les intégrales définies, le calcul des variations, le calcul aux différences finies, etc.

N° IV

EXTRAIT DES PROCÈS-VERBAUX DES DÉLIBÉRATIONS DE LA FACULTÉ DES SCIENCES. — AGRANDISSEMENT DE LA SORBONNE.

(Voir page 18.)

Séance du 18 *septembre* 1846.

Rapport présenté par M. Dumas, conseiller de l'Université, doyen de la Faculté des Sciences de Paris, au nom de la Commission chargée d'examiner la question d'agrandissement des bâtiments de la Sorbonne.

Monsieur le Ministre,

Dans une visite que Votre Excellence a faite à la Sorbonne, dès les premiers moments de sa rentrée au Ministère, elle a pu se convaincre, de nouveau, de l'état fâcheux de l'installation des Facultés qui s'y trouvent logées. L'installation de la Faculté des Sciences, en particulier, déjà si défavorable à la dignité de l'enseignement il y a quelques années, est aujourd'hui tellement en désaccord avec les besoins de la science, avec les exigences d'un auditoire nombreux et choisi, qu'il n'est plus possible d'ajourner la solution des questions qu'elle soulève. Votre Excellence en a été vivement émue, et elle a voulu qu'un rapport circonstancié lui fît connaître les moyens de porter un remède prompt et efficace à un mal qui mine dans sa source la prospérité de l'enseignement scientifique de la ville de Paris, et qui depuis trop longtemps en arrête les progrès.

A l'époque où la Faculté des Sciences fut fondée, on la regardait plutôt comme constituant une commission d'examen pour les grades universitaires qu'elle est chargée de décerner que comme un véritable corps enseignant. Du moins est-on porté à le penser, quand on voit qu'elle fut fondée, en quelque sorte, à la condition de n'avoir aucune collection, aucun laboratoire, et qu'on admit en principe et en pratique qu'elle vivrait d'emprunts faits au Jardin des plantes, à l'École Polytechnique ou au Collège de France, établissements qui lui avaient fourni tous ses professeurs des sciences naturelles ou expérimentales.

Mais l'expérience ne tarda pas à montrer à quels inconvénients, à quels embarras, à quels désordres ces emprunts exposent les collections publiques. Bientôt la Faculté fut obligée de se créer des ressources propres, et cette nécessité est devenue de plus en plus impérieuse, à mesure que les professeurs nommés à l'origine de la Faculté ont été remplacés, leurs successeurs n'étant pas tous titulaires de quelque autre chaire munie d'une collection propre au grand enseignement dont ils sont chargés.

La Faculté des Sciences a donc essayé de pourvoir à ses besoins par elle-même, et, par conséquent, de créer un cabinet de physique, un laboratoire de chimie et des collections d'histoire naturelle.

Elle n'a pas perdu de vue que ces collections, ce cabinet, ce laboratoire avaient pour but de satisfaire aux besoins d'un enseignement déterminé, conforme aux programmes adoptés par l'Université, limité aux principes généraux de la science du moment, et qu'ils étaient bien distincts conséquemment des cabinets ou collections du Muséum, par exemple, où tous les détails de la science doivent être représentés.

Mais lorsque la Faculté fut logée à la Sorbonne, il avait paru suffisant de lui assigner quelques amphithéâtres et quelques salles d'examen; il ne faut donc pas s'étonner si, malgré toute la réserve qu'elle s'est imposée dans la formation de ses collections, elle n'a jamais pu trouver moyen de les loger. C'est en vain qu'elle a mis à profit tous les événements, toutes les chances qui laissaient libres quelques-uns des emplacements de la Sorbonne; c'est en vain qu'autour d'elle une sollicitude efficace lui a fait trouver des ressources souvent inespérées : les besoins croissants de la science ont toujours dépassé au centuple les faibles accroissements qu'elle pouvait se procurer de la sorte.

Depuis quelques années, un fait grave est venu ajouter à sa détresse, en ajoutant aux exigences de son enseignement.

Aujourd'hui il ne suffit plus de l'enseignement oral, dont on croyait pouvoir se contenter autrefois. L'exemple de l'École Polytechnique a dès longtemps fait voir que, si l'on ajoute à cet enseignement oral un système de leçons pratiques, les élèves font des progrès bien plus sûrs et bien plus rapides. En France, les facultés de médecine, les écoles de pharmacie, les écoles industrielles; à l'étranger, presque toutes les Universités ont adopté ces manipulations qui mettent les élèves dans le cas de vérifier par eux-mêmes tout ce qui leur a été enseigné dans les cours publics; qui les familiarisent avec le maniement des substances chimiques, avec l'emploi des instruments, avec les méthodes de dissection; qui les façonnent à l'art difficile d'observer, à l'art d'expérimenter, source vive et inépuisable de toutes les grandes découvertes de la société moderne. Priver plus longtemps la Faculté de Paris de cette arme nouvelle et puissante, ce serait la condamner à un abaissement auquel personne ne voudrait consentir.

Mais on comprend dès lors quel doit être le malaise de la Faculté de Paris, jetée dans un bâtiment où rien n'est fait pour elle et où elle n'a trouvé que des amphithéâtres mal disposés et insuffisants, où elle n'a jamais pu installer ses collections, et où elle ne saurait trouver aucun moyen d'organiser des laboratoires propres à l'instruction pratique de ses élèves.

Elle trahirait tous ses devoirs envers ses élèves, envers la science, si elle ne réclamait pas de la manière la plus pressante le terme d'un état de gêne devant lequel viennent se briser toute l'énergie et tout le zèle de ses professeurs.

Votre Commission a parfaitement apprécié cette situation, et elle va la faire ressortir, en mettant en parallèle l'état présent de la Faculté des Sciences, l'état auquel on pourrait l'amener en utilisant quelques parties de la Sorbonne à son profit, enfin l'état auquel il faudrait la porter pour la mettre au niveau des besoins de la science et pour y créer les méthodes d'enseignement si bien mises à profit dans les autres établissements d'instruction.

Dans son état actuel, la Faculté des Sciences possède trois amphithéâtres; aucun d'eux n'est ventilé; deux d'entre eux donnent sur la rue et sont exposés à toutes les interruptions que le bruit des voitures occasionne. Le troisième est si bas que les auditeurs y éprouvent bientôt un malaise extrême. Tous ces amphithéâtres sont mal éclairés. Ceux qui sont affectés au service de la physique, de la chimie ou de l'histoire naturelle n'ont, avec les collections ou cabinets qui doivent les desservir, que des communications très incommodes.

Ces cabinets eux-mêmes sont d'une déplorable insuffisance. Le cabinet de physique est obligé d'entasser tous ses instruments ; le cabinet d'histoire naturelle perd tous ses échantillons, que l'humidité détruit. Le laboratoire de chimie expose l'établissement aux chances d'incendie les plus graves, obligé qu'il est de profiter d'une foule de recoins obscurs pour loger des produits ou des appareils qui ne peuvent plus se placer dans son étroite collection.

L'enseignement de la mécanique, celui de l'astronomie n'ont jamais pu se développer à la Faculté, faute d'appareils ou d'instruments de démonstration, faute de localités favorablement disposées pour les expériences ou les observations.

Si le service de la Faculté, en ce qui concerne les cours ou les collections, est en souffrance, que dire des salles d'examen et du secrétariat ? A cet égard, la Faculté ne s'est jamais montrée bien exigeante, mais elle est forcée de reconnaître, par une expérience qu'il serait cruel de prolonger, qu'en plaçant la salle de ses examens et son secrétariat dans une localité excessivement humide, on n'a pas assez tenu compte de l'effet très fâcheux qui pouvait en résulter pour la santé des professeurs ou celle des employés.

Ajoutons à ce tableau que ces amphithéâtres, ces salles de collections, ces cabinets ou laboratoires, tous insuffisants, la plupart dans un état d'humidité déplorable, sont disséminés dans toutes les parties de la Sorbonne et ne se prêtent à aucun arrangement convenable pour les besoins du service. La physique, la chimie, l'histoire naturelle ont dû répartir leurs collections de toutes parts, et rendent ainsi toute surveillance du matériel impossible, son bon emploi très difficile.

La Commission était depuis longtemps convaincue qu'il ne fallait pas songer à laisser la Faculté des Sciences dans la situation où elle se trouve ; mais l'examen circonstancié des localités qui lui sont affectées, et leur comparaison avec celles que possèdent les autres établissements d'instruction publique de Paris, ont produit sur elle une impression vive et pénible qu'elle essayerait vainement de vous faire partager, si vous n'aviez pas vu de vos propres yeux tout ce qu'il y a de triste dans cette situation.

Si la Faculté des Sciences devait à tout jamais se borner à un enseignement oral, si ses collections devaient toujours rester fermées au public, si elle entendait persévérer dans son ancien système d'enseignement, elle n'aurait pas d'élèves, mais seulement des auditeurs. En ce cas, il serait possible de l'installer à la Sorbonne, en construisant quelques bâtiments accessoires pour ses laboratoires et ses collections.

Un plan qui sera mis sous les yeux de Votre Excellence prouve qu'avec une dépense de 600 000 à 800 000 francs on pourrait construire une galerie parallèle à l'aile orientale de la Sorbonne, et dont la longueur, d'environ cent mètres, permettrait de loger les collections de chimie, le cabinet de physique, les cabinets d'histoire naturelle et la collection de mécanique.

Les diverses divisions de cette galerie seraient d'ailleurs mises en communication avec les amphithéâtres placés au rez-de-chaussée de l'aile orientale de la Sorbonne.

Quant aux convenances de l'enseignement oral, ce projet serait irréprochable, si la galerie projetée ne se trouvait pas forcée de s'éclairer exclusivement au couchant, si elle n'était pas privée d'air et de lumière par l'église de la Sorbonne et par l'aile orientale de la Sorbonne elle-même.

Mais en supposant même que l'enseignement oral trouvât toute satisfaction dans ce projet, il n'en resterait pas moins impossible de remplir les vœux légitimes de la Faculté, en ce qui concerne les collections destinées aux études des élèves ou les laboratoires affectés à leurs manipulations.

Est-il utile, est-il indispensable que la Faculté passe d'un système sous l'influence duquel elle a rendu aux sciences des services non contestés, à un système nouveau, et rajeunisse ainsi sa constitution intérieure et ses procédés d'enseignement? Pour quiconque a examiné avec quelque soin la marche des sciences, leur application si générale de nos jours, il devient manifeste que la Faculté de Paris ne peut plus demeurer séquestrée dans une abstraction philosophique.

S'agit-il de l'enseignement des sciences pures, elle doit

s'aider de tous les moyens matériels qui ont tant de prise sur l'intelligence et sur la mémoire. Elle doit placer sous les yeux et en quelque sorte sous la main de ses élèves tout ce qui peut leur permettre de préciser leurs études, de les approfondir, et, par conséquent, elle doit former des collections publiques à leur usage ; elle doit créer des laboratoires pour leurs manipulations.

Ces collections publiques, formées, en ce qui concerne la chimie et l'histoire naturelle, d'échantillons de choix, disposés de façon à faire ressortir leurs caractères et limités aux objets dont la connaissance est nécessaire à une éducation scientifique générale, seront du plus grand secours pour les élèves qui revoient la matière du baccalauréat, pour les études de ceux qui se préparent à la licence.

Le cabinet de physique, la collection des instruments d'astronomie, le cabinet des machines mettront de même sous les yeux des élèves, à chaque instant, des appareils qui, montrés aux leçons d'une manière trop rapide, n'ont pu être examinés par eux qu'au détriment de l'attention que les paroles du professeur exigent.

La vue de ces objets, de ces appareils, sans cesse placés sous les yeux des élèves, les classera dans leur esprit, par cette mémoire des choses, si sûre et si distincte de la mémoire des mots, à laquelle ils sont forcés de recourir quand ils se contentent de lire leur description dans des traités élémentaires.

Les laboratoires que la Faculté réclame, elle entend les appliquer, non seulement aux manipulations de la chimie, mais aussi aux manipulations de la physique et de la mécanique, aux études pratiques de la minéralogie et de la géologie, enfin aux dissections de l'histoire naturelle.

Elle veut que les élèves soient exercés à toutes les opérations de la chimie pratique, à l'emploi de tous les instruments de précision : la balance, le goniomètre ; de tous les instruments de recherche : le microscope, etc.

La Faculté se promet, avec le concours de ses agrégés, d'heureux et prompts résultats de ces modifications ; les agrégés interviendront auprès des élèves pour diriger et surveiller les travaux pratiques, et compléteront au besoin les lacunes de l'enseignement oral.

C'est ainsi que les choses se passent à l'École Polytechnique; c'est ainsi qu'elles se passent à l'École Normale; c'est ainsi qu'elles doivent se passer à la Faculté, qui, en somme, est l'école libre des sciences, tandis que dans les deux écoles qu'on vient de citer, il y a monopole au profit de quelques élèves spéciaux.

La justice veut que le bienfait reconnu comme indispensable pour les élèves d'exception soit mis à la portée des élèves libres.

Le principe d'émulation qu'on a voulu introduire dans le concours de l'agrégation perdrait toute sa force, si les moyens d'instruction développés, à si juste titre, à l'École Normale ne l'étaient pas au même degré au profit des élèves libres dans les Facultés.

Et d'ailleurs, qui ne serait touché de la haute utilité de ces laboratoires livrés à toute l'ardeur d'une jeunesse instruite déjà et impatiente de gloire et de succès? Que de découvertes, que de travaux utiles viendront s'accomplir par ces générations qui, se succédant sans cesse, demeurent toujours jeunes, ardentes, prêtes à obéir au moindre signal de leurs professeurs, fières de devancer parfois leurs inspirations!

Ces laboratoires sont à la science ce que les ateliers de peinture sont aux beaux-arts. La Faculté des Sciences deviendra une école et s'entourera d'élèves destinés à prendre rang parmi les maîtres, si elle peut leur ouvrir ses ressources précieuses, ces laboratoires où viendront se reproduire et s'épurer toutes les grandes découvertes du temps, où il viendra s'en préparer et s'en accomplir peut-être quelques-unes.

Ces vœux, que la Faculté renouvelle aujourd'hui, elle les a cent fois mis sous les yeux de vos prédécesseurs. L'impuissance où elle était réduite à cet égard lui a fait tenter toutes les voies sans succès; jusqu'ici les obstacles semblaient grossir, à mesure que les prières devenaient plus pressantes.

L'honneur de la Faculté exige qu'elle rappelle à Votre Excellence que ces laboratoires de manipulations et de recherches qu'elle espère enfin obtenir de sa bienveillance éclairée, il y a dix ans et plus qu'elle les réclame comme l'une des exigences fondamentales de son institution

Si ce vœu n'a pas été satisfait, si la France a été privée de dix générations de jeunes gens façonnés à l'étude pratique des sciences et à l'art d'en faire sortir d'utiles découvertes, ce n'est pas à la Faculté qu'il faut s'en prendre : elle a compris ses devoirs et n'a rien négligé pour réussir dans les demandes qu'ils lui dictaient.

Au point de vue de la science pure, qui, jusqu'à présent, constitue le caractère essentiel des cours de la Faculté, les additions et développements qu'elle réclame sont devenus nécessaires, si l'on veut maintenir en France l'enseignement des sciences à la hauteur où il est porté dans des pays voisins.

Mais ces mesures deviennent bien autrement indispensables, si la Faculté des Sciences est destinée à réunir, dans un avenir prochain, la science pratique aux études philosophiques, qu'elle a, jusqu'à ce moment, plus particulièrement envisagées.

Beaucoup de bons esprits sont convaincus que le moment est venu de fonder dans l'Université une licence ou un doctorat ès sciences pratiques, qui serait en harmonie avec la licence en droit et le doctorat en médecine, et qui prémunirait la société contre ces conseillers qui, se donnant à eux-mêmes des brevets de capacité et de science, offrent à l'industrie, sous le titre d'ingénieurs, une coopération qui pourrait être mieux garantie.

Ils ne croient pas qu'avec les développements immenses que prennent aujourd'hui les applications de la mécanique, de la physique, de la chimie, il soit permis à l'Université de se tenir en dehors de ce mouvement qui s'opère autour d'elle ; ils la regardent comme obligée de faire pour les sciences pratiques ce qu'elle a fait pour la médecine ou le droit, ce que l'État a fait pour la marine ou la guerre, pour les ponts et chaussées ou les mines.

Ils supposent que les exigences du service des chemins de fer où la vie de tant de voyageurs est sans cesse menacée, que les besoins de tant d'usines où la vapeur et les autres moteurs mécaniques jouent un si grand rôle, assigneraient une place utile et lucrative à des hommes qui auraient subi un examen authentique et qui seraient porteurs d'un diplôme garant de leurs connaissances mécaniques.

Ils croient que l'art des constructions civiles aurait beaucoup à gagner, si nos architectes faisaient preuve non seulement de ces connaissances artistiques, de ce goût éprouvé qu'on cherche à leur transmettre, mais aussi de ces notions exactes de physique pratique qui leur sont indispensables pour prévoir et assurer les moyens de chauffage et de ventilation qui manquent dans toutes leurs constructions. Cette mesure produirait, à la fois, économie générale de combustible, assainissement de nos habitations et amélioration certaine de la santé publique.

Ils admettent que des épreuves capables de constater des connaissances étendues en chimie pratique ouvriraient à la jeunesse, dans nos fabriques si variées et si nombreuses, dans nos exploitations agricoles si dignes de la sollicitude de l'État, une vaste carrière. Leur coopération éclairée agrandirait de toutes parts le cercle de la production, tout en abaissant le prix de revient des produits; elle accroîtrait le bien-être des masses tout en assurant mieux encore les bénéfices des propriétaires du sol ou des usines.

En résumé, on croit qu'avec le développement de l'industrie, qu'avec l'influence extraordinaire que les sciences exercent aujourd'hui sur ce développement et par suite sur toutes les branches de la richesse publique, sur la situation de toutes nos fortunes, il est tout aussi nécessaire d'introduire dans la société des hommes d'une science pratique, garantie par la licence ou le doctorat, qu'il l'ait jamais été de lui donner des licenciés ou des docteurs pour la discussion des intérêts des citoyens ou pour le gouvernement de leur santé.

Convaincu que la Faculté des Sciences devra bientôt se mettre en mesure de satisfaire à ces besoins d'une civilisation nouvelle, on pense donc que l'espace étroit qu'elle occupe aujourd'hui, que l'espace un peu plus large qu'on pourrait lui offrir par la création d'une galerie parallèle à l'aile de la Sorbonne où seraient placés ses amphithéâtres, sont si loin des exigences véritables du rôle qu'elle devrait remplir, qu'on n'hésite pas à proposer en sa faveur des améliorations calculées sur une base plus large.

En résumé, il s'agit de créer une Faculté des Sciences vraiment digne de ce nom et où les élèves trouvent réunis, comme dans nos Facultés de Médecine, tous les moyens d'instruction, c'est-à-dire des cours publics, des collections d'étude à leur usage, une bibliothèque spéciale, des laboratoires pour leurs études pratiques, et où ils soient soumis à de fréquents examens par les agrégés, afin que leurs progrès journaliers soient constatés et garantis.

Pour amener la Faculté des Sciences à cet état nouveau, il faut une étendue de terrain considérable; en effet, les laboratoires de chimie, d'anatomie exigent des cours spéciales et réservées. Il en est de même des laboratoires qu'on pourrait créer en vue d'y faire exécuter par les élèves certaines expériences de physique mécanique.

En outre, l'administration d'une Faculté ainsi développée, la surveillance de ses collections exige que le doyen, le secrétaire et quelques employés soient logés dans l'établissement.

Enfin des salles d'examen plus nombreuses deviendraient tout à fait indispensables, si l'on développait le système des examens journaliers faits par les agrégés de la Faculté, et où les élèves régulièrement inscrits viendraient puiser des conseils et essayer leurs forces avant de se présenter à l'examen définitif de la Faculté.

En adoptant ces diverses bases, on arrive à établir qu'une surface d'environ 4000 à 5000 mètres carrés est nécessaire pour l'emplacement de la Faculté des Sciences.

On peut la trouver soit en transportant la Faculté hors de la Sorbonne, ou même hors du quartier Latin, soit en agrandissant la Sorbonne du côté de la rue Saint-Jacques ; soit en l'étendant, au contraire, du côté de la rue des Mathurins.

Tous les avis sont d'accord pour repousser la translation de la Faculté des Sciences hors de la Sorbonne, hors du quartier Latin.

L'alliance de la Faculté des Lettres et de la Faculté des Sciences est également utile à l'une et à l'autre; elle le deviendra de plus en plus à mesure que chacune d'elles aura mieux déterminé son but et les moyens de l'atteindre. Il est bon que les élèves de la Faculté des Sciences se tiennent au courant des procédés de la critique qui s'appliquent à tout, et des secrets de ce style qui persuade et qui éclaire, secrets nécessaires pour toutes choses et pour tous. Il convient que les élèves de la Faculté des Lettres soient initiés à ces grandes questions que la science agite de nos jours et qui donnent à la société de nouvelles forces dont l'histoire devra tenir compte, à la poésie de nouvelles images qu'elle saura s'approprier.

Comment séparer de ces deux Facultés la Faculté de Théologie? Faudrait-il que les ministres du culte, que les personnes pieuses qui en suivent les cours, fussent détournés de venir prendre place sur des bancs où ils entendront décrire et expliquer les merveilles de la nature, où ils pourront puiser une connaissance approfondie de l'histoire et de la philosophie? Non, sans doute, l'étude de la terre et des cieux, celle des êtres qui animent notre gloire, l'examen des lois qui président au mouvement des astres, de celles qui règlent la vie de la plante la plus humble ou du moindre ciron, enfin l'étude de l'intelligence humaine elle-même, tout cela rentre trop clairement dans le vaste domaine de la théologie pour qu'il soit bon de séparer des autres Facultés celle qui enseigne la science de Dieu.

On pense donc qu'il faut maintenir cette alliance étroite et salutaire qui fortifie les trois Facultés par leur union et leur rapprochement, par la fusion de leurs auditeurs. L'austérité de la pensée, l'élégance du langage et la sûreté du goût; l'habitude de l'observation, de la recherche et le génie de l'invention, tout ce qui soutient le cœur de l'homme, tout ce qui élève et ennoblit son intelligence, continuerait à trouver place autour du même foyer, si le vœu de la commission était satisfait.

Il ne reste à résoudre qu'une question de convenance locale. Faut-il transporter les développements de la Sorbonne du côté de la rue Saint-Jacques? Faut-il, au contraire, les porter du côté de la rue des Mathurins?

Dans la première hypothèse, on favorise l'alignement de la rue Saint-Jacques; on se place à proximité du collège de France; on crée un vaste ensemble d'une régularité qui se prête à des distributions faciles, commodes et dignes d'un grand établissement public. Mais on est forcé d'acquérir des maisons qui ont vue sur la rue Saint-Jacques ou sur la place des Poirées, et l'on est conduit ainsi à des dépenses considérables pour l'acquisition du terrain.

En prolongeant, au contraire, la Sorbonne du côté de la rue des Mathurins, on atteint des maisons mal situées, d'une valeur moindre, et on ouvre une rue qui, partant de la place Cambrai, viendrait aboutir, si elle était prolongée, à l'École de Médecine, et préparerait ainsi une facile communication entre le faubourg Saint-Germain et le pays

Latin, c'est-à-dire entre les principaux quartiers de la rive gauche.

Mais cette rue couperait obliquement le grand axe de la Sorbonne ; elle fournirait donc un terrain mal préparé à l'établissement des bâtiments qu'il s'agit d'y fonder ; elle donnerait, il est vrai, à la Sorbonne, une façade, une grande entrée, mais celle-ci serait oblique à l'axe du monument ; enfin, toutes les maisons actuelles de la rue Saint-Jacques demeurant à leur place, la Sorbonne, qui a tant besoin de calme et de silence, ne serait pas plus isolée qu'aujourd'hui des bruits qui troublent son enseignement.

Tout en tenant compte de la différence importante qui se remarque dans le prix d'acquisition des divers terrains nécessaires dans les deux systèmes, la Commission s'est prononcée, à l'unanimité, en faveur d'un projet mixte qui étend la Sorbonne jusqu'à la rue Saint-Jacques et à la place des Poirées, et qui l'isole du côté de la rue des Mathurins par une rue qui pourrait, au besoin, demeurer à l'état de projet, mais dont l'utilité est facile à comprendre. Le programme adopté par la Faculté, et joint à ce rapport, est pleinement satisfait par l'avant-projet que M. l'architecte de l'Université a préparé sur ces bases.

Votre Commission est donc d'avis, à l'unanimité, qu'il y aurait lieu de porter ce projet au Conseil des bâtiments civils et de le soumettre ensuite à une discussion contradictoire avec la ville de Paris.

Elle pense, en effet, que la ville de Paris devrait intervenir et se charger de l'achat des terrains ; l'État, de son côté, demeurant obligé à l'égard des constructions nouvelles à y élever, constructions qui, du reste, deviendraient la propriété de la ville et devraient être entretenues par elle en bon état de réparation à l'avenir, selon le contrat général passé entre la ville et l'Université.

La Faculté des Sciences, mise en possession de son nouveau logement, laisserait vacants divers emplacements disséminés dans les bâtiments de la Sorbonne et occupés par ses collections ou ses amphithéâtres. En les attribuant à la Faculté de Théologie, à la Faculté des Lettres ou à l'Académie de Paris, on compléterait facilement l'installation définitive de ces trois services. La Commission regarde comme inutile de rien prévoir à cet égard en détail ; elle croit que c'est à un examen ultérieur à en décider plus tard.

Elle fait remarquer, toutefois, que la Faculté de Théologie a son amphithéâtre placé au second étage au-dessus de l'entresol, dans un local d'un abord difficile et incommode.

Cet amphithéâtre ne contient que 250 personnes; or la Faculté aurait besoin d'un amphithéâtre mieux situé et plus spacieux, soit pour quelques-uns de ses cours, soit pour les thèses du doctorat, qui sont toujours soutenues avec solennité et qui attirent un grand concours.

La Faculté de Théologie réclame : 1° un amphithéâtre pour 600 à 700 personnes; 2° un amphithéâtre pour 200 à 250 personnes; 3° une salle pour les examens; 4° un secrétariat.

La Commission croit utile de rappeler, quant à la Faculté des Lettres, qu'elle ne possède qu'un seul amphithéâtre trop étroit pour quelques-uns de ses cours, qui pourtant n'osent pas aborder la vaste enceinte de la salle du Concours général.

Enfin il y a deux points qui se sont présentés incidemment à la discussion, et sur lesquels la Commission n'a pas d'avis formel à exprimer, sans doute, mais sur lesquels elle désirerait fixer l'attention de Votre Excellence.

La Faculté des Sciences a émis souvent le vœu qu'il fût institué, à la Sorbonne même, une bibliothèque spéciale des sciences placée sous sa direction [1]. Votre commission, ayant à examiner si, dans les nouveaux bâtiments de la Faculté, il y aurait à se préoccuper de l'installation d'une bibliothèque, a cru qu'il était plus convenable de laisser à la bibliothèque de l'Université son unité actuelle, d'en faire la bibliothèque de l'Académie de Paris, et de la diviser en trois départements : celui des lettres, celui des sciences et celui de la théologie, avec un bibliothécaire et trois sous-bibliothécaires ; chacun de ces derniers pourrait être choisi sur la présentation de celle des Facultés, dont le service spécial lui serait confié; le fonds d'accroissement de la bibliothèque pourrait être partagé et mis en partie à la disposition des Facultés.

Le second point qui s'est offert à la délibération de votre Commission a trait à la salle de distribution des prix du Concours général.

1. Divers rapports de la Faculté qui remontent à près de six années demandent, d'ailleurs, que cette bibliothèque spéciale des sciences soit ouverte le soir à la jeunesse des écoles. Ce vœu va enfin obtenir satisfaction.

La salle actuelle est insuffisante, et sa décoration manque de dignité et de convenance ; elle menace ruine.

Trouver un local propre à recevoir 2500 à 3000 personnes est chose difficile et quelquefois nécessaire pourtant à Paris, indépendamment des besoins réguliers et annuels du Concours général.

Votre Commission, frappée de ces considérations, approuve une disposition qui lui a été proposée par M. l'architecte de l'Université et au moyen de laquelle, en prolongeant vers la rue Saint-Jacques le bâtiment de l'église actuelle de la Sorbonne, on obtient une salle propre à former un amphithéâtre pour 2500 personnes, au moins.

Les débouchés faciles de ce vaste local, son heureuse liaison avec les bâtiments des trois Facultés et ceux de l'Académie de Paris, réunissent toutes les convenances que l'Université est en droit d'exiger ; son indépendance des autres bâtiments de la Sorbonne est telle d'ailleurs qu'on pourra toujours l'affecter momentanément à d'autres services, sans que ceux auxquels la Sorbonne elle-même est consacrée en éprouvent la moindre gêne.

Conclusion :

La Commission vient donc, d'un avis unanime, prier Votre Excellence de vouloir bien envoyer le programme de la Faculté des Sciences et l'avant-projet préparé par M. l'architecte de l'Université, au Conseil des bâtiments civils. La Commission pourra en discuter avec lui les bases et les détails, pour le préparer à un examen ultérieur qui en serait fait avec MM. les délégués du Conseil municipal de la ville de Paris.

A la suite de ce rapport, le Ministre prit l'arrêté suivant :

Nous, Ministre secrétaire d'État au département de l'Instruction publique, grand-maître de l'Université de France ;

Considérant que le service de l'Académie et des Facultés, et particulièrement de la Faculté des Sciences, exige des améliorations et agrandissements dans l'édifice de la Sorbonne ;

Que les dépenses à faire doivent être, en partie, à la charge de la ville de Paris, en partie à la charge de l'État ;

Vu la lettre du 29 août dernier, par laquelle M. le Préfet de la Seine désigne les membres du Conseil municipal qu'il propose d'adjoindre aux membres de l'Université qui seront choisis par nous, à l'effet de composer une commission mixte chargée d'examiner le projet de restauration et d'agrandissement qui nous a été présenté ;

Avons arrêté et arrêtons ce qui suit ;

Art. 1er.

Il est formé, pour prendre connaissance des plans et rapports relatifs aux travaux projetés à l'édifice de la Sorbonne et émettre, à cet égard, un avis motivé, une commission mixte composée de délégués de l'Université et des membres du Conseil municipal de Paris désignés par le Préfet de la Seine.

Art. 2.

Sont nommés membres de ladite Commission :

MM. le baron Thenard, chancelier de l'Université, pair de France, président ;
L'Inspecteur général vice-recteur de l'Académie de Paris ;
Galis, membre du Conseil municipal ;
Pelassy de l'Ousle, membre du Conseil municipal ;
Périer, membre du Conseil municipal ;
Horace Say, membre du Conseil municipal ;
Mortimer-Ternaux, membre du Conseil municipal ;
Dumas, doyen de la Faculté des Sciences ;
Victor Le Clerc, doyen de la Faculté des Lettres ;
L'abbé Glaire, doyen de la Faculté de Théologie ;
Pouillet, professeur à la Faculté des Sciences.

M. Durand, architecte de la ville, et M. de Gisors, architecte de l'Université, seront adjoints à la Commission en qualité d'architectes.

Fait au chef-lieu de l'Université, le 18 septembre 1846.

Signé : SALVANDY.

N° V

EXTRAITS DES PROCÈS-VERBAUX DES DÉLIBÉRATIONS DE LA FACULTÉ DES SCIENCES. — AGRANDISSEMENT DE LA SORBONNE.

(Voir page 24.)

Séance du 15 décembre 1874.

Présents : MM. Milne Edwards, Chasles, Jamin, de Lacaze-Duthiers, Duchartre, Delafosse, Desains, Hébert, Hermite, Puiseux, Briot, Bouquet, Deville, Bert.

M. le doyen rappelle à ses collègues que, sous le ministère de M. Jules Simon, il a été mis en demeure d'exprimer les vœux des membres de la Faculté au sujet des besoins des différentes branches de l'enseignement dont elle est chargée, et que chacun des professeurs lui a remis à cette époque une note de ses desiderata.

Ces notes ayant été communiquées à M. l'architecte, celui-ci a bien voulu se rendre à une réunion officieuse des membres de la Faculté. Il a alors déclaré qu'il serait impossible de donner satisfaction à l'aide des terrains destinés à la Faculté des Sciences d'après le projet d'agrandissement de la Sorbonne, dressé vers 1852, mais qu'au moyen de combinaisons administratives on pourrait probablement lui donner tout l'espace qu'elle désirait, à la condition de la transférer dans les annexes du jardin du Luxembourg.

Il avait été d'abord question d'un emplacement bordant le boulevard Saint-Michel; mais ce lot, disponible dans cet emplacement, lui paraissait trop exigu, et il avait proposé un projet de construction sur un terrain contigu au jardin du Luxembourg, à l'allée de l'Observatoire et à la rue d'Assas. M. l'architecte plaça sous les yeux de la Commission le plan en question.

M. le doyen fit observer que, vu l'éloignement, la Faculté se trouverait isolée à tel point que les études auraient beaucoup à en souffrir, et il appela son attention sur d'autres combinaisons. M. le doyen n'ayant pas été autorisé à consulter la Faculté dans ces questions, aucune trace des conversations qu'il vient de rappeler n'existe dans les procès-verbaux, mais la plupart de ses collègues ont dû en garder le souvenir.

Le vote récent du Conseil municipal rend urgent l'examen de la question soulevée. Dans la dernière séance du Conseil des doyens, plusieurs membres ont signalé les inconvénients d'une séparation entre la Faculté des Lettres et la Faculté des Sciences. M. le doyen pense qu'en vue de nous conserver à la Sorbonne, l'Administration centrale serait disposée à nous donner la totalité des terrains bordant la rue Saint-Jacques, de la place Gerson à la rue des Écoles, ainsi que les terrains vagues en retour sur la rue des Écoles et la rue de la Sorbonne; il pense que, dans ces conditions, la Faculté, tout en ayant moins d'espace que dans le projet du Luxembourg, pourrait être installée d'une façon très convenable. M. le doyen informe l'assemblée qu'il a obtenu l'autorisation verbale de consulter officiellement la Faculté à ce sujet.

M. Duchartre trouve qu'il serait désastreux pour l'Université que la Sorbonne cessât d'être le centre de l'enseignement scientifique et littéraire, que, pour sa part, il préférerait être à l'étroit plutôt que de voir la Faculté s'éloigner, non seulement de la Faculté des Lettres, mais du collège de France, de l'École de Médecine, du Muséum, en un mot, de quitter le quartier des Écoles.

M. de Lacaze-Duthiers appuie l'opinion de M. Duchartre. M. Jamin émet le même avis. M. Hébert reconnaît que ce transfert présenterait de grands inconvénients, mais que la Faculté ne peut pas vivre dans les conditions actuelles, et que, si l'on ne donnait pas aux laboratoires un espace très considérable autour de la Sorbonne, il lui paraîtrait indispensable de s'en aller.

M. Bert trouve également que c'est chose grave que le déplacement de la Faculté; que, dans son opinion cependant, il serait préférable d'aller au Luxembourg si l'on offrait des compensations au point de vue de la facilité du travail; que, si l'on reste à la Sorbonne, il est nécessaire d'attribuer au service de la Faculté des Sciences tous les terrains disponibles autour de cet établissement. Encore aurait-on de la peine à trouver là une installation suffisante, sinon pour le présent, du moins pour l'avenir; que, pour ce qui est de la question au point de vue parlementaire, tout fait craindre qu'on ne disjoigne l'École de Médecine de la Faculté des Sciences, les plans de la première étant terminés et la question complètement étudiée.

M. le doyen propose de renvoyer l'étude de la question de l'établissement des services de la Faculté sur les terrains avoisinant la Sorbonne à une commission composée des membres de la Faculté qui ont des collections ou des laboratoires. La Faculté appuie cette proposition et décide qu'elle se réunira à très bref délai.

Séance du 18 *décembre* 1874.

Présents : MM. Milne Edwards, Desains, Duchartre, Jamin, Briot, Bouquet, Chasles, Hébert, Bert, de Lacaze-Duthiers.

Le procès-verbal de la séance du 15 décembre dernier est adopté.

M. le doyen informe l'assemblée que M. Lheureux, architecte du cinquième arrondissement, a été convoqué pour donner des renseignements, qu'il se tient à la disposition de l'assemblée. M. Lheureux est introduit.

M. le doyen demande à M. l'architecte si, comme on l'a dit, la Ville aurait l'intention de prélever une bordure de 35 mètres environ sur le terrain du Luxembourg qui serait concédé à la Faculté des Sciences et limité par l'allée de l'Observatoire, la rue d'Assas et la rue de l'Abbé-de-l'Épée, terrain d'une superficie de 15 000 mètres carrés. M. l'architecte dit qu'aucune réserve n'a été faite et que la totalité du terrain sera abandonnée à la Faculté. Il met sous les yeux des membres de l'assemblée le plan qu'il a étudié, et il donne à plusieurs membres les explications relatives au mode d'installation des différents services. M. le doyen remercie M. Lheureux, qui se retire.

M. Bert dépose la proposition de loi renvoyée à la commission du budget, ayant entre autres pour objet la construction d'une Faculté des Sciences de Paris.

M. le doyen informe l'assemblée que les professeurs intéressés se sont réunis avant-hier pour voir comment on pourrait s'établir sur les terrains avoisinant la Sorbonne et limités par la partie nord de la Sorbonne, la rue de la Sorbonne, la rue des Écoles et la rue Saint-Jacques jusqu'à la place Gerson. M. le doyen pense que, dans ces conditions, il pourrait être donné satisfaction à tous les services, et qu'il y aurait lieu de demander que la Faculté restât à la Sorbonne; il dépose un croquis du projet d'installation.

M. Bert pense qu'il ne faut encore rien demander; qu'on est en présence de deux plans; qu'on pourrait, dans l'indécision, conclure que les études ne sont pas encore achevées, et voir venir.

M. Duchartre n'est pas de l'avis de M. Bert. Il pense que, si la Faculté a un intérêt majeur à rester à la Sorbonne, il faut le faire connaître et arriver avec des études terminées; que c'est dans ces conditions que la Faculté arrivera à la réalisation de ses vues.

M. de Lacaze-Duthiers fait observer que la Faculté s'est déjà prononcée sur son désir de rester à la Sorbonne. M. le doyen répond que, jusqu'à présent, il n'y a eu aucun vote, et qu'avant d'en référer au Ministre il désire soumettre au vote de l'assemblée les décisions à prendre par la Faculté.

M. Bert propose d'ajourner la suite de la discussion au dimanche 20 décembre. L'assemblée, à la majorité des voix, décide que le vote sur la question sera remis au dimanche 20 décembre à 1 heure, et qu'une convocation sera adressée à cet effet à chacun de ses membres.

Séance du 20 *décembre* 1874.

Présents : MM. Milne Edwards, Chasles, Hermite, Hébert, Puiseux, Delafosse, Deville, Bouquet, de Lacaze-Duthiers, Briot, Duchartre, Desains, Jamin, Bert.

Le secrétaire donne lecture du procès-verbal du 18 décembre, qui est adopté.

M. le doyen, reprenant l'exposition du croquis qu'il a déposé à la dernière séance, fait remarquer que, s'il y avait insuffisance pour l'installation des services de la Faculté, on pourrait augmenter considérablement la surface en élevant une partie des bâtiments.

M. H. Sainte-Claire Deville voudrait les cours à la Sorbonne, les travaux pratiques au Luxembourg.

M. Bert convient qu'il y a un inconvénient très grand à quitter la Sorbonne; mais il y a un terrain de 15 000 mètres carrés qui est offert; en quittant la Sorbonne, on perdra des auditeurs, mais au Luxembourg on aura des élèves; au Luxembourg d'ailleurs, l'isolement ne sera pas aussi complet qu'on peut le craindre, puisque l'École de Pharmacie, l'hôpital des cliniques doivent y être installés. Au surplus, des modifications dans le régime de l'enseignement supérieur peuvent amener un plus grand nombre d'élèves; des docteurs peuvent être autorisés à faire un enseignement libre indépendant dans les Facultés; ils demanderont des moyens d'action, et la Sorbonne ne pourra plus s'étendre, puisqu'il n'y aura plus de terrains libres avoisinants. En résumé, on peut s'installer dans les terrains avoisinant la Sorbonne d'une manière à peu près suffisante pour les besoins actuels, mais il n'y aura rien de réservé pour un avenir qui n'est peut-être pas trop éloigné.

M. Deville pense que, l'étude des sciences s'étendant dans les lycées, le nombre des élèves des Facultés augmentera, sinon dans les cours, au moins dans les laboratoires; qu'en ce moment il ne peut recevoir tous les élèves qui se font inscrire pour les laboratoires d'enseignement et que, par conséquent, il faut de la place; aussi votera-t-il comme M. Bert.

M. Duchartre ne croit pas que la Faculté doive s'éloigner de la Sorbonne : l'auditeur d'un cours devient quelquefois un élève; d'ailleurs le nombre d'élèves n'augmentera que lorsque les grades acquis assureront une situation aux travailleurs. Il considère qu'il faut de moins en moins compter sur un public ayant un goût désintéressé pour la science; d'ailleurs le nombre d'élèves ne diminuera-t-il pas par la création de grands centres universitaires? Il y a des conditions qui font de la Sorbonne le foyer des études : il est prudent d'y rester.

MM. Hermite et de Lacaze-Duthiers, comme M. Duchartre, pensent qu'il ne faut pas s'éloigner des établissements scolaires qui nous entourent.

M. le doyen ne voit pas l'avenir aussi en beau que M. Bert. S'il y a affluence d'élèves, la Faculté obtiendra les laboratoires dont elle pourra avoir besoin; et si l'espace manquait dans le périmètre de la Sorbonne, il ne voit pas pourquoi on n'établirait pas des laboratoires annexes sur les terrains du lycée Louis-le-Grand ou de la rue des Cordiers; mais, pour le moment, il y aurait peut-être danger à quitter la Sorbonne. En tout état de cause, il croit devoir soumettre au vote de l'assemblée les propositions suivantes, qu'il transmettra à l'autorité compétente, si elles sont adoptées :

1° La Faculté estime qu'il lui est impossible de s'installer dans les bâtiments qui lui étaient attribués du côté de la rue Saint-Jacques dans le plan pour l'agrandissement de la Sorbonne présenté vers 1852.

Cet article, mis aux voix, est adopté à l'unanimité.

2° Qu'elle pourrait être bien installée dans les bâtiments nouveaux qu'occuperait la totalité des terrains situés au nord et à l'est de la Sorbonne actuelle et limités par la rue des Écoles, la rue Saint-Jacques jusqu'à la place Gerson.

L'article mis aux voix, le résultat du scrutin donne 12 voix pour l'adoption, 2 voix contre.

3° Qu'il y aurait, pour l'enseignement, des inconvénients graves à son éloignement de la Sorbonne; mais que, dans le cas où la totalité des terrains susmentionnés ne pourrait lui être attribuée, il serait préférable de la transporter sur les terrains adjacents au jardin du Luxembourg, dans les bâtiments nouveaux indiqués sur le plan dressé par M. l'architecte et limités par l'allée de l'Observatoire, la rue d'Assas, la rue de l'Abbé-de-l'Épée, d'une contenance d'environ 15 000 mètres carrés.

Le scrutin donne 8 voix pour l'adoption, 3 voix contre, 1 bulletin blanc : l'article 3 est adopté.

4° Qu'à la condition d'être installée conformément aux indications contenues dans l'article 2, la Faculté demande à rester à la Sorbonne.

L'article 4 est adopté, le scrutin donnant 11 voix pour l'adoption et 1 voix contre.

N° VI

EXTRAIT DES PROCÈS-VERBAUX DES DÉLIBÉRATIONS DE LA FACULTÉ DES SCIENCES. — AGRANDISSEMENT DE LA SORBONNE.

(Voir page 20.)

Séance du 11 novembre 1870.

Présents : MM. Milne Edwards, Desains, Hébert, Duchartre, Troost, Deville, Chasles, Wurtz, Briot, Puiseux, Bonnet, Bouquet, Friedel, de Lacaze-Duthiers.

M. le doyen veut entretenir l'assemblée des questions relatives au transfert de la Faculté. Un avis lui a été demandé : il désire, avant de le transmettre, connaître l'opinion de ses collègues.

Il est donné lecture par le secrétaire des articles qui ont été votés par la Faculté dans la séance du 20 septembre 1874. M. le doyen rappelle qu'un moment on avait pensé que la Faculté pourrait être installée sur les terrains occupés par le lycée Louis-le-Grand ; ce projet doit être abandonné ; le lycée sera rétabli sur l'emplacement qu'il occupe, les nouvelles constructions entraîneront l'élargissement de la rue Saint-Jacques, et par conséquent la démolition des n°s 112, 114, 116, 122, qui appartiennent déjà à la ville. Que faut-il demander actuellement ? Faut-il séparer l'enseignement de la Faculté de l'enseignement pratique, conserver à la Sorbonne les cours où de petits locaux pourraient suffire pour l'enseignement ?

Après une discussion à laquelle prennent part MM. Wurtz, Chasles, Desains, Hébert, Deville, M. Wurtz propose de voter la résolution suivante :

Art. 1er. La Faculté renouvelle le vœu déjà exprimé de maintenir son siège à la Sorbonne.

Art. 2. La Faculté demande le maintien à la Sorbonne de tous les cours et autres services qui pourront y être convenablement installés.

Art. 3. La Faculté demande l'affectation à la Faculté du

terrain d'environ 15000 mètres carrés situé au Luxembourg et la construction à bref délai des laboratoires et autres locaux nécessaires à l'installation des services qui ne pourront pas être maintenus convenablement à la Sorbonne.

M. Desains demande un ajournement avant de voter ce vœu; M. le doyen propose de fixer la nouvelle réunion au jeudi 13 novembre.

Séance du 13 novembre 1879.

Présents: MM. Milne Edwards, Puiseux, Hébert, Bouquet, Wurtz, Troost, Duchartre, de Lacaze-Duthiers, Briot, Chasles, Deville, Friedel.

Le procès-verbal de la séance du 11 novembre dernier est adopté.

M. le doyen informe l'assemblée qu'il va être procédé successivement au vote des articles qui ont été arrêtés à la dernière séance relativement au transfert de la Faculté au Luxembourg.

Art. 1er. La Faculté renouvelle le vœu déjà exprimé du maintien de son siège à la Sorbonne.

A l'unanimité des membres présents, l'article 1er est adopté.

Art. 2. La Faculté demande le maintien à la Sorbonne de tous les cours et autres services qui pourront y être convenablement installés.

L'article 2, mis aux voix, est adopté à l'unanimité.

Art. 3. La Faculté demande l'affectation à la Faculté du terrain d'environ 15000 mètres carrés situé au Luxembourg et la construction à bref délai des laboratoires et autres locaux nécessaires à l'installation des services qui ne pourront pas être maintenus convenablement à la Sorbonne.

L'article 3 est adopté à l'unanimité.

Il est ensuite procédé au vote sur l'ensemble.

A l'unanimité des membres présents, la résolution est adoptée.

N° VII

CONVENTION ENTRE L'ÉTAT, REPRÉSENTÉ PAR LE PRÉSIDENT DU CONSEIL, MINISTRE DE L'INSTRUCTION PUBLIQUE ET DES BEAUX-ARTS ET LA VILLE DE PARIS POUR LA RECONSTRUCTION ET L'AGRANDISSEMENT DES BATIMENTS DE LA SORBONNE.

(Voir page 30.)

Entre M. Jules Ferry, président du Conseil, ministre de l'Instruction publique et des Beaux-Arts, agissant au nom de l'État, d'une part;

Et M. Ferdinand Hérold, sénateur, préfet de la Seine, agissant au nom de la ville de Paris en vertu d'une délibération du Conseil municipal du 25 juin 1881, d'autre part;

A été convenu ce qui suit :

ARTICLE PREMIER. — Il sera procédé à frais communs, par l'État et la ville de Paris, à la reconstruction et à l'agrandissement des bâtiments de la Sorbonne, aux conditions suivantes :

1° L'Académie de Paris, les Facultés de Théologie, des Lettres et des Sciences auront leur siège à la Sorbonne.

2° La nouvelle Sorbonne sera limitée par les rues de la Sorbonne, des Écoles, Saint-Jacques, Cujas et Victor Cousin, suivant les alignements indiqués par un liséré bleu au plan ci-annexé;

3° Le décompte général des dépenses faites ou à faire ultérieurement est fixé à 22 200 000 francs (vingt-deux millions deux cent mille francs).

4° Pour sa part contributive, fixée à la moitié de cette dépense, soit 11 100 000 francs, la ville de Paris fait un apport, en terrain, d'une valeur de 3 600 000 francs et un apport en argent du complément, soit 7 500 000 francs.

5° La ville de Paris étant chargée de l'opération, l'État fournira sa part contributive en versant à la Caisse municipale 4 100 000 francs en 1882, et le reste en cinq annuités de 1 400 000 chacune de 1883 à 1888.

6° La ville de Paris soldera sa part en argent au moyen d'une somme de 3 250 000 francs inscrite à son budget pour la Sorbonne, laquelle somme est actuellement disponible, et au moyen de cinq annuités de 700 000 francs chacune de 1883 à 1888, avec un solde de 750 000 francs en 1889.

7° Les dépenses imprévues auxquelles il y aurait lieu de pourvoir seront partagées par moitié entre l'État et la ville de Paris, après vote du Conseil municipal.

Art. 2. — Le projet de reconstruction et d'agrandissement de la Sorbonne sera mis au concours d'après les clauses et conditions établies par un jury où seront représentés le Ministre de l'Instruction publique, le Conseil municipal, la Préfecture de la Seine et les professeurs des Facultés.

Ce jury sera également chargé de faire le classement des projets qui lui seront soumis.

Le programme du concours sera arrêté par le Conseil municipal, de concert avec les délégués du Ministère de l'Instruction publique.

Art. 3. — La présente convention ne deviendra définitive que lorsqu'elle aura été approuvée par une loi. Elle sera enregistrée au droit fixe de 3 francs (trois francs).

Fait en double à Paris, le 30 juin 1881.

Le Préfet de la Seine,	Le Président du Conseil, Ministre de l'Instruction publique et des Beaux-Arts,
Signé : Hérold.	*Signé :* Jules Ferry.

N° VIII

ÉTAT des diplômes délivrés par la Faculté des Lettres de Paris depuis la création jusqu'au 31 décembre 1880. (Voir page 33.)

INDICATION DES ANNÉES.	NOMBRE DES DIPLOMES — DE BACHELIER.	DE LICENCIÉ.	DE DOCTEUR.	OBSERVATIONS.
1810	67	1	»	
1811	115	31	2	
1812	78	26	9	
1813	66	17	6	
1814	164	8	4	
1815	492	19	»	
1816	843	34	6	L'ordonnance du 18 janvier 1816 avait supprimé 17 Facultés.
1817	825	14	8	
1818	822	14	4	
1819	831	22	5	
1820	1 117	17	1	5 juillet 1820. — Ordonnance décidant qu'à dater de 1882, nul ne sera admis au baccalauréat ès lettres s'il n'a suivi au moins pendant un an un cours de philosophie dans un collège royal ou communal ou dans une institution où cet enseignement aura été autorisé. — A dater de 1823, nul ne sera admis audit examen s'il n'a suivi, au moins pendant un an, un cours de rhétorique et, pendant une autre année, un cours de philosophie, dans l'un desdits collège ou institution.
1821	1 821	32	1	
1822	820	36	3	
1823	315	9	6	
1824	498	10	2	
1825	393	11	7	
1826	522	6	»	
1827	430	13	2	
1828	730	15	3	
1829	849	37	5	
1830	765	36	2	
1831	814	49	2	
1832	836	25	4	
1833	1 096	29	6	
A reporter.	15 326	511	88	

N° VIII (*suite*)

ÉTAT des diplômes délivrés par la Faculté des Lettres de Paris depuis la création jusqu'au 31 décembre 1886. (Voir page 33.)

INDICATION DES ANNÉES.	NOMBRE DES DIPLOMES. DE BACHELIER.	DE LICENCIÉ.	DE DOCTEUR.	OBSERVATIONS.
Report.	15 326	511	88	
1834	1 216	15	»	
1835	1 351	27	3	
1836	1 151	21	5	
1837	1 085	15	2	1er *janvier* 1847. — Les commissions départementales d'examen chargées de recevoir les candidats sont supprimées. 31 *janvier* 1847. — La Faculté de Paris a pour circonscription les Académies de Paris, d'Amiens, de Douai et d'Orléans. 20 *juin* 1849. — La Faculté de Paris a pour circonscription Paris, Reims et Douai et le département du Loiret dans l'Académie de Bourges. 16 *novembre* 1849. — Le certificat d'études prescrit par l'ordonnance de 1820 est supprimé. *Loi du* 15 *mars* 1850. — Jury académique (départemental). *Décret du* 10 *avril* 1852. — Réforme du baccalauréats lettres; bifurcation. — Le diplôme de bachelier ès sciences est obligatoire pour la médecine et la pharmacie; les candidats sont dispensés du baccal. ès lettres.
1838	903	18	7	
1839	857	17	5	
1840	769	16	9	
1841	738	24	4	
1842	876	28	1	
1843	937	26	9	
1844	903	28	6	
1845	969	25	5	
1846	1 024	48	8	
1847	1 293	46	7	
1848	1 612	43	11	
1849	1 289	31	7	
1850	1 572	36	9	
1851	1 003	30	7	
1852	959	26	9	
1853	411	28	12	
1854	619	24	7	
1855	572	21	12	
1856	556	22	13	
1857	604	24	9	
1858	576	23	8	
1859	586	36	12	
1860	658	25	6	
A reporter.	40 453	1 237	281	

N° VIII (*fin*)

ÉTAT des diplômes délivrés par la Faculté des Lettres de Paris depuis la création jusqu'au 31 décembre 1880. (Voir page 33.)

INDICATION DES ANNÉES.	NOMBRE DES DIPLOMES			OBSERVATIONS.
	DE BACHELIER.	DE LICENCIÉ.	DE DOCTEUR.	
Report.	40 453	1 237	281	
1861	751	31	6	
1862	857	29	14	
1863	875	34	5	
1864	996	32	6	
1865	1 072	31	5	
1866	678	31	10	
1867	793	32	4	
1868	920	48	9	
1869	1 044	44	8	
1870	859	28	8	
1871	666	21	2	
1872	968	58	8	
1873	1 004	33	11	
1874	1 299	38	14	25 *juillet* 1874. — Baccalauréat scindé à dater de 1876. On ne pourra subir l'examen en une seule fois après 1875.
1875	1 672	41	7	
1876	689	44	10	
1877	731	41	17	
1878	866	40	14	
1879	921	43	14	
1880	1 010	56	17	
1881	1 049	103	17	
1882	933	152	11	
1883	1 063	63	14	
1884	1 194	78	19	
1885	1 291	91	13	
1886	1 237	91	15	
Total.	65 933	2 610	559	

N°

ÉTAT des diplômes délivrés par la Faculté des Sciences de Paris

INDICATION des ANNÉES.	NOMBRE DES							
	DE BACHELIER					DE		
	Après examen subi en une seule session.	Après examen subi en deux sessions.	Ès sciences physiques.	Ès sciences restreint.	Total.	Ès sciences.	Ès sciences mathématiques.	Ès sciences physiques.
1808.	»	»	»	»	»	»	»	»
1809.	»	»	»	»	»	»	»	»
1810.	6	»	»	»	6	»	»	»
1811.	32	»	»	»	32	»	3	5
1812.	11	»	»	»	11	»	3	4
1813.	9	»	»	»	9	»	8	4
1814.	19	»	»	»	19	»	4	»
1815.	4	»	»	»	4	»	5	»
1816.	1	»	»	»	1	»	1	»
1817.	6	»	»	»	6	»	2	»
1818.	7	»	»	»	7	»	2	»
1819.	3	»	»	»	3	»	4	»
1820.	5	»	»	»	5	»	4	1
1821.	19	»	»	»	19	»	3	1
1822.	14	»	»	»	14	»	6	»
1823.	5	»	»	»	5	»	6	»
1824.	8	»	58	»	66	»	3	»
1825.	5	»	58	»	63	»	2	»
1826.	17	»	101	»	118	»	4	»
1827.	16	»	163	»	179	»	5	»
1828.	26	»	177	»	203	»	1	»
1829.	22	»	176	»	198	»	4	2
1830.	15	»	195	»	210	»	3	10
1831.	25	»	4	»	29	»	4	1
1832.	15	»	5	»	20	»	4	17
1833.	28	»	5	»	33	»	4	7
1834.	29	»	8	»	37	»	8	7
A reporter.	347	»	950	»	1297	»	93	59

IX

depuis la création jusqu'au 31 décembre 1880. (Voir page 33.)

DIPLOMES						OBSERVATIONS.
LICENCIÉ		DE DOCTEUR				
Ès sciences naturelles.	Total.	Ès sciences mathématiques.	Ès sciences physiques.	Ès sciences naturelles.	Total.	
»	»	»	»	»	»	
»	»	»	»	»	»	
»	»	»	»	»	»	
»	8	3	»	»	3	
»	7	»	2	»	2	
»	12	»	»	»	»	
»	4	»	»	»	»	
»	5	1	3	»	4	
»	1	»	»	»	»	
»	2	1	»	»	1	
»	2	»	1	»	1	
»	4	»	»	»	»	
»	5	»	»	»	»	
»	4	»	»	»	»	25 septembre 1821. — Arrêté établissant des examens différents pour les candidats se destinant à l'enseignement et pour les étudiants en médecine.
1	7	»	»	»	»	
»	6	1	»	1	2	
»	3	1	1	»	2	
»	2	2	»	»	2	
»	4	»	»	»	»	
1	6	»	1	2	5	
»	1	»	1	»	1	
»	6	1	»	»	1	
»	13	1	2	»	3	
»	5	2	»	»	2	18 janvier 1831. — Ordonnance qui dispense les étudiants en médecine de la production du baccalauréat ès sciences.
»	21	1	4	»	5	
»	11	»	4	»	4	
»	15	2	1	»	3	
2	154	16	20	3	39	

N° IX

ÉTAT des diplômes délivrés par la Faculté des Sciences de Paris

INDICATION des ANNÉES.	NOMBRE DES							
	DE BACHELIER					DE		
	Après examen subi en une seule session.	Après examen subi en deux sessions.	Ès sciences physiques.	Ès sciences restreint.	Total.	Ès sciences.	Ès sciences mathématiques.	Ès sciences physiques.
Report. . .	347	»	950	»	1297	»	93	50
1835.	20	»	7	»	27	»	22	11
1836.	39	»	11	»	50	»	11	19
1837.	30	»	110	»	140	»	19	10
1838.	38	»	237	»	275	»	12	22
1839.	35	»	210	»	245	»	11	29
1840.	39	»	176	»	215	»	39	11
1841.	38	»	184	»	222	»	23	27
1842.	49	»	214	»	263	»	35	14
1843.	36	»	243	»	279	»	27	28
1844.	39	»	198	»	237	»	36	26
1845.	26	»	205	»	231	»	25	21
1846.	54	»	244	»	298	»	22	19
1847.	77	»	230	»	307	»	28	25
1848.	36	»	203	»	239	»	28	22
1849.	50	»	256	»	306	»	22	21
1850.	49	»	365	»	414	»	28	23
1851.	78	»	360	»	438	»	29	19
1852.	52	»	377	»	429	»	25	22
1853.	656	»	252	»	908	»	11	13
1854.	1034	»	142	»	1176	»	16	24
1855.	820	»	»	»	820	»	22	31
1856.	634	»	»	»	634	»	16	27
1857.	651	»	»	»	651	»	21	20
1858.	632	»	»	»	632	»	19	25
1859.	622	»	»	37	659	»	18	24
1860.	490	100	»	65	655	»	19	24
A reporter.	6671	100	5174	102	12 047	»	677	614

(*suite*)
depuis la création jusqu'au 31 décembre 1886. (Voir page 33.)

DIPLOMES						
LICENCIÉ		DE DOCTEUR				
Ès sciences naturelles.	Total.	Ès sciences mathématiques.	Ès sciences physiques.	Ès sciences naturelles.	Total.	OBSERVATIONS.
2	154	16	20	3	39	
4	37	»	»	»	»	
8	38	2	3	»	5	9 août 1836. — Ordonnance qui rétablit pour les étudiants en médecine l'obligation du baccalauréat ès sciences.
1	50	2	4	2	8	
7	41	1	3	2	6	
2	52	4	4	2	10	
8	68	5	3	7	15	
5	45	3	4	3	10	
5	64	2	1	4	7	
10	65	5	1	1	7	
7	69	2	1	2	5	
9	55	2	5	»	7	
5	44	»	3	1	4	
4	57	1	4	5	10	
3	53	2	3	5	10	
»	43	3	1	1	5	
6	57	»	3	1	4	
3	51	1	1	1	3	
»	47	5	4	1	10	10 avril 1852. — Réforme du baccalauréat.
6	30	2	3	2	7	
2	42	4	5	1	10	26 décembre 1854. — Règlement instituant un certificat de capacité pour les sciences appliquées. Aucun examen n'a été subi à Paris.
3	56	5	3	3	11	
5	46	3	3	1	7	
3	44	3	3	2	8	
6	50	5	1	2	8	
12	54	5	3	1	7	
5	48	»	5	2	7	
129	1420	81	94	55	230	

N° IX

ÉTAT des diplômes délivrés par la Faculté des Sciences de Paris

INDICATION des ANNÉES.	DE BACHELIER					NOMBRE DES		
							DE	
	Après examen subi en une seule session.	Après examen subi en deux sessions.	Ès sciences physiques.	Ès sciences restreint.	Total.	Ès sciences.	Ès sciences mathématiques	Ès sciences physiques.
Report. . .	6671	100	5174	102	12 047	»	677	614
1861.	482	205	»	61	748	»	21	22
1862.	417	208	»	77	732	»	20	21
1863.	421	159	»	90	670	»	27	30
1864.	487	118	»	101	706	»	19	18
1865.	556	31	»	97	684	»	21	24
1866.	552	4	»	98	654	»	24	52
1867.	479	»	»	118	597	»	22	29
1868.	561	»	»	108	669	»	19	22
1869.	567	»	»	169	736	»	25	24
1870.	494	»	»	108	602	»	25	31
1871.	320	»	»	83	403	»	2	9
1872.	525	»	»	192	717	»	17	22
1873.	580	»	»	144	724	»	19	24
1874.	653	»	»	203	856	»	33	28
1875	663	»	»	186	851	»	29	29
1876.	670	»	»	189	859	»	28	31
1877.	705	»	»	175	880	»	42	41
1878.	727	»	»	192	919	»	35	34
1879.	770	»	»	196	966	»	37	35
1880.	773	»	»	185	958	»	41	48
1881.	708[1]	»	»	170	878	»	47	53
1882.	723[2]	»	»	167	890	»	44	60
1883.	833[3]	»	»	138	971	»	47	61
1884.	984[4]	»	»	178	1162	»	55	71
1885.	1014[5]	»	»	189	1203	»	56	59
1886.	1016[6]	»	»	183	1199	»	50	63
Total. . .	23 113	825	5174	5819	33511	»	1458	1541

(*fin*)

depuis la création jusqu'au 31 décembre 1886. (Voir page 53.)

DIPLOMES.						OBSERVATIONS.
LICENCIÉ		DE DOCTEUR				
Ès sciences naturelles.	Total.	Ès sciences mathématiques.	Ès sciences physiques.	Ès sciences naturelles.	Total.	
129	1420	81	94	55	230	
4	47	3	2	4	9	6 décembre 1859. — Règlement scindant les épreuves en 2 séries. — 24 janvier 1859. — Règlement relatif au baccalauréat ès sciences restreint.
4	45	2	3	2	7	
2	59	1	2	2	5	
4	41	5	7	3	15	
3	48	3	6	3	12	25 mars 1865. — Le règlement du 6 décembre 1859 est rapporté.
7	63	3	2	2	7	
»	51	4	5	2	11	
10	51	5	4	2	11	
12	59	»	5	6	11	
5	61	2	5	4	11	
»	41	1	2	1	4	
4	45	»	6	6	12	
6	49	»	4	4	8	
3	64	2	4	4	10	
3	61	»	5	2	7	
4	63	5	5	5	15	
8	91	4	5	5	14	
4	75	4	3	7	14	
12	84	7	8	7	22	
7	96	9	10	3	22	
17	117	1	5	10	16	1. + 2 complémentaires.
19	132	7	11	6	24	2. + 2 complémentaires.
22	130	3	2	4	9	3. + 6 complémentaires.
14	158	3	6	10	19	4. + 4 complémentaires.
16	108	5	7	15	27	5. + 3 complémentaires.
14	127	6	16	9	31	6. + 7 complémentaires.
333	3552	164	234	183	581	

N° X

ALLOCUTION PRONONCÉE A LA RÉUNION DE L'ASSOCIATION GÉNÉRALE DES ÉTUDIANTS.

(Voir p. 70.)

mars 1886.

Messieurs,

Vous avez pensé que vous ne pouviez mieux consacrer votre deuxième anniversaire qu'en venant recueillir ici, de la bouche de vos maîtres les plus autorisés [1], quelques-uns de ces conseils qui tracent les voies et portent bonheur. Je me garderai de vous faire attendre ce plaisir. Je ne veux que vous souhaiter la bienvenue dans cette vieille salle des actes universitaires, où nous aimons à être vos hôtes [2].

Ce qui nous touche dans votre association, c'est qu'elle est votre œuvre. Jamais les études supérieures n'ont trouvé dans l'opinion une sympathie plus éclairée, dans les pouvoirs publics un plus efficace appui. Les statisticiens de l'avenir, de jeunes savants sortis de vos rangs peut-être, établiront un jour que le budget des Facultés s'est élevé, en quinze années, d'un peu plus de quatre millions [3] à près de quatorze millions [4]; qu'aujourd'hui, à Paris, le nombre des chaires du haut enseignement est plus du double de celles qui existaient, il y a quarante ans, pour la France entière; que, dans toutes les Facultés, ouvertes à l'air, à la lumière, à l'espace, les ressources du travail ont été créées ou développées avec une ampleur sans précédents. Ce qu'ils

1. MM. Lavisse et Michel Bréal.

2. Cette allocution a été prononcée dans la grande salle de la Sorbonne en présence de deux mille étudiants.

3. 4 278 521 francs.

4. 13 713 920 francs.

n'auront pas besoin de dire, ce dont vous vous souviendrez tous, c'est avec quel zèle ces maîtres ont multiplié leurs soins pour se préparer en vous des héritiers de leurs méthodes, des continuateurs de leurs recherches, des amis de la science à laquelle ils ont dévoué leur vie. Afin de mieux assurer le bienfait de leur direction, vous avez voulu vous grouper librement à côté d'eux, sous leurs auspices; vous avez compris que, quelque assistance qu'on trouve autour de soi, il n'y a de force durable que celle qu'on tire de soi : c'est de ce sentiment qu'est sortie votre association.

Conçu avec résolution, le projet a été poursuivi avec sagesse. On est assez disposé à ne pas refuser au tempérament français l'enthousiasme et l'élan, les qualités qui procurent la gloire ou le bonheur d'un jour; on nous accorde moins volontiers l'esprit d'organisation qui crée, la persévérance qui fonde. Nous sommes heureux de reconnaître dans votre jeune entreprise tous les caractères qui assurent la durée. Vous vous y êtes engagés modestement, presque obscurément, ne recherchant point le bruit, évitant même les occasions qui vous étaient offertes de vous produire. Vous avez vécu chez vous, justement ambitieux de vous constituer avant de vous répandre. Aujourd'hui vous avez votre siège social, vos assemblées, votre bulletin, votre budget, — budget qui se solde en équilibre, ce qui n'est point commun, — budget avec fonds de réserve, chose plus rare encore. Vous étiez vingt-cinq à l'origine; demain vous serez sept cents. Vous avez commencé avec deux chambres, vous occupez maintenant deux étages. Vos meubles vous appartiennent, et vous payez l'impôt. Voilà le fruit légitime de deux années de conduite, j'allais dire d'administration, judicieuse et suivie.

Le secret de cette sagesse, je le trouve dans vos statuts : vous êtes une société d'assistance de travail. Les biographes de Franklin racontent qu'inquiet des passions qui autour de lui divisaient les esprits, il eût voulu former un grand parti de la vertu et que, pour mieux déterminer les conditions de cette nouvelle alliance, il se proposait de publier un livre sur « l'art de la vertu ». Le livre ne parut point : il était plus facile d'en concevoir l'idée que de l'exécuter. Le parti ne se forma pas davantage, chacun se faisant trop aisément de sa passion une vertu. Franklin se réduisit alors, dit-on, à préparer un grand parti du travail. Vous êtes, Messieurs, ce parti. Il n'y a pas de lien plus sûr que le travail; et, ainsi que vous le disait éloquemment le ministre que vous comptez parmi vos membres honoraires, rien ne saurait mieux vous garantir de la contagion du pessimisme et de la désespérance, ces maladies des volontés perverties et des âmes énervées. Le travail ne fût-il pas la plus élevée des jouissances, vous en devriez l'exemple viril dans une société où l'activité est la loi nécessaire. C'est la dette qui s'impose à votre patriotisme. Bien aimer son pays à votre âge, c'est se préparer énergiquement à le servir. La France a besoin de se sentir, par vous, jeunes gens, profondément unie dans le souci de l'avenir, laborieuse, saine et forte.

Ce que l'habitude du travail aura commencé, le goût des choses de l'esprit l'achèvera. Vous êtes ici tous ou presque tous appelés à conquérir des grades. L'un des bienfaits de la réforme de notre enseignement supérieur sera d'avoir fourni, aux services publics auxquels il se rattache, des praticiens mieux instruits, et préparé, pour les lycées et les collèges, le complément de personnel enseignant que l'École Normale, nécessairement réservée au petit nombre, ne pouvait leur donner. Mais, au delà de cette instruction professionnelle qui vous est si libéralement offerte, vos maîtres, vous le savez, visent une éducation d'une portée plus haute. Ce n'est pas seulement l'apprentissage d'une fonction qui vous est assuré dans des conditions incomparables, c'est l'apprentissage de la science même. Chaque jour vous voyez dans tous les ordres de la recherche et de la pensée le champ de vos études s'agrandir. En philologie, en histoire, comme en chimie et en physiologie, l'esprit d'analyse, pénétrant les faits, les classe, les coordonne, renouvelle, pour ainsi dire, la matière des connaissances humaines, et l'esprit philosophique, s'emparant à son tour de ces éléments, en établit la genèse et en déduit les lois. Ces grandes élaborations de la science auxquelles il vous est donné de prendre part en attendant que votre tour soit venu de les diriger, ne représentent pas seulement ce qu'on pourrait appeler la part contributive de la France dans les conquêtes intellectuelles auxquelles elle a apporté de tout temps un si large concours; elles sont pour une société démocratique une indispensable condition de vie. Si, chez une nation où tout repose sur le suffrage de tous, il est nécessaire d'assurer à tous le fonds du patrimoine commun, le devoir n'est pas moins impérieux de développer, chez ceux qui peuvent y prétendre, la haute culture sans laquelle un peuple serait bientôt amoindri et désemparé. En se répandant comme elle doit se répandre, sans compter, l'instruction court le risque de s'abaisser, si, par l'effort des meilleurs de ceux qu'elle a mis en lumière, elle ne s'élève. C'est la loi suprême en même temps que l'honneur d'une grande démocratie, de faire sortir de son sein une élite qui la dirige.

Un autre caractère mérite d'être signalé dans votre œuvre. L'isolement où vivaient les Facultés a pris fin. Confirmées, fortifiées même, chacune dans son existence propre et son indépendance nécessaire, elles ont été du même coup rapprochées dans leurs intérêts généraux, de façon que les divers enseignements qu'elles représentent s'éclairent les uns par les autres et se complètent. Et comme si la pensée qui a inspiré le nouveau règlement n'était pas encore suffisamment marquée à votre profit dans la teneur du décret du 28 décembre 1885, un article additionnel a été inséré, portant que des mesures spéciales détermineraient les facilités de travail qui doivent vous être données pour ces études communes. L'objet de votre association générale, qui n'exclut point les associations particulières, mais qui les embrasse toutes, montre assez que vous vous faites vous-mêmes une idée juste de cette solidarité.

Ajouterai-je que les patronages, illustres entre tous, sous lesquels vous vous êtes de vous-mêmes placés, vous engagent et vous obligent. L'an dernier, c'était M. Chevreul qui présidait votre assemblée. S'il n'a pu venir ce soir, sa pensée, soyez-en sûrs, est avec vous. Il se prépare, j'en ai moi-même recueilli l'assurance ce matin en votre nom, il se prépare à accomplir vaillamment ce siècle de travail et de gloire dont il porte si légèrement le poids. Il a encore un bon exemple à vous donner sur ce point, il vous le donnera.

Il n'a pas dépendu de nous que sa place ne fût occupée par M. Pasteur. Quelle fête pour tous de l'entendre parler de ses découvertes dans la langue simple et forte dont il a le secret comme de tant d'autres choses, et nous montrer une fois de plus ce que peuvent les lumières du génie secondées par un labeur opiniâtre! Vous avez respecté le repos si légitimement dû à cette pensée toujours tendue pour la science et l'humanité. Mais M. Pasteur n'a pas voulu se dérober entièrement à vos instances; il a tenu à vous témoigner ses sympathies par sa présence. Qu'il me permette d'attacher son nom au souvenir de votre seconde assemblée générale, en lui offrant, comme au véritable Président de la séance, l'hommage de notre respectueuse admiration et tous nos vœux pour la fondation de l'institut dont il va doter le monde.

N° XI

DISCOURS PRONONCÉ AU CONSEIL GÉNÉRAL DES FACULTÉS SUR M. BÉCLARD, DOYEN DE LA FACULTÉ DE MÉDECINE, VICE-PRÉSIDENT DU CONSEIL[1].

(Voir page 1.)

25 février 1887.

Messieurs,

Depuis notre dernière réunion, nous avons perdu M. Béclard. Le Conseil général a assisté à ses obsèques en corps et en robe. M. le vice-président a exprimé nos sentiments sur sa tombe en termes dignes de notre cher et si regretté

1. Voici les principales attributions du Conseil :
Le Conseil général des Facultés comprend : le recteur, président; les doyens des Facultés, le directeur de l'École supérieure de pharmacie, le directeur de l'École de plein exercice ou préparatoire de médecine et de pharmacie du département où siège l'Académie; deux délégués de chaque Faculté élus pour trois ans par l'assemblée de la Faculté parmi les professeurs titulaires; un délégué de l'École supérieure de pharmacie ou un délégué de l'École de plein exercice ou préparatoire de médecine et de pharmacie, élus dans les mêmes conditions. — Le Conseil se réunit sur la convocation du président. Le président est tenu de le convoquer sur la demande écrite du tiers des membres. La demande doit énoncer l'objet de la réunion. Le Conseil élit chaque année un vice-président parmi ses membres; il nomme un secrétaire; il fait son règlement intérieur. — Tout membre du Conseil a le droit d'émettre des vœux sur les questions relatives à l'enseignement supérieur. Les vœux sont remis en séance, par écrit, au président; il en est donné lecture, et, dans la séance suivante, le Conseil décide s'il y a lieu de délibérer. — En matière d'enseignement, le Conseil général a pour fonction de veiller au maintien des règlements d'études et d'établir, entre les cours et exercices des différentes facultés et écoles, la coordination nécessaire au bien des études et aux intérêts des étudiants. — A cet effet, il vise les programmes des cours et conférences de chaque établissement et s'assure qu'ils contiennent les matières exigées pour les examens; il arrête et publie, avant le 1er août, le tableau général des cours des divers établissements pour l'année suivante. — Le Conseil général propose au ministre les règlements de la bibliothèque universitaire et, s'il y a lieu, des différentes sections de la bibliothèque.

collègue; ses paroles seront conservées dans les procès-verbaux de nos actes. M. Lichtenberger me permettra de le remercier ici d'avoir bien voulu me suppléer. Jamais la nécessité de me partager entre des obligations également impérieuses ne m'a été plus pénible : j'aurais aimé à rendre un dernier hommage à M. Béclard par devoir et par affection.

Il y a cinq ans que M. Béclard avait été placé à la tête de la Faculté de Médecine par la confiance du ministre; il y a quelques mois, le suffrage de la Faculté et le vôtre avaient, à l'unanimité des voix, confirmé ce choix. M. Béclard avait à ce suprême honneur tous les titres que peuvent donner la science, le talent et le caractère. Le savant a été loué, comme il convenait, par des savants. Mais nul n'ignore quelle idée, dès ses premiers travaux, il s'était faite de la science et de ses méthodes, — avec quelle sûreté d'analyse il s'élevait du particulier au général, et des faits rigoureusement observés tirait d'indiscutables conclusions. A la précision du savoir il

Les bibliothécaires sont nommés par le ministre. — Le Conseil général arrête les règlements des cours libres et autorise ces cours après avis de la Faculté ou école intéressée. — Lorsqu'une chaire devient vacante, le Conseil est appelé à donner son avis, après la Faculté ou école intéressée, sur le maintien, la suppression ou la modification de cette chaire. — Le Conseil délibère sur les projets de budget présentés par chaque Faculté et école et sur les comptes administratifs des doyens et directeurs, à l'exception des budgets sur fonds de concours. Le Conseil propose chaque année au ministre, à la fin de l'année scolaire, la répartition entre les différentes Facultés et écoles des fonds mis à leur disposition par l'État pour les services communs. Les services communs comprennent : la bibliothèque universitaire, les collections, l'éclairage et le chauffage, les frais matériels d'examens, l'entretien du mobilier appartenant à l'État. Il répartit entre les budgets sur fonds de concours de chaque Faculté ou école les dons, legs et subventions affectés à des services communs. — Le Conseil exerce, en ce qui concerne les étudiants des Facultés et écoles d'enseignement supérieur de l'État, les attributions disciplinaires conférées aux Facultés par les décrets des 30 juillet 1883 et 28 juillet 1885. Les dispositions du décret du 30 juillet 1883 relatives aux pénalités et à la procédure dans les affaires justiciables des Facultés deviennent applicables au Conseil général. Toutefois le recteur est substitué au doyen ou directeur, quant à l'exercice de l'action disciplinaire et à l'information. Il saisit le Conseil; il peut déléguer un de ses membres pour procéder à l'information. — Le Conseil général adresse chaque année au ministre un rapport sur la situation des établissements d'enseignement supérieur et les améliorations qui peuvent y être introduites. — Le Conseil général prend place en tête du corps académique dans les cérémonies publiques. Le vice-président prend la droite du recteur. (Art. 1 à 13 du décret du 28 décembre 1885.)

joignait la clarté et l'élégance de l'exposition. Son traité de physiologie humaine fait autorité à l'étranger comme en France. Quand on écrira l'histoire du grand mouvement scientifique qui sera la gloire de la fin de notre siècle, M. Béclard aura sa place marquée dans la pléiade des contemporains de Claude Bernard, dont les concours de la Faculté l'ont plus d'une fois rapproché, à son honneur.

Ce que nous avons, plus complètement que d'autres peut-être, connu et apprécié, c'est la distinction dont toute sa personne portait l'empreinte aimable; la finesse pénétrante de sa haute raison; la fermeté de ses convictions, quand il croyait un intérêt public en péril; l'exquise courtoisie avec laquelle, dans le courant des affaires, il savait se désintéresser de ses opinions propres pour concilier celles des autres; tout cet ensemble de qualités simples, discrètes et fortes, qui rendait son commerce aussi attrayant que sûr. C'était un esprit éminemment ouvert et sincèrement libéral. Il était bienveillant aux choses comme aux hommes. Par un rare privilège, il avait conservé cette fraîcheur, cette jeunesse d'esprit qui donne au bon sens, mûri par l'expérience, une grâce particulière et tant de saveur. Les idées nouvelles le trouvaient toujours prêt. Il ne s'y livrait pas sans contrôle; mais il aimait à les étudier, convaincu que la tradition n'est un véritable appui que lorsqu'elle s'accommode aux besoins qui se transforment ou se succèdent. Il avait senti dès l'abord tout ce que l'institution du Conseil général des Facultés pouvait ajouter de dignité et de force à leur vie commune, sans porter atteinte à leur indépendance nécessaire. Le jour où sera accomplie cette œuvre de solidarisation élevée que vous poursuivez avec tant de dévouement, nos souvenirs se reporteront vers lui, comme vers l'un des meilleurs et des plus généreux ouvriers de la première heure.

TABLEAU présentant les résultats des examens du baccalauréat ès lettres

FACULTÉS.	NOMBRE des CANDIDATS.		RÉSULTAT des EXAMENS.				MENTIONS.					CANDIDATS BACHELIERS ÈS SCIENCES.			
	Inscrits.	Examinés.	Éliminés après l'épreuve écrite.	Ajournés après l'épreuve orale.	Admis au grade.	Proportion des admis pour 100 examinés.	Très bien.	Bien.	Assez bien.	Passablement.	TOTAL.	Éliminés après l'épreuve écrite.	Ajournés après l'épreuve orale.	Admis au grade.	TOTAL.
PREMIÈRE PARTIE (RHÉTORIQUE).															
Paris	2000	1988	1024	86	878	44	2	65	287	524	878	»	»	»	»
Aix	360	344	190	14	140	40	1	9	25	105	140	»	»	»	»
Besançon	119	119	55	11	55	46	»	6	20	29	55	»	»	»	»
Bordeaux	422	421	277	11	133	31	1	11	36	85	133	»	»	»	»
Caen	419	419	184	47	188	44	2	31	64	91	188	»	»	»	»
Clermont	311	309	209	14	86	27	»	»	17	69	86	»	»	»	»
Dijon	235	235	130	20	85	36	»	6	19	60	85	»	»	»	»
Douai	559	558	279	71	208	37	1	26	47	134	208	»	»	»	»
Grenoble	186	184	105	16	65	34	2	8	11	42	63	»	»	»	»
Lyon	630	621	305	49	267	42	4	24	59	180	267	»	»	»	»
Montpellier	361	361	198	13	150	41	»	13	51	86	150	»	»	1	1
Nancy	220	218	105	11	102	46	»	20	25	57	102	»	»	1	1
Poitiers	451	431	273	31	147	32	»	6	26	115	147	»	»	»	»
Rennes	698	696	274	61	361	51	10	33	121	107	361	»	»	1	1
Toulouse	672	671	382	47	242	36	»	9	61	172	242	»	»	»	»
École d'Alger	66	66	50	10	26	39	1	4	4	17	26	»	»	»	»
TOTAUX	7712	7661	4018	512	3131	40	24	271	873	1963	3131	»	»	3	3
DEUXIÈME PARTIE (PHILOSOPHIE).															
Paris	1353	1341	825	43	776	57	5	91	270	409	776	11	»	10	30
Aix	215	[illegible]	85	26	88	44	1	8	14	65	88	»	»	»	»
Besançon	82	81	28	5	48	59	1	6	8	33	48	»	»	1	1
Bordeaux	230	230	117	20	93	40	»	3	26	64	93	4	»	2	6
Caen	231	231	85	17	149	59	1	27	40	81	149	»	»	2	2
Clermont	137	136	83	6	47	34	»	4	13	30	47	»	»	»	»
Dijon	121	119	66	»	53	44	»	6	9	38	53	2	»	2	4
Douai	293	293	117	19	157	53	»	10	51	96	157	»	»	3	3
Grenoble	172	167	74	16	77	46	»	9	23	45	77	»	»	1	1
Lyon	371	369	179	36	154	41	»	8	29	117	154	»	»	2	2
Montpellier	193	192	104	3	85	44	2	12	27	44	85	»	»	2	2
Nancy	133	133	51	19	63	47	»	11	8	44	63	1	»	1	2
Poitiers	237	232	79	14	139	59	1	7	29	102	139	1	»	4	5
Rennes	404	403	234	60	159	39	»	14	29	116	159	1	»	1	2
Toulouse	384	383	77	62	241	63	»	4	43	197	241	»	1	1	2
École d'Alger	34	34	12	2	20	58	»	3	1	16	20	1	»	»	1
TOTAUX	4613	4500	1910	298	2352	51	9	228	620	1497	2352	21	1	61	89

et ès sciences à la session de juillet-août 1885. (Voir p. 187.)

FACULTÉS.	NOMBRE des CANDIDATS.		RÉSULTAT des EXAMENS.				MENTIONS.					CANDIDATS BACHELIERS ÈS LETTRES.			
	Inscrits.	Examinés.	Éliminés après l'épreuve écrite	Ajournés après l'épreuve orale.	Admis au grade.	Proportion des admis pour 100 examinés.	Très bien.	Bien.	Assez bien.	Passablement.	TOTAL.	Éliminés après l'épreuve écrite	Ajournés après l'épreuve orale.	Admis au grade.	TOTAL.
BACCALAURÉAT COMPLET.															
Paris. . . .	1619	1599	982	53	561	35	7	101	140	307	561	140	5	152	297
Besançon . .	126	126	51	18	57	45	»	5	10	42	57	1	1	8	10
Bordeaux . .	251	235	109	28	96	41	»	5	19	72	96	13	3	18	34
Caen. . . .	118	117	66	6	45	38	3	8	14	20	45	8	»	7	15
Clermont. .	172	170	111	16	45	25	»	4	6	33	53	8	1	7	16
Dijon. . . .	179	176	87	27	62	35	4	8	8	42	62	5	3	14	22
Grenoble . .	135	130	69	20	41	31	1	4	4	32	41	8	4	16	22
Lille. . . .	245	245	117	21	105	43	4	18	14	69	105	6	»	18	24
Lyon	191	190	112	21	66	34	»	4	15	47	66	18	5	20	43
Marseille . .	240	230	130	12	79	34	5	9	10	57	79	8	3	12	23
Montpellier.	204	203	84	15	104	51	»	13	26	65	104	6	»	15	21
Nancy. . . .	230	229	116	24	89	38	2	16	13	58	89	11	3	14	28
Poitiers. . .	292	289	150	29	110	38	»	9	22	79	110	10	»	19	29
Rennes . . .	166	165	99	7	59	35	1	10	11	37	59	17	»	15	32
Toulouse. . .	220	219	120	10	89	40	1	10	20	58	89	12	»	28	40
École d'Alger	37	37	20	3	14	37	»	2	3	9	14	1	»	1	2
TOTAUX. .	4407	4356	2425	310	1624	37	26	226	344	1027	1625	272	28	358	658
BACCALAURÉAT RESTREINT.															
Paris. . . .	172	165	77	5	83	50	»	17	21	45	83	57	2	71	131
Besançon . .	6	6	5	»	1	16	»	»	»	1	1	»	»	1	4
Bordeaux . .	54	51	13	13	25	50	»	1	3	21	25	8	13	23	49
Caen. . . .	13	11	5	»	6	54	»	1	1	4	6	3	»	6	1
Clermont . .	53	52	17	8	7	21	»	»	1	6	7	16	8	7	34
Dijon. . . .	38	38	19	6	13	34	»	3	4	6	13	16	5	13	30
Grenoble . .	32	31	19	3	9	29	1	1	»	7	9	14	3	7	24
Lille	29	29	18	3	8	27	1	1	1	5	8	8	1	8	17
Lyon	11	11	10	»	1	9	»	»	»	1	1	10	»	1	11
Marseille . .	26	24	13	3	8	33	1	»	»	7	8	10	3	8	21
Montpellier.	45	44	28	2	14	31	»	4	4	6	14	25	2	10	37
Nancy. . . .	14	13	4	1	8	61	»	3	1	4	8	4	1	8	13
Poitiers. . .	55	55	21	3	31	56	»	1	5	25	31	15	3	30	48
Rennes. . .	48	47	33	1	13	27	»	1	7	8	13	33	1	13	47
Toulouse . .	52	52	28	»	24	46	1	3	4	16	24	20	»	25	43
École d'Alger	5	5	4	»	1	20	»	»	»	1	1	3	»	1	4
TOTAUX. .	633	614	314	48	252	41	4	36	52	100	252	212	42	230	514

N° XII

DISCOURS PRONONCÉ A LA RÉUNION DE L'ASSOCIATION POUR L'ENCOURAGEMENT DES ÉTUDES GRECQUES EN FRANCE.

(Voir page 213.)

5 mai 1887.

Messieurs,

Je n'ai plus le droit de vous apporter le discours de séance annuelle[1]. Que pourrais-je dire, d'ailleurs, que ne vous ait dit M. le marquis de Saint-Hilaire, dans l'allocution où il a retracé la carrière des confrères que nous avons perdus, — M. Croiset, dans le rapport où il a rendu compte des travaux que vous avez récompensés? Je me ferais scrupule de repasser sur leurs traces. Je voudrais seulement, en quelques mots, vous remercier et m'excuser : vous remercier de m'avoir appelé à la présidence de votre compagnie, m'excuser de l'avoir si imparfaitement remplie. Rappellerai-je, à ma décharge, qu'alors que je croyais avoir le temps de m'affranchir d'autres obligations pour répondre à votre confiance, j'ai dû, en moins de trois mois, passer prématurément, dans votre bureau, du troisième rang au premier? Je ne vous apprendrais rien non plus en vous disant que je ne m'appartiens guère : une lettre, *grandis epistola*, une audience imprévue qui s'impose, un appel du téléphone, ce nouvel et merveilleux instrument de correspondance administrative, si commode pour ceux qui interrogent, si exigeant pour ceux qui ont à répondre, sur l'heure, à tout le monde; et voilà le plan d'une journée déconcerté! C'est ainsi que j'ai été empêché de m'associer au suprême hommage que vous avez rendu à la mé-

1. Ce discours a été prononcé à la première séance ordinaire de l'année 1887-1888.

moire vénérée de M. Egger, et de m'acquitter des derniers devoirs envers M. Charles Jourdain. Le jour où je me faisais une fête de féliciter M. Croiset de son élection à l'Académie, je fus arrêté en chemin et obligé de retourner à la Sorbonne pour vous adresser une lettre de regrets. Il ne me restait plus qu'à faire défaut à votre assemblée générale, et cela ne m'a pas manqué. A vrai dire, au premier moment, j'en éprouvai une sorte de soulagement : il était clair au moins, devant cette persistance de la mauvaise fortune, que ma bonne volonté ne pouvait être mise en cause.

Me permettrez-vous d'ajouter que, malgré tout, vous ne vous êtes pas trompés en me donnant une place parmi vos consulaires? J'étais bien des vôtres, avant d'avoir vécu de votre vie. J'en suis plus que jamais aujourd'hui que j'ai goûté le charme et recueilli le profit de votre commerce. Le lien par lequel vous m'avez attaché à votre association n'est pas seulement un honneur dont je suis fier : j'y voudrais trouver, pour les intérêts dont vous vous êtes constitués les conservateurs, une force morale et un appui.

Jamais les études grecques n'ont été en France mieux comprises qu'aujourd'hui. Reconstituer les textes, retrouver les clefs de la langue, telle avait dû être et telle avait été l'œuvre des savants de la Renaissance : œuvre puissante, œuvre touchante par la passion qui l'inspirait, mais souvent étroite, et dans laquelle la satisfaction de retrouver l'image d'un monde perdu rendait presque indifférent à tout le reste. Puis étaient venus les premiers interprètes, moralistes et poètes heureux de reprendre leur bien partout où ils croyaient le retrouver. Dans ce trésor recouvré de l'antiquité grecque et de l'antiquité latine (car on ne séparait guère l'une de l'autre), ce qu'ils cherchaient, c'était le fond éternel de l'âme humaine; il leur suffisait de pouvoir emprunter à Homère et à Virgile, à Sénèque et à Plutarque les traits de l'homme de tous les temps. Et de citation en citation, de traduction en traduction, l'image, de plus en plus accommodée à la mode du jour, avait singulièrement pâli. Les belles infidèles du commencement du dix-septième siècle sont des chefs-d'œuvre d'exactitude et de relief, auprès de ce qu'étaient devenues dans les analyses du Père Brumoy, si judicieux à tant d'autres égards, la rude et puissante verve d'Eschyle, la fine et dramatique dialectique d'Euripide. Entre les emprunts de génie de Racine et les banales imitations de Voltaire, ne semble-t-il pas que le fleuve du Léthé ait passé tout entier ! me disait un jour un professeur d'Upsal, non sans une pointe d'ironie contre le goût français. Même au dix-septième siècle, on n'étudiait pas l'antiquité pour elle-même; on la traitait comme faisaient à Rome les architectes du moyen âge, transformant les monuments du paganisme en basiliques chrétiennes. D'esprit critique aucun, ou une critique à rebours. Les plus lettrés faisaient la part de ce qui était grec, non pour s'attacher à le comprendre, mais pour ne pas en tenir compte et même pour le corriger. « Je sais, disait Saint-Évremond, qu'il y a en poésie certaines choses éternelles, pour être fondées sur un bon sens, sur une raison ferme et solide qui subsistera toujours; mais il en est peu qui portent le caractère de cette raison incorruptible : celles qui regardent les mœurs, les affaires, les coutumes des vieux Grecs ne nous touchent guère aujourd'hui; on en peut dire ce qu'a dit Horace des mots : elles ont leur âge et leur durée. » C'était la règle. Mme Dacier était louée d'avoir embelli Homère, un air moins grec ne pouvant servir qu'à lui procurer un accueil plus favorable. La Motte se flattait d'avoir donné du piquant à l'*Iliade* « en substituant des idées qui plaisent aujourd'hui à d'autres idées qui plaisaient du temps du poète ». Et comment lui en faire un reproche, quand Boileau déclarait lui-même, qu'il ne s'était pas fait faute de modifier Longin, « afin de donner au public un traité du sublime qui pût être utile »? A la fin du dix-huitième siècle, les esprits les plus pénétrés de la culture classique en étaient presque à nier qu'il y eût un peuple où se fussent conservés les traits de la race hellénique. « Si vous aviez vu, Monsieur de la Harpe, disait, en 1767, le prince de Ligne, annotant pour son usage le Cours de littérature, si vous aviez étudié les Grecs comme moi, qui ai eu des affaires de politique à traiter avec eux, vous sauriez qu'ils ressemblent aux Anciens »; et, faisant de la manière dont nous traitions ces Anciens une fine et juste critique, il écrivait ailleurs : « J'ai montré à des Grecs du faubourg de Pera, de l'Archipel, et à des femmes jolies et instruites des boyards, à Yassi, sachant bien le français, parlant le grec vulgaire en conversation, mais entendant le littéraire de père en fils : ils m'ont tous assuré que c'était tout autre chose, et qu'il était plaisant de voir en France des querelles sur les Anciens, qui, surtout en poésie, n'y sont pas entendus. C'est à la source qu'il faut aller. »

Ce sera la marque et l'honneur de notre temps d'être allé, dans tous les ordres d'étude, à la source et d'en avoir fait jaillir la vie. Des sciences nouvelles se sont fondées ou développées : l'archéologie, la philologie, la numismatique, l'épigraphie; et, en même temps qu'elles travaillaient pour elles, elles contribuaient, dans un effort commun, à la restauration fidèle de l'antiquité. Sans doute, à ne regarder que le caractère général des sentiments et des passions, l'âme humaine est toujours et partout la même; mais les sentiments et les passions se modifient à travers les âges, suivant les conditions d'existence des peuples, avec les mouvements divers de la civilisation. Ce sont ces modifications que la critique moderne s'efforce de ressaisir à la lumière des textes, avec l'aide de tous les souvenirs dont le sol a conservé la trace ou que la main de l'homme y a gravés; ce sont les mœurs, les idées, les croyances, c'est l'âme même de la Grèce que nous cherchons en Grèce et que nous retrouvons.

Dans ce travail de rénovation, où la sûreté du goût s'associe en une si juste mesure à l'exactitude des informations, vous avez depuis vingt ans, et vous prenez chaque jour davantage, une place considérable. J'avais récemment l'occasion d'en faire la remarque : aux examens du doctorat ès lettres, cette pierre de touche des fortes études, sur 150 candidats qui ont subi l'examen avec succès, quelques-uns avec éclat, dans les quinze dernières années, plus d'un tiers avaient choisi, pour l'un de leurs sujets ou pour leurs deux sujets de thèse, des recherches sur les institutions religieuses, civiles et politiques de la Grèce; et le reproche qu'on est tenté de leur faire, vous le savez, ce n'est plus certes de transporter chez les anciens nos habitudes d'esprit, ce serait plutôt de faire revivre les coutumes des anciens avec un tel luxe de développements et de preuves, qu'ils seraient parfois surpris eux-mêmes d'avoir dit tant de choses subtiles et savantes. Combien nous sommes loin du temps où, dans les restes de Tyrinthe, on ne voyait « qu'un petit tas de pierres »! Or cette vaillante et enthousiaste jeunesse appartient à votre Association, Messieurs. Entre l'École d'Athènes et l'Institut, vous êtes, pour quelques-uns, une première étape, pour tous, un lien. Vous inspirez, vous encouragez, vous dirigez. Explorateurs, philologues, humanistes sont sûrs de trouver ici pour juges et pour guides les maîtres dans l'histoire de l'art, dans l'histoire des textes, dans l'histoire des sentiments et des idées : MM. Perrot, Heuzey, Henri Weil, Jules Girard. Il n'est pas une période de l'hellénisme où vous n'ayez contribué à porter la lumière, depuis l'antique Délos, restaurée par les merveilleuses investigations de M. Homolle, jusqu'aux obscures productions de l'imagination ou de la science du moyen âge, rendues au jour et remises au point par les traductions et les commentaires de MM. Cougny, Gidel et Tannery. Cette année même, entre autres communications pleines de saveur, vous avez entendu d'intéressantes dissertations sur un scoliaste d'Aristote, Théodore Prodrome, et sur la fable de Prométhée dans Eschyle. Notre nouveau secrétaire général, après avoir pris rang parmi les lauréats de l'Académie des Inscriptions et Belles-Lettres, vous a payé sa dette de bienvenue par une ingénieuse et solide discussion de l'un des passages les plus controversés du discours de la Couronne. M. Croiset vous a donné les prémices de sa belle introduction de Thucydide, modèle d'érudition forte et discrète, de critique pénétrante, de lumineuse exposition. Même dans la politique, si je puis m'aventurer sur ce terrain, vous avez vos judicieux et brillants interprètes; M. Henri Houssaye me saura-t-il mauvais gré de revendiquer ici, à votre honneur, l'étude qu'il publiait naguère sur *les Grecs depuis le traité de Berlin*, véritable memorandum où la sagesse politique des vues tempère si heureusement l'ardeur généreuse du sentiment — digne en tous points de l'école libérale, qui aime trop la Grèce pour l'engager dans des entreprises téméraires, mais dont les sympathies éclairées sont toujours prêtes à l'honorer comme il convient et, s'il le faut, à la défendre?

Les générations que nous préparons à entrer dans la vie seront-elles en mesure de soutenir le poids de cet héritage de labeur et de savoir? Que faut-il penser aujourd'hui de l'avenir des études grecques? « La plupart des pères regardent comme absolument perdu le temps qu'on oblige leurs enfants de donner au grec, et ils sont bien aises de leur épargner un travail qu'ils croient également pénible et infructueux; leur argument, c'est qu'eux aussi ils ont appris le grec dans leur jeunesse et qu'ils n'en ont rien retenu. » Voilà ce qu'écrivait Rollin, il y a près de deux cents ans, avec une bonhomie malicieuse. N'était-ce qu'un cri d'alarme? Quarante ans après, le président Rolland, d'accord avec La Chalotais, faisait de vains efforts pour replacer, comme il disait, « la langue grecque sur le même pied que la latine ». En 1789 Talleyrand n'inscrivait que la latine dans ses programmes d'enseignement secondaire, et, peu après, la latine disparaissait. L'histoire ne suit jamais le même cours, mais elle a ses avertissements. Rollin avait le juste sentiment du péril qui menaçait le grec avec le reste, lorsqu'il adjurait les professeurs de son temps de ne pas céder à ce torrent qui avait déjà presque tout entraîné. « L'Université, ajoutait-il, doit se regarder comme responsable au public de ce précieux dépôt qui lui a été confié, et comme chargée de conserver à la France une gloire que les nations voisines semblent vouloir nous enlever. »

Pour parer au danger qui nous presse à notre tour, que propose-t-on? Dans l'esprit de certains réformateurs, la question est bien simple. « Un jour viendra, disait l'abbé de Saint-Pierre, que nous sentirons que nous avons moins besoin assurément de savoir le grec et le latin que le malabarais ou l'arabe. » Pour eux, ce jour est venu. Grâce à Dieu, nous n'en sommes pas encore là. La France, la fille aînée de l'Antiquité, n'est pas à la veille de renier ses origines.

Parmi ceux qui protestent contre cet arrêt, les uns estiment que, pour sauver l'étude du grec dans les lycées, il suffirait de lui donner l'attrait d'une langue vivante, en substituant à la prononciation introduite par les disciples d'Érasme la prononciation usitée dans les écoles d'Orient. C'était, il y a un siècle, l'idée du prince de Ligne. C'était aussi le sentiment d'un des vôtres, Messieurs, du regretté M. d'Eichthal, dont la notice de M. de Saint-Hilaire a fixé l'image en traits si saisissants et si aimables. Il y a plus de vingt ans que M. d'Eichthal avait défendu son système devant l'Académie des Inscriptions, et peu s'en était fallu qu'il ne l'eût fait accepter. J'étais à peine à cette place qu'il me demandait un entretien pour m'expliquer ses vues; et, quelques jours après, je prenais avec lui une première leçon. Ai-je profité autant qu'il l'aurait voulu? Il me semble qu'il ne me refuserait pas son témoignage. J'ai été son disciple attentif, reconnaissant et convaincu. Mais comment ne pas lui représenter combien il serait difficile, alors que la place est déjà si étroitement mesurée dans les classes à l'étude du grec, d'ajouter à l'enseignement une complication de plus? Et pouvais-je lui laisser ignorer surtout que, pour être excellente en soi, la réforme n'aurait pas la vertu d'arrêter le déclin? Le grec moderne a été enseigné pendant plusieurs années au lycée de Marseille; on a essayé d'en faire une langue d'affaires : y a-t-elle retrouvé son crédit?

D'autres voudraient la sauver en l'effaçant des programmes des études secondaires, pour la rattacher à l'enseignement supérieur : n'a-t-on pas pensé à faire passer du même coup dans les cadres des Facultés une partie de la rhétorique et la philosophie? C'est une erreur, à nos yeux, que de croire qu'on fortifiera l'enseignement supérieur en affaiblissant l'enseignement secondaire : de bonnes études de lycée seront toujours la base la plus sûre pour les études des Facultés. L'expérience a été faite, dans un pays voisin, du grec transféré de l'athénée à l'université, et l'on sait ce qu'il lui en a coûté. Il y a un premier mécanisme des idiomes qu'il faut apprendre de bonne heure, alors que l'intelligence est souple, la mémoire docile : c'est en ce sens que La Bruyère disait qu'on ne saurait charger l'enfance de trop de langues, remettant finement, comme Rollin, à l'adolescence l'usage qu'on en doit faire.

Mieux avisés, à notre sens, sont ceux qui, se plaçant nettement en présence de la société moderne, estiment que, s'il est nécessaire de fortifier les études classiques au profit de ceux auxquels ne manque ni le goût ni le temps de les pratiquer, une place doit être faite à une autre forme d'enseignement secondaire, qui prépare la jeunesse à la vie active par des voies plus courtes et des procédés moins raffinés. A la suite de l'enquête ouverte en Angleterre en 1863, M. Gladstone le déclarait avec autant de sagesse que de fermeté : « L'enseignement classique ne peut s'appliquer dans toute sa plénitude qu'à la petite portion de la jeunesse qui, chez tous les peuples, constitue la classe des hommes dont l'éducation est complète ». Ne parlons plus de classe, si l'on veut; aussi bien existe-t-il encore des classes dans un pays où le mérite personnel est devenu la règle unanimement acceptée de l'équité sociale? Mais reconnaissons qu'à des besoins divers il faut des satisfactions diverses, et que persister à assujettir à la même discipline d'études des jeunes gens qui n'ont ni les mêmes intérêts ni les mêmes visées, c'est les affaiblir les uns par les autres, ni les uns ni les autres ne trouvant dans ce régime commun l'aliment qui leur convient, — c'est compromettre pour tous le fruit de l'éducation au détriment de la richesse intellectuelle et morale du pays.

J'aime à placer cette grande cause sous votre patronage, convaincu que, quelles que puissent être en tel ou tel point les divergences de vues, nous sommes tous unis dans la résolution d'assurer à l'éducation classique, fondée sur la connaissance de l'antiquité, la place à laquelle elle a droit. Un des hommes distingués que nous venons de perdre, M. Leudet, écrivait, il y a quelques mois, à celui qui l'avait introduit dans votre compagnie, M. l'inspecteur général Glachant : « Ne devrait-on pas créer aussi une association pour l'encouragement des études latines? » C'est en effet par le concours de toutes les volontés éclairées et fortes que nous pouvons espérer de sauver ce qui nous est cher. Je voudrais, pour moi, qu'aucune réforme de notre enseignement ne fût portée devant les assemblées souveraines sans avoir été parmi vous l'objet d'une de ces libres controverses qui profitent tant à l'élaboration des questions de conduite pédagogique et de méthode. Et je regarde comme un bon présage le bonheur qui m'est échu de remettre les pouvoirs de la présidence au maître éminent que l'Académie des Inscriptions et Belles-Lettres a choisi pour son mandataire au Conseil supérieur de l'Instruction publique[1], au représentant le plus autorisé des traditions de l'atticisme.

1. M. Jules Girard.

N° XIV

UNE VISITE

A L'UNIVERSITÉ D'EDIMBOURG[1]

(Voir page 215.)

L'Académie avait bien voulu me charger de la représenter au troisième centenaire de l'Université d'Édimbourg. J'ai l'honneur de lui rendre compte de cette délégation.

La solennité n'a pas duré moins de quatre jours : assemblées, banquets, concerts, conférences, cérémonies de toutes sortes, le programme a été admirablement rempli. L'Université tient une telle place à Édimbourg que cette fête de la science avait le caractère d'une fête populaire. Toutes les rues étaient pavoisées. Le jour de la clôture, dans la foule qui se pressait au pied de la citadelle, dont l'illumination offrait un merveilleux spectacle, on entendait dire par les enthousiastes qu'il n'avait jamais été rendu autant d'honneurs qu'à la Reine.

De tous les points de la terre, il est vrai, le monde savant avait répondu à l'appel. Cent vingt-quatre Universités étaient officiellement représentées ; cinquante-trois autres corps savants avaient envoyé des délégués. Les députés de Bombay, de Pundjab, de Melbourne, de Tokio, du Brésil, du Pérou, de la Nouvelle-Zélande siégeaient à côté de ceux de

1. Extrait des Comptes rendus des séances et travaux de l'Académie des Sciences morales et politiques, septembre 1885.

Paris, de Rome et de Berlin. Le Congrès comptait, en tout, près de quatre cents personnes, parmi lesquelles dix-sept étaient appelées à recevoir le diplôme de docteur en théologie, cent vingt-deux le diplôme de docteur en droit.

Le rendez-vous indiqué pour l'inauguration était la galerie du Parlement : c'est là que devait se former le cortège avant de se rendre processionnellement à la cathédrale Saint-Gilles, précédé du Chancelier, sir Robert Inglis, du Principal et du Recteur, sir Stafford Northcote. On ne pouvait mieux choisir que cette vaste salle, toute tapissée des portraits des personnages et des professeurs qui ont contribué à la fondation de l'Université : il semblait que le troisième jubilé s'ouvrît sous le regard de ces glorieux ancêtres.

Les délégués avaient revêtu le costume du corps professionnel ou savant auquel ils appartenaient. Ce que cet aspect offrait au premier coup d'œil d'un peu singulier s'effaçait vite devant le sentiment qu'inspirait la réunion d'une telle élite. On se montrait les uns aux autres les maîtres de la science : Pasteur, de Lesseps, Virchow, Helmholtz, Villari, le comte Saffi, l'ancien triumvir de Rome devenu professeur à Bologne, de Martens, sir Frédéric Leighton, président de l'Académie royale de Londres, Jewett, vice-chancelier de l'Université d'Oxford, Seeley, Blackie; on citait les noms de ceux que des causes impérieuses avaient empêchés de faire le voyage : Chevreul, Boussingault, Renan, Mamiani, Ranke, Zeller, Erdemann, Tennyson; on s'abordait sur le souvenir d'un échange de lettres ou de mémoires : on se connaissait avant de s'être rencontré.

Le soir, au banquet, qui ne comptait pas moins de douze cents convives, le lendemain, au Symposium des étudiants, qui s'étaient rassemblés au nombre de plus de deux mille pour acclamer les étrangers, pendant les discours et les toasts, dont la brièveté n'était pas précisément le caractère, le véritable intérêt était de retrouver dans la foule ces grandes physionomies et de resserrer le lien des relations commencées.

Dans ce concours d'illustrations, quelle a été la place faite à la France[1]? Il aurait été certainement agréable à l'Univer-

1. L'Institut avait délégué : M. Caro (Académie Française), M. Perrot, (Académie des Inscriptions et Belles-Lettres); M. Pasteur, M. de Lesseps,

sité qu'on lui eût rappelé à l'avance les origines et le caractère de l'Institut. Connaissant mieux le rang que l'Académie

M. d'Abbadie (Académie des Sciences); M. Guillaume (Académie des Beaux-Arts); M. Gréard (Académie des Sciences morales et politiques). Le ministre de l'Instruction publique s'était fait représenter par M. Mézières, professeur à la Faculté des Lettres de Paris, député, membre de l'Académie Française. Le Collège de France était représenté par M. Guillaume Guizot. Parmi les autres représentants de la France, on comptait M. Hermitte, professeur à la Faculté des Sciences de Paris, membre de l'Académie des Sciences; M. Guéneau de Mussy, membre de l'Académie de Médecine; M. Ollier, professeur à la Faculté de Médecine de Lyon; M. Angellier, professeur à la Faculté des Lettres de Douai; M. Bourcart, professeur à la Faculté de Droit de Nancy; M. Picart, maître de conférences à la Faculté des Sciences de Paris; M. de Pressensé, sénateur, etc.

Voici les adresses présentées au nom de la France.

ADRESSE DE L'INSTITUT.

Messieurs,

L'Institut de France s'honore d'être représenté par chacune de ses classes à ce solennel anniversaire.

Votre accueil, les hautes distinctions que vous nous offrez, c'est à notre pays que nous en reportons l'hommage : nous vous en remercions au nom de la France.

Nous n'avions pas besoin de votre hospitalité d'aujourd'hui pour nous rappeler l'étroite et généreuse solidarité des sentiments qui, depuis Louis XI et Marie Stuart, unissent la France et l'Écosse.

La science a resserré ces premiers liens et les resserre chaque jour davantage. Adam Smith, Jeffrey et Brougham dans les hautes spéculations de la morale et de la politique, Reid et Dugald Stewart dans la philosophie, Brewster dans la physique, ont exercé en France, comme en Écosse, la sagacité de tous les penseurs. Et à ces noms glorieux comment ne pas ajouter ici celui de Walter Scott, l'enfant d'Édimbourg, qui a fait vivre dans l'âme de tant de générations de Français l'âme même de l'Écosse?

La grandeur d'une nation se mesure à la richesse et à la fécondité des idées qu'elle a jetées dans le monde. Un tel anniversaire excitera une noble émulation entre les peuples qui mettent leur orgueil et leur foi à bien mériter du genre humain par les efforts de la pensée.

Nous saluons avec bonheur l'aurore de votre nouveau siècle universitaire.

ADRESSE PRÉSENTÉE PAR M. MÉZIÈRES, AU NOM DU MINISTRE DE L'INSTRUCTION PUBLIQUE.

Messieurs,

Au nom de M. le Ministre de l'Instruction publique, grand maître de l'Université de France; au nom de l'Université de France tout entière, je vous adresse, avec tous mes remerciements, pour votre si gracieuse invitation, l'expression de nos vœux les plus sincères pour la continua-

Française tient dans nos institutions, le chancelier aurait, à coup sûr, aimé à honorer spécialement le délégué qu'elle s'é-

tion de vos glorieuses destinées. Vous avez bien voulu vous souvenir des liens qui unissent nos deux Universités comme nos deux patries.

Aussi loin que nous remontions dans l'histoire de l'Université de Paris, nous y trouvons la trace des étudiants Écossais. Au moment où les Anglais formaient avec les nations de France, de Picardie et de Normandie une des quatre nations de notre Faculté des Arts, des bourses écossaises étaient fondées auprès de nous, en 1326, par David, évêque de Murray, et renouvelées deux siècles plus tard par Marie Stuart, votre reine et la nôtre.

Nous avons conservé, comme un souvenir de cette époque lointaine, la rue des Anglais, au pied de la montagne Sainte-Geneviève; et, sur les hauteurs du quartier Latin, le collège des Écossais, où repose la duchesse de Tyrconnell, où votre compatriote, le duc de Perth, a fait élever le tombeau de Jacques II.

Anglais et Écossais se rencontraient déjà en amis dans nos écoles pacifiques longtemps avant que la politique eût fait d'eux un même peuple, un seul royaume-uni.

Nous avons reçu de vous à notre tour les leçons d'une philosophie pure et grave. Tout un mouvement philosophique est né en France des œuvres de Reid et de Dugald Stewart. Leurs noms vénérés rappellent une date glorieuse dans l'histoire de notre enseignement supérieur, comme dans la vôtre.

Que de fois également la *Revue d'Édimbourg* a été citée et commentée, dans nos chaires, comme une encyclopédie des acquisitions les plus importantes de la pensée moderne! Nous y cherchons encore des modèles de raison, de bon sens, d'équité et de probité intellectuelles.

Lorsque nous parlons de la poésie et du roman, nous serait-il possible de ne point songer au naturel exquis, à la sensibilité pénétrante de Burns, à l'art merveilleux avec lequel Walter Scott ressuscite le passé et fait vivre le présent?

Grâce à cet enchanteur, il n'y a pas un trait de vos mœurs anciennes, pas un coin de vos paysages qui ne nous soit familier. Nous avons vécu dans les Highlands, sur les bords du Loch Katrine, au pied du Ben Lomond, dans les murs de la prison d'Édimbourg, sous les sombres voûtes de la Canongate. En voyant votre pays pour la première fois, nous croyons le revoir.

Dans nos diverses Facultés, vos grands écrivains, vos savants illustres, ont été aussi plus d'une fois l'objet de nos études. La jeunesse française les aime autant qu'elle les admire; rien de ce qui fait votre gloire ne nous est étranger. En nous invitant à cette fête, vous avez deviné les sentiments qui nous animent. Nous sommes heureux d'avoir pu répondre à votre appel. L'Université de France n'oubliera pas la place d'honneur que vous lui avez réservée au troisième centenaire de votre fondation.

ADRESSE PRÉSENTÉE AU NOM DU COLLÈGE DE FRANCE PAR M. GUILLAUME GUIZOT.

Messieurs,

Le Collège de France m'a chargé de vous apporter ici ses remerciements, ses compliments et ses vœux. Nous vous sommes très reconnais-

tait si bien choisi. Mais ce qui a manqué peut-être à la représentation de l'Institut pris en corps, les plus illustres de ses membres l'ont retrouvé en hommages personnels. Je ne crois pas qu'aucun savant ait jamais été de son vivant l'objet d'ovations plus unanimes que MM. Pasteur et de Lesseps; sans faire tort à MM. Virchow et Helmholtz, au général sir Archibald Alison, le vétéran des guerres de Crimée et d'Italie, et à bien des invités de tous pays qui ont été reçus comme ils méritaient de l'être, on peut dire que c'est vraiment pour nos compatriotes qu'ont été les honneurs de la réception. A la cérémonie de la collation des grades, au banquet où M. Pasteur a été appelé un des premiers à porter la parole et où M. de Lesseps n'a eu son tour qu'à minuit et demi après six heures de séance, à l'assemblée des adieux où ils ont remercié l'Université au nom de la France, — dès qu'ils se levaient, de toutes parts les mouchoirs s'agitaient, de toutes les bouches sortaient des hourras prolongés. « La Ville entière retentit de l'écho de leurs noms », me disait une dame qui, retenue par l'âge, n'avait pu suivre les réunions, mais qui s'en faisait rendre compte. D'autres encore parmi les nôtres ont été accueillis dignement. Je ne remplirais pas mon rôle de témoin exact auprès de l'Académie, si je ne citais M. Caro, qui a reçu le diplôme de docteur en droit au milieu d'applaudissements redoublés.

sants d'avoir voulu compter un d'entre nous parmi vos hôtes; nous vous félicitons cordialement de franchir d'un pas si vaillant le troisième anniversaire séculaire de votre naissance. Le Collège de France n'oublie pas, Messieurs, qu'il date comme vous du seizième siècle : il est seulement d'une cinquante d'années le frère aîné du collège d'où votre Université est sortie; et si d'autres corps savants remontent encore plus loin, nous n'avons, ni vous ni nous, rien à envier à personne, puisque nous avons pour commune origine cet âge héroïque et fécond qui a vraiment commencé le monde moderne, ces deux grands mouvements de la Renaissance et de la Réforme qui seraient incomplets l'un sans l'autre. A mon retour, je serai heureux de redire à mes collègues quel beau spectacle la ville et l'Université d'Édimbourg donnent en ce moment, avec quelle foule d'étudiants vous fêtez vos anciens souvenirs, parmi quelle faveur publique et quel concours d'amis venus de partout, avec quelle ardeur et quelles ressources pour tous les progrès. Vos vingt-cinq dernières années, Messieurs, n'ont été qu'une jeunesse nouvelle. Que le quatrième siècle de votre histoire leur ressemble tout entier, que l'année 1981 trouve l'Université d'Édimbourg riche de la même sève pour d'autres accroissements, c'est tout ce que vous pouvez désirer. C'est ce que le Collège de France souhaite et espère, pour vous, pour votre patrie, pour la science, qui est notre patrie à tous.

La langue française reste honorée en Écosse, plus honorée, à vrai dire, que pratiquée, et honorée surtout par les femmes. Les hommes instruits l'entendent, les femmes seules la parlent. Pendant mon séjour j'ai vainement cherché des journaux de Paris. Mais dans certaines bibliothèques de famille, mises à la disposition des jeunes filles, j'ai vu des livres français : peu de poésie, du roman ou de l'histoire, notamment les ouvrages de deux auteurs dont je me reprocherais de ne pas rappeler les noms : MM. Mignet et Jules Simon. Dans les écoles on cherche à soutenir le prestige de notre langue : c'est ainsi qu'il a été décidé récemment que, pour l'admission à l'école militaire, le nombre des points accordés à la connaissance du français serait le même que celui qui est attribué aux mathématiques. Néanmoins on ne saurait dire que l'étude de la langue française soit un des éléments de la haute culture pour les jeunes gens. Si nous conservons quelque attache dans le pays, nous le devons aux jeunes filles qui viennent à Paris compléter leurs études et qui en remportent le goût de notre littérature.

Cette délicate influence a certainement contribué à l'accueil qui nous a été fait. L'hospitalité écossaise avait commencé, pour nous, à Londres même, à la gare de King-Cross, où nous attendait un wagon spécial mis à la disposition de la délégation française par l'hôte de M. Pasteur, M. Yunker. A l'arrivée nous n'avons été dispersés que pour trouver, chacun de notre côté, les égards les plus empressés. Dans la famille où j'avais l'honneur d'être reçu avec M. de Lesseps, il n'est pas de prévenances dont nous n'ayons été l'objet[1]. Chaque jour à table les convives se renouvelaient; on se faisait un plaisir de nous mettre en rapport avec les personnes que nous avions le plus d'intérêt à connaître, et chacune de ces personnes se faisait un devoir de nous dire dans son meilleur français ce que nous paraissions avoir le plus d'intérêt à apprendre. On s'ingéniait pour attirer chez soi les délégués reçus chez un voisin; jusqu'au dernier jour, MM. Caro et Mézières ont été attendus dans la maison où notre bonne fortune nous avait conduits.

1. Un enfant étant né dans la famille qui a reçu M. de Lesseps, quelques semaines après notre départ, le prénom de Ferdinand de Lesseps lui a été donné.

La ville elle-même s'était mise en frais de beau temps. On nous avait menacés du froid et de la pluie : nous n'avons connu ni l'un ni l'autre. La campagne d'Angleterre est riche, mais plate ; et les plus beaux pâturages, quand ils se succèdent pendant cinq heures de suite, perdent beaucoup de leur attrait. Les villes manufacturières, dont le spectacle jette seul un peu de vie dans la traversée du Yorkshire, sont tellement enveloppées de fumée que, d'un train rapide, on n'embrasse guère qu'un tableau sombre et brouillé. Mais à partir de Berwick, c'est-à-dire de l'entrée en Écosse, on suit la côte, et c'est un véritable chemin de corniche, moins les Alpes et leurs flancs abrupts, la Méditerranée et ses eaux bleues.

Édimbourg est unique au monde. Il y a, dit-on, en Europe, trois belles villes : Constantinople, Stockholm et Édimbourg. Je ne puis comparer Édimbourg à Constantinople ; mais j'ai eu l'occasion de voir Stockholm. Les eaux sur lesquelles est assise la Venise du Nord, le fiord qui la réunit à la mer, le lac Melar qui la couronne, les falaises granitiques de la haute ville, le Riedersholm ou église des Chevaliers, qui est comme le cœur de l'ancienne cité, le mouvement des petites barques à vapeur qui mettent en communication les deux rives, offrent des points de vue charmants, très vivants, souvent admirables; mais l'ensemble a conservé quelque chose d'un peu âpre. Édimbourg joint aux beautés de la nature tous les contrastes de la civilisation ancienne et moderne. Vu du haut de Carlton-Hill par un vent de nord-est qui balaye les nuages — comme nous avons eu le bonheur de le voir, — l'aspect en est grandiose. Le profond ravin transformé en square qui partage la ville en deux grands quartiers : le quartier neuf aux avenues larges et régulières, le vieux quartier où s'entassent, dans des rues étroites enchevêtrées les unes au-dessus des autres, des taudis de douze étages qu'on aborde, suivant le gradin, par le haut, par le bas, par le milieu; — le fort qui s'élève à l'extrémité de la vieille ville et qui en termine l'escarpement dans une sorte de promontoire de granit; — au delà, le large golfe du Forth ; — au fond, les premières assises des Grampians, — tout ce panorama forme un tableau d'une originalité incomparable. Le brouillard qui recouvre l'horizon a lui-même son caractère ; ce n'est pas la buée grasse de Londres et des environs de Londres; c'est la brume légère et transparente des poésies d'Ossian et de la Dame du Lac.

Tout l'intérêt de ces fêtes scolaires n'est d'ailleurs ni dans le voyage dont elles sont l'occasion, ni dans les relations qu'elles procurent. Il m'a semblé que je restais fidèle à la délégation que vous m'aviez donnée, en m'enquérant de l'état de l'enseignement. A Édimbourg j'ai pu donner toute une journée à la visite de l'Université, des collèges et des écoles. Au retour j'ai passé également une journée entière à Oxford; et de ce qu'on m'a fait voir, de ce que j'ai observé, voici, en quelques mots, les impressions qui me sont demeurées.

L'Université d'Édimbourg forme une véritable corporation. Deux chefs la président, le chancelier et le recteur, tous deux élus : l'un pour trois ans, le recteur, que l'on va d'ordinaire chercher dans le monde de la politique : M. Gladstone, le comte de Derby, lord Hartington ont été successivement investis de cet honneur, échu aujourd'hui, nous l'avons vu, à sir Stafford Northcote; — l'autre nommé à vie, le chancelier : lord Brougham en a rempli l'office. L'Université n'a de liens qu'avec l'administration municipale, et depuis l'acte de 1858 elle s'en est en partie affranchie.

Cette indépendance ne va pas sans de lourdes charges. L'État, ne participant en rien au gouvernement de l'Université, ne contribue en rien aux frais de son entretien. A Édimbourg comme à Londres, les établissements d'assistance ou d'éducation ont été fondés par des sociétés ou par de simples particuliers. Sur les murs des hôpitaux et des écoles on lit : Contributions volontaires, comme nous lisons sur les nôtres : Liberté, Égalité, Fraternité. L'Université d'Édimbourg ne possède pas les budgets d'Oxford et de Cambridge; mais elle n'a pas coûté à ses patrons moins de 5 millions : pendant les fêtes nous avons inauguré une nouvelle salle de bibliothèque à la Faculté de Droit, et elle s'agrandit sans cesse. Depuis dix ans, ses revenus se sont accrus de 450 000 francs; elle devra à la visite de M. Pasteur une fondation de 500 livres faite par M. Yunker, en souvenir de l'hospitalité qu'il a donnée à notre éminent confrère.

C'est dans les mêmes conditions qu'a été créé un des plus beaux établissements d'enseignement secondaire que nous ayons rencontrés à l'étranger : Fettes-College, ainsi appelé du nom du donateur, et admirablement établi à quelques milles d'Édimbourg, au milieu d'un parc d'une fraîcheur ravissante. En voici l'origine, qui en indique le caractère. Sir William Fettes, riche négociant, mort le 27 mai 1836, laissa en *fidéicommis* une somme de 4150000 francs pour la fondation d'un établissement destiné, dit le testament, « à donner une bonne éducation, avec fourniture du trousseau, à des jeunes gens fils de parents qui, à leur mort, n'ont pas laissé assez de fonds pour cet objet, ou qui de leur vivant n'ont pas le moyen, à cause de malheurs immérités, d'assurer à leurs enfants une éducation convenable ». Le legs devait servir en outre, cinq ans après l'ouverture du Collège, « à donner annuellement, au concours, deux bourses de 1500 francs chacune valables pour quatre ans, à l'Université, afin d'obtenir le baccalauréat ès arts ». Il permettait enfin de créer, à l'Université, deux places d'agrégé de 2500 francs chacune, en faveur de jeunes gens anciens boursiers. Toutes ces conditions sont aujourd'hui en pleine voie d'accomplissement.

J'ai eu le regret de ne pouvoir me rencontrer avec la présidente du conseil des écoles primaires. Mais, dans les établissements qui m'ont été ouverts, j'ai pu constater qu'un grand nombre d'enfants étaient en possession de bourses instituées par des particuliers qui payaient l'écolage, et qu'on ignorait ce que nous appelons la gratuité de la commune ou de l'État. Un seul exemple de ce genre de libéralité : le docteur Andrew Bell a laissé à l'Écosse, son pays natal, une somme de 120000 livres sterling (3 millions de francs) afin d'assurer la propagation du système monitorial qu'il avait rapporté des Indes.

Dans le même ordre d'idées, l'État ne participe en aucune façon à la collation des grades. C'est un privilège qui appartient exclusivement soit à l'Université, soit à des corporations spéciales. Pour nous en tenir à la médecine et à la chirurgie, qui sont de beaucoup les enseignements les plus suivis à Édimbourg, c'est l'Université qui attribue les grades élémentaires, ceux de bachelier en médecine et de maître en chirurgie ; ce sont deux grandes corporations — la corporation des médecins et la corporation des chirurgiens — qui donnent l'une la licence en médecine, l'autre la licence en chirurgie; enfin le doctorat en médecine, grade suprême, est conféré par l'Université. Ce dernier grade n'est pas indispensable, puisque la licence assure le droit d'exercer; il n'en est pas moins très recherché. Mais ce qu'il y a de plus remarquable, c'est que la corporation des médecins et celle des chirurgiens ne constituent pas un corps enseignant : ce sont de simples académies de savants, qui choisissent, dans leur sein, l'une 25 examinateurs, l'autre 18, chargés de faire subir la licence et qui se trouvent ainsi les juges de l'enseignement de l'Université; juges parfaitement acceptés d'ailleurs : on se présente en foule à l'examen. Enfin, à côté de ces corporations il existe deux écoles de médecine, écoles libres reconnues par l'Université et lui faisant concurrence, en ce sens que les étudiants qui les fréquentent sont obligés de s'inscrire à l'Université et ne peuvent subir leurs épreuves professionnelles que devant l'Université ou devant les corporations investies du droit d'examen, mais qu'ils peuvent y faire toutes les études préparatoires aux grades. Un des plus illustres disciples des écoles d'Édimbourg, le docteur Barker, président de l'Académie de Médecine de New-York, en m'expliquant le détail de cette organisation, me disait : « La vie de vos Universités est plus simple, mais je doute qu'elle soit plus intense que la nôtre »; et il ajoutait avec malice : « Vous ne manqueriez pas de vous quereller, et ici nous sommes toujours d'accord ».

De ces vues sur l'esprit commun à toutes les institutions d'enseignement, si l'on passe à l'organisation propre à l'Université, la situation peut se résumer ainsi. L'Université comprend quatre Facultés : la Faculté des Arts, subdivisée en Faculté des Lettres et Faculté des Sciences, la Faculté de Théologie, la Faculté de Droit et la Faculté de Médecine. Le nombre total des professeurs ou aides-professeurs est de 90 : 44 professeurs titulaires, 46 aides-professeurs. Le chiffre des étudiants atteint 3400.

Où ces étudiants ont-ils fait leurs études secondaires? Comment ces professeurs se forment-ils? Sur ces deux points nous ne croyons pas que nous ayons rien à emprunter à l'Écosse.

Le bagage de savoir que les étudiants apportent à l'Université paraît léger. On fait ses études secondaires un peu partout : dans ce qu'on appelle les hautes écoles, dans les collèges, à l'Université même, qui reçoit à la Faculté des Arts (Lettres et Sciences) des jeunes gens de quatorze et de quinze ans. Sauf *Fettes-College*, il n'existe à Édimbourg rien qui ressemble au degré d'éducation que représentent nos lycées, aucun établissement qui réponde aux besoins intellectuels des classes moyennes et qui forme l'élite de la jeunesse. C'est une lacune dont les hommes d'études ont le sentiment.

Il n'existe non plus à Édimbourg aucune institution analogue à notre École Normale Supérieure ou à nos boursiers de Facultés. On se demande où les jeunes gens se façonnent au professorat. Au témoignage d'un de nos collègues les plus distingués, M. Picart, maître de conférences à la Sorbonne, les laboratoires de chimie ne sont organisés que pour les professeurs. C'est une série de petites pièces, parfaitement disposées pour les travaux qui doivent s'y faire, dans le genre de celles que M. Desains a si bien aménagées dans nos vieux bâtiments de la rue Saint-Jacques; mais les élèves n'y ont point de place. L'Université s'en inquiète; elle se préoccupe des moyens d'acclimater chez elle l'institution des *privat-docent*.

Si d'ailleurs les cadres de l'Université sont complets, il s'en faut qu'ils soient tous également remplis. La théologie ne compte que 4 chaires et 104 élèves; le droit a 11 professeurs ou aides-professeurs et 502 étudiants; la médecine, 42 professeurs et près de 1270 étudiants. La Faculté de Droit jouit d'une grande considération. La corporation des avocats a ses privilèges; l'enseignement du droit coutumier est très développé; la bibliothèque de la Faculté est, en ouvrages de ce genre, d'une richesse rare. Mais c'est la Faculté de Médecine qui constitue la force de l'Université. Quant à la Faculté des Arts, elle n'est qu'une annexe sans importance; elle ne délivre aucun grade, et, lorsque l'Université a voulu honorer les étrangers en les recevant dans son sein, — ne pouvant conférer un brevet en médecine, n'en ayant point à conférer dans les sciences ou dans les lettres, — elle a dû donner des diplômes de docteur en droit à M. Pasteur, à M. de Lesseps, à M. Hermitte, à M. Ollier, comme à M. Perrot et à M. Guizot. « Mon seul titre au brevet de *doctor in law*, disait le docteur Helmholtz, décoré du même grade, c'est de connaître les lois de la chimie. »

L'Université d'Édimbourg est toute à la science. Nous nous attendions à entendre rappeler les doctrines philosophiques de Reid et de Dugald Stewart : il semble que nous fussions les seuls à nous souvenir qu'ils avaient eu pour disciples, en France, Royer-Collard et V. Cousin, en Angleterre, Brougham, Palmerston, John Russel, Jeffrey, Walter Scott, Sydney Smith, Chalmers, et que lord Cockburn les remerciait de lui avoir ouvert, par leurs leçons, les portes du ciel. C'est entre nous que nous nous entretenions de Walter Scott : autour de nous on ne prononçait que les noms du chirurgien Lister, de Charles Bell, de Simpson, l'inventeur des anesthésiques. Nul n'avait été indifférent au discours éloquent dans lequel, à la cérémonie d'inauguration, le pasteur Flint, correspondant de notre Académie, avait établi les rapports de la science avec la foi; mais on répétait volontiers avec sir A. Grant que « le seul mot de chloroforme suffisait à la gloire de l'Université d'Édimbourg ». L'acte le plus important du congrès a été la manifestation de M. Virchow contre les théories de Darwin : les spiritualistes l'ont enregistrée à leur profit, parce qu'il en résultait la négation de la génération spontanée et du principe de l'évolution; mais, pour l'auditoire comme pour le célèbre professeur, cette protestation n'avait d'autre portée que de ramener aux données palpables, tangibles, indéniables de l'expérience la science égarée dans les théories.

On ne peut qu'être touché du grand mouvement qui entraîne vers la science le monde civilisé. Le jubilé d'Édimbourg restera certainement sous ce rapport, dans le souvenir de ceux qui en ont eu l'impression directe, un des signes les plus éclatants de la fin de ce siècle. Mais on doit souhaiter, pour le bonheur et la grandeur de l'humanité, que les sciences morales et politiques — car ce sont des sciences aussi — gardent dans les préoccupations des meilleurs esprits la place qui leur est due.

M. le président remercie M. Gréard de sa très intéressante communication et exprime le vœu qu'il la transforme en un rapport écrit qui trouverait naturellement sa place dans le recueil des travaux de l'Académie.

M. Duruy demande si, en Écosse, comme en Angleterre,

l'État n'intervient pas, jusqu'à un certain point, pour réglementer l'exercice des professions médicales; si du moins il n'est pas nécessaire que les licenciés en médecine ou en chirurgie fassent enregistrer leurs diplômes pour être en droit de réclamer leurs honoraires; si, enfin, il ne s'est pas produit dans ces derniers temps un mouvement en faveur d'une réglementation plus stricte.

M. Gréard croit que ce mouvement s'est produit. Quant à l'enregistrement dont parle M. Duruy, c'est une simple formalité. Les diplômes conférés par les Facultés ou écoles sont valables par eux-mêmes.

M. Caro. — Je remercie M. Gréard de son récit si intéressant et si complet de notre voyage à Édimbourg. Si je ne me trouvais personnellement en cause dans ce récit, je serais plus libre de dire ce que j'en ai pensé, quelle exactitude d'impressions j'y ai remarquée, quelle vivacité dans la peinture des détails, quelle justesse de vues dans l'ensemble.

Sur un seul point, je signalerais non pas un dissentiment avec mon cher confrère, mais le désir d'un complément d'informations. Il s'agit du mode de recrutement des professeurs dans l'Université d'Édimbourg. J'ai recueilli sur place des renseignements d'où il résulte que le Conseil municipal et le lord-provost continuent à remplir comme autrefois un rôle prépondérant quand il s'agit des différentes Facultés dont se compose l'Université. Or il pourrait arriver que cette influence fût regrettable quand il s'agit de science pure.

On se rappelle peut-être ce qui advint en 1836, à l'occasion de la nomination du célèbre Hamilton à la chaire devenue vacante, dans cette même Université, par suite de la démission du docteur Ritchie, professeur de logique et de métaphysique.

Seize ans auparavant, à la mort de Thomas Brown, M. Hamilton avait échoué pour cette chaire, malgré le suffrage de Dugald Stewart, contre son concurrent, M. Jean Wilson, homme d'esprit, médiocre philosophe, par l'effet d'influences étrangères à la science. En 1836 Hamilton ne réussit que grâce à l'action très vive de M. Cousin, qui écrivit une lettre magnifique (un *testimonial*) à l'un de ses amis influents d'Édimbourg, M. Pillans; elle fut communiquée aux électeurs et enleva la nomination contestée auprès du Conseil municipal[1].

Il a été apporté, depuis une vingtaine d'années, après de longues batailles universitaires, quelques modifications au mode d'élection des professeurs de l'Université. Mais il y aurait encore bien à dire sur le procédé électoral, qui reste pour une grande part dans la dépendance des conseillers municipaux et du lord provost, en leur qualité de *patrons* de l'Université. Il arrive souvent que le lord provost, homme estimé et honoré dans la sphère des intérêts locaux de la cité, est un industriel arrivé à l'influence par une fortune honnêtement acquise. Cela ne suffit pas pour lui donner une compétence qui manque au même titre et pour les mêmes raisons à ses collègues du Conseil municipal. Ce corps-là comme ailleurs, en Écosse comme en France, peut être étranger aux sciences, fort peu en état d'apprécier le mérite des candidats, et en revanche soumis aux influences mobiles de la politique. Il y a là un vice de recrutement que M. Gréard a pu remarquer comme moi, et dont les conséquences pourraient être à craindre, s'il n'y avait pas un fonds de sagesse et de modération exemplaires dans les conseillers actuels. Mais qui peut prévoir l'avenir, le changement des idées, le changement même des hommes? Qui peut répondre des lumières et de la sagesse d'un Conseil municipal *à tout jamais*? Personne assurément, et il pourrait surgir telles circonstances où ce n'est pas l'intérêt scientifique qui triompherait avec des électeurs aussi peu compétents sur le fond des choses. Il faut toujours prévoir cela.

M. Gréard. — Je reconnais la justesse des réserves de M. Caro. L'indépendance de l'Université d'Edimbourg à l'égard de l'autorité municipale n'est pas absolue. Ce que j'ai voulu marquer, c'est l'incontestable caractère d'affranchissement relatif qui résulte de l'acte de 1858. Quelle était, avant 1858, la constitution de l'Université? Point de chancelier : le lord provost en tenait lieu; point de recteur : six assesseurs élus par le Conseil municipal; point de doyens de Facultés : un principal nommé par le Conseil municipal et composant avec les professeurs nommés par les assesseurs le Conseil acadé-

1. Cette curieuse histoire est racontée, avec preuves à l'appui, par notre ancien confrère, M. Peisse, dans sa *Préface aux fragments de philosophie de Hamilton*.

mique. En présence de cette organisation, on peut dire que l'Université était tout entière entre les mains du Conseil municipal. — Voici en regard la Constitution actuelle : un Conseil général composé de tous les membres de la Cour universitaire, plus tous les maîtres ès arts et docteurs en médecine ayant fait quatre années d'études à l'Université; un chancelier élu à vie par le Conseil général, dont il est président; un vice-chancelier nommé par le chancelier pour le remplacer; un recteur, élu par le suffrage direct des étudiants immatriculés; sept curateurs, dont quatre nommés par le Conseil municipal et trois par la Cour universitaire; un principal nommé par les curateurs; un doyen pour chaque Faculté, élu par ses collègues; une cour universitaire composée du recteur, du principal, du lord provost et de cinq assesseurs; un Sénat académique composé du principal et de tous les professeurs. On le voit : ce sont les curateurs dont le lord provost fait toujours partie et où le Conseil municipal a la majorité, qui nomment le principal; ce sont eux aussi, suivant l'observation de M. Caro, qui nomment la plupart des professeurs : ce privilège a été maintenu spécialement au Conseil municipal d'Édimbourg par l'acte de 1858, en raison de l'influence bienfaisante qu'il a longtemps exercée; le même droit n'existe ni à Glasgow ni à Aberdeen; et l'on ne s'étonnera pas que la ville d'Édimbourg tienne à un tel privilège. Mais son droit est en réalité presque honorifique. Depuis 1858 au moins, il ne s'est produit entre le Conseil municipal et l'Université aucun dissentiment qui fût de nature à porter atteinte aux libertés nécessaires du corps enseignant.

N° XV

DISCOURS PRONONCÉ A LA CÉRÉMONIE DE LA POSE DE LA PREMIÈRE PIERRE DE LA NOUVELLE SORBONNE.

3 août 1885.

Monsieur le Ministre[1],

En apportant à l'État pour la reconstruction de la Sorbonne le concours de la Ville de Paris, le Conseil municipal a demandé que la première pierre fût solennellement fondée. Vous avez pensé que cette cérémonie ne pouvait être accomplie plus dignement qu'en ce jour de fête universitaire : sous les yeux de cette jeunesse d'élite, aujourd'hui l'espérance, demain la force libérale du pays; en présence des familles, témoins une fois de plus des sacrifices que le Gouvernement de la République n'hésite pas à s'imposer pour le développement de l'éducation nationale; au milieu des représentants des divers ordres de l'enseignement, étroitement unis dans la solidarité d'une œuvre commune. Au nom de l'Université, Monsieur le Ministre, je vous remercie.

Cette restauration de la métropole de nos études supérieures ne répond pas seulement aux besoins d'une extension nécessaire; elle marquera, elle marque dès aujourd'hui le commencement d'une ère féconde.

L'histoire de la vieille Sorbonne est liée par plus d'un point à l'histoire de l'esprit français. Au moment où elle va disparaître, n'est-ce pas surtout des services qu'elle a pu rendre qu'il convient de se souvenir? Même alors qu'ils étaient le plus enchaînés aux traditions du passé, les héritiers de Robert

1. M. R. Goblet.

de Sorbon ne laissaient pas de préparer, parfois même de devancer l'avenir. Tel est le bienfait de l'effort appliqué aux spéculations de l'étude, quel qu'en soit l'objet : il fortifie la pensée et l'élève. C'est ici qu'en 1470, appelés par deux Sorbonnistes, Michel de Colmar et ses compagnons vinrent dresser les appareils d'où sont sortis les premiers livres imprimés à Paris. C'est ici qu'en 1739, le cardinal de Soubise prenait pour sujet de son discours de clôture annuelle cette thèse : « que l'intérêt des rois et des gouvernements est que les peuples soient éclairés. » Certes, si la vieille Sorbonne n'a échappé ni aux erreurs ni aux passions de son temps, ce n'est pas un médiocre honneur pour elle d'avoir été la première à introduire en France l'instrument le plus actif de l'affranchissement de l'esprit humain, la première à proclamer la nécessité de l'affranchir pour tous par l'éducation.

Ainsi n'était-elle pas indigne de devenir, au commencement de ce siècle, un puissant foyer de lumières. Avant 1789 l'enseignement supérieur n'existait pas. Volney, Lakanal, Condorcet, Fourcroy, en avaient tracé les cadres. Ce sont les grands cours de la Restauration qui en ont créé l'esprit. L'Europe savante avait les yeux attachés sur les chaires qu'occupaient en Sorbonne Biot, Thénard, Geoffroy-Saint-Hilaire, Guizot, Cousin, Villemain. A l'importance des inventions et des découvertes, à l'autorité des méthodes et des doctrines se joignait, pour les cours littéraires, l'action d'une éloquence austère, enflammée, pénétrante. Les leçons de la Sorbonne étaient suivies par le pays avec la même passion que les séances du Parlement où se discutaient ses libertés. Elles faisaient passer dans les âmes un souffle généreux. Elles ont répandu dans la France entière le goût de la culture supérieure, le respect de la science et de l'idée. Elles ont institué une tradition qui ne périra pas. Ni les sujets ne manquent auxquels il soit possible d'intéresser un auditoire français, ni les maîtres qui soient en mesure de traiter ces sujets avec l'ampleur qu'ils comportent. Les grands cours, ouverts à tous, accessibles à tous, conservent leur place dans la Sorbonne moderne. Rien ne saurait plus utilement contribuer à tenir haut l'esprit public, à le préoccuper des questions de critique, d'histoire et de philosophie, dont une démocratie ne saurait se désintéresser sans risquer de déchoir aux yeux de ceux qu'elle veut gagner à son exemple; à nourrir ce sentiment de l'idéal dont la France a toujours vécu, dont elle a quelquefois souffert, qu'elle ne doit jamais se lasser d'honorer et de servir.

Mais des besoins nouveaux appelaient une organisation d'études nouvelle. Une révolution s'est accomplie. Ce n'est pas dans le pays de Descartes qu'on peut considérer comme née d'hier « la recherche de la méthode pour arriver à la vérité ». Mais ce qui était demeuré le privilège et comme la lumière supérieure de quelques savants de génie est devenu la règle et la condition de tout enseignement. Nous avons la passion de l'exactitude. Nous voulons pénétrer, décomposer, voir, nous rendre compte. Les lettres, comme les sciences, ont leurs laboratoires et leurs instruments de précision.

Parti, il y a vingt ans, de l'école des hautes études, ce mouvement d'investigation créatrice s'est transmis de proche en proche. A son tour la Sorbonne est devenue une école. Elle a distingué entre ses auditeurs et ses élèves, et elle s'est donnée à ses élèves sans compter. Aux grands cours elle a ajouté les conférences, et c'est dans ces entretiens plus rapprochés que s'achève la leçon. Il ne suffit plus à nos maîtres de préparer les jeunes gens aux grades qui doivent leur ouvrir la carrière. Ils ne se contentent pas de leur apporter la science toute faite; ils les exercent à la faire, en leur enseignant comment chaque effort limité à un objet restreint assure le progrès commun.

Ne craignons pas que ce sévère apprentissage affaiblisse, dans le développement intellectuel de la jeunesse, le sens large des idées générales, le goût, l'esprit, la grâce lumineuse, l'art suprême de la composition, ce qui a été de tout temps, ce qui doit rester la force et le charme de notre génie national. Fondée sur une érudition sobre et bien digérée, l'éducation scientifique, comme on l'appelle, soutiendra l'essor de nos facultés natives sans l'appesantir; elle en accroîtra la puissance sans en diminuer l'attrait. Le dessin, a dit un maître de ce siècle, est la probité de l'art. La science, dirions-nous volontiers en appliquant la formule à toutes les manifestations de la pensée, la science est la probité du talent.

Ce sont les règles de cette discipline que nous avons suivies dans la transformation de tous nos établissements d'enseignement supérieur : à la Faculté de Médecine, mise cette année en possession de ses pavillons de dissection; à la Faculté de Droit, qui, dans son agrandissement assuré, doit trouver le développement, longtemps attendu, de sa bibliothèque; à l'Ecole supérieure de Pharmacie dont l'installation n'a pas d'égale en Europe; jusque dans les abris provisoires des cours de chimie et de physiologie de la Faculté des Sciences, auxquels nous avons dû ménager un asile en attendant qu'ils retrouvent ici une hospitalité digne de notre grande école de savants, de cette école désintéressée, qui travaille pour l'honneur du nom français et pour le profit du monde entier.

Les résultats, Monsieur le Ministre, répondront aux espérances qu'en avaient conçues vos prédécesseurs et dont vous aimez vous-même à nous entretenir. Jamais notre vie scolaire n'a été plus active, plus élevée, plus conforme aux vœux de tous ceux qui ont contribué à la créer. En 1636, un des contemporains de Richelieu, un membre de l'Académie française, après avoir rendu hommage à sa glorieuse entreprise, définissait malicieusement la Sorbonne « un pays de querelles où les écoliers sont toujours en trouble, les professeurs souvent en dispute ». Aujourd'hui la Sorbonne est un pays pacifié, où maîtres et élèves travaillent, chacun dans sa voie, tous l'œil fixé sur le but commun : l'avancement de la science; tous pénétrés du même sentiment : la passion pour la grandeur intellectuelle et morale de la France.

N° XVI

DISCOURS PRONONCÉ A L'INAUGURATION DE LA NOUVELLE SORBONNE.

8 août 1889.

Monsieur le Président[1],

Au nom de l'Université de Paris, je vous remercie d'avoir bien voulu donner à cette solennité l'éclat et l'autorité de votre présence. Ce n'est pas seulement le premier magistrat de la République que nous sommes reconnaissants et fiers de saluer dans cette enceinte; c'est l'héritier d'un nom cher à la science et à l'enseignement, c'est l'homme qui, élevé au

1. *Extrait du procès-verbal de la séance :* « Le 8 août 1889, a eu lieu l'inauguration de la nouvelle Sorbonne par M. le Président de la République.

« A trois heures, M. Carnot, accompagné de sa maison militaire, a fait son entrée. Il a été reçu par M. Armand Fallières, Ministre de l'Instruction publique et des Beaux-Arts, M. Gréard, Vice-Recteur de l'Académie de Paris, et M. Liard, Directeur de l'Enseignement supérieur.

« Sur l'estrade du grand amphithéâtre ont pris place : M. Le Royer, Président du Sénat; M. E. Spuller, Ministre des Affaires étrangères; M. Rouvier, Ministre des Finances; M. Yves Guyot, Ministre des Travaux publics; M. le général Ménabréa, Ambassadeur d'Italie; Lord Lytton, Ambassadeur d'Angleterre; M. Bengesco, premier Secrétaire de la Légation de Roumanie; M. Poubelle, Préfet de la Seine; M. Chautemps, Président du Conseil municipal de Paris; M. Jacques, Président du Conseil général de la Seine; M. Lozé, Préfet de police; MM. V. Duruy, Jules Simon et Jules Ferry, anciens Ministres de l'Instruction publique, M. Pasteur, MM. Léon Say, Labiche, Cochery, sénateurs; M. du Mesnil, Conseiller d'État; M. Barbier, premier Président de la Cour de cassation; M. Ronjat, Procureur général près la Cour de cassation; M. Renauld, Procureur général près la Cour des comptes; MM. C. Doucet, Boissier, Claretie, Coppée, L. Halévy, Hervé, Comte O. d'Haussonville, Leconte de l'Isle, vicomte de Vogüé, membres de l'Académie française; MM. Wallon, Barbier de Meynard, Bréal, Perrot, Ravaisson, de Rozière, membres de l'Académie des Inscriptions et Belles-Lettres; MM. Daubrée, Dehérain, Faye, Frémy, Grandidier,

pouvoir par l'estime publique, personnifie la France dans sa droiture et sa loyauté.

Il y a quatre ans, presque jour pour jour, en posant la première pierre de la Sorbonne restaurée et agrandie, nous exprimions l'espoir que le centenaire de 1789 en verrait

de Lacaze-Duthiers, membres de l'Académie des Sciences; MM. le vicomte Delaborde, Bailly, Chaplain, Chapu, Daumet, Guain, Guillaume, membres de l'Académie des Beaux-Arts; MM. le comte de Franqueville, Levasseur, Zoller, membres de l'Académie des Sciences morales et politiques; la députation de l'Académie de Médecine; la délégation du Conseil supérieur de l'Instruction publique; M. Liard, Directeur de l'Enseignement supérieur; M. Rabier, Directeur de l'Enseignement secondaire; M. Buisson, Directeur de l'Enseignement primaire; M. Xavier Charmes, Directeur du Secrétariat et de la Comptabilité; M. Larroumet, Directeur des Beaux-Arts; M. J. Comte, Directeur des Bâtiments civils; M. Félix Hémon, Chef du cabinet; M. le Comte d'Ormesson, Directeur du Protocole au Ministère des Affaires étrangères; M. Alphand, Inspecteur général, Directeur des Travaux de Paris; M. Amiable, Maire du cinquième arrondissement; MM. les Inspecteurs généraux de l'Instruction publique; MM. les membres du Conseil académique.

« Dans l'hémicycle, en face de l'estrade présidentielle, se trouvaient : M. le Vice-Recteur de l'Académie de Paris; MM. les Recteurs des Académies des départements; le Conseil général des Facultés de Paris; les délégations des Conseils généraux des Facultés des départements; les Professeurs des Facultés et de l'École supérieure de Pharmacie de Paris; les délégations des Professeurs du Collège de France, du Muséum d'Histoire naturelle, de l'École normale supérieure, de l'École des Chartes, de l'École des Langues Orientales et de l'École des Hautes Études; les Chefs des travaux et les Préparateurs des Facultés de Paris; les députations des Professeurs des Lycées de Paris; les délégations des membres de l'Enseignement primaire.

« A droite : MM. les Sénateurs et les Députés, les membres du Conseil municipal de Paris, les représentants de la presse de Paris et des départements.

« A gauche : MM. les Directeurs et Professeurs des Universités et des grandes Écoles étrangères venus à Paris à l'occasion du Congrès international de l'Enseignement supérieur et de l'Enseignement secondaire.

« Sur les gradins de l'amphithéâtre, au nombre de quinze cents, les étudiants français et les étudiants étrangers avec leurs bannières et leurs insignes.

« M. le Président a donné successivement la parole à M. Gréard, membre de l'Académie française, Vice-Recteur de l'Académie de Paris; à M. Hermite, Vice-Président de l'Académie des Sciences, Professeur à la Faculté des Sciences de Paris; à M. Chautemps, Président du Conseil municipal de Paris, et à M. Fallières, Ministre de l'Instruction publique et des Beaux-Arts.

« Après la cérémonie, les étudiants français et étrangers se sont formés en cortège par nation, bannières en tête, et ont défilé devant M. le Président de la République, en le saluant d'acclamations enthousiastes. »

l'inauguration. Grâce à la remarquable diligence avec laquelle les travaux ont été conduits, nous sommes prêts. Et parmi les satisfactions que nous devons à cette heureuse échéance, pourrais-je omettre le concours si empressé des représentants des Universités étrangères? Saisissant l'occasion de l'Exposition universelle et de ses Congrès, ils ont eu à cœur de se joindre ici aux délégations des Universités françaises : qu'ils soient assurés que nous sentons tout le prix de ces gages de confraternité.

L'une des premières en date, sinon la première, l'Université de Paris fut, au moyen âge, la plus renommée sans contredit et la plus hospitalière. Les érudits du temps, qui, dans la recherche des origines, se piquaient moins d'exactitude que d'imagination, la considéraient comme la souveraine dépositaire des trésors de la science par droit régulier d'hoirie. L'Université dont toutes les autres procèdent, écrivait l'évêque Tilon de Mersebourg, est celle de Babylone, fondée par Ninus; à Babylone succéda la cité des Pharaons, Memphis; à Memphis, Athènes, œuvre de Cécrops; à Athènes, Rome; à Rome, Paris. Bologne était à juste titre en crédit pour l'enseignement du droit; nul ne contestait à l'Université de Paris la suprématie dans les lettres sacrées et profanes. Dix collèges étaient groupés autour d'elle comme autour de la mère commune : collège de Danemark, collège des Anglais, collège des Écossais, des Allemands, des Lombards, des Grecs.... Les rois y envoyaient leurs fils pour se former à la dialectique et aux belles façons. Du treizième au seizième siècle l'Université de Paris a contribué à élever la plupart des hommes, poètes, savants, philosophes, venus des diverses régions du monde connu, dont la postérité a conservé le souvenir ou consacré le nom : Guillaume Occam, « le docteur invincible », Raymond Lulle, Thomas d'Aquin, Benoît d'Anagni, le futur Boniface VIII, Brunetto Latini, l'un des maîtres du Dante, Dante lui-même, Thomas Morus, Érasme et bien d'autres. O ville unique, ô Paris sans égal, *Parisius sine pari*, s'écriait Lanfranc de Milan en se séparant de ses compagnons d'études! On aimait « la parleur délitable » qui résonnait dans « ce gentil pays d'Université béni de Dieu ». On s'y sentait à l'aise surtout, parce qu'au témoignage unanime de ceux qui s'y rencontraient, l'amour de la vérité y était la seule règle et que chacun y jouissait de son droit. Il n'est pas téméraire de le dire : en un temps où la vie intellectuelle était enfermée dans les murs des écoles, l'Université de Paris a été le foyer de propagande le plus actif de l'esprit français.

De toute part aujourd'hui on célèbre les manifestations de l'esprit français, dans les beaux-arts, l'agriculture, le commerce et l'industrie. N'est-ce pas ici plus particulièrement la fête de l'esprit français lui-même, tel que l'a fait, avec les dons de la race, l'éducation des siècles : mélange de sentiment et de raison, de grâce et de force, hardi à la fois et mesuré, libre et ordonné, expansif entre tous et profondément humain, ardent champion des nobles causes, — qu'elles le touchent de près ou de loin, — quelquefois même à ses dépens, ne s'imposant aux autres que par la confiance ou se faisant pardonner ses violences passagères par ses bienfaits durables? Au moyen âge, c'est l'esprit français qui le premier inspire et qui presque seul soutient jusqu'au bout l'élan des Croisades, donne à l'enthousiasme religieux son plein essor, et du même coup ouvre à l'activité des peuples de l'Occident des voies nouvelles. C'est l'esprit français qui, au terme d'une lutte séculaire, retrouve l'idée de la patrie, la réalise dans une vaillante et touchante image, et par un effort que la politique n'a plus qu'à consacrer, jette les bases de l'unité nationale. S'il reçoit du dehors le souffle de la Réforme et de la Renaissance, avec quelle vigueur il en traduit les inspirations les plus élevées! Quel réveil de l'antiquité, rajeunie et épurée par le christianisme, que l'épanouissement des lettres françaises au dix-septième siècle : épanouissement si riche et si brillant que, même après que s'est éteint l'éclat de la gloire militaire qui en a pendant de longues années rehaussé le prestige, le siècle, en sa fin désolée, conserve pour les contemporains comme devant la postérité le nom rayonnant de Louis XIV! D'autre part, quelle puissance dans le courant philosophique qui, traversant, sans s'y perdre, cette société hiérarchisée et pacifiée, ramène à la lumière, dès les premières années du siècle de Voltaire et de Montesquieu, les controverses de libre examen, et, avec elles, les idées désormais impérissables de tolérance religieuse et d'équité sociale, de droit et d'humanité! Jamais enfin l'âme d'un peuple trouva-t-elle une expression plus généreuse du travail d'émancipation intellectuelle et morale accompli sur elle-même que ces principes de 1789, qui sont devenus comme la charte des nations civilisées?

Ce legs du passé imposait au siècle qui s'achève de grands devoirs. Il n'y a point failli. Des événements mémorables en ont rempli, souvent illustré, parfois troublé douloureusement le cours. Il a connu les exaltations de la victoire et les extrémités de la défaite. Il a vu s'écrouler toutes les formes de la monarchie, et sur leurs ruines s'établir la puissance populaire, armée du suffrage universel. Pas une question dans l'ordre politique, économique et religieux, qui ne soit aujourd'hui soulevée et dont la discussion ne projette ses doutes avec ses lumières sur le fond même de l'organisation sociale. Mais si en aucun temps peut-être il n'a été posé devant la raison publique de plus pressants, de plus redoutables problèmes, il semble qu'en aucun temps non plus l'activité de l'esprit français n'ait été plus intense, ni plus féconde. La philosophie sondant tous les mystères de l'être et de la pensée; la poésie retrempée aux sources de la nature et des plus intimes émotions de l'âme; l'histoire renouvelée par l'étude impartiale et sagace des documents et des textes; le droit public et privé, chaque jour plus ouvert à l'esprit de la démocratie moderne, prêtant sa force au relèvement des humbles et à la protection des petits; la science éclatant en merveilles, s'élevant par la puissance du calcul à la connaissance d'un monde invisible, pénétrant par la subtilité de l'analyse les secrets de la vie, prodiguant à l'industrie ses trésors; tous les sentiments, toutes les passions, fouillées et mises à nu, au théâtre, dans le roman, dans la critique littéraire, par l'observation d'une psychologie tranchante et impitoyable comme le scalpel, — heureuse si, par excès de fidélité, elle ne semblait quelquefois oublier l'art; — la langue elle-même remise au creuset, fortifiée, aiguisée, façonnée à rendre avec énergie ou délicatesse dans leurs nuances les plus diverses les idées qui nous travaillent : voilà, parmi les malaises et les obscurités inséparables de toute évolution sociale, voilà l'héritage, appuyé sur des noms assurés de vivre, que notre âge à son tour est à la veille de transmettre à l'avenir.

Jeunes gens, cet avenir, c'est à vous qu'il appartient, c'est vous qui le ferez. Plus favorisés que vos aînés, rien n'est épargné pour vous préparer à payer votre dette à votre pays et à l'humanité. Ce qui a fait défaut à la France d'avant

1789, écrivait Guizot en 1815, c'est une instruction supérieure qui eût permis de diriger la Révolution, sinon de la prévenir. Aujourd'hui ni les chaires ne manquent aux enseignements, ni les maîtres aux chaires, ni l'autorité du savoir et du talent à ceux qui les remplissent. N'oubliez pas, mes amis, que c'est pour vous qu'ont été multipliées ces précieuses ressources. Travaillez à devenir capables et montrez-vous toujours dignes d'en recueillir le bienfait. Soit que, pressés par les nécessités de la vie, vous n'ayez que le temps d'acquérir une éducation professionnelle, soit que l'ambition vous saisisse de devenir, vous aussi, des maîtres, maintenez et propagez les traditions de l'esprit français. Portez haut l'objet de vos pensées ; aimez la science : elle est bonne conseillère. C'est une école de sincérité et de respect. Comme la religion, elle a ses apôtres et ses martyrs. Elle inspire le dévouement, elle prépare à tous les devoirs ; et entre ceux qu'elle a rapprochés un jour dans le sentiment d'une noble émulation pour le progrès des arts de la paix, — je ne serai pas démenti par ces étudiants, vos camarades, qui de tous les pays ont répondu à votre appel, — elle crée les liens d'une commune patrie.

N° XVII[1]

DISCOURS PRONONCÉ SUR LA TOMBE DE M. BEAUJEAN, INSPECTEUR DE L'ACADÉMIE DE PARIS.

7 juin 1888.

Messieurs,

Pour beaucoup d'entre vous sans doute le deuil qui nous rassemble a été une douloureuse surprise. Il y a moins de trois semaines, M. Beaujean cédait à la nécessité de prendre un peu de repos : c'était le premier congé qu'il eût sollicité dans sa longue carrière. Le jour où, fidèle à ses habitudes d'exactitude scrupuleuse, il revenait prendre sa place de travail, il était atteint du coup dont il ne devait pas se relever.

Entré à l'École normale en 1841, M. Beaujean appartenait à ces fortes générations qui ont jeté tant d'éclat sur notre enseignement : Rigault, Corrard, Thurot, Privat-Deschanel, Brissaud, P. Janet, Geffroy, Martha, Julien Girard et tant d'autres que l'administration supérieure et les corps savants comptent encore dans leurs rangs. Agrégé de grammaire en 1845, il traversait rapidement les collèges de Laval, de Bourges et de Besançon. En 1848, il était nommé à Paris. A Charlemagne et à Henri IV où il a été successivement attaché, à Louis-le-Grand où, à dater de 1863, il s'est définitivement fixé, son enseignement solide, précis, sagement novateur, et l'aménité de son caractère qui lui permettait d'obtenir ce qu'il lui aurait coûté d'exiger, lui avaient gagné la confiance des familles et l'affection des enfants. Dans un rapport officiel, un de ses derniers juges et un juge difficile, écrivait :

1. On nous permettra de consigner ici l'hommage que nous avons eu à rendre à quelques-uns de nos collaborateurs.

« J'ai été frappé de la façon dont les élèves abordent un texte latin ; l'explication est nette, la traduction aisée ; toutes les intelligences sont en éveil ; ... dans cette classe on aime le français. »

C'est peu de temps après avoir mérité ce témoignage qu M. Beaujean était appelé à exercer lui-même, comme inspecteur de l'Académie de Paris, des fonctions de contrôle et de direction. Outre son expérience, il apportait à cette fonction nouvelle les ressources d'un excellent esprit. L'administration des intérêts publics et le gouvernement des hommes exigent, entre autres qualités, le bon sens et la bienveillance : le bon sens, cette vue simple, claire et saine des choses, ce discernement juste et prompt qui saisit les difficultés d'une question, les démêle, les pénètre et les résout ; la bienveillance, non pas cette sorte de bonne grâce banale qui met tout indifféremment au même rang pour s'épargner l'effort d'un jugement et les embarras d'une préférence, mais ce judicieux tempérament d'indulgence et de fermeté qui s'attache à découvrir les mérites sans s'aveugler sur les défauts, qui entre les mérites eux-mêmes sait reconnaître et établir les degrés, distingue, en un mot, et se prononce, en cherchant sa force comme sa lumière dans la justice. Chargé de missions hors l'Académie de Paris, M. Beaujean y déployait le même zèle de judicieuse et équitable sagacité. Son jugement gagnait en ampleur au fur et à mesure que les horizons de l'inspection générale semblaient se rapprocher. En même temps, la présidence du jury des examens du certificat d'aptitude à l'enseignement dans les classes élémentaires, qui lui avait été conférée dès l'origine, étendait d'année en année la portée de son action.

Ces mérites professionnels étaient soutenus et comme rehaussés chez M. Beaujean par l'autorité de la science spéciale à laquelle il avait de bonne heure consacré une part de son activité. C'est le privilège des fonctions universitaires qu'elles maintiennent l'intelligence dans les sphères de la pensée. Quand, au sentiment du devoir professionnel consciencieusement accompli, s'ajoute le goût d'une étude poursuivie dans les loisirs qu'il n'est jamais impossible de conquérir sur les distractions vaines, l'esprit en reçoit un surcroît de force dont le service public recueille le profit. M. Beaujean était né grammairien. Ce qui l'attachait dans l'étude du vocabulaire, c'était moins la philosophie qui en explique le fond, moins l'histoire qui en établit la genèse, que les applications à l'usage. Sur les origines de la langue française, il s'en remettait volontiers aux savants; il lui suffisait de connaître les sources. Mais pour l'intelligence pratique de l'idiome, il était son maître à lui-même et il était un maître. C'est ce goût naturel et ce sens exercé de la lexicologie qui le firent distinguer par Littré. Dans la préface du *Grand Dictionnaire*, Littré le déclare, M. Beaujean a été son associé. « Il n'est pas une feuille, dit-il, dont M. Beaujean n'ait revu la première et la dernière épreuve. » Et dans sa simplicité généreuse, il ajoute : « Si une telle entreprise doit être un titre pour moi, je voudrais qu'une telle collaboration fût un titre pour lui. » Le vœu de Littré a été accompli. A côté du titre dont l'estime publique a ratifié le partage, M. Beaujean s'en est fait un qui lui appartient en propre. Du *Grand Dictionnaire* il a tiré un *Abrégé* destiné à mettre à la portée de la jeunesse, à la portée de tout le monde, les trésors de science qu'il avait contribué à ordonner. Travail difficile et délicat où le trop n'est pas moins à craindre que le trop peu; travail de longue haleine surtout qui demande à être remanié sans cesse et tenu au courant des moindres progrès. M. Beaujean avait récemment commencé une édition nouvelle. Elle a été l'effort, peut-être le tourment, de ses derniers jours. Me trompé-je en croyant qu'elle ne lui a pas apporté moins de satisfactions que de soucis, et que parfois au moins, à la fin d'une journée laborieuse, il ne lui a pas été sans dédommagement d'entrevoir l'heureux achèvement de son œuvre ?

Hélas! quelque idée que nous nous en fassions, l'image de cette vie si soudainement interrompue ne peut aujourd'hui que rendre plus vifs nos regrets, ceux de l'ami fidèle à qui pendant quarante ans il a dû le charme du commerce solide et aimable qu'assurent la distinction de l'esprit et l'élévation du caractère[1], ceux de la famille étroitement unie, dont il était le chef bien-aimé. Puisse bientôt venir pour tous le jour où à l'amertume de la douleur succède la douceur du souvenir!

1. M. Anquez, inspecteur général.

N° XVIII

DISCOURS PRONONCÉ SUR LA TOMBE DE M. BOS, INSPECTEUR DE L'ACADÉMIE DE PARIS

0 juillet 1888.

Messieurs,

La tombe est à peine fermée sur M. Beaujean qu'elle s'ouvre pour M. Bos. Lundi encore, M. Bos prenait part à nos travaux avec sa diligence et sa supériorité accoutumées. Rentré chez lui, il était frappé d'un coup foudroyant. Je voudrais pouvoir oublier ici mes sentiments personnels pour lui rendre aussi pleinement qu'il le mérite l'hommage qui lui est dû.

L'Université compte bien des hommes de savoir et de devoir. Il en est peu qui aient possédé au même degré que M. Bos la solidité de l'esprit, l'élévation des sentiments, la droiture du caractère. De brillantes études où de bonne heure s'étaient révélées de remarquables aptitudes mathématiques lui auraient permis de se faire une place dans la science : il n'a publié que quelques *Traités* à l'usage des classes ; encore était-il presque tenté de se les reprocher, tant il se faisait scrupule de consacrer au service public tout son temps et toutes ses forces ! Sous leur forme modeste, ces ouvrages portent la marque des qualités qui caractérisaient son talent : la rigueur de la méthode et la clarté de l'exposition.

Après trois ans à peine de professorat en province, M. Bos fut appelé à Paris et y prit rang. Chargé peu après de fonder le cours de mathématiques spéciales, d'abord à Orléans, puis à Lille, il revint bientôt à Saint-Louis, où une chaire de même ordre lui était réservée. C'est alors qu'il se résolut à entrer dans l'administration. L'inspection académique de l'Yonne étant devenue vacante, il l'accepta. Mais tel était le crédit qu'il s'était acquis dans l'enseignement supérieur de nos lycées que, lorsqu'il eut plus tard à y exercer son contrôle, nul n'en parut un juge plus légitime.

Les changements de direction dans la carrière d'un homme sont souvent pour les meilleurs une épreuve délicate. M. Bos se trouva tout de suite à l'aise dans sa fonction nouvelle. Ses habitudes laborieuses, son zèle sans défaillance comme sans intempérance, la rectitude et l'étendue de son esprit, la sûreté de son commerce, lui concilièrent dès d'abord le respect et la confiance. « En quatorze ans de rectorat, disait le chef de l'Académie à laquelle il était attaché, j'ai eu sous mes ordres vingt-six inspecteurs ; je n'en ai pas connu de meilleur que M. Bos : il est hors de pair. » Et lorsqu'en 1877, le Ministre voulut honorer les services des inspecteurs des départements en appelant l'un d'entre eux à Paris, c'est M. Bos, qui avait alors passé d'Auxerre à Chartres, dont il n'hésita pas à faire choix.

L'inspection de Paris a été de tout temps la préparation et comme la désignation à l'inspection générale. Pendant cinq ans M. Bos remplit l'emploi par délégation, à la satisfaction hautement déclarée du corps enseignant. Les circonstances, qui ne fournissent pas toujours l'occasion de récompenser comme il conviendrait tous les mérites, ne permirent pas de lui en conférer le titre. Mais personne ne lui en contesta jamais l'autorité. Quand sa santé affaiblie lui interdit les voyages, il demeura parmi ses collègues — aucun d'eux ne me démentira — comme investi d'une dignité qui lui était propre. Au comité consultatif, au conseil académique, dans toutes les commissions où il siégeait, il avait sa place à part. Il y faisait accepter cette sorte de privilège par son extrême obligeance pour tous. Il le justifiait chaque année davantage par ses services. Lorsqu'une affaire avait passé par ses mains, on savait, à n'en pas douter, qu'elle était étudiée à fond et jugée avec une impartiale sagacité. Tout ce qu'il faisait donnait le sentiment de la sécurité. C'est après l'avoir entendu qu'un ministre, assistant pour la première fois à nos assemblées, disait : « Je voudrais que l'Université entière fût ici présente, pour voir avec quelle gravité attentive sont traités ses moindres intérêts ! » Il me représentait ces magistrats intègres — hommes de robe ou de finance — dont l'histoire nous a laissé le portrait, qui n'avaient qu'un souci : le souci de l'équité, qu'une passion : la passion du bien public. Au cours des discussions il ne s'imposait jamais; mais sa parole était aussi sûre que discrète. Quand, prenant une attitude qui lui était familière, il laissait pencher sa tête entre ses deux mains, comme pour s'isoler dans un moment de repos, sa pensée, toujours en éveil, ne faisait que suivre le débat avec plus de recueillement, et, au moment opportun, elle se manifestait par un mot qui écartait les assertions inexactes ou vagues et préparait la décision. Il lui est arrivé de se taire; je ne crois pas qu'il ait jamais rien dit qu'il ne tînt pour vrai.

Quelques jours, quelques heures encore, et j'aurais eu le bonheur, trop longtemps attendu à mon gré, mais cette fois du moins bien assuré, de lui remettre la croix d'officier de la Légion d'honneur. Il est le seul que cette distinction aurait surpris. Si sa modestie sincère eût été étonnée, son dévouement ne pouvait s'accroître. Il semblait que son attachement à l'Université augmentât au fur et à mesure que les forces lui manquaient pour la servir. Cette année même, lorsqu'il apprit que le cadre de l'inspection académique, qu'il y avait tant de raisons d'étendre, était réduit : « Eh bien, m'écrivit-il dans sa simplicité vaillante, nous tâcherons de travailler encore davantage. » C'était bien sur cela que l'on comptait. Les choses, disait-on, se feront toujours. Oui, les choses se font et se feront toujours. Mais, hélas! les hommes en meurent.

Adieu, Bos, adieu, mon ami! Si, comme il arrive souvent sous la menace de ces catastrophes soudaines, il t'a été donné de te ressaisir quelques instants, tu as pu embrasser l'ensemble de ta carrière avec la conscience du devoir accompli et la sérénité de l'honnête homme. Que ce soit, avec les pieuses espérances dont elle se soutient, la consolation de la femme dévouée qui avait mis en toi sa vie entière! Qu'elle sache bien aussi que dans le cœur de tous ceux qui l'ont connu, mon ami, tu laisses un souvenir ineffaçable d'estime et d'affection!

N° XIX

NOTICE SUR M. AUBIN, INSPECTEUR DE L'ACADÉMIE DE PARIS, DÉCÉDÉ LE 10 OCTOBRE 1888.

M. Aubin est mort le 10 octobre 1888 dans sa maison de campagne, à Montrond (Loire), après une courte maladie qui ne faisait pas prévoir un dénouement si soudain. Comme M. Beaujean, il venait d'accomplir la quarante-sixième année de sa laborieuse carrière.

Son père, originaire de la Touraine, était, en 1788, contrôleur au canal d'Orléans. Les événements de la Révolution lui firent chercher à Vouvray, aux Bargains, un asile où il se livra à ses goûts pour l'étude. C'est là que naquit Louis Aubin, le 21 mars 1823, le dernier et le dix-septième enfant d'une famille dont il devait être l'honneur et le soutien. Orphelin à onze ans, n'ayant d'autre appui que la sollicitude éclairée d'une sœur aînée, il fut placé au collège de Tours, où il se distingua par les qualités d'application persévérante et d'activité réglée qu'il porta plus tard dans l'exercice des fonctions publiques. Les sciences l'attiraient de préférence. Mais il réussissait presque également dans les lettres. Chose rare en ce temps, il avait le goût des langues vivantes : il était arrivé à posséder l'anglais et l'allemand avec assez de sûreté pour faire des traductions autorisées de mémoires scientifiques. Ses classes terminées, il resta attaché, comme maître d'études, au collège où il avait été élevé. Il possédait l'autorité naturelle qui supplée à l'âge, et qui lui assura tout d'abord, de la part de ses subordonnés comme de ses chefs, cette confiance affectueuse qui naît de l'estime et engendre le respect. Entré en 1844 à l'École normale supérieure, il en sortait, en 1847, agrégé des sciences mathématiques, le sixième de sa promotion.

L'enseignement le conserva peu de temps. Il n'a été professeur qu'au lycée de Saint-Étienne; il y faisait le cours préparatoire à l'École des mines. Mais les sept années qu'il passa dans cette résidence lui créèrent des liens de famille qui devaient plus tard fixer sa destinée. L'administration supérieure avait de bonne heure discerné ses aptitudes. En 1854, elle le nommait censeur au lycée de Toulouse; en 1856, il était envoyé comme inspecteur d'académie à Rodez. Il n'avait pas plus sollicité le poste de Rodez que celui de Toulouse. « C'est la dignité de votre caractère qui vous a désigné pour ces fonctions, » lui écrivait M. le recteur Laferrière. Moins de deux ans après, il était, suivant son vœu, transféré à Saint-Étienne. « Vous trouverez dans cette décision qui vous rapproche de votre pays d'adoption, lui disait la dépêche ministérielle, le témoignage d'une confiance que, je le sais, vous aurez à cœur de justifier. » De Saint-Étienne M. Aubin passait bientôt à Lyon, — 3 décembre 1863, — et c'est là que s'accomplit la plus grande partie de sa carrière.

A cette époque l'enseignement primaire à Lyon échappait presque absolument à l'action de l'administration universitaire : le plus grand nombre des écoles étaient dirigées par des congrégations religieuses, les autres appartenaient à une société dite de l'enseignement élémentaire. M. Aubin s'attacha à la situation avec cette ténacité prudente et calme qui était le trait dominant de son caractère. Il n'était pas homme à aborder de front les obstacles. Mais l'esprit de mesure et de conciliation qu'il portait dans l'étude des difficultés, la déférence et les égards qu'il professait pour les personnes, lui donnaient à la longue une force qu'on renonçait à lui disputer. Il usait les résistances, et une fois qu'il s'était introduit dans la place, il en demeurait le maître. C'est ainsi que peu à peu il arriva à rétablir partout l'autorité de la loi. Le service de l'instruction primaire n'absorbait pas d'ailleurs tous ses soins. Il suivait de près les intérêts du lycée et réussit, en des conjonctures difficiles, à y maintenir l'ordre et le travail. Il prenait en outre une part active aux délibérations du Conseil académique. Il avait été chargé notamment de surveiller l'organisation de l'École normale de l'enseignement secondaire spécial ouverte à Cluny; c'est là que je le rencontrai pour la première fois dans une commission d'examens, et qu'il m'a été donné d'apprécier la variété de ses connaissances, sa clairvoyance discrète, son sang-froid avisé. Enfin il tenait l'intérim du rectorat pendant les congés de M. de la Saussaye que sa santé et ses travaux d'Institut appelaient fréquemment à Paris. Nul doute que, s'il avait prétendu au doctorat, M. Aubin eût été appelé à la tête d'un ressort académique. Il avait été décoré de la Légion d'honneur en 1865.

Les conditions de sa vie administrative se trouvèrent profondément modifiées après 1870. Il dut procéder à une complète réorganisation des écoles. Puis vinrent les changements de programmes et les réformes pédagogiques. L'impulsion, partie de Paris en 1867, avait rapidement gagné la province. M. Aubin n'était pas un novateur. Il n'en avait ni le tempérament, ni le goût. Mais il savait sacrifier dans les habitudes du passé ce qui lui était le plus cher, et accepter dans les plans d'avenir ce qui lui paraissait le plus sage. On ne saurait dire que de, 1870 à 1878, il ait accompli toutes les améliorations que rêvaient les promoteurs ardents de l'esprit réformiste. Cependant rien de ce qui a été poursuivi par ses successeurs n'eût été possible avant de longues années peut-être, s'il n'avait le premier porté sur les routines et les abus une main aussi ferme qu'habile. Le personnel enseignant lui savait gré du tact avec lequel il suivait sa voie à travers les passions contraires. L'une des entreprises les plus délicates qu'il ait fait aboutir fut celle de la fondation d'une Société de secours mutuels qui, dans sa pensée, à l'origine, avait moins pour objet peut-être de soulager des infortunes matérielles, que d'établir entre les instituteurs un lien moral. Ceux qui ont collaboré à cette œuvre de confraternité se souviennent encore d'une conférence où M. Aubin avait pris pour texte la prescription évangélique : « Aimez-vous les uns les autres ». Sa parole fit passer dans les cœurs une pénétrante et décisive émotion : après la séance, les signatures se pressaient sur la liste de souscription.

C'est en récompense de ce dévouement que M. Aubin fut promu à l'inspection académique de Paris en 1878. Il y arrivait avec l'expérience de toutes les parties du service, une grande facilité de travail, une bonne volonté toujours prête ; il sut rendre promptement sa collaboration utile. Il s'était voué de prédilection à la direction des examens de l'Hôtel de Ville. Il aimait à organiser, à conduire, à présider. Il le faisait avec beaucoup de correction et d'entrain. Les familles, comme l'administration municipale, goûtaient la fermeté bienveillante avec laquelle il exerçait son autorité. En 1882, il fut délégué dans les fonctions d'inspecteur général, et cette délégation lui fut maintenue pendant plusieurs années. Les questions de finances avaient toujours eu pour lui un attrait particulier. A Saint-Étienne, il s'était employé à généraliser un système d'abonnement qui, en favorisant la fréquentation scolaire, avait permis de réaliser, sur les subventions du département ou de l'État, des économies considérables; et le bénéfice avait pu en être appliqué tant à doter les écoles de la Loire des ressources matérielles qui leur manquaient, qu'à élever les traitements ou les pensions de retraite des instituteurs et à accorder aux inspecteurs des allocations spéciales. M. Aubin n'omettait jamais de mentionner ce souvenir dans ses états de services. Il ne lui déplaisait pas non plus de rappeler qu'appartenant à l'inspection académique depuis 1856, il était le doyen du corps. Lorsqu'en 1888, quelques mois avant sa mort, un emploi fut créé pour l'inspection générale des économats des établissements secondaires, il posa sa candidature. Les témoignages d'estime qu'il recueillit à cette occasion, les promesses qu'il reçut pour cet avancement qui n'avait jamais cessé d'être l'objet de son ambition, ont été assurément, avec les brillants débuts d'un fils que de douloureuses séparations de famille lui rendaient plus cher, la grande et légitime satisfaction de ses derniers jours.

N° XX

PLANS DES ÉTABLISSEMENTS D'ENSEIGNEMENT SUPÉRIEUR RESTAURÉS ET AGRANDIS. — L'ÉCOLE SUPÉRIEURE DE PHARMACIE. — LA FACULTÉ DE MÉDECINE. — LA SORBONNE. — LA FACULTÉ DE DROIT.

TABLE DES MATIÈRES

I

L'ENSEIGNEMENT SUPÉRIEUR A PARIS EN 1881

Les travaux accomplis en 1880 : La nouvelle clinique de la Faculté de Médecine. — L'École supérieure de Pharmacie. — La Faculté de Théologie protestante. — Les décisions prises : la restauration et l'agrandissement de la Sorbonne. — La restauration et l'agrandissement de la Faculté de Médecine et de l'École pratique. — Les projets : la Faculté de Droit. — Importance et caractère de ces résultats.. 1

I. Les négociations relatives à l'installation de l'École supérieure de Pharmacie. — Les obstacles qu'elle a rencontrés. — Les premières données du projet de translation. — Ses développements.

La reconstruction de la Faculté de Médecine et de l'École pratique. — Les limites primitives. — Les retranchements de terrain résultant du percement de la rue Racine et le Jardin botanique. — Le projet de prolongement de la rue Hautefeuille. — Le plan d'agrandissement de M. de Gisors (1855). — Les études poursuivies de 1860 à 1870. — L'abandon du projet d'agrandissement. — La convention intervenue entre la Ville et l'État et la loi du 10 août 1876. — Les nouvelles nécessités d'extension créées par le décret du 20 juin 1878. — L'installation provisoire de l'École pratique dans les bâtiments de l'ancien collège Rollin. — Le périmètre définitif de l'agrandissement.

La Sorbonne. — La première restauration sous Richelieu. — Historique de la restauration nouvelle. — Le décret de 1808, les ordonnances de 1821 et la contestation du Domaine. — L'envoi en possession au profit de l'Université et la remise des bâtiments à l'administration municipale. — Les premières études d'agrandissement. — Le projet de 1846. — L'ouverture de la rue des Écoles et la fondation de la première pierre (1855). — La suspension des travaux. — La reprise des négociations avec la Ville en 1871. — Les nouvelles études (1871 à 1874). — La première combinaison (1876-1878). — Les amendements. — La deuxième combinaison (1879). — La troisième combinaison : la loi du 22 août 1881. — La comparaison du plan adopté avec les plans de 1840, de 1855 et de 1876.

Conclusion.. 4

II. Le développement de la collation des grades. Le nombre des diplômes délivrés à Paris depuis l'origine des Facultés : à la Faculté des Lettres, à la Faculté des Sciences. — Le nombre des examens subis dans la même période : à la Faculté des Lettres, à la Faculté des Sciences. — Le nombre des examens subis à la Faculté de Droit et à l'École supérieure de Pharmacie depuis 1855 : Faculté de Droit ; École supérieure de Pharmacie. — Le nombre des examens subis à la Faculté de Médecine depuis 1872.

La progression générale du nombre des candidats : Faculté des Sciences. — Faculté des Lettres. — Faculté de Droit. — Faculté de Médecine.

La part proportionnelle des diplômes délivrés par les Facultés de Paris, relativement au nombre des diplômes délivrés par toutes les Facultés de France. — La comparaison de 1855 à 1865. — La comparaison de 1865 à 1876. — Les causes qui auraient dû produire une diminution des candidats à Paris. — La comparaison de 1855 à 1876.

La durée des sessions d'examen. — L'insuffisance des locaux. 33

III. Le développement de l'enseignement. — Les budgets des Facultés de 1825 à 1880. — L'augmentation générale. — La progression pour chaque Faculté. — La part des crédits afférente aux cours. — L'accroissement du nombre des chaires. — La part des crédits afférente au matériel d'études. — L'expansion des cours. — Le malaise de tous les services d'enseignement. — La nécessité de chaires nouvelles........................ 45

IV. La transformation de l'enseignement. — La première organisation des laboratoires d'études : MM. J.-B. Dumas et Cl. Bernard ; MM. Guizot et J.-V. Le Clerc. — Le laboratoire de l'École Normale. — M. V. Duruy et l'École pratique des Hautes Études.. 57

V. La préparation aux grades. — La nécessité de conserver à l'École Normale Supérieure son caractère. — Les conférences préparatoires à la licence et à l'agrégation. — Les succès des boursiers et des élèves des Facultés dans les examens. — Les obligations imposées aux candidats. — La création des sections d'études et les nouvelles mœurs scolaires................ 65

VI. La préparation à la science. — L'esprit nouveau des études. — Les premiers résultats : les laboratoires de recherches et les travaux critiques de l'École des Hautes Études.
La conciliation des principes de la critique moderne avec les traditions de l'enseignement supérieur.................. 70

II

LE BACCALAURÉAT

L'enquête ouverte en 1884.............................. 79

LES RÉSULTATS DE L'ENQUÊTE

I. La nécessité d'un examen terminal. — L'examen de carrière. — L'examen à matière facultative............................ 83

II. L'examen intérieur. — Le statut du 27 mai 1882 en Prusse. — L'opinion de Victor Cousin. — Les adhésions. — Les objections. — Les revendications des Facultés. — Les scrupules du personnel de l'enseignement secondaire. — L'enseignement libre.. 87

III. Les systèmes mixtes. — Le système du droit commun conditionnel. — Les jurys mi-partis. — La coexistence de deux jurys. — Conclusion.. 110

IV. Les améliorations à apporter à l'examen du baccalauréat.
Les modifications de forme. — Le dossier du candidat. — L'appréciation des épreuves. — Les programmes. — Le jury.
Les modifications de fond. — La refonte des baccalauréats. — Les conclusions des Facultés. — Les Facultés de Droit. — Les Facultés des Lettres. — Les Facultés de Médecine. — Les Facultés des Sciences. — Les conclusions des lycées et des collèges. — Les propositions nouvelles. — La série des examens de passage remplaçant l'examen final du baccalauréat. — La substitution au baccalauréat d'un certificat d'études secondaires. — La création d'un baccalauréat élémentaire commun et de baccalauréats supérieurs répondant aux divers besoins de la science et de l'enseignement.............................. 119

QUELQUES MOTS SUR L'HISTOIRE DU BACCALAURÉAT

I. La déterminance dans les écoles du moyen âge. — La réforme de 1598. — La lettre testimoniale et les examens de passage : Arnauld et Rollin. — Le président Rolland et les réformateurs de la Révolution. — La loi du 11 floréal an X........... 151

II. Le décret du 17 mars 1808 : le baccalauréat. — La persistance des traditions de l'examen intérieur : le certificat d'études, pièce fondamentale du dossier. — Le nombre des bacheliers de 1810 à 1820.. 165

III. L'ordonnance du 13 septembre 1820 : la charte du baccalauréat. — Les programmes de l'examen. — La multiplication des baccalauréats. — La procédure des épreuves orales : le tirage au sort; les salles d'examens; le jury. — La préparation aux examens : le règne du Manuel; les faussaires........... 168

IV. Le décret du 27 novembre 1864. — La persistance des préoccupations d'examen.................................. 180

V. Les résultats du baccalauréat. — La valeur des épreuves. — Le nombre des admissions. — Conclusion............... 184

LES CONCLUSIONS A TIRER DE L'ENQUÊTE.

I. Les avantages de l'examen intérieur. — Les objections réfutables : les inquiétudes et les scrupules du corps enseignant; les difficultés d'application. — Les objections décisives dans l'état présent de nos mœurs scolaires et de nos lois : le vœu du corps enseignant; les droits de la liberté........................ 191

II. La réforme du baccalauréat par le baccalauréat. — Les propositions à suivre.. 196

III. Le besoin d'une autre forme d'éducation secondaire. — Le type unique de l'éducation classique. — L'éducation secondaire à deux degrés. — La nécessité de séparer pour fortifier. — Les obstacles opposés au développement de l'enseignement secondaire spécial. — L'enseignement secondaire spécial devant l'enquête. — Conclusion.. 209

ANNEXES

I. Extrait des procès-verbaux des délibérations du Conseil académique (agrandissement de la Faculté de Médecine) : séance du 20 octobre 1831 225

II. Extrait des procès-verbaux des délibérations du Conseil académique (agrandissement de la Faculté de Médecine) : séance du 14 janvier 1832 228

III. Extrait des procès-verbaux des délibérations de la Faculté des Sciences (agrandissement de la Sorbonne) : séance du 15 novembre 1837 230

IV. Extrait des procès-verbaux des délibérations de la Faculté des Sciences (agrandissement de la Sorbonne) : séance du 18 septembre 1846 250

V. Extraits des procès-verbaux des délibérations de la Faculté des Sciences (agrandissement de la Sorbonne) : séances des 15, 18 et 20 décembre 1874 271

VI. Extrait des procès-verbaux des délibérations de la Faculté des Sciences (agrandissement de la Sorbonne) : séance du 11 novembre 1870 277

VII. Convention entre l'État, représenté par le Président du Conseil, ministre de l'Instruction publique et des Beaux-Arts, et la ville de Paris, pour la reconstruction et l'agrandissement des bâtiments de la Sorbonne 270

VIII. État des diplômes délivrés par la Faculté des Lettres depuis l'origine jusqu'au 31 décembre 1880 281

IX. État des diplômes délivrés par la Faculté des Sciences depuis l'origine jusqu'au 31 décembre 1886 284

X. Allocution prononcée à la réunion de l'Association générale des étudiants 200

XI. Discours prononcé au Conseil général des Facultés sur M. Béclard, vice-président du Conseil 295

XII. État des diplômes de baccalauréat délivrés par les Facultés de Paris à la session de juillet-août 1885 298

XIII. Discours prononcé à la réunion de l'Association pour l'encouragement des études grecques en France 300

XIV. Une visite à l'Université d'Édimbourg 308

XV. Discours prononcé à la cérémonie de la pose de la première pierre de la nouvelle Sorbonne (5 août 1885) 323

XVI. Discours prononcé à la cérémonie de l'inauguration de la nouvelle Sorbonne (5 août 1889) 327

XVII. Discours prononcé sur la tombe de M. Beaujean, inspecteur de l'Académie de Paris (7 juin 1888) 333

XVIII. Discours prononcé sur la tombe de M. Bos, inspecteur de l'Académie de Paris (9 juillet 1888) 336

XIX. Notice sur M. Aubin, inspecteur de l'Académie de Paris, décédé le 10 octobre 1888 339

XX. Plans des établissements d'enseignement supérieur restaurés et agrandis. — L'École supérieure de Pharmacie. — La Faculté de Médecine. — La Sorbonne. — La Faculté de Droit 343

PARIS, IMPRIMERIE A. LAHURE
9, rue de Fleurus, 9

PLAN N° 1

—

ÉCOLE SUPÉRIEURE DE PHARMACIE

—

PLAN GÉNÉRAL

DU REZ-DE-CHAUSSÉE

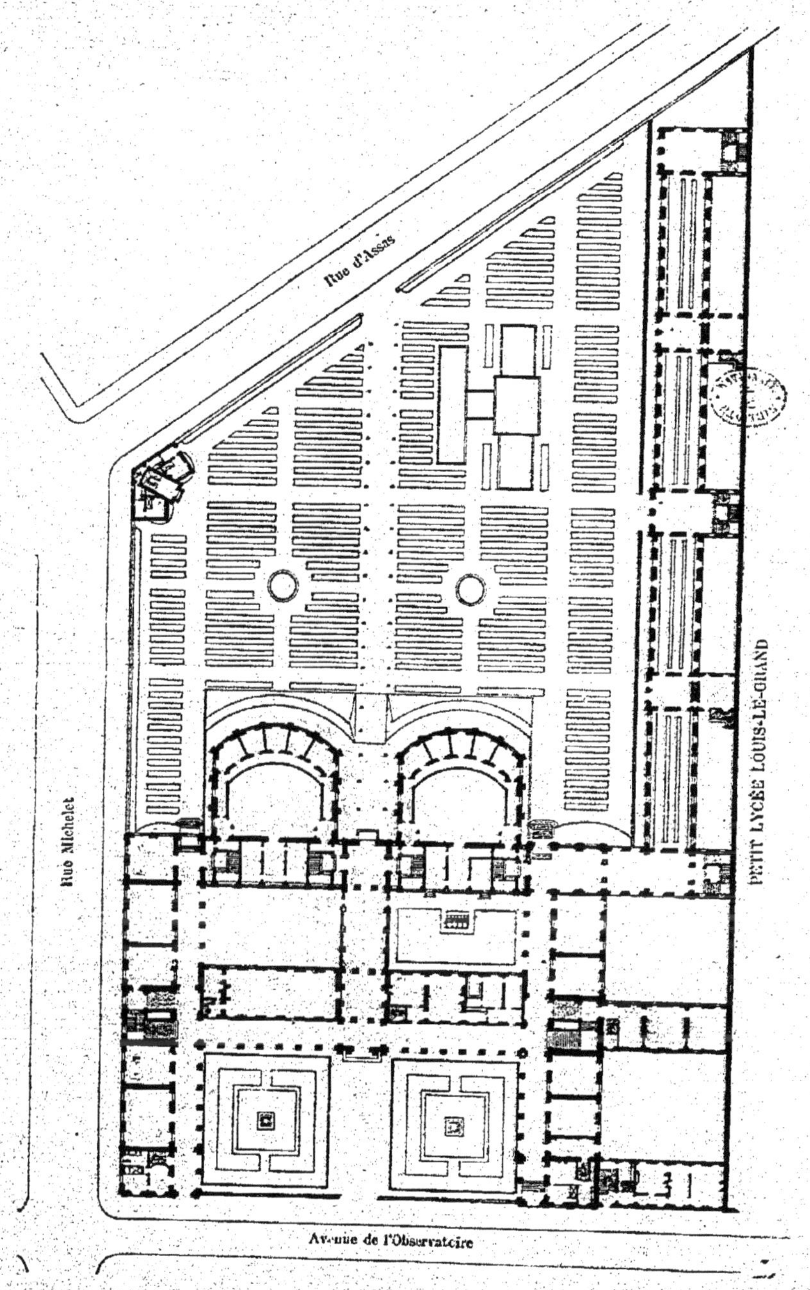
Rue d'Assas
Rue Michelet
PETIT LYCÉE LOUIS-LE-GRAND
Avenue de l'Observatoire

PLAN N° 2

—

FACULTÉ DE MÉDECINE

ET ÉCOLE PRATIQUE

—

PLAN GÉNÉRAL

DU REZ-DE-CHAUSSÉE

AVANT LA RECONSTRUCTION

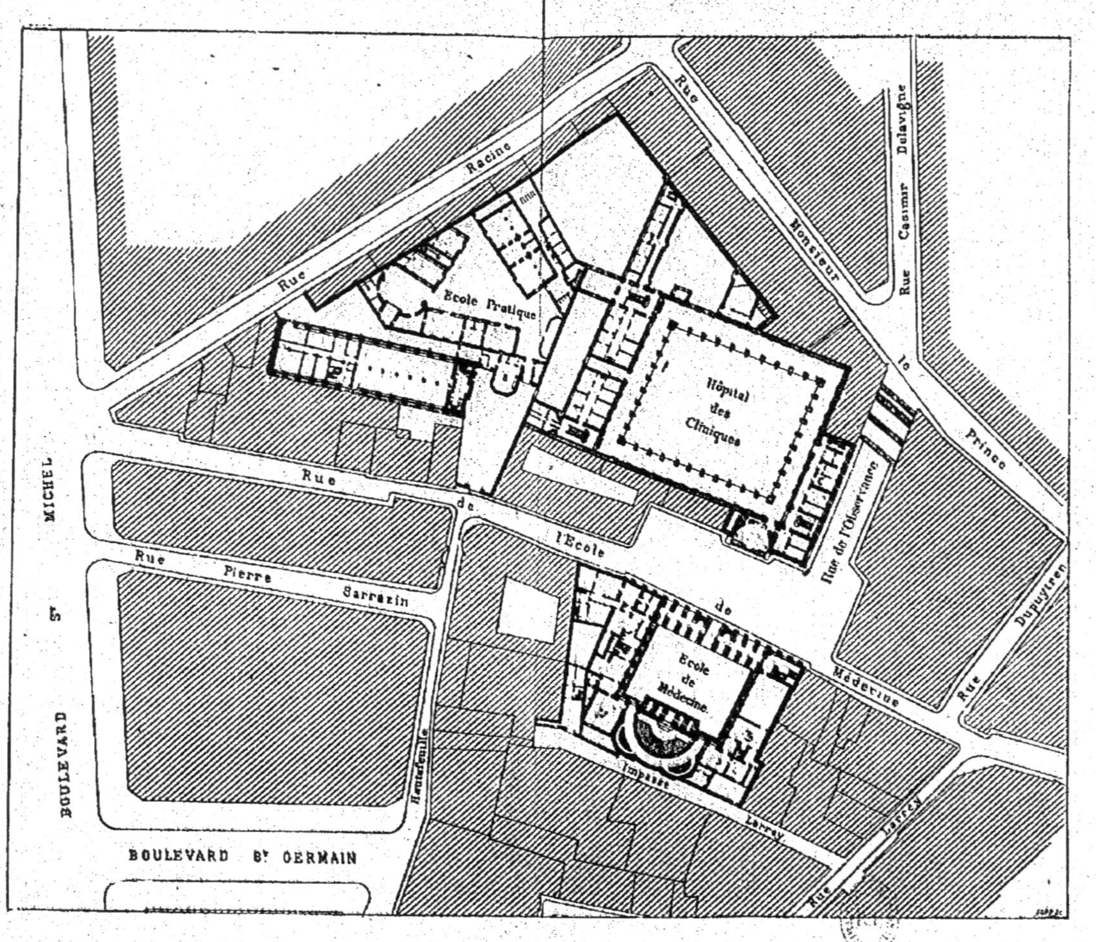

Rue Casimir Delavigne
Rue Monsieur le Prince
Rue Dupuytren
Rue Larrey
Rue de l'Observance
Hôpital des Cliniques
École de Médecine
Rue de l'École de Médecine
École Pratique
Rue Racine
Rue Pierre Sarrazin
Hautefeuille
BOULEVARD St GERMAIN
BOULEVARD St MICHEL

PLAN N° 3

—

FACULTÉ DE MÉDECINE

[ÉCOLE PRATIQUE]

—

PLAN GÉNÉRAL

DU REZ-DE-CHAUSSÉE

APRÈS LA RECONSTRUCTION PARTIELLE

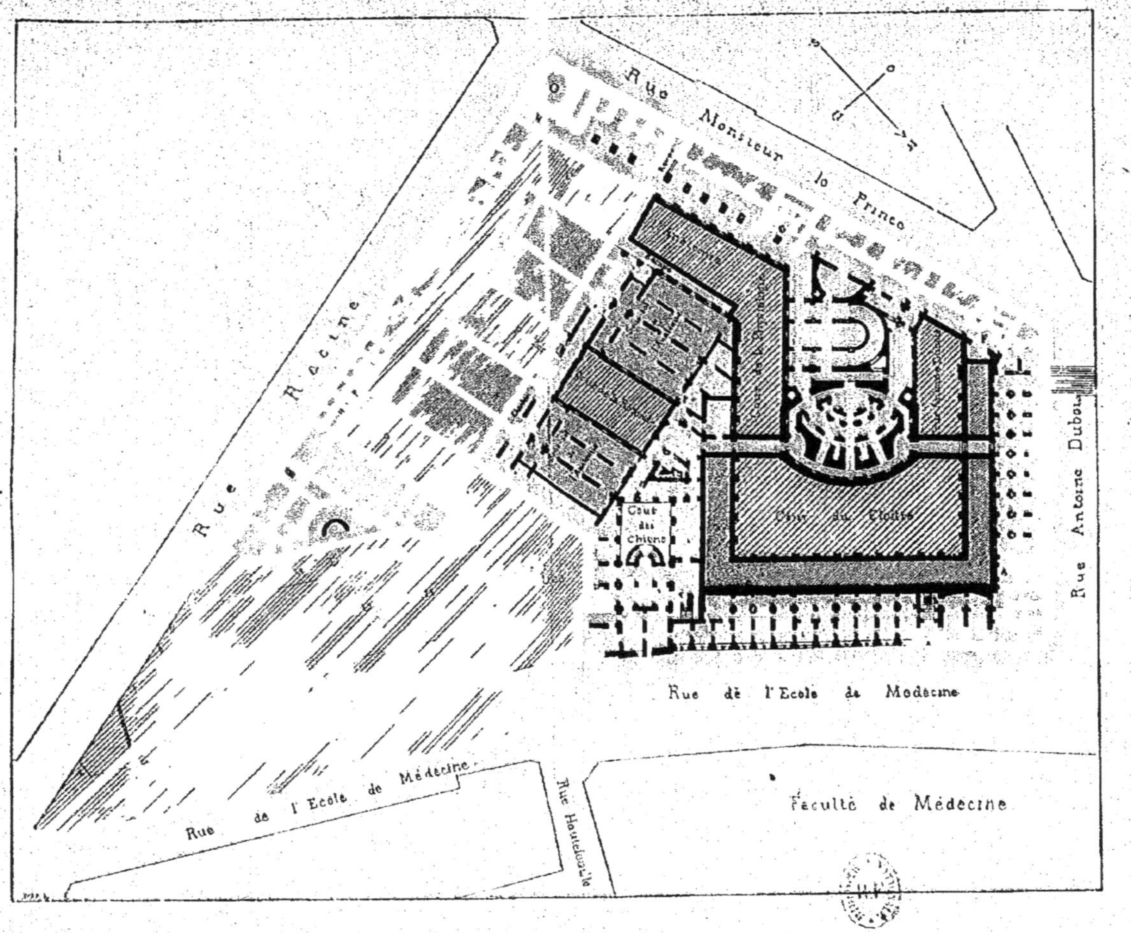
Rue Monsieur le Prince
Rue Racine
Rue Antoine Dubois
Cour du Cloître
Cour des Chiens
Rue de l'Ecole de Medecine
Rue de l'Ecole de Médecine
Rue Hautefeuille
Faculté de Médecine

PLAN N° 3 *bis*

FACULTÉ DE MÉDECINE

ET ÉCOLE PRATIQUE

PLAN GÉNÉRAL

DU REZ-DE-CHAUSSÉE

APRÈS LA RECONSTRUCTION COMPLÈTE

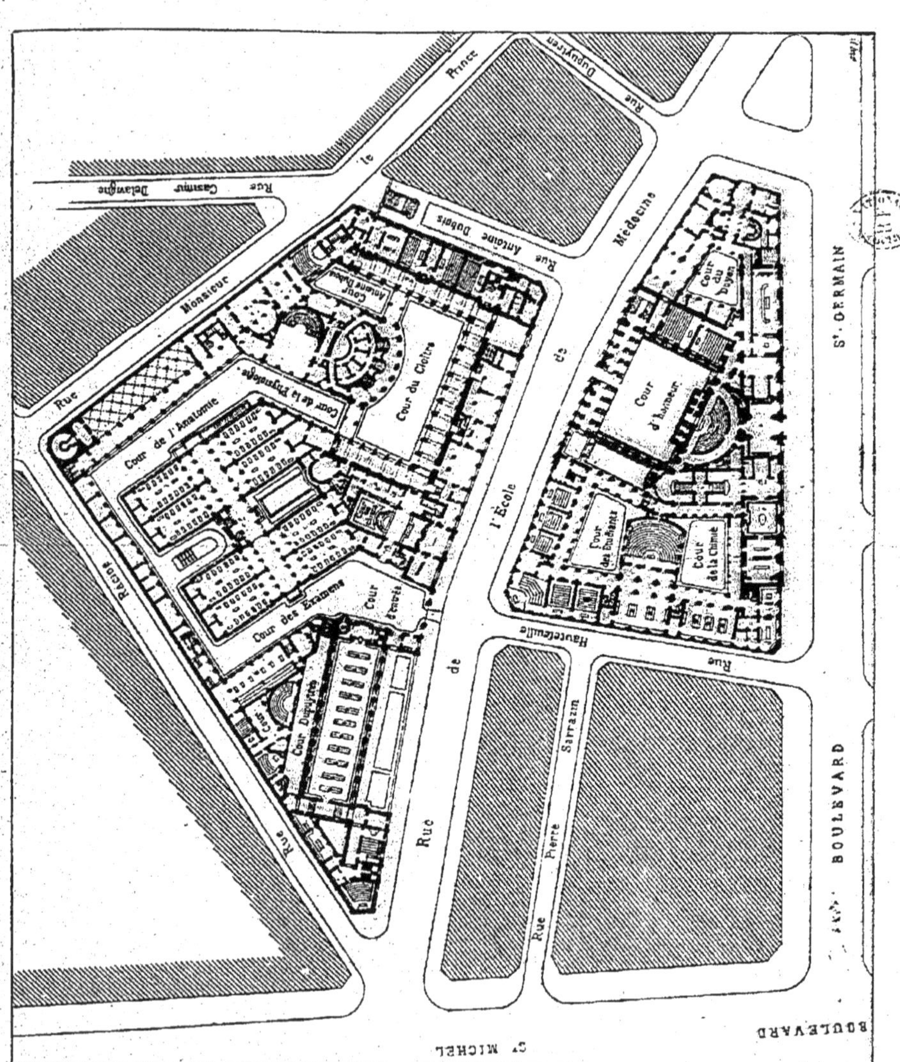
Rue Casimir Delavigne
Rue Monsieur le Prince
Rue Dupuytren
Rue Antoine Dubois
Cour Antoine Dubois
Cour du Cloître
Cour de la Physiologie
Cour de l'Anatomie
Cour des Examens
Cour d'entrée
Cour Dupuytren
Rue Racine
Rue de l'École de Médecine
Cour du Doyen
Cour d'honneur
Cour des Étudiants
Cour de la Chimie
Rue Hautefeuille
Rue Pierre Sarrazin
Boulevard St Germain
Boulevard St Michel

PLAN N° 4

—

LA SORBONNE

—

PLAN GÉNÉRAL

AVANT L'OUVERTURE

DE LA RUE DES ÉCOLES

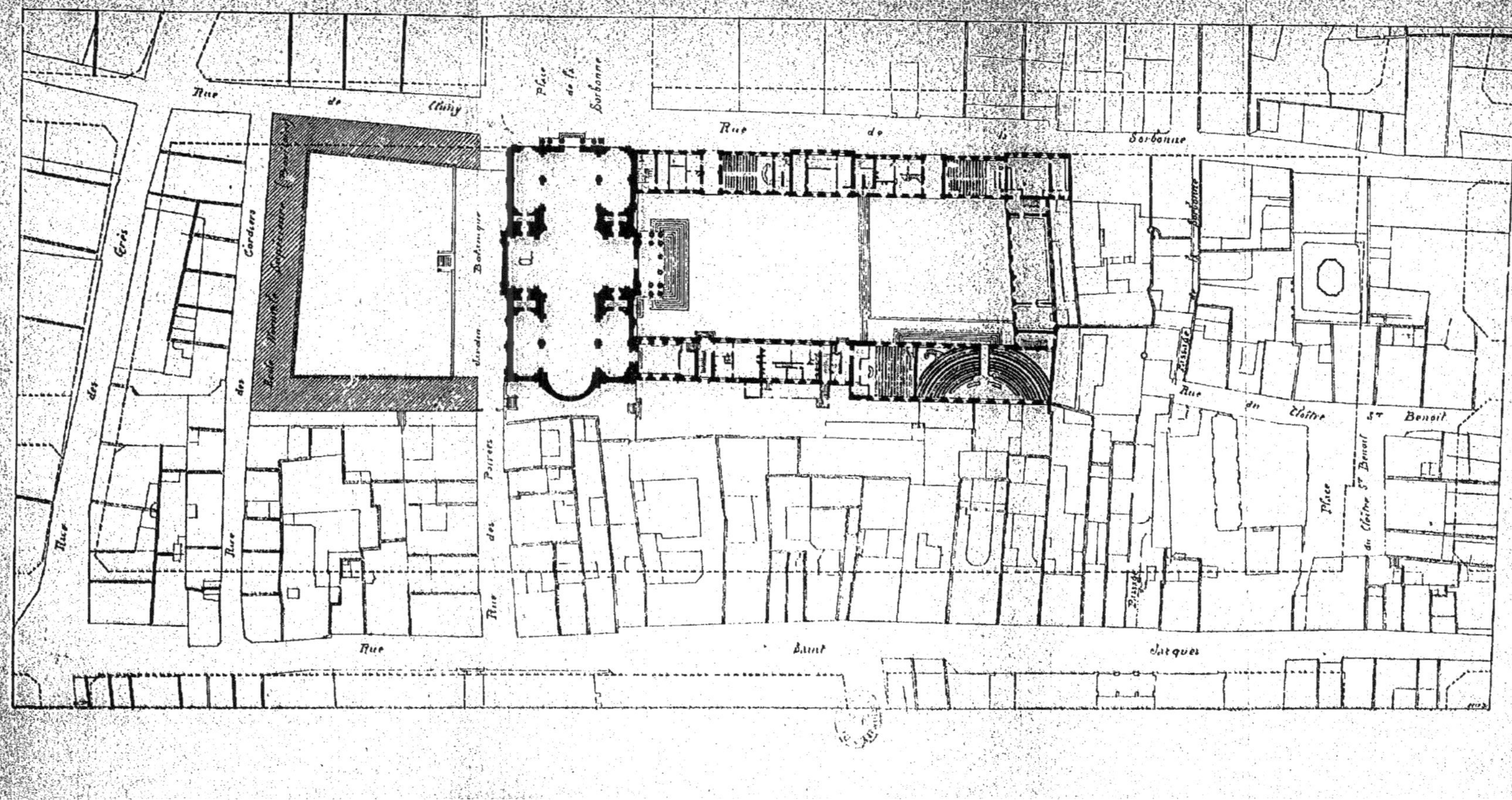
Rue de Cluny
Place de la Sorbonne
Rue de la Sorbonne
Rue des Grès
Rue des Cordiers
Jardin Botanique
Rue des Poirées
Passage de la Sorbonne
Rue du Cloître St Benoit
Place du Cloître St Benoit
Rue Saint Jacques

PLAN N° 5

—

LA SORBONNE

—

PLAN GÉNÉRAL

DU REZ-DE-CHAUSSÉE

AVANT LA RECONSTRUCTION

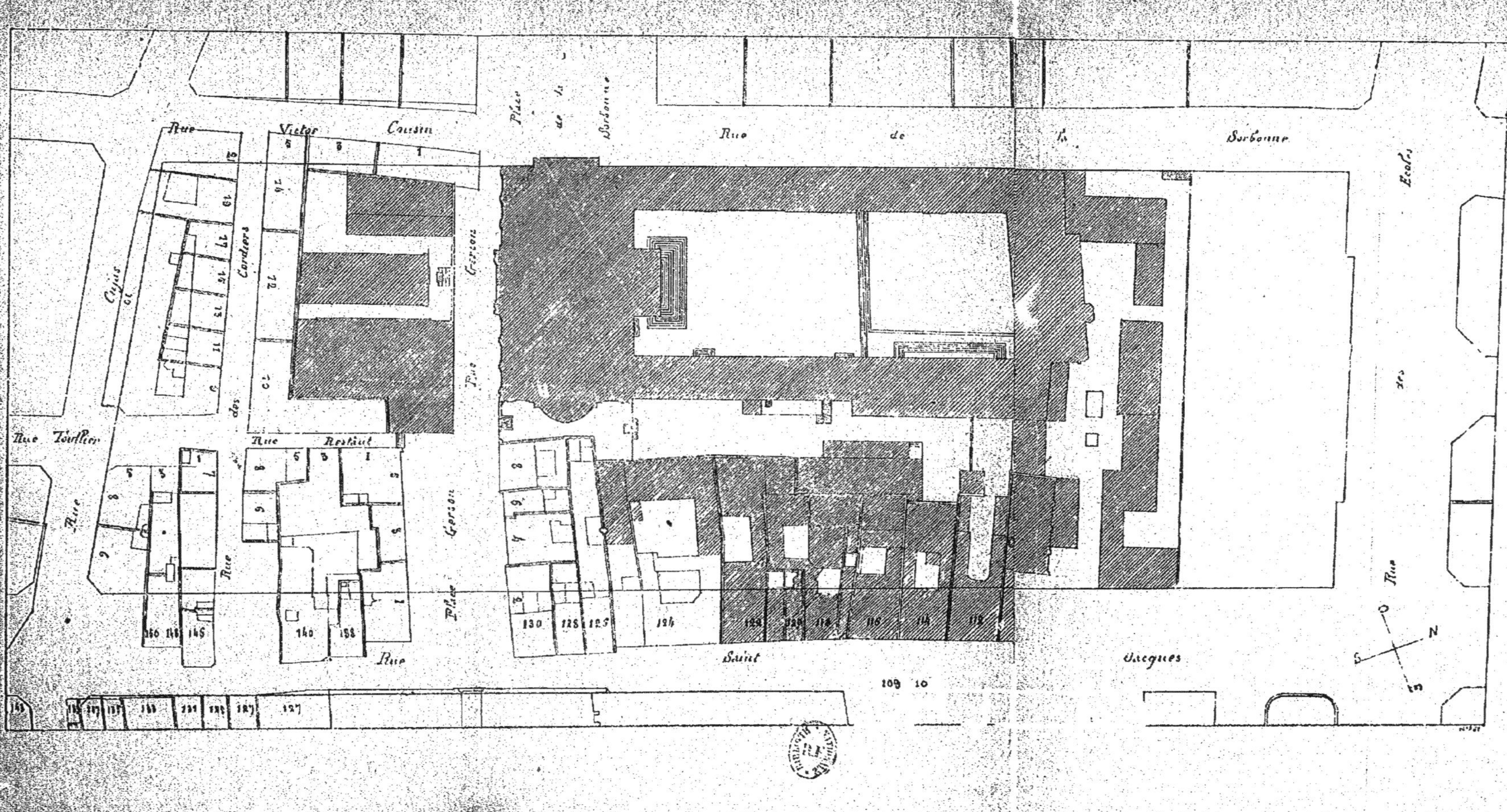
Rue Victor Cousin
Place de la Sorbonne
Rue de la Sorbonne
Rue des Écoles
Rue Gerson
Place Gerson
Rue Restaut
Rue des Cordiers
Rue Cujas
Rue Toullier
Rue Saint Jacques
N
S
E
O

PLAN N° 6

LA SORBONNE

PLAN GÉNÉRAL

DU REZ-DE-CHAUSSÉE

APRÈS LA RECONSTRUCTION

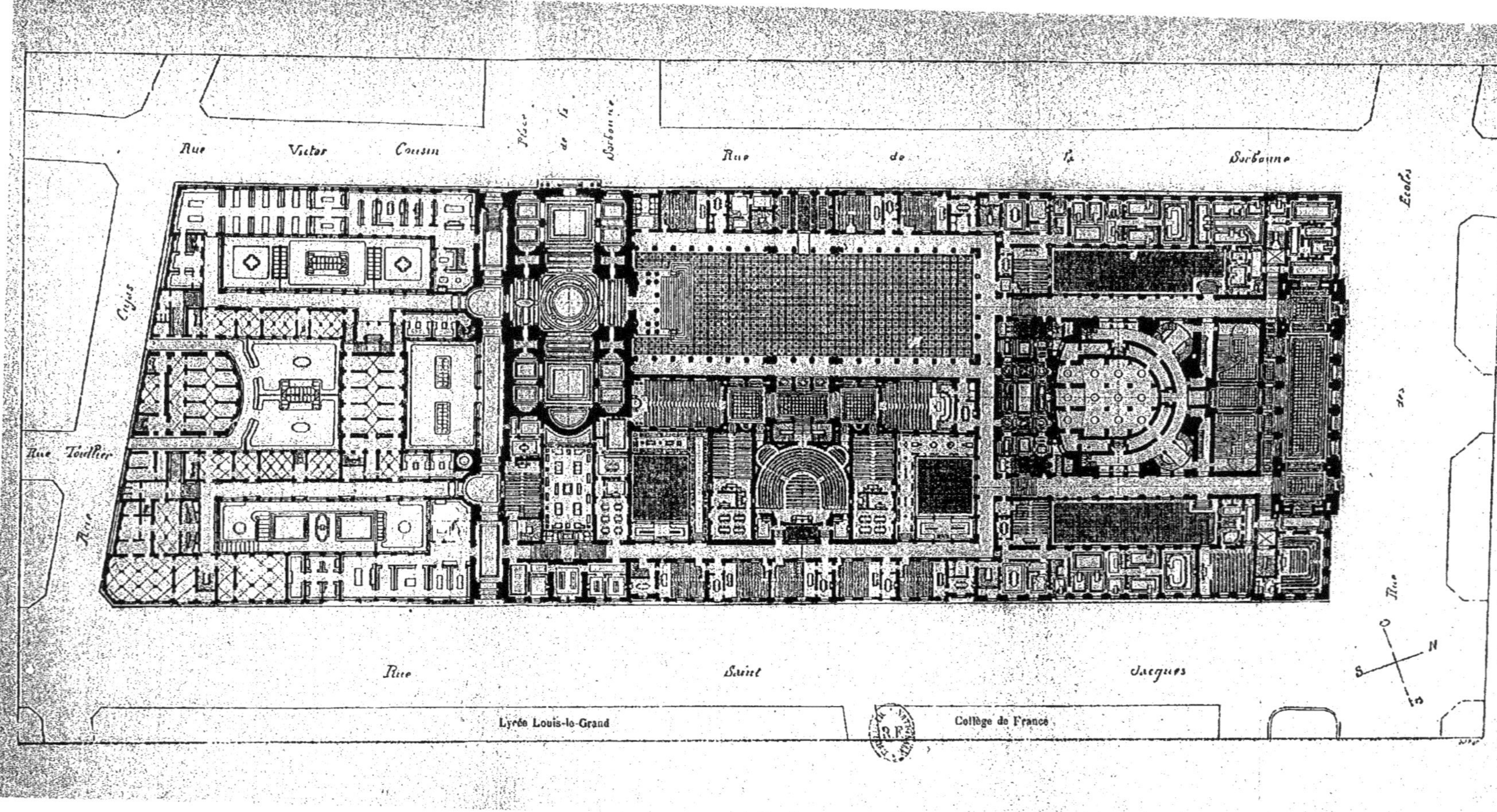
Rue Victor Cousin
Place de la Sorbonne
Rue de la Sorbonne
Rue des Écoles
Rue Cujas
Rue Toullier
Rue Saint Jacques
Lycée Louis-le-Grand
Collège de France
O
N
S
E

PLAN N° 7

FACULTÉ DE DROIT

PLAN GÉNÉRAL

DU REZ-DE-CHAUSSÉE

AVANT LA RECONSTRUCTION

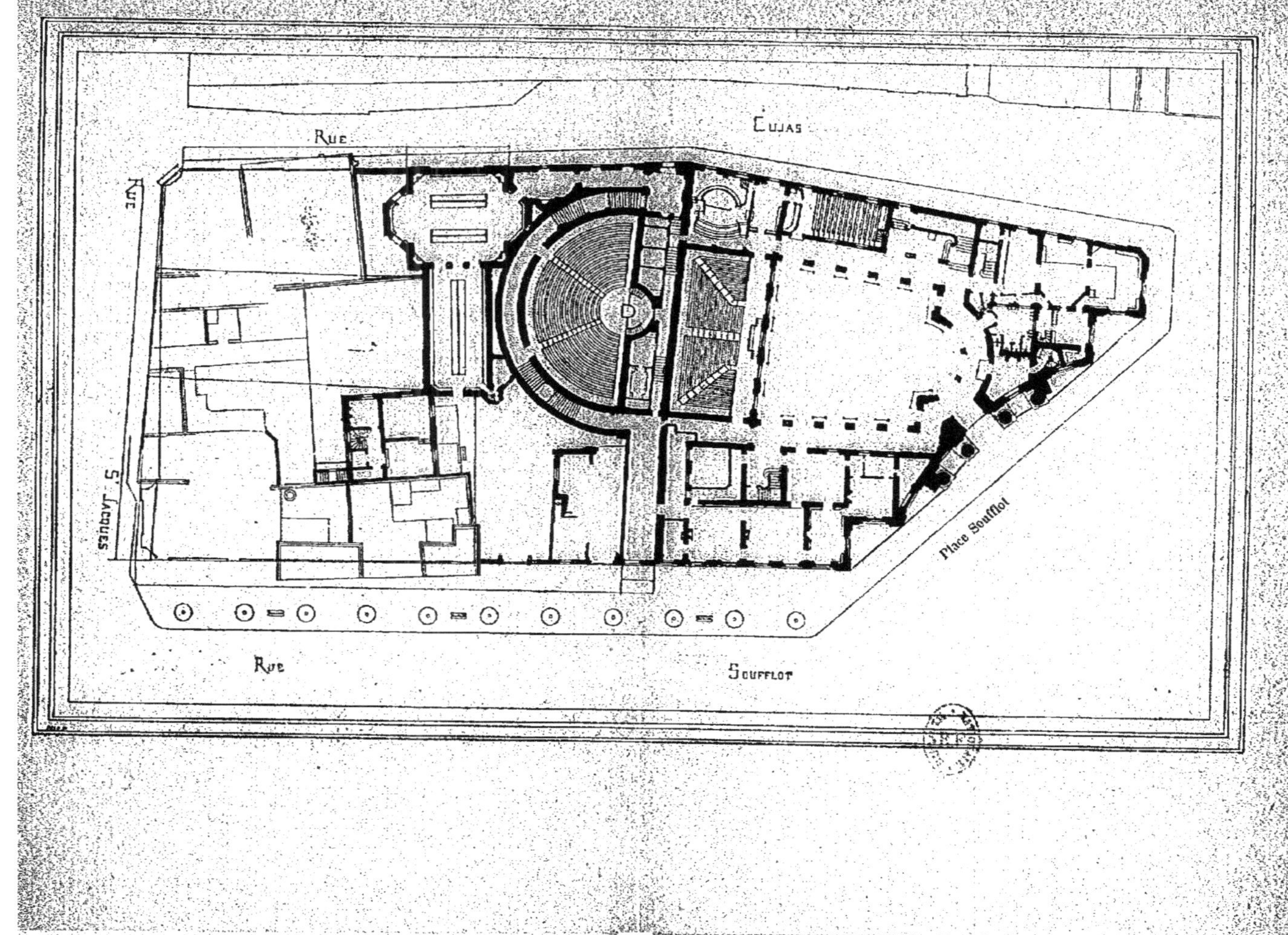

Rue Cujas
Rue St Jacques
Place Soufflot
Rue Soufflot

PLAN N° 8

—

FACULTÉ DE DROIT

—

PLAN GÉNÉRAL

DU REZ-DE-CHAUSSÉE

APRÈS LA RECONSTRUCTION

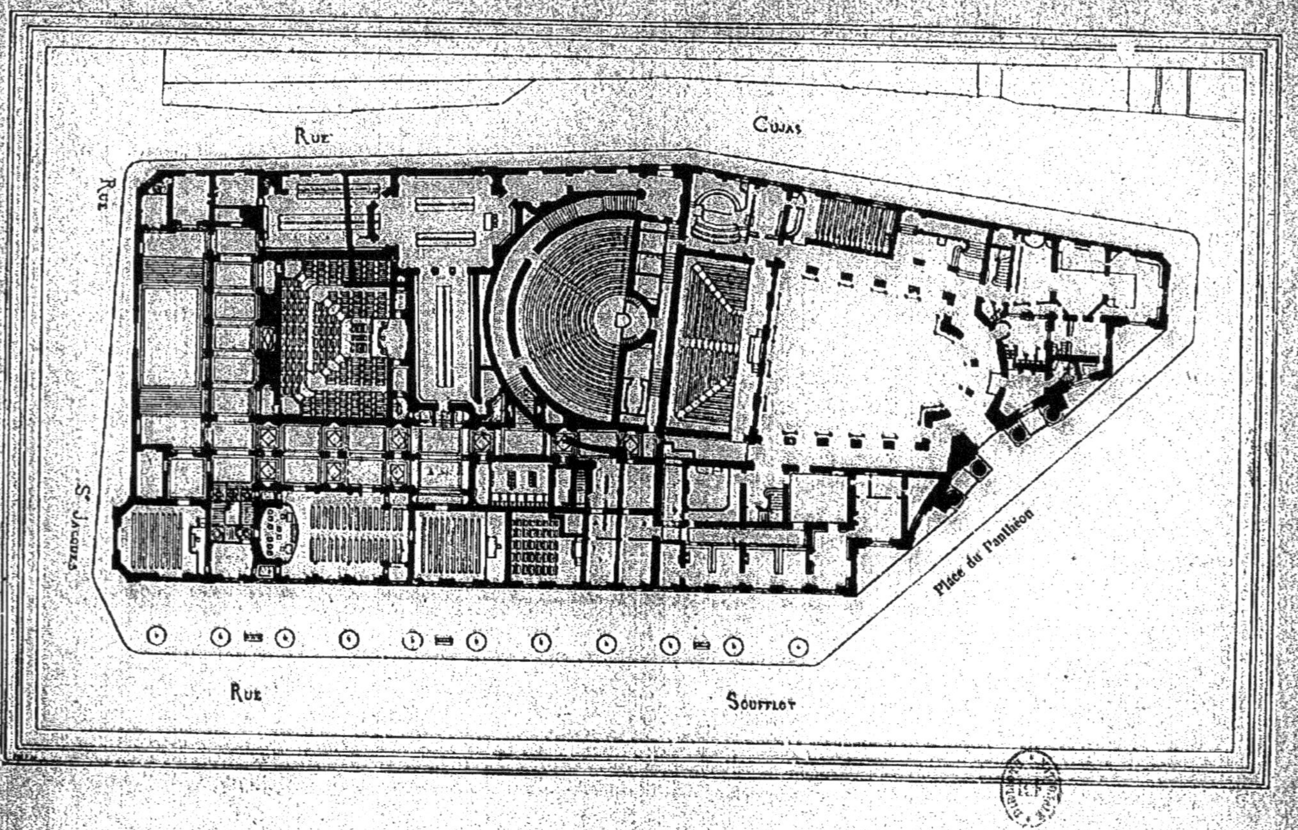

Rue Cujas
Rue St Jacques
Place du Panthéon
Rue Soufflot

BIBLIOTHÈQUE VARIÉE, FORMAT IN-16, A 3 FR. 50 LE VOLUME

(*Extrait du Catalogue*)

Albert (Paul). La littérature française au XIXe siècle ; les origines du romantisme ; 2e édition. 1 vol. — Variétés morales et littéraires. 1 vol. — Poètes et poésies. 1 vol. — La poésie. 1 vol. — La prose. 1 vol. — La littérature française, des origines à la fin du XVIIIe siècle. 3 vol. — Variétés littéraires. 1 vol.
Barrau. Histoire de la Révolution française. 1 vol.
Baudrillart. Économie politique populaire. 1 vol.
Berger (G.). L'école française de peinture. 1 vol.
Bersot. Mesmer et le magnétisme animal. 1 vol. — Un moraliste. 1 vol. — Questions d'enseignement. 1 vol.
Boissier. Cicéron. 1 vol. — La religion romaine. 2 vol. — Promenades archéologiques. 1 vol.
Boissière. L'Algérie romaine. 2 vol.
Bossert (A.). La littérature allemande au moyen âge et les origines de l'épopée germanique. 1 vol. — Gœthe et Schiller. 1 vol. — Gœthe, ses précurseurs et ses contemporains. 1 vol.
Bouillier. Du plaisir et de la douleur. 1 vol. L'Institut et les Académies de province. 1 vol. — La vraie conscience. 1 vol.
Bréal. Quelques mots sur l'instruction. 1 vol.
Brunetière. Études critiques sur l'histoire de la littérature française. 1 vol. — Nouvelles études critiques. 1 vol.
Caro. Études morales. 2 vol. — L'idée de Dieu. 1 vol. — Le matérialisme et la science. 1 vol. — Les jours d'épreuves. 1 vol. — Le pessimisme. 1 vol. — La philosophie de Gœthe. 1 vol. — La fin du dix-huitième siècle. 2 vol. — M. Littré et le positivisme. 1 vol.
Carrau (L.). La théorie de l'évolution. 1 vol.
Daudet (E.). Histoire des conspirations royalistes. 1 vol. — Histoire de la Restauration. 1 vol.
Deltour. Les ennemis de Racine au XIXe siècle. 1 vol.
Demogeot. Notes sur diverses questions de métaphysique et de littérature. 1 vol.
Deschanel (Em.). Étude sur Aristophane. 1 vol.
Despois (E.). Le théâtre sous Louis XIV. 1 vol.
Du Camp (Maxime). Paris, ses organes, ses fonctions, sa vie. 6 vol. — Souvenirs de l'année 1848. 1 vol. — Histoire et critique. 1 vol.
Duruy. Introduction à l'histoire de France. 1 vol.
Estournelles de Constant (baron d'). La vie de province en Grèce. 1 vol.
Figuier (Louis). Histoire du merveilleux. 4 vol. — L'alchimie. 1 vol. — L'Année scientifique. 32 vol. — Le Lendemain de la mort. 1 vol. — Savants illustres de l'antiquité. 2 vol.
Flammarion (C.). Contemplations scientifiques. 1 v.
Fouillée. L'idée moderne du droit. 1 vol. — La science sociale contemporaine 1 vol.
Fustel de Coulanges. La cité antique. 1 vol.
Garnier (Ad.). Traité des facultés de l'âme. 3 vol.
Garnier (Ch.). A travers les arts. 1 vol.
Gebhart (E.). L'Italie. 1 vol. — Rabelais. 1 vol. — Les Origines de la Renaissance en Italie. 1 vol.
Girard (J.). Études sur l'éloquence attique. 1 v. — Le sentiment religieux en Grèce. 1 vol.
Gréard. De la morale de Plutarque. 1 vol.
Guizot (F.). Le duc de Broglie. 1 vol.
Hauréau (B.). Bernard Délicieux. 1 vol.
Hubner (le baron de). Promenade autour du monde. 2 vol.
Jacqmin. Les chemins de fer en 1870-1871. 1 vol.
Janin (J.). Variétés littéraires. 1 vol.
Joly. Psychologie des grands hommes. 1 vol.
Jouffroy. Cours de droit naturel. 2 vol. — Cours d'esthétique. 1 vol. — Mélanges philosophiques. 1 v. — Nouveaux mélanges philosophiques. 1 vol.
Jurien de la Gravière (L'amiral). Souvenirs d'un amiral. 2 vol. — La marine d'autrefois. 1 vol. La marine d'aujourd'hui. 1 vol.
Laugel. Discours et écrits politiques. 1 vol. — L'Angleterre politique et sociale. 1 vol.
Laveley. Études et essais. 1 vol. — La Prusse. 2 vol.
Lenient. La satire en France. 3 vol.
Lenthéric (C.). La région du Bas-Rhône. 1 vol.
Lichtenberger. Les poésies lyriques de Gœthe. 1 vol.
Luce (S.). Histoire de Bertrand du Guesclin. Tome I 1 vol.
Martha. Les moralistes sous l'empire romain. 1 vol. — Le poème de Lucrèce. 1 vol. — Études morales sur l'antiquité. 1 vol.
Mayrargues (A.). Rabelais. 1 vol.
Mézières (A.). Shakespeare, ses œuvres et ses critiques. 1 vol. — Prédécesseurs et contemporains de Shakespeare. 1 vol. — Contemporains et successeurs de Shakespeare. 1 vol. — Hors de France. 1 vol. — En France. 1 vol.
Michelet. L'insecte. 1 vol. — L'oiseau. 1 vol.
Montégut. Tableaux de la France : Bourgogne, Bourbonnais, Forez et Auvergne. 3 vol. — L'Angleterre et ses colonies australes. 1 vol. — Poètes et artistes de l'Italie. 1 vol. — Types littéraires et fantaisies esthétiques. 1 vol. — Essais sur la littérature anglaise. 1 vol.
Nisard. Les poètes latins de la décadence. 2 vol.
Patin. Études sur les tragiques grecs. 4 vol. — Études sur la poésie latine. 2 vol. — Discours et mélanges littéraires. 1 vol.
Pécaut (P.). Études sur l'éducation nationale. 1 vol. — Deux mois de mission en Italie. 1 vol.
Prévost-Paradol. Études sur les moralistes français. 1 vol. — Essai sur l'histoire universelle. 2 v.
Saint-Simon. Mémoires et Table. 21 vol. — Scènes et portraits, choisis dans les mémoires. 2 vol.
Sainte-Beuve. Port-Royal. 7 vol.
Simon (Jules). La liberté politique. 1 vol. — La liberté civile. 1 vol. — La liberté de conscience. 1 v. — La religion naturelle. 1 vol. — Le devoir. 1 vol. — L'ouvrière. 1 vol. — L'école. 1 vol. — La réforme de l'enseignement secondaire. 1 vol.
Simonin. Les grands ports de commerce de la France. 1 vol. — Les ports de la Grande-Bretagne. 1 vol.
Taine (H.). Essai sur Tite-Live. 1 vol. — Essais de critique et d'histoire. 1 vol. — Nouveaux essais. 1 vol. — Histoire de la littérature anglaise. 5 vol. — La Fontaine et ses fables. 1 vol. — Les philosophes français au XIXe siècle. 1 vol. — Voyage aux Pyrénées. 1 v. — M. Graindorge. 1 vol. — Notes sur l'Angleterre. 1 vol. — Un séjour en France de 1792 à 1795. 1 vol. — Voyage en Italie. 2 vol. — De l'intelligence. 2 vol. — Philosophie de l'art. 2 vol.
Valbert. Hommes et choses d'Allemagne. 1 vol. — Hommes et choses du temps présent. 1 vol.
Wallon. Vie de N.-S. Jésus-Christ. 1 vol. — La sainte Bible. 2 vol. — La Terreur. 2 vol. — Jeanne d'Arc. 2 vol. — Éloges académiques. 2 vol.
Witt (Mme de). Monsieur Guizot dans sa famille et avec ses amis (1787-1874). 1 vol.

Imprimé le A. Lahure, rue de Fleurus, 9, à Paris

BIBLIOTHÈQUE VARIÉE, FORMAT IN-16, A 3 FR. 50 LE VOLUME

(*Extrait du Catalogue*)

Albert (Paul). La littérature française au XIXe siècle : les origines du romantisme ; 2e édition. 1 vol. — Variétés morales et littéraires. 1 vol. — Poètes et poésies. 1 vol. — La poésie. 1 vol. — La prose. 1 vol. — La littérature française, des origines à la fin du XVIIIe siècle. 3 vol. — Variétés littéraires. 1 vol.
Barrau. Histoire de la Révolution française. 1 vol.
Baudrillart. Économie politique populaire. 1 vol.
Berger (G.). L'école française de peinture. 1 vol.
Bersot. Mesmer et le magnétisme animal. 1 vol. — Un moraliste. 1 vol. — Questions d'enseignement. 1 vol.
Boissier. Cicéron. 1 vol. — La religion romaine. 2 vol. — Promenades archéologiques. 1 vol.
Boissière. L'Algérie romaine. 2 vol.
Bossert (A.). La littérature allemande au moyen âge et les origines de l'épopée germanique. 1 vol. — Gœthe et Schiller. 1 vol. — Gœthe, ses précurseurs et ses contemporains. 1 vol.
Bouillier. Du plaisir et de la douleur. 1 vol. L'Institut et les Académies de province. 1 vol. — La vraie conscience. 1 vol.
Bréal. Quelques mots sur l'instruction. 1 vol.
Brunetière. Études critiques sur l'histoire de la littérature française. 1 vol. — Nouvelles études critiques. 1 vol.
Caro. Études morales. 2 vol. — L'idée de Dieu. 1 vol. — Le matérialisme et la science. 1 vol. — Les jours d'épreuves. 1 vol. — Le pessimisme. 1 vol. — La philosophie de Gœthe. 1 vol. — La fin du dix-huitième siècle. 2 vol. — M. Littré et le positivisme. 1 vol.
Carrau (L.). La théorie de l'évolution. 1 vol.
Daudet (E.). Histoire des conspirations royalistes. 1 vol. — Histoire de la Restauration. 1 vol.
Deltour. Les ennemis de Racine au XIXe siècle. 1 vol.
Demogeot. Notes sur diverses questions de métaphysique et de littérature. 1 vol.
Deschanel (Em.). Étude sur Aristophane. 1 vol.
Despois (E.). Le théâtre sous Louis XIV. 1 vol.
Du Camp (Maxime). Paris, ses organes, ses fonctions, sa vie. 6 vol. — Souvenirs de l'année 1848. 1 vol. — Histoire et critique. 1 vol.
Duruy. Introduction à l'histoire de France. 1 vol.
Estournelles de Constant (baron d'). La vie de province en Grèce. 1 vol.
Figuier (Louis). Histoire du merveilleux. 4 vol. — L'alchimie. 1 vol. — L'Année scientifique. 32 vol. — Le Lendemain de la mort. 1 vol. — Savants illustres de l'antiquité. 2 vol.
Flammarion (C.). Contemplations scientifiques. 1 v.
Fouillée. L'idée moderne du droit. 1 vol. — La science sociale contemporaine 1 vol.
Fustel de Coulanges. La cité antique. 1 vol.
Garnier (Ad.). Traité des facultés de l'âme. 3 vol.
Garnier (Ch.). A travers les arts. 1 vol.
Gebhart (E.). L'Italie. 1 vol. — Rabelais. 1 vol. — Les Origines de la Renaissance en Italie. 1 vol.
Girard (J.). Études sur l'éloquence attique. 1 v. — Le sentiment religieux en Grèce. 1 vol.
Gréard. De la morale de Plutarque. 1 vol.
Guizot (F.). Le duc de Broglie. 1 vol.
Hauréau (B.). Bernard Délicieux. 1 vol.
Hubner (le baron de). Promenade autour du monde. 2 vol.
Jacqmin. Les chemins de fer en 1870-1871. 1 vol.
Janin (J.). Variétés littéraires. 1 vol.
Joly. Psychologie des grands hommes. 1 vol.
Jouffroy. Cours de droit naturel. 2 vol. — Cours d'esthétique. 1 vol. — Mélanges philosophiques. 1 v. — Nouveaux mélanges philosophiques. 1 vol.
Jurien de la Gravière (L'amiral). Souvenirs d'un amiral. 2 vol. — La marine d'autrefois. 1 vol. — La marine d'aujourd'hui. 1 vol.
Laugel. Discours et écrits politiques. 1 vol. — L'Angleterre politique et sociale. 1 vol.
Laveley. Études et essais. 1 vol. — La Prusse. 2 vol.
Lenient. La satire en France. 3 vol.
Lenthéric (C.). La région du Bas-Rhône. 1 vol.
Lichtenberger. Les poésies lyriques de Gœthe. 1 vol.
Luce (S.). Histoire de Bertrand du Guesclin. Tome I 1 vol.
Martha. Les moralistes sous l'empire romain. 1 vol. — Le poème de Lucrèce. 1 vol. — Études morales sur l'antiquité. 1 vol.
Mayrargues (A.). Rabelais. 1 vol.
Mézières (A.). Shakespeare, ses œuvres et ses critiques. 1 vol. — Prédécesseurs et contemporains de Shakespeare. 1 vol. — Contemporains et successeurs de Shakespeare. 1 vol. — Hors de France. 1 vol. — En France. 1 vol.
Michelet. L'insecte. 1 vol. — L'oiseau. 1 vol.
Montégut. Tableaux de la France : Bourgogne, Bourbonnais, Forez et Auvergne. 3 vol. — L'Angleterre et ses colonies australes. 1 vol. — Poètes et artistes de l'Italie. 1 vol. — Types littéraires et fantaisies esthétiques. 1 vol. — Essais sur la littérature anglaise. 1 vol.
Nisard. Les poètes latins de la décadence. 2 vol.
Patin. Études sur les tragiques grecs. 4 vol. — Études sur la poésie latine. 2 vol. — Discours et mélanges littéraires. 1 vol.
Pécaut (F.). Études sur l'éducation nationale. 1 vol. — Deux mois de mission en Italie. 1 vol.
Prévost-Paradol. Études sur les moralistes français. 1 vol. — Essai sur l'histoire universelle. 2 v.
Saint-Simon. Mémoires et Table. 21 vol. — Scènes et portraits, choisis dans les mémoires. 2 vol.
Sainte-Beuve. Port-Royal. 7 vol.
Simon (Jules). La liberté politique. 1 vol. — La liberté civile. 1 vol. — La liberté de conscience. 1 v. — La religion naturelle. 1 vol. — Le devoir. 1 vol. — L'ouvrière. 1 vol. — L'école. 1 vol. — La réforme de l'enseignement secondaire. 1 vol.
Simonin. Les grands ports de commerce de la France. 1 vol. — Les ports de la Grande-Bretagne. 1 vol.
Taine (H.). Essai sur Tite-Live. 1 vol. — Essais de critique et d'histoire. 1 vol. — Nouveaux essais. 1 vol. — Histoire de la littérature anglaise. 5 vol. — La Fontaine et ses fables. 1 vol. — Les philosophes français au XIXe siècle. 1 vol. — Voyage aux Pyrénées. 1 v. — M. Graindorge. 1 vol. — Notes sur l'Angleterre. 1 vol. — Un séjour en France de 1792 à 1795. 1 vol. — Voyage en Italie. 2 vol. — De l'intelligence. 2 vol. — Philosophie de l'art. 2 vol.
Valbert. Hommes et choses d'Allemagne. 1 vol. — Hommes et choses du temps présent. 1 vol.
Wallon. Vie de N.-S. Jésus-Christ. 1 vol. — La sainte Bible. 2 vol. — La Terreur. 2 vol. — Jeanne d'Arc. 2 vol. — Éloges académiques. 2 vol.
Witt (Mme de). Monsieur Guizot dans sa famille et avec ses amis (1787-1874). 1 vol.

Imprimé par A. Lahure, rue de Fleurus, 9, à Paris

www.ingramcontent.com/pod-product-compliance
Ingram Content Group UK Ltd.
Pitfield, Milton Keynes, MK11 3LW, UK
UKHW021844190726
13855UKWH00001B/138

9 782013 452465